STEPHAN LANDSIEDEL:

Way Up - den eigenen Traum leben

Für Özlem

Lebe Deinen Traum!

Stephan Landsiedel 22.07/2004

Stephan Landsiedel:
Way Up - den eigenen Traum leben

C·G·C Publishers

Copyright: © 1998 C·G·C Publishers Verlagsges.b.R.
C·G·C Publishers (Inh: J. Eschrich)
Friedrichstraße 15, 80801 München, Fax: (089) 341 860

1. Auflage: Juni 1998 (redigierte Fassung)

Konzept, Buchgestaltung & Typographie: Jan Eschrich
Handillustrationen: Fabian Ng Chin Yue
(Graphikadaptation & Computerbearbeitung: Jan Eschrich)
Computerillustrationen & Graphik: Jan Eschrich
Umschlaggestaltung: Jan Eschrich
Satz, Graphik & Litho: Computer · Graphic · Concepte, München
Gesamtherstellung: C·G·C Publishers Verlagsges.b.R., München
Projektmanagement & Herstellungsleitung: Jan Eschrich
Satzschriften: Monotype Walbaum, Myriad, CGCSymDing
Papier: SylviaPlus1·3, 2HH Papier, Garching-Hochbrück
Filmherstellung: compotext, München
Textdruck: Unidruck Novotny, München
Umschlagdruck & Laminierung: Druckhaus d & b, München
Weiterverarbeitung & Bindung: Buchbinderei Bückers, Aßling

Die Deutsche Bibliothek – CIP-Einheitsaufnahme
Landsiedel, Stephan: Way up : den eigenen Traum leben / Stephan Landsiedel. - 1. Aufl. - München : CGC Publ., 1998
ISBN 3-933508-11-8

Inhalt

Anschrift des Autors:
sls Stephan Landsiedel Seminare
Stephan Landsiedel
Blochbachstraße 3
D–63486 Bruchköbel
Telefon: (0 61 81) 70 97 10
Telefax: (0 61 81) 70 97 11

Danksagung

Ich danke meinen Lehrern, Mentoren und Trainern. Durch die Weitergabe ihres Wissens und ihrer Erfahrung haben sie mich beständig dazu herausgefordert, zu wachsen und in der Entfaltung meiner Persönlichkeit immer noch einen Schritt weiter zu gehen.

Ich danke meinen Eltern für ihre Liebe und Unterstützung und dafür, daß sie mich nicht daran gehindert haben, meinen eigenen Weg zu gehen.

Für ihre Hilfe bei der Erstellung des Manuskripts danke ich den Freunden, die mir während des Schreibens immer wieder Feedback gegeben haben und sich intensiv mit dem entstehenden Werk beschäftigten – ganz besonders: Marion Kränzle, Uwe Sommerschuh und Jürgen Woita.

Fabian Ng Chin Yue gab dem Buch durch seine Illustrationen eine individuelle und ansprechende visuelle Identität.

Schließlich sorgte Jan Eschrich durch seinen außergewöhnlichen Einsatz dafür, daß dieses Kind meiner Gedanken auch tatsächlich das Licht der Welt erblicken durfte.

Euch allen
herzlichen Dank!

Einleitung

Nach einer wissenschaftlichen Studie der angesehenen Harvard Universität, USA, hören wir bis zu unserem 18. Lebensjahr von unseren Eltern, Nachbarn, Bekannten, Freunden und der Gesellschaft 148.000 mal: ›Das schaffst Du nicht!‹, ›Das kannst Du nicht!‹, ›Das ist unmöglich!‹, ›Vergiß' die Flausen!‹, ›Schlag Dir das aus dem Kopf!‹, ›Wach endlich auf!‹, ›Wenn es so einfach wäre, hätten es schon längst andere gemacht!‹, ›Dir fehlen das nötige Kapital, die Ausbildung, die Beziehungen…‹, ›Warte erst mal, bis Du groß bist, dann wird man Dir das schon austreiben.‹

Immer und immer wieder werden uns diese Sätze eingetrichtert, bis wir sie schließlich selbst glauben. Ist es daher verwunderlich, wenn wir als Erwachsene die tollkühnen Träume unserer Kindheit längst begraben und uns mit mittelmäßigen Zielen zufrieden gegeben haben? In einer Welt, in der niemand an uns und unseren Traum glaubt, ist es sehr schwer, an sich selbst zu glauben – zumal uns selbst häufig die Erfüllung unserer tiefsten Wünsche so unfaßbar und unmöglich erscheint. Doch der Glaube an die Möglichkeit des Unmöglichen und die unwiderstehliche Anziehungskraft eines großen Traumes sind Kräfte, die in der Lage sind, uns gewaltig voranzutreiben und zu herrlichen Siegen zu führen. Sie können uns helfen, die ersten kleinen Schritte zu gehen, die nach einer Weile zu dramatischen Veränderungen in unserem Leben führen können. Eine kleine Ameise vermag in beharrlicher Arbeit einen ganzen Berg zu errichten. Steter Tropfen höhlt den Stein, sagt ein Sprichwort. Doch oftmals scheitert es gerade an diesen kleinen Schritten. Der Traum erscheint uns unerreichbar weit weg, der Weg dorthin mit Hindernissen übersät und keine Hilfe in Sicht – nichts, was auch nur einen Funken der Hoffnung auf die Verwirklichung des Traumes nähren könnte.

Im Jahre 1908 beauftragte der berühmte amerikanische Multimillionär Andrew Carnegie einen Journalisten namens Napoleon Hill mit einer besonderen Aufgabe. Hill sollte die 500 erfolgreichsten Amerikaner interviewen und aus diesem Material eine grundlegende Erfolgsphilosophie entwickeln. Zu den Persönlichkeiten, die Hill interviewte, gehörten Männer wie Ford, Wrigley, Rockefeller, Edison, Woolworth und drei Präsidenten der

Vereinigten Staaten. 20 Jahre lang befragte Napoleon Hill seine Gesprächspartner zu den Gesetzen des Erfolges und immer wieder erhielt er die gleiche Antwort! Bei praktisch allen stand an erster Stelle ein definitives, großes Ziel.

Große Ziele oder Träume bestimmen unsere Zukunft. Sie sind die Quelle für alle unsere Energien. Doch wie viele Menschen haben bereits die Erfahrung gemacht, daß selbst große und starke Träume, die uns magnetisch angezogen und fasziniert haben, sich im Alltagstrott zerstreuten und verflüchtigten? Manche Menschen haben sich mehr als hundertmal vorgenommen, endlich morgen damit zu beginnen, etwas für das Erreichen Ihrer Ziele zu tun. Sie wissen nicht, daß es ›morgen‹ nur in den Kalendern der Erfolglosen gibt. Wie oft haben Sie voller Eifer und Tatendrang an Silvester beschlossen, ab morgen ein neues Leben zu beginnen – nur um sich bereits zwei Wochen später wieder bei Ihren alten Gewohnheiten zu ertappen?

Offenbar fällt es den meisten Menschen nicht leicht, sich selbst dauerhaft zum Positiven zu verändern. Und in der Tat, es ist ein lebenslanger Prozeß. Aber es gibt Menschen, die es geschafft haben! Menschen wie Mutter Teresa, Albert Einstein oder Mahatma Gandhi, die sich auf diese Reise gemacht haben, leuchten uns den Weg und zeigen uns, welche gewaltigen Kräfte wir entfesseln können, wenn wir nur einen Traum haben, der darauf besteht, verwirklicht zu werden. Diese Menschen haben nicht nur ihr eigenes Leben in den Griff bekommen, sondern auch gleichzeitig das Leben Millionen weiterer Menschen beeinflußt. John F. Kennedy, Madame Curie, Michael Jackson oder Bill Gates – haben sie nicht alle die Welt verändert? Hätten sie es geschafft, wenn sie beim ersten Widerstand klein beigeben hätten? Hätten sie es geschafft, wenn sie nicht hartnäckig und unbeirrbar jeden kleinen Schritt auf dem Weg zur Erfüllung ihres Traumes gegangen wären?

Es ist nicht leicht, aber es ist auch nicht unmöglich, das eigene Leben in einen Triumph zu verwandeln. Sie können, wenn Sie wollen – die Frage ist nur: Wann werden Sie es tun? Und wieviel an Energie, Fleiß, Willen und Ausdauer sind Sie bereit, dafür zu investieren?

▹ Wenn Sie eine Fremdsprache perfekt beherrschen wollen, reicht es dann, wenn Sie sich einmal hinsetzen und ein Buch über diese Fremdsprache lesen?
▹ Wenn jemand das Autofahren lernt, reicht es dann, wenn er einmal in eine Fahrstunde geht?
▹ Wenn ein Sportler einmal in der Woche trainiert, kann er dann Spitzenleistungen erzielen?

Die meisten Menschen würden auf diese Fragen wohl jedes Mal mit ›Nein‹ antworten. Aber wenn es um den Erfolg ihres eigenen Lebens geht, dann glauben viele Menschen, daß sie nur einmal ein Buch über Erfolg lesen, nur einmal ein Erfolgstraining besuchen oder nur einmal ein Video über Erfolg sehen müßten, um ihr ganzes Leben lang erfolgreich zu sein.

Das ist ein fataler Irrtum! Sie lernen nur durch das Tun. Selbst wenn Sie hundert Bücher lesen, jede Woche auf ein Seminar fahren, aber nicht eine einzige Übung selber durchführen, dann werden Sie nicht erfolgreich sein. Sie können sich tausend Mal sagen lassen, wie man Fahrrad fährt, aber solange Sie nicht selbst auf ein Fahrrad steigen, werden Sie nicht damit fahren können.

- Wie oft praktizieren Sie Ihr Erfolgstraining?
- Wieviel Zeit nehmen Sie sich, um an Ihrem Erfolg zu arbeiten?
- Wie oft haben Sie schon ein Buch gelesen und danach gesagt: ›Ein tolles Buch!‹?
- Und wie oft hat ein solches Buch Ihr Leben entscheidend verändert?

Wenn Sie dieses Buch lesen, werden Sie kurzfristig Spaß damit haben. Wenn Sie aber mit diesem Buch arbeiten, werden Sie Ihr ganzes Leben davon profitieren!

Dieses Buch ist ein *Arbeitsbuch*! Es bietet Ihnen Strategien, Techniken und Werkzeuge, die es Ihnen erlauben, Ihr Leben zu verändern! Dazu müssen Sie aber aktiv mitmachen. Immer wieder werde ich Sie durch Fragen dazu herausfordern, über Ihr Leben nachzudenken. Ich werde Ihnen viele Übungen an die Hand geben, die Ihnen die Möglichkeit geben, sich weiterzuentwickeln und zu wachsen. Geben Sie dem schlafenden Giganten in Ihnen eine Chance, beantworten Sie die Fragen schriftlich und führen Sie die Übungen auch tatsächlich durch!

Die Zeit und die Konzentration, die Sie dabei investieren, werden sich vielfach auszahlen. Niemals zuvor haben wir so viel darüber gewußt, wie wir uns selbst zu persönlichen Meisterleistungen motivieren können. Davon handelt dieses Buch!

Das hier niedergelegte Wissen ist für Menschen, die wirklich dazu entschlossen sind, an ihrer Persönlichkeit zu arbeiten und ihr Leben zu einem Meisterwerk zu machen. Sie werden nach dem Durcharbeiten keine durchschnittlichen Leistungen erzielen, sondern herausragende. Sie werden erkennen, daß Sie in emotionaler, spiritueller, gesundheitlicher und finanzieller Hinsicht mehr erreichen und sein können, als Sie sich jemals zugetraut haben. Wieviel Einsatz sind Ihnen diese Resultate wert?

Machen Sie die Übungen mit Spaß und Neugier. Fühlen Sie sich wie jemand, der eine Expedition in ein neues Land macht. Auf diese Weise werden Sie Schritt für Schritt Ihren eigenen Fortschritt verfolgen und ein starkes Fundament für Ihren Erfolg bauen. Sie müssen nicht alles, was in diesem Buch steht, verwenden. Wählen Sie – wie aus einem Büfett – das aus, was Ihnen am meisten zusagt.

Jede einzelne dieser Übungen kann Sie zu enormem persönlichem Wachstum anregen, in ihrer Gesamtheit werden sie dazu führen, daß Ihre Motivationskurve explosionsartig ansteigt.

Geben Sie sich selbst eine ehrliche Chance und versuchen Sie es. Was haben Sie zu verlieren, wenn Sie es tun? Es ist nichts im Vergleich zu dem, was Sie gewinnen können.

Ich möchte das hier dargestellte Wissen mit Ihnen teilen, weil ich glaube, daß Sie und alle Menschen auf diesem Planeten es verdient haben, ein Leben voller Glück und Erfolg und auf dem höchsten Niveau zu führen. Sie wurden nicht dazu geboren, um arm und unglücklich zu sein, sondern um Sieger im Leben zu sein und herrliche Triumphe zu feiern. Mit diesem Buch wird es Ihnen gelingen, den schlafenden Riesen in sich zu wecken. Dabei werden Sie in den Besitz von Macht gelangen – der Macht, Ihr Leben und das Ihrer Mitmenschen zu verändern. Nutzen Sie diese Macht, um unsere Erde mitzugestalten und Ihren Beitrag dazu zu leisten, sie freundlicher, offener und glücklicher zu machen. Die Möglichkeiten dazu sind grenzenlos! Sie reichen vom unermüdlichen Einsatz für ein Entwicklungsprojekt oder den Umweltschutz bis zu den ganz einfachen, kleinen Dingen. Dies kann geschehen, indem Sie morgen einmal mehr ein Lächeln verschenken oder bei anderen durch ein kleines Lob positive Gefühle auslösen. Zeigen Sie sich als Gestalter! Bauen Sie mit an der Zukunft unserer Welt! Es wird sich lohnen. Zeigen Sie durch Ihren Beitrag Dankbarkeit und Respekt dem Leben, Ihren Mitmenschen und der Welt gegenüber. Tun Sie es für sich selbst, für das Gefühl in Ihrer eigenen Brust, für Ihre eigene Zukunft, für die Zukunft Ihrer Kinder und die Zukunft der Menschheit.

Als ich mich vor vielen Jahren aufmachte, um meine eigene Innenwelt zu entdecken, konnte ich noch nicht ahnen, daß ich dort eine riesige Schatzkammer vorfinden würde. Die Zukunft schien hinter einem Nebelschleier verborgen zu sein und ich hatte keine Ahnung, daß ich ihr Gestalter war. Machtlos stand ich ihr gegenüber, bis ich die Geheimnisse entdeckte, die ich in diesem Buch mit Ihnen teilen möchte. Dies ist der Schlüssel zur Erfüllung Ihres Traumes. Der Beginn eines gewaltigen Abenteuers! Haben Sie den Mut und stürzen Sie sich hinein.

1
Im Anfang war der Traum

»Nichts geschieht, ohne daß ein Traum vorausgeht.«

Carl Sandberg

Am 16. Juli 1969 waren über eine Million Menschen nach Kap Kennedy in Florida gereist. Im Umkreis von 100 km gab es kein einziges freies Hotelzimmer mehr und vor den Fernsehschirmen warteten 600 Millionen weitere Menschen gebannt auf eines der bedeutendsten Ereignisse in der Geschichte der Menschheit: Den Flug zum Mond. Jahrelang war diese Operation vorbereitet worden. Einige Ranger-Sonden hatten sehr detaillierte Bilder von der Oberfläche machen können, ehe sie beim Aufprall zerschellt waren. Fünf Lunar-Orbiter-Sonden hatten mögliche Landeplätze ausfindig gemacht und die Surveyer-Landegeräte hatten die genauen physikalischen und chemischen Eigenschaften der Mondoberfläche untersucht. Schließlich war es am 8. Dezember 1968 zum ersten Mal einem Menschen gelungen, den Mond zu umkreisen. Jahrelanges Training der Astronauten, unzählige technische Entwicklungen und Vorversuche waren notwendig gewesen, um den Erfolg dieser Operation zu ermöglichen. Man brauchte Raumfahrzeuge, die auch im Vakuum sicher gesteuert werden konnten, man mußte klären, ob Menschen im Weltall überhaupt überleben könnten und ob der Mondboden eine Landung zulassen würde.

Der Countdown für Apollo 11 beginnt: »... drei ... zwei ... eins ... null!« Das bis dahin vielleicht größte Abenteuer der Menschheit hatte angefangen. Um 14.32 Uhr MEZ erhebt sich die dreistufige Saturn-V-Rakete von der Startrampe des Kennedy-Raumfahrtzentrums in den Himmel. Der erste unbeschreibliche Jubel bricht aus. Alles in Ordnung: Die drei Astronauten Neil Armstrong, Michael Collins und Edwin Aldrin befinden sich in ihrem kostbaren Geschoß auf dem Weg zum Mond. Weit unter ihnen auf der Erde warten Milliarden von Menschen gespannt darauf, ob sie diesen Urtraum der Menschheit zur Erfüllung führen können. Auch das Triebwerk der zweiten und dritten Stufe zündet erfolgreich. Der Flug verläuft ohne größere Probleme. Drei Tage später, am 20. Juli, verlassen Armstrong und Aldrin in ihrer Raumfähre Adler das Kommando-Schiff und landen sicher im Meer der Ruhe auf dem Mond. Seit dem Start von Kap Kennedy sind 109 Stunden, 24 Minuten und 20 Sekunden vergangen. Der große Augenblick steht unmittelbar bevor. Armstrong wird die felsige Mondlandschaft betreten. Haben Sie die Bilder von damals gesehen? Wissen Sie noch, was er sagte, als er den Mond betrat?

»Ein kleiner Schritt für einen Mann –
aber ein Riesensprung für die Menschheit.«

Bald darauf folgt auch Edwin Aldrin in seinem Raumanzug. Wie zwei übermütige Kinder hüpfen die beiden erfahrenen Raumfahrer auf dem Mond umher, ehe sie Mondgestein sammeln und die Gedenktafel anbringen. Darauf steht geschrieben:

»Menschen des Planeten Erde setzten hier zum ersten Mal ihren Fuß auf den Mond... Wir kamen in Frieden für die gesamte Menschheit.«

In den nächsten drei Jahren folgten Armstrong elf weitere Astronauten in sechs erfolgreichen Mondlandungen. Das Apollo-Programm war eine echte menschliche Meisterleistung! Alle Astronauten dieser Flüge kehrten heil und unversehrt nach Hause zurück. Ihre Fußabdrücke werden auch noch in einer Million Jahren frisch auf dem Mond zu sehen sein. Selbst dann, wenn man sie auf der Erde längst vergessen haben wird. Sie haben Spuren hinterlassen – Spuren in den Weiten des Universums.

Der Traum von heute ist die Realität von morgen!

Wer hätte einen Flug zu einem anderen Planeten 20 Jahre vor der Mondlandung überhaupt für möglich gehalten? Wer hätte es gewagt, so etwas auszusprechen? Er wäre verlacht und als Phantast oder Utopist verspottet worden. Der Weg zum Mond war weit, beschwerlich und teuer. Doch noch nie zuvor haben Träumer so viel erreicht wie in diesem Augenblick, als Armstrong seinen Fuß auf den Boden setzte. Wer hat Jules Vernes ernst genommen, als er sein Buch ›Die Reise zum Mond‹ schrieb? Er hat es gewußt. Doch wie lange Zeit war dieser Wunsch ein unerfüllter Traum der Menschheit gewesen? Daß er schließlich doch in Erfüllung gegangen ist, liegt an denen, die beim Blick zum Himmel daran geglaubt haben, daß dies einmal Wirklichkeit werden könnte. Wernher von Braun hatte bereits im Alter von neun Jahren erklärt: »Ich werde Raketen zum Mond schießen!« Er trug seinen Teil dazu bei, daß dieses Abenteuer möglich wurde. John F. Kennedy erklärte 1961 diesen Traum zu einem nationalen Ziel der USA. Die NASA unterstützte ihn und viele tausend Menschen, die auf irgend eine Art und Weise an diesem Projekt beteiligt waren. Sie haben es nicht nur für möglich gehalten und sie haben nicht nur darauf gehofft; sie waren bereit, sich aktiv dafür einzusetzen und einige wagten sogar ihr Leben. Sie haben ihr Leben für ihren Traum aufs Spiel gesetzt und sind mit dessen Erfüllung belohnt worden – welch ein Triumph!

Die größten Erfolge der Menschheit entstanden, weil einzelne sich mit allem Mut und aller Entschlossenheit zu ihrem Traum bekannten, sich durch nichts von ihren Zielen abbringen ließen und andere für ihre Sache begeistern konnten.

In unserer Geschichte gibt es dafür unzählige Beispiele. Denken Sie an Christoph Kolumbus, der sich 1492 mit Schiffen klein wie Nußschalen auf den Weg machte, um als erster die Neue Welt zu entdecken. Als ein Niemand geboren, wurde er Wollweber wie sein Vater. Doch seine Liebe galt dem Meer und so paukte er als Autodidakt mit verbissenem Ehrgeiz seemännisches und manches andere zeitgenössische Wissen. Er träumte davon, eines Tages neues Land zu entdecken und mit viel Gold und anderen Kostbarkeiten heimzukehren. Schließlich wurde er Kapitän und kämpfte zwölf Jahre lang hartnäkkig und unbeirrbar darum, eine Westfahrt unternehmen zu dürfen. Endlich fand er bei einer Audienz am spanischen Königshof ein offenes Ohr für sein Vorhaben. Mit seinem 23 Meter langen Flaggschiff ›Santa Maria‹ und 100

Christoph Kolumbus entdeckt Amerika

Mann Besatzung machte er sich auf den langen, gefahrvollen Weg. Nicht selten mußte er mit Überredungskunst die meuternde Mannschaft besänftigen. Seine Offiziere forderten ihn schon auf, unverzüglich umzukehren, da erklärte Kolumbus, er werde sich lieber töten lassen als erfolglos umzukehren. Mit seiner unerschütterlichen Zuversicht gelang es ihm, Furcht, Mißtrauen und Langeweile der Mannschaft zu bekämpfen. Nach scheinbar nie enden wollenden zwei Monaten erreichen sie erstmals Land. Christoph Kolumbus hatte für Spanien das Tor zur seebeherrschenden Weltmacht für die nächsten 150 Jahre ganz weit geöffnet und einen neuen Kontinent entdeckt.

Oder denken Sie an Mohandas Karamchand Gandhi, der davon träumte, daß Indien eines Tages ein freies und selbstbestimmtes Land sein würde. Als studierter Rechtsanwalt kam er 1893 nach Südafrika, um dort einen Rechtsstreit für einen Mandanten auszutragen. Dabei sah er das Elend der Unterdrückten und Diskriminierten und beschloß von nun an ihr Anwalt zu sein. Nach einigen Jahren in Südafrika trieb ihn seine große Mission in das von England besetzte Indien. Dort war die Existenz von über 100.000 Indern in Gefahr. Gandhi glaubte, er könne sie retten und so entwickelte der 1,64 m kleine Mann in seinem Kampf für die Freiheit unglaubliche Methoden: Die ›Verweigerung der Mitarbeit‹ und den ›zivilen Ungehorsam‹. Auf seine Initiative hin wurde die europäische Kleidung verbrannt und von nun an wurden selbstgefertigte Gewänder getragen. Das Spinnrad, mit dem diese Kleider hergestellt wurden, wurde zum Symbol der Unabhängigkeit. Die britische Besatzungsmacht sah nicht tatenlos zu, sondern tat alles, um Ghandi von seinem Vorhaben abzubringen. Mehr als 2089 Tage mußte er daher in indischen Gefängnissen verbringen. Doch auch dort gab er nie auf und wandte das äußerste Mittel – den Hungerstreik – an. 34 Jahre lang kämpfte der Mahatma, die ›große Seele‹ – wie er von seinem Volk genannt wurde – für die Freiheit Indiens. Er wurde der ›Vater‹ und Führer seines Volkes – jedem Anliegen zugänglich. Seine Feinde zollten ihm Achtung und Respekt. Er war erfüllt von Mut und Stärke, die aus Wahrheit und Liebe geboren wurden. Wer hätte gedacht, daß ein kleiner Mann mit der Gewaltlosigkeit als Waffe ein ganzes Königreich bezwingen und damit die Freiheit eines so großen Landes wie Indien bewirken könnte? Wie gewaltig und groß muß der Traum von Mahatma Gandhi gewesen sein, daß er dieses Werk vollbringen konnte?

Gandhi kämpft für die Freiheit Indiens

> *»Nichts trägt in gleichem Maß wie der Traum dazu bei, die Zukunft zu gestalten. Heute Utopia, morgen Fleisch und Blut.« (Victor Hugo)*

Träume sind der Ursprung unseres Lebens. Jeder Tat, jedem großartigen Ereignis geht ein Traum voraus. Erfolgreiche Menschen schieben ihre Träume nicht gleich zur Seite, sie lassen sich von ihnen begeistern und versuchen alles Menschenmögliche, um ihren Traum Wirklichkeit werden zu lassen. Dabei nehmen sie das Risiko in Kauf, von anderen verlacht und verspottet zu werden.

Niemand bei Toyota nahm 1938 den jungen Studenten ernst, der das von ihm entwickelte Kolbenring-Konzept vorstellte. Man empfahl ihm, weiterhin die Schulbank zu drücken und machte ihn zur Zielscheibe für den Spott der Lehrer und Kommilitonen. Doch der junge Mann arbeitete Tag und Nacht. Beschmutzt mit Schmieröl schlief er sogar in der Werkstatt. Heute zählt das von Soichiro Honda aufgebaute Unternehmen zu den größten Automobilimperien der Welt.

Menschen, die solche Erfolge erzielen, glauben an ihren Erfolg und fiebern leidenschaftlich der Erfüllung ihres Traumes entgegen. Ihr Traum gibt ihnen Sicherheit und Zuversicht. Sie treffen immer wieder wichtige Entscheidungen und lassen sich durch nichts aufhalten. Gleichgültig, wie absurd dieser Traum erscheinen mag, es gibt immer einen Weg.

Ein Betteljunge aus Mecklenburg träumte als Siebenjähriger davon, Troja zu finden. Neununddreißig Jahre später zog er aus, um die berühmte sagenumwobene Stadt auszugraben und einen Schatz dazu, wie ihn die Welt noch nie zuvor gesehen hatte. Dies ist kein Märchen, sondern die Geschichte von Heinrich Schliemann, der den Worten Homers Glauben schenkte und sein ganzes Leben nicht mehr von dem Traum loskam, eines Tages Troja auszugraben. Nachdem er sich eine finanzielle Grundlage für seine Lebensaufgabe geschaffen hatte, brach er auf, um den Traum seiner Jugend, den Traum seines Lebens, zur Vollendung zu bringen. Als er den Ort gefunden hatte, der in seiner Vorstellung der alten Beschreibung Homers glich, machte er sich wie ein Besessener ans Werk. Seine Grabungen begannen im April 1870 und dauerten bis 1873. Nichts konnte ihn von der Arbeit abhalten, weder das Sumpffieber, der Mangel an gutem Wasser, die Aufsässigkeit der Arbeiter, die Langsamkeit der Behörden noch der Unglauben aller Wissenschaftler, die sich über ihn lustig machten. Heinrich Schliemann grub und grub. Nach den Aufzeichnungen von Homer mußte oben auf der Höhe der Stadt der Tempel der Athene gestanden haben. Heinrich Schliemann stieß dort auf Mauern, er riß sie ab. Endlich fand er Waffen und Vasen. Er fand eine Ruine und eine weitere, dann noch eine – Zeugnisse vergangener

Ein Betteljunge träumt davon, Troja auszugraben

Zeiten, Städte, die abgerissen und wieder aufgebaut worden waren. Sieben versunkene Städte fand er mit seiner Mannschaft, darunter auch Troja, nach dem er sich 40 Jahre lang gesehnt hatte. Er fand die Reste des gewaltigen Tors, durch das einst das unheilbringende Pferd in die Stadt eingelassen worden war. Am 14. Juni 1873, einen Tag, bevor die Grabungen eingestellt werden sollten, machte er jedoch die gewaltigste Entdeckung. Als er an diesem Tag mit seiner schönen, griechischen Frau ein letztes Mal die Grabung beaufsichtigte, sah er etwas, das ihn keine Sekunde mehr zweifeln ließ; schnell schickte er die Arbeiter nach Hause und machte sich mit einem Messer an die Arbeit. Nichts konnte ihn jetzt noch abschrecken. Unter größter Kraftanstrengung und in höchster Lebensgefahr, da die Festungsmauer, die er gerade untergrub, jeden Moment zusammenzubrechen drohte, grub der Tollkühne den Schatz eines der mächtigsten Könige grauer Vorzeit aus. 3000 Jahre hatte dieser Schatz aus Gold und Elfenbein dort auf den einstmals armen Jungen mit dem unglaublichen Traum gewartet!

Sie können für nahezu alles ein Beispiel finden. Es gibt so viel Verrücktes und Unglaubliches, was Menschen zustande gebracht haben, daß Sie sich schon wirklich etwas völlig Ausgefallenes überlegen müßten, um etwas zu finden, was nicht erfüllbar ist. Wenn Menschen solche Herausforderungen bewältigen, warum sollten dann nicht auch Sie in der Lage sein, Ihre Träume zu verwirklichen?

Alle berühmten und großen Menschen von morgen sind heute noch unbekannt.

Wenn Sie sich zu Ihrem Traum bekennen und sich für ihn einsetzen, wird er zu einem Autopiloten, der alle Ihre Handlungen leitet und Ihrem Leben Richtung und Sinn gibt. Er wird es Ihnen leicht machen, zu entscheiden, mit welchen Menschen Sie zusammenarbeiten und leben wollen, welche Fähigkeiten und Verhaltensweisen Sie als erstes lernen sollten, in welchem Land Sie leben wollen und wer Ihr Lebenspartner sein wird.

Ich möchte Sie in diesem Buch dazu herausfordern, Ihren Traum zu entdecken, sich zu ihm zu bekennen, an ihn zu glauben und ihm Leben einzuhauchen. Dazu ist es notwendig, daß Sie Ihre eigenen Ansprüche an sich selbst und das Leben erhöhen. Sie müssen herausfinden, was Sie bereit sind, in Ihrem Leben zu akzeptieren, was das Mindeste ist, womit Sie sich zufrieden geben wollen, und was Sie auf keinen Fall dulden werden. Wenn Sie das für Ihr Leben herausgefunden haben, dann haben Sie eine mächtige emotionale Motivation geschaffen, um so zu handeln, daß Sie Ihren eigenen Ansprüchen genügen und Ihren Traum verwirklichen. Sie sind ein freies Individuum und haben die wunderbare Chance, selbst zu entscheiden, wohin Ihre Reise gehen soll. Wenn Sie keine Entscheidung treffen, dann werden andere für Sie die Entscheidung treffen. Das ist, als würden Sie in einen Fluß springen, von dem Sie nicht einmal wissen, wohin er führt. Sie lassen sich treiben im Strudel der Masse, gleichgültig ob hinter der nächsten Flußkrümmung ein Wasserfall auf Sie wartet. Wenn Sie keine Richtung festlegen, dann brauchen Sie sich auch nicht zu wundern, wenn Sie nicht da ankommen, wo Sie hin wollen. Das wäre schade, denn vielleicht wartet Ihr Traum ja nur darauf, daß Sie sich für ihn entscheiden und ihn in diese Welt hinaus lassen.

Doch gehen Sie behutsam mit ihm um, er könnte ihr Leben und sogar die Welt verändern. Er könnte Sie aus einem Leben in Mittelmäßigkeit herausreißen und Sie zu einer einmaligen Persönlichkeit formen, die sich mit Begeisterung zu Ihren Werten und Zielen bekennt und die Menschen um sich herum mit Ihrem Feuer ansteckt.

Auf den nächsten Seiten werde ich Sie dazu ermuntern, all das zum Leben zu erwecken, was Sie in sich tragen. Vielleicht ist ein Traum dabei, der bisher nur noch nicht stark genug war, um einfach aufzustehen und zu sagen: »*Ja, ich bin es wert, gelebt zu werden. Möglicherweise bin ich der tiefere Sinn Deiner Existenz. Du wurdest geboren, um durch mich die Welt zu verändern, einen Einfluß auf andere Menschen zu haben, Freude im Überfluß zu empfinden und die Welt zu einer besseren zu machen. Ich bin das Ziel Deines Lebens und wenn Du mir vertraust, werde ich Dir die Kraft, die Ausdauer und den Willen geben, um zu den höchsten Höhen des Triumphes aufzusteigen. Ich bin Deine Herausforderung und Dein Schicksal. Erwecke mich und ich werde es Dir hundertfach zurückzahlen. Wenn Du mich verwirklichst, verwirklichst Du Dich selbst.*«

Der Traum spricht ...

Ich glaube, daß tief in uns allen der Wunsch schlummert, mehr zu sein, mehr zu werden, zu wachsen und sich weiterzuentwickeln, mehr Freude zu empfinden und intensiver zu leben. Ich bin davon überzeugt, daß Sie bereits alles Notwendige für die Verwirklichung dieses Traums in sich haben. Sie tragen in sich einen schlafenden Riesen. Es wird Zeit, ihn aufzuwecken!

Doch warum ist dies nicht bereits geschehen? Warum ist der schlafende Gigant in Ihnen noch nicht wach geworden?

Viele Menschen geben auf diese Frage Antworten, die deutlich machen, daß Sie sich scheuen, Verantwortung für ihr eigenes Leben zu übernehmen. Tatsächlich ist die Übernahme der Verantwortung für das eigene Leben eine der schwierigsten und zugleich wichtigsten Lektionen auf dem Weg zum Erfolg. An dem Tag, an dem Sie selbst die Verantwortung für Ihr Leben übernehmen und aufhören, Entschuldigungen zu suchen, beginnt Ihre Reise zu dem gewaltigen Potential, das in Ihnen verborgen liegt. Leider beginnt diese Reise für manche Menschen niemals, weil sie Zeit ihres Lebens andere, ihre Erziehung, ihren Chef oder die politische Lage für ihr Schicksal verantwortlich machen. Wie leicht fällt es uns doch zu sagen: ›Unter diesen Umständen war es einfach nicht möglich.‹ oder ›Ich kann doch nichts dafür, daß ...‹ Natürlich können Sie nichts dafür. Ghandi konnte nichts dafür, daß Indien ein unfreies Land und unter der Herrschaft eines anderen Königreiches stand. Christoph Kolumbus konnte nichts dafür, daß zwölf Jahre lang niemand den zukünftigen Nutzen seiner Reisen erkennen wollte. Die Menschheit kann auch nichts dafür, daß ein Flug zum Mond so weit und beschwerlich ist. Die Kunst besteht jedoch darin, es trotzdem zu schaffen!

»Erfolg ist eine Frage des Glücks – fragen Sie jeden Versager!«
(Mark Twain)

Vielleicht werden Sie jetzt sagen: »O.k., manchmal muß man sich eben ein wenig anstrengen, um seine Ziele zu erreichen. Aber was ist, wenn mir alle Voraussetzungen fehlen? Was ist, wenn ich nicht die erforderlichen Eigenschaften und Fähigkeiten habe, um meinen Traum zu verwirklichen, weil das Schicksal sie mir nicht geschenkt hat?« Manche Menschen gehen sogar noch einen Schritt weiter und glauben, daß den Erfolgreichen das Glück in die Wiege gelegt wurde und sie damit bestimmte Eigenschaften geerbt haben, die sie dazu zwingen, erfolgreich zu sein oder es ihnen zumindest leichter machen. Unser Schicksal wird damit durch die Genetik bestimmt. Nach dem Stand der heutigen Wissenschaft ist ein Teil unserer Anlagen vererbt. Das ist richtig und ich möchte nicht behaupten, daß alle Menschen die gleichen Voraussetzungen für die Erfüllung einer bestimmten Aufgabe mitbringen. Doch ich werde Ihnen zeigen, daß Sie weitaus bessere Möglichkeiten haben, als diesem armseligen Anteil nachzuweinen. Ein Wesen, das so komplex und phantastisch ist wie Sie, hat unzählige Möglichkeiten, jede Schwäche zu kompensieren und sich auf seine Stärken zu konzentrieren. Es

Sind Erfolgreiche vom Schicksal Begünstigte?

wird Ihre Situation nicht um das geringste verbessern, wenn Sie Ihre Anlagen für minderwertig halten. Es nützt absolut nichts! Wenn Sie dieses Argument bisher als Entschuldigung für Ihre schlechte Schulbildung, Ihren unqualifizierten Berufsabschluß oder für eine fehlende Beziehung verwendet haben, dann wird es Zeit, daß Sie auf neue Gedanken kommen.

> *»Das Leben eines Menschen ist das, was seine Gedanken daraus machen.« (Marc Aurel)*

Seien Sie dankbar für alles, was Sie mitbekommen haben, und freuen Sie sich, daß Sie leben dürfen. Vertrauen Sie darauf, daß die Natur, das Schicksal, der Zufall oder wen auch immer Sie für verantwortlich halten, einen bestimmten Grund dafür hatte, daß Sie so geboren wurden, wie Sie sind. Sie können den Umstand Ihrer Geburt und die ersten prägenden Jahre nicht verändern, aber Sie können Ihre Einstellung dazu ändern. Sie entscheiden über die Bedeutung, die Sie dem beimessen. Das ist mehr wert als alle guten Anlagen!

Ein Stotterer wird Redner

Der Grieche Demosthenes hat von Geburt an gestottert. Er war behindert, aber er träumte davon, ein großer Redner zu werden. Bei seinem ersten Auftritt hat er sich fürchterlich blamiert. Doch er gab nicht auf – felsenfest war er von seiner Berufung überzeugt. Er übte sich im Sprechen, indem er Kieselsteine in den Mund nahm und gegen die Brandung des Meer anschrie. Unermüdlich trainierte er und wurde schließlich zum größten Redner der Antike.

Der ungelenke Zátopek wird Olympiasieger

Oder denken Sie an Emil Zátopek, die ›tschechische Lokomotive‹. Er wurde 1922 als Sohn eines mährischen Schreiners geboren. Seine Figur und seine Bewegungsästhetik sollten es eigentlich unmöglich machen, daß aus ihm ein guter Langstreckenläufer wird. Wie viele Menschen haben ihn wohl belächelt, wenn er mit dem Kopf hin- und herschwankend, die Zunge in emsiger Rotation, die Zähne kämpferisch gefletscht, die Schultern hochgezogen und mit in der Hüfte abgeknicktem Oberkörper seine Bahnen zurücklegte? Man sagte, daß seine Extremitäten wie Kolben einer Maschine stampften und arbeiteten, was ihm den Spitznamen ›tschechische Lokomotive‹ einbrachte. Doch mit hartem Kampf, Schinderei und eisernem Willen erlief er sich auf 10.000 m den Mythos der Unbesiegbarkeit. Beim legendären Olympia-Marathon 1952 holte er sich in 2:23:03,2 h die Goldmedaille.

Ja, es gibt Menschen, die verwandeln Nachteile in Vorteile. Wie oft sind Sie für etwas, daß Sie noch nicht gut können, ausgelacht und verspottet worden? Hat Sie das motiviert, unermüdlich zu trainieren und besser zu werden? Oder haben Sie es aufgegeben und nie mehr wieder versucht?

In der Forschung untersucht man im Zusammenhang mit der Vererbung besonders gerne eineiige Zwillinge, weil diese einen identischen Chromosomensatz haben und damit genetisch vollkommen gleiche Voraussetzungen mitbringen. Diesen Umstand nutzt man, um festzustellen, in welchem Ausmaß Persönlichkeitseigenschaften angeboren oder erlernt sind. In einer Untersuchung wurde besonderes Augenmerk auf ein Zwillingspaar gelegt, dessen Vater ein Alkoholiker war. Zwanzig Jahre später suchte man die beiden Zwillinge wieder auf. Der eine war wie sein Vater ein Alkoholiker geworden, der andere jedoch hatte sich zu einem ordentlichen Familienvater entwickelt und es zu einer angesehenen Position in einer großen Firma gebracht. Beide wurden gefragt, wie sie es sich erklären, daß sie zu dem geworden sind, was sie heute sind. Beide gaben dieselbe Antwort: »Was kann man anderes erwarten bei einem Vater wie dem meinen?«

Untersuchungen an eineiigen Zwillingen

Nicht die Umstände haben das Leben dieser beiden Menschen bestimmt, sondern die Art und Weise, wie sie mit ihnen umgegangen sind. Ihre Zukunft ist nicht durch Ihre Vergangenheit festgelegt. Der Anteil Ihrer Fähigkeiten, den Sie geerbt haben, bestimmt nicht Ihr Leben. Sie selbst sind der Herr Ihres Schicksals!

> *»Sie sind nicht das Produkt der Umstände sondern die Umstände sind das Produkt von Ihnen.« (Benjamin Disraeli)*

Sie werden lernen, die Umstände zu beherrschen. Nahezu alles in Ihrem Leben läßt sich erlernen. Haben Sie nicht schon gehen, sprechen, lesen, schreiben, radfahren und schwimmen gelernt? Sie können Kenntnisse auf unzähligen weiteren Gebieten erwerben: Sie können lernen, wie man Computer programmiert, surft, zeichnet, verkauft, einen Partner verführt oder komplizierte mathematische Gleichungen löst. Sie können neue Fremdsprachen lernen oder wie man ein Auto repariert. Sie können lernen zu kochen, Flugzeuge zu fliegen und wie man sein Gedächtnis verbessert. Wenn es irgendeinen Grund gibt, warum Sie eine bestimmte Sache nicht lernen können, dann können Sie immer noch andere Menschen für Ihre Sache gewinnen – Menschen, die die Fähigkeiten beherrschen, welche Sie benötigen.

Vielleicht haben Sie aber auch schon die Kenntnisse, die Sie für Ihren persönlichen Durchbruch benötigen. Dann haben Sie bereits den ersten

Schritt getan. Um aber wirklich erfolgreich zu sein, haben Kenntnisse allein nur in seltenen Fällen ausgereicht. Menschen, die Fähigkeiten und Fertigkeiten erworben haben, sind durch deren bloßen Erwerb noch nicht erfolgreich geworden. Es war notwendig, diese Fähigkeiten auch anzuwenden und zu handeln! Letztendlich scheitern die meisten Menschen und Unternehmer daran. Um zu handeln, brauchen wir einen Grund, der uns bewegt und antreibt. Diesen Antrieb nennen wir Motivation. Erfolg ist ohne Motivation nicht möglich! Die meisten außerordentlich erfolgreichen Menschen sind nur deshalb so erfolgreich, weil sie erstaunlich gut darin sind, sich zum Handeln zu motivieren. Das hat wieder Auswirkungen auf die anderen Menschen, denn nur wer sich selbst motivieren kann, kann auch andere motivieren. Man führt nur durch das eigene Vorbild! Darum ist Motivation der Grundstein für Ihren Erfolg. Motivation kann Sie dazu bringen, sich die für Ihre Meisterleistung notwendigen Kenntnisse anzueignen, selbst wenn es sich um einen schwierigen Stoff handelt. Werden Sie zu einem Meister der Motivation und Sie werden alle Bereiche Ihres Lebens meistern und überall Menschen finden, die Ihnen helfen werden.

In Bezug auf Motivation werde ich die innere Kommunikation mit uns selbst, unserem Gehirn, von der Kommunikation mit anderen Menschen unterscheiden. Auf die eine oder andere Art behandelt jede Seite dieses Buches eine der beiden Möglichkeiten. Wirksame Kommunikation mit sich selbst und anderen führt zu Motivation und ist die Voraussetzung für dauerhaften Erfolg.

Doch was ist eigentlich Erfolg? Wie definieren Sie Erfolg?

____

____

Erfolg bedeutet, nach seinen eigenen Vorstellungen leben zu können.

Damit ist Erfolg völlig einmalig und von Mensch zu Mensch verschieden. Was für den einen Menschen ein Erfolg ist, kann gerade für den anderen Mißerfolg bedeuten. Stellen Sie sich einen Menschen vor, der es liebt, seine Ruhe zu haben, den Tag im voraus zu planen und einen kleinen, beschaulichen Bereich zu verwalten. Für diesen Menschen könnte ein ruhiger

Bürojob genau das Richtige sein. Ein Sprung auf der Karriereleiter zu einer Führungskraft könnte für ihn einen Mißerfolg bedeuten, weil er damit nicht mehr nach seinen Vorstellungen leben kann und statt dessen Turbulenzen und Aufregungen in sein Leben kommen. Plötzlich erweitert sich sein Aufgabenbereich, er muß nun Mitarbeiter führen und kann seinen Tag nicht mehr wie gewohnt einteilen und planen.

»Ein Musiker muß musizieren, ein Maler muß malen, ein Dichter muß schreiben, wenn er in Frieden mit sich leben will.« (Abraham Maslow)

Erfolg ist die Verwirklichung dessen, was Sie sich erträumen. Erfolg kann sein, einen kleinen Garten zu bestellen, mit seiner Familie in Harmonie und Frieden zu leben, eine Rakete zum Mond zu schicken, einen Krieg zu beenden, sich für Notleidende einzusetzen oder ein guter Lehrer zu sein. Für einen anderen bedeutet Erfolg, 1.000.000 DM im Jahr zu verdienen, ein großes Haus zu haben, im Urlaub nach Hawai zu fliegen und berühmt zu sein. Erfolg bedeutet auch, oft und viel zu lachen, von Kindern verehrt zu werden, ein Kunstwerk zu schaffen, anderen schöne Momente zu bescheren. Erfolg ist etwas sehr Individuelles und man kann ihn nicht auf etwas Bestimmtes begrenzen. Erfolg ist auch nicht einfach ein Ziel, das es zu erreichen gilt; sondern er ist vielmehr dynamisch, ein Prozeß, der immer weitergeht. Erfolg ist ein Weg ohne Ende. Erfolg ist grenzenlos!

Wirklich erfolgreiche Menschen hören niemals auf zu wachsen, geistig, finanziell, emotional, körperlich, spirituell. Sie lernen Tag für Tag Neues und lassen die Menschen um sich herum an ihrem Wachstum teilhaben. So entwickeln sie sich und ihr Umfeld immer weiter.

Ich hoffe, auch Sie gehören zu diesen Menschen. Es ist nicht so entscheidend, wie viele Erfolge Sie bereits errungen haben und wo Sie heute stehen. Was zählt, ist nur, wie stark in Ihnen noch der Wunsch lebt, sich weiter und höher zu entwickeln. Stillstand bedeutet aufgeben. Wirkliche Gewinner geben niemals auf. Sie suchen die Schuld für ein ›Unglück‹ nie bei anderen sondern fragen sich immer, was sie tun können, um ihrem Leben den Sinn zu geben, den sie ihm geben möchten. Auch in unerfreulichen Situationen zeigen Gewinner Zielstrebigkeit und Optimismus. Sie warten nicht tagelang auf die ›richtige Stimmung‹, sondern Sie erzeugen diese Stimmung und beginnen aktiv zu werden. Sie nutzen jede Gelegenheit, ihrem Ziel einen Schritt näher zu kommen.

»Wer einmal sich selbst gefunden hat, der kann nichts auf dieser Welt mehr verlieren.« (Stefan Zweig)

Wer bin Ich?

Sicherlich haben Sie sich selbst schon oft diese Frage gestellt. Ich möchte Sie jetzt anregen, noch einmal ganz intensiv darüber nachzudenken, bevor Sie in diesem Kapitel Ihre persönliche Lebensvision entwickeln werden.

Lassen Sie sich von den Übungen und Aufgaben inspirieren und benutzen Sie sie, um sich selbst einen Spiegel vorzuhalten. Lernen Sie sich selbst besser kennen und erlauben Sie es sich, Ihre tiefsten inneren Wünsche einzubringen.

Wenn Erfolg etwas ganz Individuelles ist, dann ist auch Ihr Weg zu diesem Erfolg von Ihren persönlichen Stärken, Schwächen, Fähigkeiten und Erfahrungen geprägt. Lassen Sie uns bei der Suche nach einer Antwort in Ihrer Vergangenheit beginnen. Ich bin sicher, wir werden hier einige sehr nützliche Informationen für Ihre Zukunft aufspüren. Gleichgültig, wo Sie jetzt gerade stehen, ob Sie bereits sehr erfolgreich sind oder es erst werden wollen, ob Sie 20 oder 60 Jahre alt sind, Ihre Vergangenheit stellt eine riesige Schatzkammer an Erfahrungen und Erinnerungen dar. Diese sollten Sie unbedingt nutzen. Leider lassen viele Menschen Ihre Vergangenheit zu einer Folterkammer werden, indem sie diesen Raum von Zeit zu Zeit aufsuchen und besonders quälende Gedanken immer wieder in ihrem Kopf wie einen Film ablaufen lassen. Manche haben eine richtige innere Videothek mit Horrorfilmen. Da gibt es alptraumhafte Schreie und schreckliche Gefühle. Genauso wie Sie sich negative Erfahrungen ansehen können, steht es Ihnen aber auch frei, die Höhepunkte Ihres Lebens immer wieder anzusehen und auf Ihrem inneren Monitor noch schöner zu machen. Wir werden uns diesen Techniken später genauer widmen.

Lassen Sie uns also bei unserer Reise durch Ihre Lebenszeit in der Vergangenheit beginnen.

★ ***Übung 1: Lebenslinie.*** Zunächst lade ich Sie dazu ein, Ihr bisheriges Leben einmal systematisch darzustellen. Nutzen Sie den nachfolgenden Vordruck und zeichnen Sie Ihre Lebenslinie ein. Auf die waagrechte Achse tragen Sie die Anzahl Ihrer Lebensjahre von 0 bis zu Ihrem jetzigen Alter ab und auf der senkrechten Achse ganz oben ein Pluszeichen und ganz unten ein Minuszeichen. Diese Achse gibt Ihre Lebenszufriedenheit an. Dann zeichnen Sie Ihr Leben als eine Gerade, Kurve oder auch Zickzacklinie in dieses Achsenkreuz ein, je nachdem, wie Sie Ihr Leben zu jedem dieser Zeitpunkte bewerten. Hatten Sie eine glückliche Kindheit? Wie zufrieden waren Sie mit Ihrer Schulzeit? Vielleicht gab es irgendwelche Schlüsselereignisse, die Ihre Verfassung stark in eine positive oder negative Richtung verändert haben? Wie war die Zeit, als Sie zum ersten Mal verliebt waren? Oder gab es Punkte, wo Sie einen geliebten Menschen verloren haben, durch Tod oder Trennung? Die Abbildung ›Eine Beispiel-Lebenslinie‹ zeigt Ihnen ein fiktives Beispiel.

Diese Übung dient vor allem dazu, einen Überblick über Ihren Lebensverlauf zu gewinnen und etwas Gespür für Ihre Lebenszeit zu bekommen.

Sie brauchen nicht jeden Zeitpunkt ganz präzise einzuzeichnen. Wenn Sie sich nicht mehr an eine Zeit erinnern können, dann vermuten Sie einfach. Diese Daten spiegeln nicht eine äußere Objektivität wieder, sondern Ihre subjektive Bewertung zum heutigen Zeitpunkt. Ob Sie damals wirklich in einer solchen Verfassung waren, spielt keine Rolle. Entscheidend ist, wie Sie diese Erinnerungen in Ihrem Gehirn abgespeichert haben, welche Repräsentation Sie von dem Ereignis haben.

Wenn Sie bei Ihrem jetzigen Alter angekommen sind, zeichnen Sie die Linie in die Zukunft hinein. Was erwarten Sie von Ihrer Zukunft? Sind Sie gerade in einer guten Phase oder glauben Sie, daß die nächste Talfahrt Ihnen schon bevorsteht?

Weitere Anregungen: Sie können auch für verschiedene Bereiche Ihrer Persönlichkeit (Beziehung, Beruf, Hobby usw.) eigene Linien zeichnen. Wenn Sie gerne malen, können Sie auch Ihre Lebenslinie mit bunten Bildern schmücken oder eine ganz andere Art der Darstellung wählen. Ihrer Phantasie sind bei dieser und allen weiteren Übungen keine Grenzen gesetzt.

Eine Beispiel-Lebenslinie

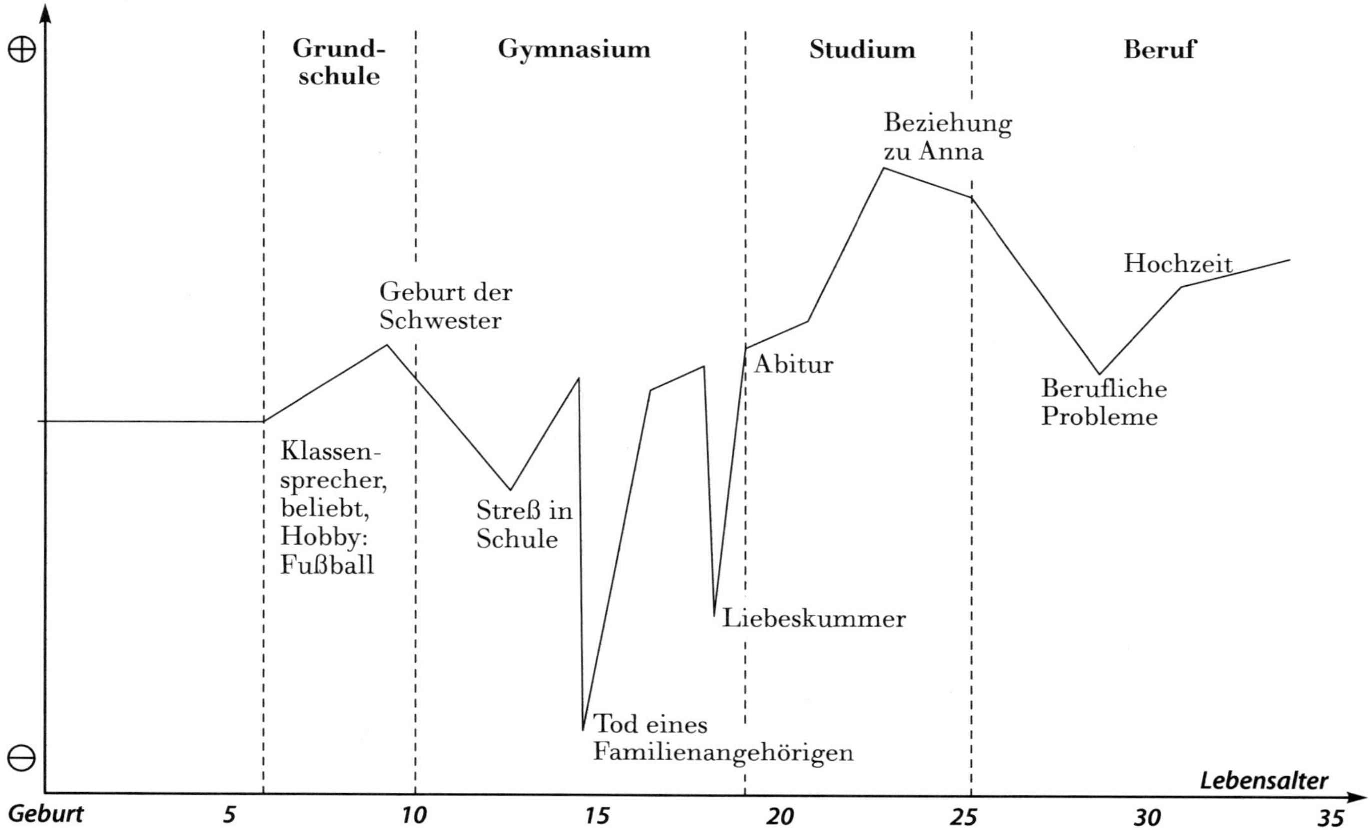

Meine Lebenslinie

★ **Übung 2: Höhepunkte des Lebens finden.** *Wo waren die Höhepunkte Ihres Lebens? Was waren die Momente, in denen es Ihnen phantastisch ging? Wann waren Sie überglücklich, stolz oder sehr erfolgreich?* Das können auch Momente sein, die in Zeiten lagen, in denen es Ihnen ansonsten nicht so gut ging. *Was waren die Ursachen dafür, daß Sie in diese Situationen kamen oder dieses Ereignis erleben durften? Beschreiben Sie diese Momente. Welche Menschen waren daran beteiligt? An welchen Orten fanden sie statt? Welche Gefühle haben Sie erlebt? Was haben Sie aus diesen Situationen gelernt?* Erleben Sie diese Momente innerlich noch einmal, so gut Sie können.
Beispiel:

Höhepunkt:	*Abendlicher Strandspaziergang mit Peter*
Beschreibung:	*Strandspaziergang an einem Abend unseres ersten gemeinsamen Urlaubs.*
Gefühle:	*Liebe, Romantik, Zuneigung, Vertrauen, Leidenschaft*
Menschen:	*Peter, meine Jugendliebe*
Ort:	*Dünen von Fuerteventura*
Zeit:	*Juli, 1997*
Ursache:	*· meine Initiative beim ersten Kontakt mit Peter · klare Äußerung meiner Wünsche zum Urlaubsziel · konsequentes Arbeiten, um das Geld für die Reise zu sparen*
Gelernt:	*· Mut und Initiative schaffen Gelegenheiten für magische Momente · man muß sich auch mal etwas gönnen*

Anregung: Sammeln Sie Erinnerungsstücke zu diesen schönen Situationen. Das könnte z.B. ein Ring sein, der für Sie eine besondere Bedeutung hat, ein tolles Lied, ein Dokument, ein Foto oder ein Zeitungsartikel. Legen Sie sich eine Mappe oder eine Schublade an, in der Sie solche positiven Erinnerungsstücke sammeln.

Höhepunkt 1: ______

Beschreibung: ______

______

Gefühle: ______

______

Menschen: ______

Ort: ______

Zeit: ______

Ursache: ______

______

Gelernt: ______

______

Höhepunkt 2: ______

Beschreibung: ______

______

Gefühle: ______

______

Menschen: ______

Ort: ______________________________

Zeit: ______________________________

Ursache: ______________________________

____

Gelernt: ______________________________

____

Höhepunkt 3: ______________________________

Beschreibung: ______________________________

____

Gefühle: ______________________________

____

Menschen: ______________________________

Ort: ______________________________

Zeit: ______________________________

Ursache: ______________________________

____

Gelernt: ______________________________

____

★ Übung 3: Tiefpunkte des Lebens. Verschwenden Sie nur ein paar Gedanken an die Ereignisse in Ihrem Leben, die Ihnen aus heutiger Sicht mißfallen. Vertiefen Sie sich nicht in diese Momente, sondern streifen Sie nur kurz die Erfahrung, so als würden Sie nur feststellen, daß es da irgendwo ein Problem gab, das aber in Packpapier eingewickelt ist und Sie jetzt gar nicht weiter interessiert. Stellen Sie einfach nur fest, daß da irgend etwas war. Sie wissen, daß Sie sich darum zu einem späteren Zeitpunkt immer noch kümmern können. Für den Augenblick gilt es nur festzuhalten, daß es da auch solche Erfahrungen gibt, die für Ihr Leben als Ganzes sicherlich sehr wertvoll waren und aus denen Sie sehr viel gelernt haben. Vielleicht haben diese Situationen es auch erst möglich gemacht, daß spätere Ereignisse eintreffen konnten oder es noch werden.
Anregung: Fragen Sie einmal Ihre Eltern oder andere Bekannte nach ihren kritischen Lebenssituationen und wie sie das Ereignis bewältigt haben. Fragen Sie auch, was sie aus diesen Situationen gelernt haben. Vergleichen Sie die Bedeutung, die diese Menschen Ereignissen beimessen mit der Bedeutung, die Sie aus Ihrer Sicht den Ereignissen beimessen würden.

★ Übung 4: Der Nachruf. Stellen Sie sich jetzt folgende Situation vor: Sie sind gestern gestorben und es soll ein kurzer Nachruf zu Ihrem Leben verfaßt werden. Eine neutrale Person, die das ganze Leben ein stummer Begleiter von Ihnen war, übernimmt diese Aufgabe. Versuchen Sie sich etwas von Ihrer eigenen Meinung zu distanzieren. Die Person, die diesen Text schreibt, kennt nicht Ihre wahren Gedanken oder Gefühle, wenn Sie sie nicht in irgendeiner Form mitgeteilt oder gelebt haben.

Sie können diesen Nachruf entweder frei schreiben oder die folgenden Satzanfänge ergänzen.

Als die Hauptaufgabe seines / ihres Lebens verstand er / sie …

Seine / Ihre hervorragendste Eigenschaft war …

Er/Sie bemühte sich stets ...

Mit anderen Menschen verband ihn/sie besonders ...

Wenn sich ihm/ihr Hindernisse in den Weg stellten, dann ...

Was er/sie unbedingt erreichen wollte, aber nie schaffte war ...

Er/Sie bleibt uns vor allem in Erinnerung, weil ...

Anregung: Lassen Sie diese Übung tatsächlich von einer anderen Person ausführen und vergleichen Sie sie mit Ihrer eigenen Einschätzung. Erstellen Sie auch einmal einen Nachruf, wie Sie ihn gerne hätten. Wie würde er lauten, wenn Sie Ihren Lebenstraum verwirklicht haben? Wo weicht der Ist-Zustand von Ihrem Wunsch-Zustand ab?

★ Übung 5: Inschrift des Grabsteins. Jetzt haben Sie die Aufgabe, einen Text für Ihren Grabstein zu entwerfen. Beachten Sie dabei bitte, daß es sehr viel Arbeit und Mühe macht, etwas in Stein zu meißeln. Fassen Sie sich daher kurz und bedenken Sie jedes Wort genau.

Welcher Satz soll die zentrale Botschaft Ihres Lebens sein, wenn Ihre Mission erfolgreich war?

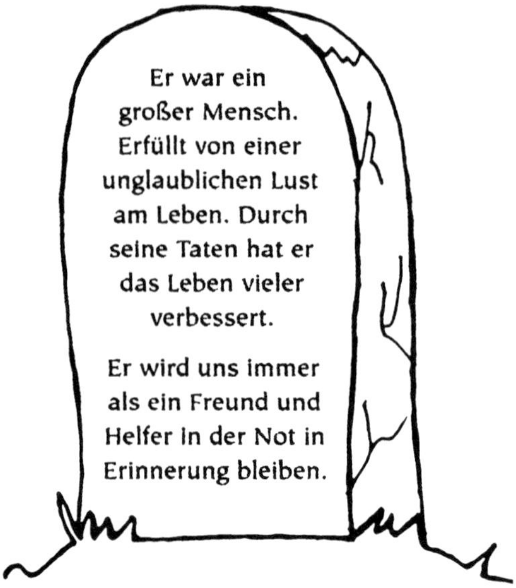

Wie ging es Ihnen mit den letzten Übungen? Haben Sie das Gefühl, daß Sie nicht viel in Ihrem Leben ändern wollen? Oder würden Sie am liebsten noch einmal von vorne beginnen? Beides ist gut und kann Sie leiten, wenn Sie nun daran gehen werden, Ihre Vision zu entwickeln. Für diesen Prozeß kann es sinnvoll sein, wenn man alle Vorannahmen und Gewohnheiten unberücksichtigt läßt und für einen Moment so tut, als würde man das Leben von jemand anderem planen oder kreieren. Manche Menschen empfinden es als besonderen Reiz, aus einer vorgegebenen Situation das Beste zu machen. Was immer Sie wollen, Sie können immer so leben, wie Sie vorher auch gelebt haben. Sie sollten sich lediglich für zusätzliche Alternativen öffnen. Damit verschließen sich nicht gleich die alten Türen. Nur sollten Sie sich darüber im Klaren sein, daß Sie mit Ihrem alten Verhalten bestimmte Resultate erzielten.

Wenn Sie das tun, was Sie immer getan haben, dann werden Sie auch dieselben Resultate erzielen, die Sie immer erzielt haben.

Sie stehen fast täglich vor der Entscheidung, wie Sie mit Ihrer Vergangenheit umgehen wollen. Sie können die Vergangenheit Ihres früheren Ichs zum Anlaß nehmen, um sich ein paar unangenehme Gedanken zu machen, die Sie immer wieder in Ihrem Kopf kreisen lassen, so lange, bis Ihre Tage und Nächte voller Depressionen und Frustrationen sind.

Vielleicht schaffen Sie es aber auch, die positiven Dinge hinter den Ereignissen zu sehen. Sie können sich fragen: Was habe ich aus eben jener Erfahrung gelernt? Wie hat mir das in meinem Leben weiter geholfen? Welche schönen Dinge wurden gerade dadurch erst möglich? Nichts auf der Welt ist so schlecht, daß es nicht auch gute Seiten hat.

Nachdem wir die Vergangenheit etwas näher betrachtet haben, werden wir nun die Zukunft erobern. Wir werden uns jetzt gemeinsam daran machen, nach den ersten Vorüberlegungen in der letzten Übung eine erste Version Ihres Traumes oder Ihrer persönlichen Lebensvision zu entwickeln. Dieser Traum soll ganz allein Ihr Werk sein. Schließlich ist das Ihr Leben, Ihre Kreation. Sie erschaffen Ihren Traum – sich selbst. Lassen Sie sich von niemand anderem vorschreiben, wie Ihr Leben auszusehen hat. Gehen Sie für die Übungen etwas in sich. Hören Sie einmal in sich hinein, was Sie wirklich wollen. Denken Sie auch daran, daß Sie nur ein Leben haben.

Lösen Sie sich von Ihren Zwängen, den gutgemeinten Ratschlägen Ihrer Eltern, Partner, Verwandten, Freunde, Lehrer und Nachbarn. Diese müssen nicht Ihr Leben leben, Sie werden Ihnen nicht immer zur Seite stehen. Irgendwann wird die Stunde kommen, in der Sie selbst für sich die Verantwortung übernehmen müssen und dann spielt es keine Rolle, daß Sie Ihren ungeliebten Beruf nur deshalb haben, weil Ihre Eltern damals wollten, daß Sie ihn erlernen oder die wirtschaftliche Situation für Ihren Traumberuf damals schlecht aussah. Sie müssen in diesem Beruf arbeiten und glücklich sein. Es spielt keine Rolle, wofür andere Menschen Sie fähig oder nicht fähig halten. Unser Gehirn ist so phantastisch, daß es innerhalb kürzester Zeit unermeßlich viel lernen kann, wenn Sie es wirklich wollen und es Ihnen wirklich

Ihre Eltern müssen nicht Ihr Leben leben!

wichtig ist. Sie können heute eine riesige Zahl an Informationen erhalten. Unsere Bibliotheken und Datenbanken sind voll davon. Denken Sie sich für Ihre Vision keine Schranken. Gehen Sie nicht unbedingt von Ihrer aktuellen Situation aus. Bill Gates konnte mit 15 Jahren noch nicht ahnen, daß er 1995 mit einem Vermögen von 18 Mrd. Dollar der reichste Mann der Welt sein würde. Wenn man erst einmal eine Veränderung in Gang gesetzt hat, dann ergeben sich daraus neue Veränderungen, die einen Menschen weiter wachsen lassen. Beim Träumen geben Sie jedoch eine Richtung vor, in die Sie sich bewegen wollen. Sie setzen Prozesse in Gang, die Sie in die erwünschte Richtung führen werden. Das Leben ist Fluß und Veränderung. Sie können heute noch nicht wissen, wie weit ein Traum Sie morgen führen wird.

Greifen Sie ruhig für einen Moment nach den Sternen und Sie werden ganz automatisch an den Baumwipfeln vorbeikommen, die viele für unerreichbar halten.

Beachten Sie, wir setzen noch keine realistischen Ziele – das kommt erst später. Träume sind grenzenlos. Ihr Traum von heute kann morgen die ganze Welt verändern. Vielleicht erfinden Sie ein neues technisches Gerät, mit dem man das Ozonloch bekämpfen kann oder Sie gründen eine neue Friedensbewegung, die unzähligen Menschen das Leben rettet. Es ist Ihr Leben! Sie entscheiden, ob Sie es zu einem Meisterwerk machen.

Bereiten Sie sich für die nächste Übung ein wenig innerlich vor, wie ein Kind, das seinen Wunschzettel für Weihnachten vorbereitet – in dem festen Glauben, daß jeder Wunsch Wirklichkeit werden kann. Tauchen Sie ein in eine Welt, in der nichts unmöglich ist! Das soll nicht heißen, daß Sie jederzeit von einem Hochhaus springen können, ohne sich zu verletzen. Aber wenn Sie wirklich an einen Traum glauben, dann können auch Wunder wahr werden.

Siegfried und Roy erobern die Welt der Magie

Auf dem Heimweg von der Schule sah der achtjährige Siegfried aus Rosenheim im Schaufenster eines Geschäftes ein Zauberbuch liegen, das ihn magisch anzog. Er unterzog es einer eingehenden Prüfung und gelangte zu dem Schluß, daß er es unbedingt besitzen müsse. Da jedoch das Buch fünf Mark kostete, was 1947 für jeden kleinen Jungen in Deutschland ein Vermögen war, mußte er es sich verdienen. Er ging nach Hause und war der netteste Junge der Welt. Seine Mutter durchschaute das schnell und als Siegfried daraufhin von seinem Wunsch erzählte, verließ sie mit einem Kopfschütteln den Raum. Der Junge war enttäuscht, aber dennoch war er tief und innig von seinem Wunsch nach dem Zauberbuch erfüllt. So ging er, einer inneren Eingebung folgend, los, um sich zu holen, was für ihn bestimmt war. Als er bei dem Geschäft angekommen war, balancierte er auf dem Bordstein der gegenüberliegenden Straßenseite und überlegte sich, was als nächstes zu tun sei. Da fiel sein Blick in den Rinnstein und dort lag – ein Fünfmarkstück! Mit zitternden Händen griff Siegfried danach und holte sich sein Zauberbuch. Für diese Tat bezog er zu Hause eine Tracht Prügel. Doch an diesem Tag begann ein Leben voller Magie! Siegfried studierte das Buch, bis es ihm in Fleisch und Blut übergegangen war. Er führte seinem Vater einen Zaubertrick vor und zum ersten Mal in seinem Leben erhielt er Anerkennung von ihm. Aber seine Eltern und seine Umwelt verstanden seine Sehnsucht zur Magie nicht, für sie war das ein netter Zeitvertreib für die Freizeit und mehr nicht. Siegfried schlich sich häufig heimlich auf die nahegelegenen Rosenheimer Berge und träumte von einer Zukunft als großer Magier. Dieser Traum war so stark, daß er mit 17 Jahren seine Heimat verließ, zunächst Kellner im Kurhotel ›Zauberberg‹ wurde und dann auf einem Passagierschiff anheuerte, um dort Zaubertricks zu zeigen. Bei einer seiner Vorstellungen traf er dort einen anderen deutschen Jungen – Roy –, aus dessen Kindheit ich folgende Begebenheit in meine Erzählung einschieben möchte:

In der Umgebung der norddeutschen Stadt Nordenham streifte der sechsjährige Roy mit seiner Hündin Hexe durch die Natur, als er plötzlich im Schilf einsank und seine Füße nicht mehr aus dem Morast zu befreien vermochte. Laut schrie er um Hilfe, doch niemand hörte ihn, während er immer weiter im Morast einsank. Als sich auch noch seine Hündin abwandte und davon lief, fühlte er sich gänzlich verlassen. Immer wieder schrie er ihren Namen und bat sie um Hilfe. Als er schon mit der Brust im Morast versunken war, erschien die Hündin und mit ihr ein alter Bauer, so daß der Junge gerettet wurde. Nachdem Roy erfahren hatte, wie seine Hündin den Bauern aufmerksam gemacht und ihm dadurch das Leben gerettet hatte, standen ihm Tränen in den Augen. Von da an wurden Beziehungen zu Tieren die stärksten und harmonischsten Bindungen seines Lebens. Er verlebte eine sehr unglückliche Kindheit und entwickelte nur zu Tieren Vertrauen. Von einem Bekannten, der eine einflußreiche Position innehatte, erhielt er unbeschränkten und freien Eintritt in den nächstgelegenen Zoo. Dort trieb er sich häufig herum und half bei der Pflege der Tiere. Schließlich freundete er sich mit einem Geparden an und fuhr jeden Tag in den Zoo, um ihn zu versorgen. Doch die Verhältnisse bei ihm zu Hause waren schrecklich und so verließ er als Dreizehnjähriger seine Mutter und seinen alkoholabhängigen Stiefvater, um auf einem Schiff anzuheuern.

Dort lernte der Junge Siegfried kennen, der nach seinem Job im Hotel kleine Zaubershows auf Passagierschiffen aufführte. Bei einer Vorstellung hatte Siegfried keinen Assistenten und so sprang Roy ein und half Siegfried. Nach der Show wurde Siegfried in der Regel von allen Seiten gelobt und bewundert, nicht so von Roy. Er meinte nur, daß es leicht sei, Kaninchen verschwinden zu lassen, nicht aber Geparden. Siegfried hatte keine Ahnung, daß Roy einen eigenen Geparden hatte, der in einem deutschen Zoo auf ihn wartete. Daher sagte er: »In der Magie ist alles möglich!« Weiter sprachen die beiden kein Wort. Bei der nächsten Überfahrt hatte Roy heimlich den Geparden an Bord geschmuggelt. Siegfried war schockiert, aber er schaffte es, den Geparden in die Show einzubinden und später auch verschwinden zu lassen. Damit begann der unaufhaltsame Aufstieg von zwei der bedeutendsten Illusionisten und Magier unserer Zeit: Siegfried und Roy. Einige Jahre später waren sie die ersten Magier, die in Las Vegas ihre eigene Show hatten und als internationale Live-Entertainer jährlich mehr als 700.000 Zuschauer in ihre Vorführungen lockten. Sie lassen Tiger und Elefanten verschwinden, Menschen durch die Luft fliegen und haben damit eine der großartigsten Erfolgsgeschichten unserer Zeit wahrgemacht!

> *»In uns allen erklingt eine zarte Melodie. Wenn wir sie hören und ihr folgen, führt sie uns zur Erfüllung unserer sehnlichsten Träume.«*
> *(Siegfried und Roy)*

★ Übung 6: Den eigenen Traum entwickeln. Was würden Sie tun, wenn Sie wüßten, daß Sie auf jeden Fall Erfolg haben werden? Seien Sie frei in Ihren Gedanken. Die nächste Stunde könnte die wertvollste Ihres Lebens sein! Schaffen Sie optimale Voraussetzungen für Ihre Kreativität. Begeben Sie sich an einen Ort, der Sie inspiriert. Lassen Sie eine Atmosphäre entstehen, die Ihnen das Bewußtsein gibt, daß Sie einen bedeutenden Schritt in Ihrem Leben machen werden. Vielleicht hören Sie dabei im Hintergrund Ihre Lieblingsmusik, die Sie in eine besondere, angenehme Stimmung versetzt.

Sammeln Sie Ihre Wünsche für die fünf Bereiche:

1. **Persönlichkeit**
2. **Beruf**
3. **Familie und Partnerschaft**
4. **Gemeinschaft und Umwelt**
5. **Freizeit und Luxus**

Gehen Sie dabei recht schnell vor, halten Sie Ihren Stift immer in Bewegung und schreiben Sie beim ersten Durchgang nur Stichpunkte auf. Später können Sie immer noch die Details eintragen. Gehen Sie die fünf Bereiche der Reihe nach durch. Ich werde Ihnen zu jedem Bereich einige Fragen zur Anregung geben. Lassen Sie sich dadurch nicht einschränken! Es gibt sehr viel mehr Fragen, die Sie sich zu den einzelnen Bereichen stellen können. Genießen Sie diese Übung!

Persönlichkeit

Welche Eigenschaften möchte ich weiter entwickeln?
Was möchte ich gerne lernen?
Welche Bücher möchte ich gerne lesen?
Welche Ängste möchten ich überwinden?
Was möchte ich für mein körperliches Wohlbefinden tun?
Welche Rolle spielt Gesundheit in meinem Leben?
Welche Wirkung möchte ich auf andere haben?
Welche Menschen möchte ich kennenlernen?
Wen möchten ich zu meinem Lehrer haben?
Was würde ich gerne bauen oder erschaffen?

Ziele für meine Persönlichkeitsentwicklung:

Beruf

Welchen Beruf möchte ich ausüben?
Wieviel Geld möchte ich verdienen?
Welche Ziele habe ich für meine Firma vor Augen?
Mit welchen Menschen möchte ich zusammen arbeiten?
Wie viele Mitarbeiter möchte ich haben?
Auf welchem Gebiet möchte ich ein Experte werden?

Berufliche, wirtschaftliche und geschäftliche Ziele:

Familie und Partnerschaft

Wie stelle ich mir mein Familienleben vor?
Wie stelle ich mir meinen Partner oder meine Partnerin vor?
Welche Charaktereigenschaften soll er oder sie haben?
Welche Beziehung möchte ich zu meinem Partner oder meiner Partnerin haben?
Welche Erfahrungen möchte ich mit ihm oder ihr teilen?
Wie möchte ich ihn/sie verwöhnen bzw. von ihm/ihr verwöhnt werden?
Auf welche Weise möchte ich dem Partner oder der Partnerin gegenüber meine Liebe zum Ausdruck bringen?
Wieviele Kinder möchte ich haben?
Wie möchte ich meinen Kindern gegenüber als Vater oder Mutter sein?
Was möchte ich mit meinen Kindern unternehmen?
Wie möchte ich sie erziehen?
Was für ein Vorbild möchte ich ihnen sein?
Wie werden sie mir gegenüber ihre Liebe zeigen?

Ziele für meine Partnerschaft und Familie:

Gemeinschaft und Umwelt

Welchen sozialen Beitrag will ich zum Gemeinwohl leisten?
Welchen Nutzen bringe ich anderen?
Welchen bleibenden Wert kann ich schaffen?
Wie kann ich helfen, die Lebensqualität für andere Menschen zu erhöhen?
Wie kann ich mich im Umweltschutz engagieren?
Was kann ich tun, um die Umwelt sauberer zu machen?
Möchte ich mich in einer Organisation zur Erhaltung seltener Tierarten einsetzen?

Meine Ziele zum Bereich Gemeinschaft und Umwelt:

Freizeit und Luxus

Woran würde ich gerne teilnehmen?
Was für Freunde möchte ich gerne haben?
Was möchte ich mit ihnen unternehmen?
Welche Geschenke möchte ich meinen Freunden machen?
Welche exotischen Orte möchte ich im Urlaub besuchen?
Von wem möchte ich Konzerte hören?
Wie möchte ich meine Freizeit gestalten?
Hätte ich gerne mehr Zeit für ...?
In meiner Freizeit möchte ich einfach zum Spaß lernen: Surfen, Skifahren, Tanzen, Paragliding oder...
Was ich schon immer einmal tun wollte...
Zum Essen würde ich in ein ... Restaurant gehen.
...

Meine Luxus- und Freizeitziele (Spiel- und Spaßziele):

Wenn Sie den Eindruck haben, daß sich einige Ihrer Träume nicht gleichzeitig realisieren lassen oder einander ausschließen, verwerfen Sie sie noch nicht gleich. Vielleicht gibt es Möglichkeiten, diese zu integrieren...

Was für einen Eindruck haben Sie von dem Menschen, den Sie in Ihrem Traum geschaffen haben? Stellen Sie sich noch einmal ganz intensiv vor, alle diese Ziele wären jetzt, in diesem Moment Wirklichkeit! Wie fühlt es sich an, ein solcher Mensch zu sein und ein solches Leben zu führen?

Ich hoffe: großartig! Wenn Sie sich jetzt noch einmal Ihre erste Stoffsammlung ansehen und feststellen, daß das ›ganz nett‹ ist, dann werfen Sie sie weg! Der Entwurf Ihres Lebens muß Sie so begeistern, daß Sie bereit sind, ihn trotz härtester Widerstände anzustreben. Ein langweiliges Leben könnte Sie nicht einmal morgens aus dem Bett holen und erst recht nicht dazu bewegen, einen Finger für die Realisierung Ihres Traumes krumm zu machen. Die meisten Menschen, die morgens lange im Bett liegen bleiben und einfach nicht aufstehen wollen, sind keine besonderen Langschläfer oder faule Menschen. Sie haben häufig nur keine Träume, die sie motivieren und begeistern.

Der Traum von Ihrem Leben sollte eine magnetische Anziehungskraft auf Sie ausüben.

Der Traum sollte so stark und fesselnd sein, daß es genügt, Ihnen beim Wachwerden ein Bild von Ihrem Traum zu zeigen oder ein Wort zu sagen, so daß Sie voller Tatendrang aus dem Bett springen. Gleichgültig, ob sie fünf, sechs oder acht Stunden geschlafen haben. Bedenken Sie bitte, wenn Sie sich einen großen, herausfordernden Traum ausgemalt haben, dann werden Sie auch die Fähigkeiten und Einstellungen erwerben, um diesen Traum zu erreichen. Sie werden an Ihrer selbstgestellten Aufgabe wachsen. Eine Veränderung setzt weitere in Gang!

★ ***Übung 7: Größe und Räume der Vision.*** Welche Räume haben Sie bisher berücksichtigt? In welchen Dimensionen haben Sie gedacht? Haben Sie nur Ihre unmittelbare Umgebung berücksichtigt oder auch schon das ganze Land? Wenn Sie bisher beim Träumen nur sich selbst oder Ihre unmittelbare Umgebung berücksichtigt haben, dann möchte ich Sie nun bitten, sich noch einmal ganz konkret Gedanken über die Räume und die Größe Ihrer Vision zu machen. Die meisten Menschen denken an diesem Punkt viel zu klein. Sie berücksichtigen nicht die enormen Möglichkeiten, die wir durch unsere Informationstechnologie geschaffen haben. Innerhalb von wenigen Minuten können sich Nachrichten über den gesamten Erdball ausbreiten. Ein Produkt oder eine Dienstleistung, die Sie anbieten, kann bereits wenige Stunden später überall auf der Erde angeboten werden. Das Leben unserer Zeit ist schneller als jemals zuvor. Die globale Vernetzung nimmt immer weiter zu. Dehnen Sie Ihre Vision einen Moment aus. Wie wäre es, wenn Sie nicht nur für die Menschen in Ihrer unmittelbaren Umgebung einen besonderen Wert schaffen könnten, sondern in Ihrem ganzen Land? Wie wäre es, wenn Ihre Vision die Lebensqualität der Menschen in ganz Europa oder sogar überall auf der Welt deutlich verbessern würde? Lassen Sie sich inspirieren und denken Sie einmal darüber nach. Wenn ich Menschen dabei unterstützt habe, eine geeignete Vision oder Aufgabe für ihr Leben zu finden, dann war es häufig dieser Punkt, der einen entscheidenden Durchbruch gebracht hat. Die Vision war zwar da, aber Sie war auf eine so kleine Anzahl von Menschen beschränkt, daß es sich kaum gelohnt hätte, sie in die Tat umzusetzen. Die Ausdehnung auf einen viel größeren Raum läßt die Vision jedoch unwiderstehlich werden.

In welchen Städten, Regionen, Ländern oder Kontinenten spielt sich die Vision ab? Oder haben Sie vielleicht das ganze Universum in Ihre Überlegungen mit einbezogen?

Nehmen Sie eine Weltkarte zur Hand und denken Sie ein wenig darüber nach, auf welche Weise einzelne Gebiete von Ihrer Vision profitieren könnten. Vielleicht gibt es auch Regionen, zu denen Sie sich einfach hingezogen fühlen, ohne daß Sie genauer wissen warum. Dann schreiben Sie diese Gebiete kurz auf, damit Sie später darauf zurückgreifen können.

★ ***Übung 8: Nutzen für andere.*** Stellen Sie sicher, daß andere Menschen von Ihrer Vision profitieren. In schwierigen Zeiten schafft das eine zusätzliche, neue Motivation. Für sich selbst würden Sie eher auf etwas verzichten als für andere. Darum ist es sehr wichtig, daß Sie auch soziale Ziele formuliert haben, die Bedeutung für andere schaffen. Machen Sie sich wertvoll für andere. Die Größe Ihres Erfolges ist abhängig von der Menge des Nutzens, den Sie anderen bereiten. Es mag sein, daß Sie auch einmal zweifeln und ans Aufgeben denken, dann erinnern Sie sich an die Menschen, denen Sie helfen oder deren Lebensumstände Sie verbessern wollen. Weiten Sie also Ihre Vision zu einer Mission aus – in dem festen Glauben, daß Sie dafür geboren wurden, um diese Mission zu erfüllen. Es gibt keinen anderen, der diese Mission für Sie übernehmen würde. Vielleicht gibt es andere Menschen, die Ihnen dabei helfen werden, aber es gibt keinen Grund dafür, daß Sie die Hände in den Schoß legen. Diese Welt braucht Sie! Wenn Sie es nicht tun, dann wird es keiner tun!

Wer hat einen Nutzen davon, wenn ich meinen Traum verwirkliche? Worin besteht dieser Nutzen?

★ ***Übung 9: Reaktionen des Umfeldes.*** Benennen Sie jetzt bitte alle Personen oder Gruppen, die auf irgendeine Art und Weise etwas mit Ihrer Vision zu tun haben.

Wer ist von meiner Mission betroffen?

Wer könnte mir helfen?

Wer hätte einen Vorteil davon?

Wer könnte etwas dagegen haben?

Was würden meine Freunde, Eltern, Geschwister, Kinder oder mein Partner dazu sagen?

Anregung: Wenn Sie sich nicht klar darüber sind, wer das alles sein könnte und wie diese Menschen überhaupt zu Ihnen stehen, dann stellen Sie doch einmal das Beziehungsgeflecht der Sie umgebenden Menschen optisch dar. Wenn Sie keine geeigneteren Hilfsmittel haben, dann ist es am einfachsten, die Namen auf kleine Zettel zu schreiben und diese dann zueinander anzuordnen. Dabei können Sie unter Umständen erstaunliche Zusammenhänge Ihres Beziehungssystems erkennen. Sie können gezielt auch nur Ihre Familienkonstellation oder Ihre berufliche Situation untersuchen, immer werden Sie eine neue Perspektive erleben, die Ihnen tiefe Einblicke in die Gruppendynamik und das System ermöglichen. Der Blick auf das gesamte System kann Ihre Möglichkeiten dramatisch ausweiten.

★ **Übung 10: Checkup.** Betrachten Sie jetzt bitte noch einmal die Ergebnisse der Übungen dieses Kapitels.
Wenn alles genau so eintrifft, wie Sie es bis jetzt geplant haben, was wären die möglichen Folgen für Ihr Leben?

Können Sie damit in Frieden leben? Haben Sie alle Konsequenzen bedacht? Dann werden Sie hundertprozentig hinter Ihrem Traum stehen können und er wird Ihr Leben positiv verändern!

Lassen Sie Ihren Traum jetzt vorerst einmal gut sein. Wenn das wirklich der Traum ist, den zu verwirklichen Sie geboren wurden, dann werden Sie noch mehr als genügend Gelegenheiten haben, um ihn zu träumen. Er wird zu Ihrer Laterne in der Finsternis werden und Ihnen den Weg weisen. Er wird Sie führen und Ihre Entscheidungen lenken. Ohne Traum zu leben bedeutet, Arbeit, Zeit und Energie für etwas zu investieren, das man sich nicht ausgesucht hat. Dafür ist Ihr Leben zu kostbar. Sie sind wichtig in dieser Welt! Stellen Sie sich darum Ihrem Traum und lassen Sie ihn zu Ihrem Partner werden, mit dem Sie durch das Leben tanzen.

In den nächsten Kapiteln werde ich Ihnen Stück für Stück die Kraft geben, die Sie benötigen, damit dieser Traum Wirklichkeit werden kann.

2
Die Konstruktion der Wirklichkeit

»Der Gedanke ist die eigentliche geistige Großmacht, die die Welt beherrscht. Er ist stärker als jede andere Kraft, mächtiger als alle Materie.«

Ralph Waldo Emerson

In einer alten indischen Geschichte sollen vier Blinde einen Elefanten berühren und beschreiben. Der erste berührt den Elefanten am Rüssel und sagt dann: »Ein Elefant ist lang und dünn.« Der zweite betastet den Bauch und meint: »Nein, er ist riesig groß und schwebt über uns.« »Unsinn, er ist fest mit der Erde verbunden und mächtig wie ein Baum«, meint der dritte, der den Elefanten an einem Bein angefaßt hat. Der vierte berührt den Stoßzahn und meint: »Warum lügt ihr mich an? Der Elefant ist doch glatt, schwungvoll und läuft an einem Ende spitz zusammen.«

Alle vier glauben genau zu wissen, was ein Elefant ist und sind davon überzeugt, daß nur sie rechthaben können. Jede einzelne ihrer Erfahrungen ist für sich genommen jedoch unvollständig und stellt nur einen kleinen Ausschnitt der Realität dar. Trotzdem generalisiert jeder der Blinden die Erfahrung und stellt sie als die Wahrheit schlechthin dar. Geht es uns im Alltag besser? Generalisieren wir unsere Erfahrungen nicht auch viel zu schnell und halten sie für wahr? Wir begreifen nur äußerst schwer, daß unsere gesamte Vorstellung von der Realität darauf beruht, was wir wahrnehmen, auf welchen Ausschnitt wir uns konzentrieren und welche Grenzen uns bei unserer Wahrnehmung gesetzt sind. Menschen, die bestimmte Ereignisse anders erleben oder wahrnehmen als wir, werden dabei schnell als verrückt, unrealistisch und ausgeflippt bezeichnet. Doch von einem gedachten objektiven Standpunkt aus gesehen gibt es in vielen Situationen kein Richtig und Falsch.

Nach dem Erzählen dieser Geschichte sagen viele: »Naja, es geht ja um Blinde. Aber ich kann doch sehen! Ich sehe doch wie ein Elefant aussieht! Ich nehme doch die Realität wahr.« Das ist ein Trugschluß, denn auch Ihnen entgehen ungeheuer viele Informationen, wie Sie im weiteren Verlauf dieses Kapitels sehen werden.

Doch warum ist es wichtig in einem Buch über Träume und Motivation, sich mit dem Thema Wahrnehmung zu beschäftigen? Warum bereits im zweiten Kapitel? – Damit Sie von Anfang an Ihre Grenzen kennenlernen können, um Sie anschließend zu sprengen! Was glauben Sie, wie Ihre Realität entstanden ist? Glauben Sie, daß diese Realität für Sie immer gleich sein wird? Glauben Sie, daß die Realität für alle Menschen identisch ist? Haben die Menschen, die nicht Ihrer Meinung sind, einfach nur Holzklötze auf den Augen? Sind diese Menschen zu dumm, um doch die völlig offensichtliche Wahrheit zu sehen? Was Sie für Ihre Realität halten und jeden Tag mit größter Mühe aufrechterhalten, bestimmt, was Sie für möglich halten. Ihr Traum kann nur dann wahr werden, wenn Sie ihn für real halten! Nur was Sie in Ihren Gedanken zulassen, was in Ihrer Phantasie existiert, kann Wirklichkeit werden. Die meisten Menschen haben in der Vergangenheit einen subjektiven Ausschnitt an Erfahrungen gesammelt und diese auf alles Erdenkliche generalisiert. Weil es in der Vergangenheit unmöglich war, etwas Bestimmtes zu tun, ist es auch in der Zukunft unmöglich. Weil etwas bei zehn Versuchen nicht funktioniert hat, wird es nie funktionieren. Weil etwas für sie unmöglich ist, ist es auch für andere unmöglich. Und umgekehrt: Weil etwas für andere unmöglich ist, soll es auch für Sie unmöglich sein. Doch wer sagt das? Wer hat das bewiesen?

Die Vergangenheit ist nicht gleichbedeutend mit der Zukunft!

Wenn die Vergangenheit gleich der Zukunft wäre, dann würden wir heute nicht durch die Lüfte fliegen, in 10.000 m Tiefe tauchen oder in wenigen Sekunden mit Menschen auf der anderen Hälfte der Erdkugel telefonieren können. Die Zukunft ist das, was Sie daraus machen! Was für Sie real ist, bestimmen ganz allein Sie! Sie entscheiden, welchen Ausschnitt der Realität Sie betrachten wollen und welche Bedeutung Sie Ihren Beobachtungen beimessen. Lassen Sie uns jetzt auf eine kleine spannende Reise durch wissenschaftliche Erkenntnisse unserer Wahrnehmung gehen.

Unsere Wahrnehmung bildet die entscheidende Grundlage für unser Leben. Ohne sie wären wir nicht in der Lage, mit unserer Umwelt in Kontakt zu treten, ja, wir wüßten nicht einmal, daß es sie gibt. Unsere Sinnesorgane, unsere Augen, unsere Ohren, unsere Nase, unser Mund und unsere Haut, nehmen unablässig Tausende von Informationen aus der Umgebung auf und verwandeln sie in für uns wahrnehmbare Empfindungen.

Stellen Sie sich einmal vor, Sie sind auf einem Empfang oder einer Cocktailparty. Auf einmal nehmen Ihre Augen einen neuen Gast wahr, der einen Anzug mit einer völlig unpassenden Krawatte trägt. Sie wollen sich gerade mit Ihrem Nachbarn über diese auffällige Farbkombination unterhalten, da hören Sie plötzlich von einer kleinen Gruppe vor Ihnen ein schallendes Gelächter, das sogar noch die ziemlich laut aufgedrehte Stereoanlage übertönt. Sie spitzen Ihre Ohren, um mitzubekommen, worüber geredet wird, da wird direkt vor Ihrer Nase das Büfett aufgebaut. Der Duft eines Bratens steigt in Ihre Nase und der Gedanke an seinen Geschmack läßt Ihnen das Wasser im Mund zusammen laufen. Fast hätten Sie dabei das Weinglas fallengelassen, welches Sie gerade noch rechtzeitig wieder in Ihren Händen spüren...

Auf einer Cocktailparty

In dieser kurzen Szene haben Sie eine Unmenge an Reizen aufgenommen und doch erscheint es Ihnen wahrscheinlich – wie den meisten Menschen – fast selbstverständlich, diese vielen Informationen nahezu gleichzeitig zu verarbeiten. In der Regel sind sie Ihnen nicht einmal bewußt. Erst wenn einzelne Sinne einmal ausfallen, wird uns bewußt, wie sehr wir auf sie angewiesen sind. Wir wünschten uns, wir hätten eine Taschenlampe dabei, um den Waldweg in der Nacht deutlicher zu sehen oder wir würden doch ganz gerne etwas vom Duft der Speisen riechen, obwohl wir erkältet sind. Auch das Gas in der Küche könnten wir nicht riechen und so in ernsthafte Gefahren geraten. Ohne unsere Ohren wären wir im Straßenverkehr manchmal ziemlich hilflos. Wenn uns von unserer Haut keine Botschaften erreichen würden, dann bekämen wir keine Schmerzmeldungen mehr, wenn wir uns verbrennen, und hätten keine Empfindungen dabei, wenn uns jemand anderes berühren würde. Das alles scheint für uns selbstverständlich – doch was steckt eigentlich dahinter?

Unsere Sinne sind darauf spezialisiert, jeweils aus einem ganz bestimmten Bereich von Umweltreizen Botschaften aufzunehmen. Diese Botschaften werden von unseren Rezeptoren, z.B. den lichtempfindlichen Zellen in der Netzhaut des Auges, aufgenommen und in Signale verwandelt, die zur Erregung der Sinneszellen des entsprechenden Sinnesorgans führen. Das

Signal bzw. die Erregung wird nun über die Nervenbahnen in die entsprechenden sensorischen Gehirnzentren weitergeleitet. Lange Zeit dachte die Wissenschaft, daß diese Gehirnzentren wie unbestechliche Meßgeräte arbeiten und auf eine identische Botschaft immer die gleiche Reaktion zeigen würden. Doch neuere Forschungsergebnisse legen nahe, daß dies nicht der Fall ist, denn bereits an diesen Anlaufstellen des Gehirns werden die Botschaften nach Wichtigem und Unwichtigem gefiltert. Eine zentrale Rolle für diesen Filtervorgang spielt dabei unsere Aufmerksamkeit.

Wir nehmen besonders das wahr, worauf wir unsere Aufmerksamkeit richten.

Experiment von Desimone

Robert Desimone von dem amerikanischen National Institute of Health konnte dies in einem eindrucksvollen Experiment zeigen. Desimone ließ Affen mit den Augen eine bestimmte Stelle auf einem Monitor fixieren, an der ein roter und ein grüner Punkt zu sehen waren. Die Affen wurden nun angehalten, verstärkt auf die Farbe Grün zu achten und Desimone registrierte dabei die Impulse der Neuronen, die im Gehirn die Farbe Grün und die Neuronen, die die Farbe Rot dekodieren. Als die Affen die Aufmerksamkeit auf die Farbe Grün richteten, verstummten plötzlich alle Rotsensoren, obwohl doch die Farbe Rot noch genauso in ihrem Blickfeld lag wie vorher. Damit konnte Desimone zeigen, daß durch Aufmerksamkeit sensorische Detektoren beeinflußt werden können.

Bedeutung des Fokus am Beispiel des Autokaufs

Im Alltag haben Sie wahrscheinlich schon oft erfahren, welche Bedeutung diese Entdeckung hat. Vielleicht kennen Sie die folgende Situation: Sie haben sich ein Auto (Fahrrad, Rucksack oder etwas anderes) gekauft; nehmen wir einmal an, es sei eine blaue Limousine eines bestimmten Herstellers. Noch vor wenigen Wochen haben Sie geglaubt, daß es dieses Auto nicht besonders häufig gibt, doch jetzt, wo Sie in Ihrer neuen Limousine durch die Stadt fahren, entdecken Sie auf einmal an fast jeder Straßenecke dieses Auto. Es ist, als wären sie plötzlich aus dem Nichts aufgetaucht. Vorher waren nur unwesentlich weniger Autos dieser Marke vorhanden, aber Sie haben nun Ihre Aufmerksamkeit darauf gerichtet. Durch Ihre Entscheidung zu einem Autokauf haben Sie über längere Zeit Ihren Fokus auf dieses Thema gelenkt und schließlich immer wieder in Ihrem Bewußtsein und Unterbewußtsein an dieses Auto gedacht.

Wenn Sie dieses Beispiel nicht nachvollziehen können, dann machen Sie doch jetzt einmal ein kleines Experiment: Sehen Sie sich für ein paar Sekunden in dem Raum, wo Sie sich gerade befinden, um, und achten Sie auf alles, das die Farbe Rot hat. Tun Sie dies j e t z t !

Sind Sie sicher, daß Sie alles gesehen haben, was rot ist? – Dann zählen sie doch einmal alle Gegenstände auf, die die Farbe Blau haben! Überrascht? Wenn Sie ehrlich mit sich selbst sind, dann werden Sie bemerkt haben, daß es eine ganze Reihe von blauen Gegenständen gibt, die Ihnen entgangen sind, obwohl Sie eigentlich in Ihrem Gesichtsfeld waren.

Noch ein Beispiel: Eine Schneiderin und eine Frisöse gehen gemeinsam auf einen Ball. Worauf wird wohl die Schneiderin achten und worauf die Frisöse? Die Schneiderin wird besonders die Kleidung betrachten und bereits kleinste Stick- oder Schnittfehler feststellen. Die Frisöse wird – bewußt oder unbewußt – den Haarschnitt der Leute betrachten und bewerten.

Was Sie ständig tun, womit Sie sich häufig befassen, prägt ganz zwangsläufig Ihre Wahrnehmungsmuster. Wenn Sie ständig Ihre Aufmerksamkeit darauf richten, was nicht funktioniert, dann werden Sie sehr viele Dinge sehen, die nicht funktionieren. Wenn Sie jedoch Ihre Aufmerksamkeit darauf richten, was funktioniert und positiv ist, dann werden Sie sehr vieles sehen, was funktioniert und positiv ist.

Richten Sie Ihre Aufmerksamkeit auf die positiven Dinge und Sie werden die positiven Dinge erkennen.

Vier einfache Tatsachen über unsere Wahrnehmung möchte ich Ihnen nun gerne näherbringen:

1. Wir nehmen die Realität nicht so wahr, wie sie ist. Wir nehmen nicht Atome, Moleküle oder Schwingungen wahr, sondern Farben, Geräusche, Gerüche usw. Wir nehmen nur das wahr, was uns unsere Sinnesorgane liefern. Die ursprünglichen Reize wurden transformiert in solche, die wir verstehen.

2. Nur ein kleiner Teil der Realität ist für uns wahrnehmbar. Für viele Vorgänge der physikalischen Realität fehlen uns die entsprechenden Sinnesorgane. Neben dem Hören, Sehen, Riechen, Schmecken und Fühlen gibt es noch andere Reize, die wir wahrnehmen können, Vibrationen, Erschütterungen usw. Doch damit sind noch längst nicht alle möglichen Reizquellen erfaßt. Es gibt eine große Anzahl an Vorgängen, die wir nicht wahrnehmen können! Früher galten manche von diesen Vorgängen als merkwürdig oder gar magisch, da man nur die Auswirkungen oder Ergebnisse sehen konnte und nicht wußte, wie sie zustande gekommen waren. Im Laufe der Zeit gelang es Wissenschaftlern jedoch, einige der Vorgänge zu entdecken, die unseren primären Sinnesorganen – Augen, Ohren, Nase, Tastsinn, Mund – verborgen geblieben waren.

So entdeckte der Würzburger Physikprofessor Wilhelm Conrad Röntgen 1895 durch Zufall die nach ihm benannten Röntgenstrahlen und erfand Geräte, mit denen man auch diese Strahlen nutzbar machen und wahrnehmen kann. Dabei hat Wilhelm Conrad Röntgen diese Strahlen nicht einmal bewußt gesucht, sondern bei seiner Beschäftigung mit Kathodenstrahlen zufällig entdeckt. Welch ein gewaltiger Fortschritt für die Menschheit, da man nun in der Lage war, selbst den Körper eines Menschen zu durchleuchten und nach der Ursache für Krankheit und Leiden zu suchen! Diese Entdeckung war eine Sensation und Röntgen erhielt dafür 1901 als erster Physiker den Nobelpreis.

Entdeckung der Röntgen-Strahlen

Auch Radioaktivität bleibt uns ohne Hilfsmittel zunächst verborgen. Doch seit ihrer Entdeckung und Erforschung, zu der vor allem das Ehepaar Curie durch ihre Entdeckungen des Poloniums und Radiums bedeutende Beiträge leisteten, ist die Radioaktivität immer bekannter geworden und heute häufiges Thema der Nachrichten.

Mit unseren Augen können wir elektromagnetische Wellen nur zwischen 380 nm (violett) und 680 Nanometer (rot) erkennen. Aber dennoch existieren auch die anderen Wellenlängen und haben Einfluß auf uns. So nutzen wir zum Beispiel Infrarotlicht, um Wärme zur Behandlung von Gelenkschmerzen zu erzeugen.

Klapperschlangen jagen mit Hilfe von Wärmestrahlen. Verklebt man ihre Augen und blockiert man gleichzeitig ihre Riechzellen, so sind die Tiere dennoch in der Lage, ihre Beute ausfindig zu machen. Auch der Mensch hat Sinneszellen, die es ihm erlauben Wärme zu empfinden, doch wo der Mensch auf einem Quadratzentimeter Haut nur etwa drei Wärmerezeptoren hat, befinden sich bei der Klapperschlange 150.000.

Ein weiteres Beispiel für Reize, die jenseits unserer Sinnesorgane liegen, sind Schallwellen unter 20 Schwingungen in der Sekunde. Brieftauben können sogar Schallwellen wahrnehmen, die noch viel kleiner als 20 Schwingungen in der Sekunde sind. Diese Schallwellen kleiner Frequenzen können sehr weite Distanzen zurücklegen, da sie nur sehr gering durch die Atmosphäre abgeschwächt werden. Donner, Erdbeben und Ozeanwellen können daher von

Brieftauben in Hunderten von Kilometern Entfernung noch wahrgenommen werden. Gleichfalls können Brieftauben mit Hilfe dieser Wellen weit entfernte Berge und Täler registrieren und dadurch ihre Position bestimmen.

Schallwellen über 20.000 Schwingungen, die sogenannten Ultraschallwellen, können vom menschlichen Ohr ebenfalls nicht wahrgenommen werden – wohl aber von einem Hund. Hundepfeifen nutzen diese Erkenntnis. Sie können von dem Hund noch in sehr großen Entfernungen gehört werden. Fledermäuse nutzen Ultraschallwellen zur Orientierung im Raum. Würde man in einer scheinbar ruhigen Nacht, in der wir Menschen kaum ein Geräusch wahrnehmen können, ein Gerät einschalten, das Ultraschall für uns hörbar macht, die Nachtruhe wäre dahin, weil die Schreie der Fledermäuse uns keine Ruhe mehr lassen würden. Der Schrei einer einzigen Fledermaus ist so laut wie ein Preßlufthammer.

Maulwürfe orientieren sich in der Dunkelheit mit Hilfe einer Art Luftdruckwellen-Radar. Wenn ein Maulwurf durch seinen Tunnel läuft, schiebt er eine Luftdruckwelle vor sich her. Trifft diese nun auf ein Hindernis, so wird ein Teil von ihr wie ein Echo zurückgeworfen und der Maulwurf ist trotz absoluter Dunkelheit ›im Bilde‹.

Der Zitteraal ortet mit schwachen Stromstößen einen Beutefisch, pirscht sich an ihn heran und entlädt plötzlich Hochspannung von 800 Volt. Die Beute wird dadurch betäubt, der Zitteraal umschlingt das Opfer und versetzt ihm noch einen elektrischen Schlag. Auch afrikanische Nilhechte und südamerikanische Messeraale haben einen elektrischen Sinn und können nur dank seiner Hilfe in ihrer Umwelt mit schlechten Sichtbedingungen überleben.

Neuere Entdeckungen lassen darauf schließen, daß einige Tiere sogar einen magnetischen Sinn haben und das Magnetfeld der Erde nutzen können. Aale steuern in der Tiefsee ihren Kurs mit Hilfe eines inneren Magnetkompasses. Auch Termiten spüren das Erdmagnetfeld und richten sich daran aus, als wären sie lebendige Magnetnadeln.

Diese Sammlung ließe sich beliebig ergänzen. Tag für Tag entdecken Forscher immer weitere ›Sinne‹, die uns ohne technische Hilfsmittel verschlossen bleiben. Wie viele unerkannte Arten von Reizen mag es noch geben? – Wahrscheinlich sehr viele.

Eigenschaften bestimmter Menschen, die vielfach als magisch oder übersinnlich betrachtet werden, könnten sich bei genauerer Betrachtung und weiterer Forschung als Wahrnehmungs- und Nutzungsfähigkeit einer neuen Energieform darstellen. Möglicherweise könnte man sogar die außergewöhnlichen Kräfte von manchen Sehern oder Heilern damit erklären, daß Sie eine größere Feinfühligkeit oder Empfangsbereitschaft für bestimmte Energien oder Reize besitzen als der gewöhnliche Mensch. Jedoch ist den meisten Menschen zunächst einmal das, was Sie nicht mit Ihren eigenen Sinnesorganen wahrnehmen können, höchst suspekt.

3. Von den Vorgängen, für deren Wahrnehmung wir Sinnesorgane besitzen, werden uns nur jene bewußt, die einen bestimmten Stärkegrad erreichen. Wir nehmen nur Vorgänge wahr, die eine bestimmte Reizschwelle überschreiten. Unser Körper kann nicht auf jeden noch so schwachen Reiz reagieren. Wir könnten nie eine angefangene Reaktion ausführen, weil ständig eine neue Information eintreffen würde. Unser System geht sogar noch viel weiter, es registriert zwar eine Unmenge von Reizen, läßt uns aber nur jene Reize bewußt werden, die eine Bedeutung für uns haben. So spürten beispielsweise viele im Krieg verwundete Männer den Schmerz selbst bei schwersten Verletzungen nur in einem Maße, welches ihnen gestattete, sich vom Kriegsschauplatz zu entfernen und ein hinter der Front gelegenes Lazarett aufzusuchen. Die Wahrnehmung von Schmerz wird nicht nur durch die Reizung von Schmerzrezeptoren festgelegt, sondern auch durch Faktoren wie kulturelle Herkunft, Vergangenheit und generelle Situation, in welcher der Schmerzstimulus auftritt.

Ein sehr anschauliches Beispiel hierfür liefert eine indische Zeremonie, die der Schmerzforscher Ronald Melzak in seinem Buch ›The Puzzle of Pain‹ beschreibt. Bei dieser heiligen Zeremonie werden zunächst zwei Haken aus Stahl in den Rücken einer auserwählten Person gebohrt. Dann wird durch diese Haken ein starkes Seil gezogen, an dem der Auserwählte an dem oberen Teil eines speziellen Karrens aufgehängt wird. Der Karren wird von Dorf zu Dorf gefahren und der Auserwählte segnet auf seinem Weg die Kinder. Während der Zeremonie repräsentiert er Gott. Das Erstaunliche dabei ist, daß der Mann keine Anzeichen von Schmerz aufweist, vielmehr scheint er in einem Zustand von Erhabenheit zu sein. Wenn die Stahlhaken später entfernt werden, heilen die Wunden ohne größere medizinische Behandlung sehr schnell und sind nach zwei Wochen kaum mehr sichtbar.

Schmerzwahrnehmung

4. Diejenigen Vorgänge, die uns bewußt werden, werden uns in ihrer Verschiedenheit nur ungenau bewußt, d.h. Unterschiede zwischen Farben, Tönen, Entfernungen usw. müssen eine bestimmte Größe erreichen, damit wir sie bemerken. Man spricht in diesem Zusammenhang auch von Unterschiedsschwellen. Um die Mitte des 19. Jahrhunderts fand E. H. Weber bei

Ergebnisse von E. H. Weber

seinen sinnesphysiologischen Untersuchungen heraus, daß unsere Fähigkeit, eine Berührung an zwei Punkten unserer Hautoberfläche wahrzunehmen, sehr deutlich davon abhängt, wo auf dem Körper die beiden Punkte lokalisiert sind. An den Fingern können wir schon ganz winzige Abweichungen der beiden Punkte bemerken. Am Oberarm müssen diese um einiges deutlicher sein. Weber prüfte auch, um wieviel sich die Helligkeit zweier Lichtreize, die Frequenz zweier Töne oder die Konzentration zweier Zuckerlösungen unterscheiden müssen, um gerade noch als merklich verschieden erkannt zu werden.

»Wir nehmen aus der endlosen Landschaft des Bewußtseins um uns herum eine Handvoll Sand und nennen diese Handvoll Sand die Welt.«
(Robert Pirsig)

Diese vier einfachen Tatsachen über unsere Wahrnehmung zeigen, daß wir nicht in der Lage sind, eine von uns als Betrachter losgelöste, objektive Realität zu erkennen. Wir wissen nicht, wie die Realität tatsächlich ist, sondern nur, wie unsere Vorstellung oder unsere subjektive Erfahrung von der Realität ist, die uns durch die Sinnesorgane vermittelt wird. Diese subjektive Erfahrung werde ich in diesem Buch ›Wirklichkeit‹ nennen. Dabei weicht die reale Welt in entscheidenden Punkten von unserer Wahrnehmung – also unserer ›Wirklichkeit‹ ab: Die Sonne wandert nicht von Osten nach Westen, wie wir es wahrnehmen. Auch die Zeit vergeht bei angenehmen Tätigkeiten nicht schneller als bei unangenehmen.

Wir schaffen uns unsere eigene Wirklichkeit!

Die Realität existiert nur außerhalb unserer Erlebenswelt und kann deshalb von keinem Menschen erfaßt werden. ›Wirklichkeit‹ ist das, was wir durch unsere beschränkte und subjektive Wahrnehmung daraus machen. Die Wirklichkeit ist daher unsere Konstruktion. Was wir von der Realität sehen oder hören ist unsere innere Repräsentation der äußeren Welt, in der wir leben. Man könnte auch sagen, daß wir in unserem Kopf ein Modell der Welt erstellen, welches wir mit den Daten speisen, die durch unsere Sinnesorgane auf uns einströmen. Die tatsächliche Welt ist viel zu kompliziert und verworren, als daß wir sinnvoll mit ihr umgehen könnten. Daher brauchen wir ein Modell zur Vereinfachung. Dieses Modell der Welt dient uns als Grundlage für unser Verhalten. Es bestimmt, welche Erfahrung wir mit der

Welt machen und welche Wahlmöglichkeiten wir für unser Leben sehen. In der nebenstehenden Abbildung wird dieses Modell der Welt als Landkarte abgebildet. Diese Landkarte soll möglichst gut das echte Gebiet abbilden. Zu diesem Zweck werden Küstenverläufe und Gebirge gekennzeichnet.

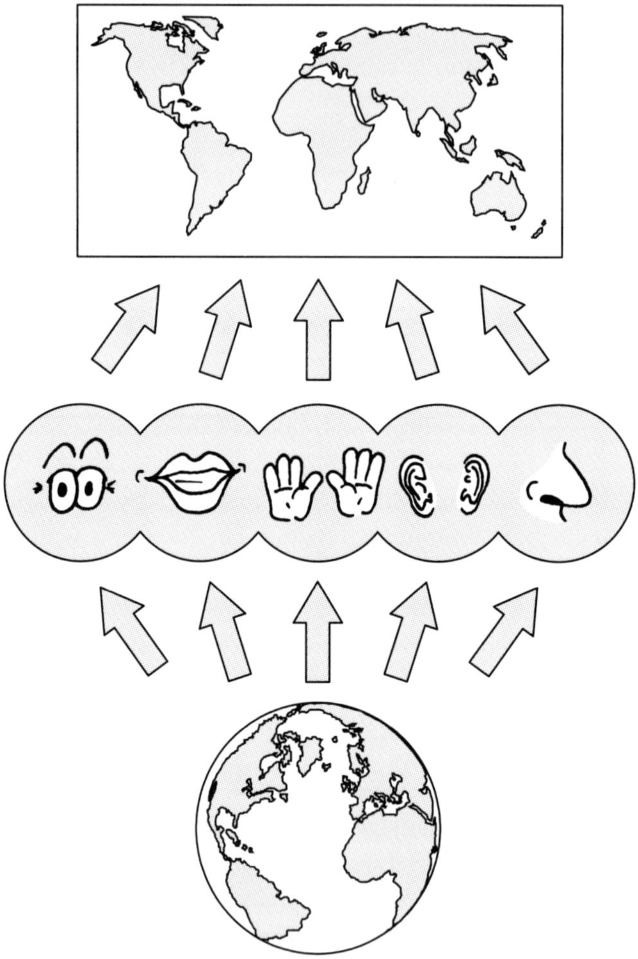

»Die Landkarte ist nicht das Gebiet, das sie darstellt, sondern hat, wenn sie genau ist, eine dem Gebiet ähnliche Struktur, worin ihre Brauchbarkeit begründet ist.«
(Alfred Korzybski)

Picasso wurde einmal von einem Mann gefragt, warum er die Dinge nicht so malen würde, wie sie wirklich sind. Verwundert fragte Picasso den Mann, was er damit meine. Daraufhin zog der Mann eine Photographie von seiner Frau aus der Tasche und meinte: »Sehen Sie, das ist meine Frau, so sieht sie real aus.« Und Picasso antwortete: »Sie ist etwas klein und flach, finden Sie nicht?!«

Picasso und die Wirklichkeit

> *»Jeder sieht die Welt durch die Brille, die für seine Augen paßt.«*
> *(Indianische Weisheit)*

Häufig fällt es uns schon gar nicht mehr auf, daß wir uns eine Abbildung gemacht haben und diese Abbildung gar nicht die Realität ist. Das wäre eigentlich weiter kein Problem, wenn wir nur alle das gleiche Modell der Welt hätten. Dies ist jedoch nicht der Fall. Wir leben in zum Teil verschiedenen Wirklichkeiten.

Bevor eine Information von außen unser Gehirn erreicht und dort in etwas Wahrgenommenes übersetzt wird, muß sie drei Filter überwinden. Diese Filter verändern und verzerren die Information auf eine bestimmte Art und Weise, so daß wir mit ihr umgehen können. Ohne diese Filter würden wir pausenlos irgend etwas wahrnehmen und uns ständig an etwas erinnern, was uns geschehen ist. So gesehen sind diese Filter also äußerst nützlich und sinnvoll.

Drei Arten von Filtern

Der erste Filter ist unser Nervensystem, die ›Hardware‹ unseres Körpers. Wir haben bereits über die Unterschiedsschwellen gesprochen. Zwei Punkte werden abhängig von dem Ort ihrer Plazierung als zwei getrennte Punkte oder als nur ein Punkt wahrgenommen. Der Abstand bleibt aber immer derselbe. Die physikalische Welt bleibt konstant, aber unsere Erfahrung von ihr schwankt drastisch als eine Funktion unseres Nervensystems. Solche Erfahrungen lassen sich auch für alle anderen Sinne demonstrieren. Wir haben auch gesehen, daß sogar ganze Arten von Signalen (z.B. Ultraschallwellen) von unserem Nervensystem nicht wahrgenommen werden. Dadurch entstehen erhebliche Unterschiede zwischen dem, was in der Realität vor sich geht und dem, was wir wahrnehmen. Unser Nervensystem stellt somit eine erste Gruppe von Filtern dar, durch die unsere innere Repräsentation von der Welt von der tatsächlichen Welt abweicht.

Neurologische Filter

Eine zweite Gruppe von Filtern lassen sich als soziale Filter beschreiben. Damit sind alle Faktoren gemeint, denen wir als Mitglieder eines sozialen

Soziale Filter

Systems oder einer sozialen Gruppe ausgesetzt sind. Hierzu gehören vor allem unsere Sprache, unsere allgemein anerkannten Arten der Wahrnehmung und alle sozial vereinbarten Fiktionen. Während die neurologischen Filter noch bei nahezu allen Menschen gleich sind, gelten die sozialen Filter nur für die Menschen jeweils einer Sprach-, Kultur- oder sonstigen Glaubens- oder Interessengemeinschaft. Da es jedoch sehr viele verschiedene Sprach- und Kulturgemeinschaften, sowie eine Unmenge an sozialen Gruppen, z.B. Parteien und Vereine, gibt, beginnen bereits diese Filter uns Menschen zu unterscheiden.

Wie diese sozialen Gemeinschaften oder Gruppen unsere Wahrnehmung beeinflussen, haben Sie vielleicht schon einmal selbst beobachtet: Wenn nach einem Fußballländerspiel in den Zeitungen der beiden gegeneinander spielenden Länder geschrieben steht, wie überlegen doch die jeweils eigene Mannschaft war. Haben Sie schon einmal ein Sportereignis völlig anders wahrgenommen als Ihr Nachbar, der vielleicht einem anderen Sportverein angehört?

Normalerweise gehen wir davon aus, daß Sprache lediglich unsere Wirklichkeit beschreibt. Unsere Worte sind Symbole für etwas, sie sind aber nicht gleichzusetzen mit der Sache, die sie beschreiben. Versuchen Sie nicht, die Speisekarte statt der Mahlzeit zu essen. Manchmal ist uns dieser Unterschied jedoch nicht bewußt und wir verhalten uns so, als wäre das Wort das, was es bezeichnet. Wir glauben, daß etwas, wofür wir ein Wort haben, auch existieren muß. Dadurch kann unsere Sprache Wirklichkeit schaffen. Denken Sie bitte einen Moment an ›Unkraut‹. Ist ihnen eigentlich klar, daß es in der Natur nichts dergleichen gibt. Durch diesen Begriff haben Sie jedoch sehr wahrscheinlich eine negative Assoziation gebildet. Wir glauben von vornherein, daß Unkraut etwas Schlechtes sei. Unsere Sprache bestimmt dabei unsere Wirklichkeit und unserer Denken.

Mit einer dritten Art von Filtern, den individuellen Filtern, betreten wir den Bereich der ganz persönlichen Filter, die dazu führen, daß jeder Mensch

Individuelle Filter

einmalig und unverwechselbar ist. Unsere Erfahrung der Welt unterscheidet sich von der Welt selbst und der anderer Menschen, weil wir durch unsere persönliche Geschichte Erfahrungen gemacht haben, die so einmalig sind wie unsere Fingerabdrücke. Es gibt keine zwei Menschen, nicht einmal zwei eineiige Zwillinge, die genau identische Erfahrungen gemacht haben. Sie haben bestimmte Erfahrungen beim Heranwachsen gemacht. Es gab bestimmte Schlüsselereignisse, die Sie geprägt haben und ganz bestimmte Menschen, mit denen Sie zusammengetroffen sind, von denen Sie etwas gelernt haben usw. Sie haben daraufhin Ihre ganz individuellen Vorlieben, Interessen, Gewohnheiten, Abneigungen und Verhaltensregeln entwickelt, die kein anderer Mensch in dieser Kombination hat. Das bewirkt, daß Sie sich in bestimmten Situationen anders verhalten als andere.

Unsere vergangenen Erfahrungen beeinflussen unser aktuelles Verhalten.

Stellen Sie sich kurz vor, Sie und Ihr bester Freund ständen beispielsweise gerade in der Schlange vor einem Kino. Sie unterhalten sich und gleichzeitig dringen ganz dumpf von allen Seiten Geräusche und Stimmen weiterer Menschen in der Schlange an Ihr Ohr. Sie nehmen sie nicht bewußt wahr, bis plötzlich weiter hinten Ihr Name fällt. Auf einmal sind Sie ganz Ohr und jedes Wort dieser Unterhaltung wird Ihnen bewußt. Sie sind in der Lage, aus dem undeutlichen Gewirr von Geräuschen eine ganz spezielle Information herauszufiltern und alle anderen Information auszublenden. Ihr Freund hat wahrscheinlich gar nicht mitbekommen, was gerade passiert ist. Kein Wunder, denn er verbindet nicht diese speziellen Erfahrungen mit Ihrem Namen. Sie dagegen haben dieses Wort schon sehr oft gehört. Es ist für Sie sehr wichtig, darauf zu reagieren.

Jetzt möchte ich Ihnen ein Beispiel geben, wie uns vergangene visuelle Erfahrungen prägen, wenn es darum geht, etwas Neues zu sehen. Betrachten Sie jeweils eines der beiden unten stehenden Bilder und decken Sie dabei das andere ab. Prägen Sie sich das Bild gut ein und schauen Sie sich dann das dritte Bild auf der nächsten Seite an.

Was sehen Sie auf dem folgenden Bild? Eine junge oder eine alte Frau?

Die Antwort hängt in der Regel ganz davon ab, welches der beiden Bilder auf der vorhergehenden Seite Sie betrachtet haben. Haben Sie zuerst die junge Frau gesehen, so sehen Sie auch in dem dritten Bild die junge Frau. Haben Sie zuerst die alte Frau gesehen, so erkennen Sie dort die alte Frau zuerst. Es kann sein, daß Sie sogar jetzt noch Schwierigkeiten haben, die jeweils andere Frau zu sehen. Dann blicken Sie auf, konzentrieren sich kurz auf etwas anderes, betrachten Sie zuerst das andere Bild auf der vorangehenden Seite und schließlich wieder das oben stehende Bild auf dieser Seite.

Auch für den Bereich des Fühlens möchte ich Ihnen ein einfaches Beispiel dafür geben, wie vergangene Erfahrungen einen Einfluß auf die aktuellen Erfahrungen haben. Füllen Sie doch einmal drei breite Gläser mit kaltem, heißem und lauwarmem Wasser. Dann tauchen Sie Ihre linke Hand in das Glas mit dem heißem Wasser und Ihre rechte Hand in das Glas mit dem kalten Wasser. Nehmen Sie nun beide Hände wieder heraus und halten Sie sie gleichzeitig in das Glas mit dem lauwarmen Wasser. Ihre linke Hand wird dieses als kalt empfinden, Ihre rechte Hand als warm. Beide Hände machen genau die gleiche Erfahrung zur gleichen Zeit, doch beide erleben etwas Unterschiedliches, abhängig von der vorausgegangenen Erfahrung.

Experiment mit Wasser

Jeder Mensch hat ein Modell, daß wenigstens in Teilen von dem Modell anderer Menschen abweicht.

Welche Arten von Modellen sind nun sinnvoll? Viele Menschen, die große Probleme haben, erleben die Welt als eingeschränkt und hoffnungslos. Sie sehen keine Alternativen mehr und haben den Eindruck, daß sie keine

Wahl mehr hätten. Das ist nicht richtig! Die Welt ist nicht eingeschränkt. Sie bietet immer eine Fülle von Möglichkeiten. Was aber eingeschränkt ist, ist ihr Modell von der Welt. Da sie glauben, daß das Modell die Welt ist und nicht nur eine Abbildung, neigen sie dazu aufzugeben. Andere Menschen sehen überall Möglichkeiten – selbst dort, wo die zuerst genannten nicht einmal hinschauen würden. Sie verstehen es, sich jeder Situation flexibel anzupassen.

Ein Unternehmen schickte einmal zwei Verkäufer für Turnschuhe in benachbarte Gebiete in Afrika. Es wurde vereinbart, daß sich beide um Mitternacht nach europäischer Zeit melden sollten und danach entschieden wird, ob man die Produktion steigern oder einstellen soll. Pünktlich um Mitternacht meldete sich der erste Verkäufer und sagte: »Chef, hier ist es so heiß, hier braucht niemand Turnschuhe. Stoppt sofort die Produktion.« Die Enttäuschung war riesengroß. Kurz darauf meldete sich jedoch der zweite Verkäufer und sagte ganz aufgeregt: »Chef, bau Lagerhallen und fang an zu produzieren, hier ist es so heiß, hier braucht jeder Turnschuhe!«

Zwei Turnschuhverkäufer in Afrika

Wie ist dieser Unterschied zustande gekommen? Ganz einfach: Die beiden Verkäufer benutzten verschiedene Modelle der Welt. Während der erste Verkäufer auf Einschränkungen und Hindernisse fokussiert ist, sieht der zweite Verkäufer Chancen und Möglichkeiten. Sein Modell der Welt ist voller Wahlmöglichkeiten und Alternativen. Er ist in der Lage, umzudenken und sein vorgeprägtes Muster zu verlassen, um zu neuen Lösungen und Bewertungen zu kommen.

Eine wichtige Erkenntnis aus der Kybernetik (das ist die Wissenschaft von den Steuerungs- und Regelungsmechanismen in belebten und unbelebten Systemen), besagt, daß ein System, das mehr Alternativen hat als ein anderes, überlebensfähiger ist. Ein Modell, das Ihnen mehr Handlungsspielraum läßt und Alternativen zur Auswahl bereit hält, ist in der Regel ein geeigneteres Modell.

Tilgung, Generalisierung, Verzerrung

Menschen, die aufgrund eines eingeschränkten Modells unnötig viel Angst haben und Schmerz empfinden, sind deswegen nicht schlecht oder krank. Im Rahmen ihres Modells treffen sie sogar exzellente Entscheidungen, um nicht zu sagen: Sie treffen die subjektiv beste! Nur bedeutet dies nicht, daß ihre Entscheidung in einem anderen Modell auch nur halbwegs angebracht wäre.

Menschen treffen stets die besten Entscheidungen, die ihnen möglich sind.

Das Verhalten von Menschen ist häufig nur dann zu verstehen, wenn man sich in das jeweilige Modell hineinbegibt und nachvollzieht, welche Einschränkungen in diesem Modell gelten und zu berücksichtigen sind. Die meisten Menschen sind in ihrem Modell gefangen und sehen nicht einmal ihre eigenen Einschränkungen. Häufig verhalten sie sich sogar intolerant gegenüber Menschen mit anderen Modellen. Sie sagen von vornherein: »Das ist unmöglich!«.

Überlegen Sie doch einmal, wie oft Sie schon etwas als unmöglich bezeichnet haben, was ein anderer oder Sie selbst später doch schafften. Wenn Sie bleibenden Erfolg haben wollen, dann ist es absolut notwendig, sich diese Einschränkungen bewußt zu machen und zu zertrümmern. Nur so können Sie grenzenlos wachsen.

»Der Glaube, es gäbe nur eine Wirklichkeit, ist die gefährlichste aller Selbsttäuschungen; es gibt vielmehr zahllose Wirklichkeitsauffassungen, die sehr widersprüchlich sein können, die alle das Ergebnis von Kommunikation und der Widerschein ewiger, objektiver Wahrheiten sind.«
(Paul Watzlawick)

Lassen Sie uns noch für einen Moment bei der Analyse bleiben und untersuchen, auf welche Weise unsere Filter die Wirklichkeit verändern.

Die Informationen, die wir aufnehmen, unterliegen beim Durchtritt durch die Filter einer Generalisierung, Tilgung oder Verzerrung.

Die Generalisierung hat die Funktion, daß wir nicht jede Erfahrung immer wieder in verschiedenen Kontexten neu machen müssen, um zu wissen, daß sie die gleiche Wirkung hat. Es reicht, wenn wir uns einmal am Feuer verbrennen, um zu wissen, daß wir in Zukunft besser die Finger davon lassen. Leider generalisieren wir auch Sachverhalte, die nicht richtig sind oder zumindest differenziert betrachtet werden müssen. Wenn ein Kind einen verdorbenen Pudding ißt und ihm davon schlecht wird, könnte es generalisieren, daß man Pudding nicht essen soll, weil einem davon schlecht wird. Doch tatsächlich ist es nur der verdorbene Pudding, der nicht gegessen werden soll. Hier ist eine weitere Differenzierung notwendig. Das Kind weiß das jedoch nicht und generalisiert. In diesem Beispiel scheint es recht eindeutig zu sein, wann man generalisieren darf und wann nicht. Im Alltag ist es aber keineswegs so. Sie wissen nicht, ob Ihnen schlecht geworden ist, weil der Pudding verdorben war oder ob das Essen von Pudding immer

Übelkeit verursacht. Wahrscheinlich kommen Sie zunächst nicht einmal auf die Idee, daß Sie etwas generalisiert haben.

Mit dem Mechanismus der Tilgung können wir uns in wunderbare Zustände versetzen, aber uns auch ordentlich etwas vormachen. Durch Tilgung können wir bestimmte Ereignisse oder Meinungen selektiv ausblenden, so als würden sie nicht existieren. Sie werden einfach ausgeschlossen. Es gibt bestimmte Sätze, die Sie einfach nicht hören wollen oder die sehr schädlich für Ihr weiteres Vorankommen wären. Es können aber auch Warnungen sein, die sie vollkommen überhört haben. Tilgung reduziert die Welt auf weniger Informationen, das kann nützlich aber auch schädlich sein.

Der dritte Filter ist die Verzerrung. Sie erlaubt es, Informationen zu verändern. Ist es Ihnen schon einmal passiert, daß Sie etwas ganz anderes gehört haben als Ihr Gesprächspartner gesagt hat? Dann war möglicherweise eine Verzerrung im Spiel. Die Verzerrung ist eine sehr schöne Möglichkeit, um Unerwünschtes in Erwünschtes zu verwandeln. Sie kann aber auch umgekehrt zu selbstzerstörerischen Zwecken verwendet werden. Etwa dann, wenn wir ein Kompliment für getarnte Ironie halten.

Das sind die Möglichkeiten unserer neurologischen, sozialen und persönlichen Filter, um die Realität in unsere subjektive Wirklichkeit zu verwandeln. Unsere Sinnesorgane haben die Informationen aus der Außenwelt weitergeleitet und in wahrnehmbare Reize transformiert. Als Ergebnis haben wir in uns ein Modell der Welt konstruiert. Dieses Modell beeinflußt dann wieder unsere Wahrnehmung der Realität. Jede weitere Verarbeitung der Information kann die Vereinfachungen, Verzerrungen und Tilgungen nicht mehr rückgängig machen.

Wenn Ihre Erfahrung darauf beruht, daß jemand anderes Ihnen etwas erzählt hat, so ist die Erfahrung deshalb trotzdem nicht wahr! Sondern es ist die Wahrnehmung einer anderen Person und auch die unterliegt den genannten Filtern. Niemand kann die Realität ungefiltert wahrnehmen. Interessanterweise wird eine durch Kommunikation übermittelte Erfahrung gleich zweimal gefiltert. Zum ersten unterliegt die Wahrnehmung der Person, die mit Ihnen spricht, selbst den Filtern und zum zweiten muß diese Person Ihnen diese Erfahrungen durch Sprache übermitteln. Sprache ist aus Ihrer Sicht jedoch auch eine Wahrnehmung und sie unterliegt ebenfalls den Prozessen des Generalisierens, Tilgens und Verzerrens. Bei diesem zweiten Prozeß wird die Abbildung der Erfahrung, die der

Erzählungen von anderen unterliegen einer doppelten Filterung

andere gemacht hat, zu seiner Wirklichkeit – in der Linguistik spricht man von Tiefenstruktur. Kommunikation wäre leicht, wenn der andere Ihnen jetzt eine Fotokopie seiner Tiefenstruktur geben könnte. Dies geht jedoch nicht. Das Medium der Übertragung ist die Sprache. Das ist nichts anderes als die Einkleidung in eine neue Oberflächenstruktur. Bei dieser Einkleidung gehen jedoch Informationen verloren.

Die wahre Abbildung der anderen Person und das, was in Ihrem Kopf landet, unterscheidet sich dadurch, daß durch die Sprache wieder getilgt, verzerrt und generalisiert wurde. Die Information, die letztendlich bei Ihnen ankommt, ist also eine verzerrte, getilgte und generalisierte Kopie von einer ebenfalls verzerrten, getilgten und generalisierten Kopie der Wirklichkeit.

Wie oft haben Sie auf diese Weise Informationen im Laufe Ihres Lebens aufgenommen und sie für die Wahrheit gehalten? Wie stark haben diese Informationen Sie bei der Bildung Ihres Modells der Welt beeinflußt? Können Sie sich vorstellen, daß Sie unter dem Einfluß anderer Menschen oder einer anderen Kultur die Welt mit ganz anderen Augen sehen würden?

Das aus unseren Erfahrungen entstandene Modell der Welt ist eine subjektive Konstruktion. Es ist nicht das Ergebnis einer objektiven und logischen Wahrheit.

3
Die Säulen des Glaubens

»Was der Mensch glaubt, das kann er auch erreichen.«

Unbekannt

Verzweifelt mußte sie mit ansehen, wie ihre Tochter durch eine Kinderlähmung nicht mehr laufen konnte. Ihre Beine waren tot, ohne jedes Gefühl. Ein Arzt empfahl der Mutter, die Beine ihrer Tochter regelmäßig zu massieren, da sich vielleicht noch etwas machen ließe. Ein halbes Jahr lang massierte die Mutter regelmäßig ihr Kind, doch es passierte überhaupt nichts. Als sie wieder einmal beim Arzt waren, sagte dieser, daß man jetzt die Hoffnung aufgeben könnte, es würde sich nichts mehr tun. Doch Mutter und Tochter gaben nicht auf. Stattdessen intensivierte die Mutter ihre Bemühungen. Sie nahm weitere Salben und Tinkturen hinzu, massierte die Beine ihrer Tochter länger als zuvor und glaubte daran, daß sie eines Tages wieder gehen könnte. Mit unerschütterlicher Zuversicht war sie davon überzeugt. Kein Arzt, keine Statistik, nichts konnte sie davon abhalten, ihre Bemühungen immer weiter zu verstärken. Plötzlich geschah das ›Wunder‹. Ihre Tochter spürte zum ersten Mal seit langem die Hände der Mutter. Das erhöhte ihren Eifer und bekräftigte den Glauben an eine mögliche Heilung der Tochter. Einige Zeit später konnte die Tochter mit Unterstützung an beiden Armen aufstehen. Langsam machte sie kleine Fortschritte und lernte wieder das Gehen. Dann kam der Tag, als sie zum ersten Mal wieder alleine gehen konnte. Die Muskulatur mußte langsam aufgebaut werden, doch als es so weit war, hatte sie solche Freude am Laufen, daß sie mehr lief als alle Mädchen in ihrem Alter. Nach einiger Zeit lief sie ihnen davon.

Wilma Rudolph begann regelmäßig zu trainieren und bald nannte man sie wegen ihres geschmeidigen Laufstils die ›schwarze Gazelle‹. Mit zwanzig Jahren gewann sie bei den olympischen Spielen in Rom die Goldmedaille über 100 m, 200 m und mit der 4 x 100 m-Staffel!

Was hat das Schicksal dieser Frau bestimmt? Welche Macht hat dazu geführt, daß dieses ›Wunder‹ wahr wurde? Mehr als alles andere war es der Glaube der Mutter, daß ihre Tochter eines Tages wieder gehen können wird. Dieser Glaube brannte so stark und mächtig, daß er auch den Glauben in der Tochter wieder entzünden konnte.

Gewaltiges und Großes wird möglich für den Menschen, der an sich und seine Träume glaubt. Ein Schatten seiner selbst, ein Häufchen Elend ist dagegen der Mensch, der den Glauben an sich und seine Kraft verloren hat. Glaubenssätze bilden einen wichtigen Bestandteil unseres Modells von der Welt. Sie können den Himmel für Sie öffnen, damit Ihr Stern, Ihr Traum, zu Ihnen herabgleiten kann. Aber sie können auch mächtige Gitterstäbe Ihres selbsterrichteten Käfigs sein und Sie so einschränken, daß Ihnen die Luft zum Atmen fehlt.

Im letzten Kapitel haben Sie gesehen, wie die Realität durch unsere Sinne und unseren Wahrnehmungsapparat so verändert wird, daß daraus eine Abbildung der Welt entsteht, die nicht mit Wahrheit gleichzusetzen ist und sich von dem Modell anderer Menschen oft erheblich unterscheidet.

Wir sind nicht in der Lage, so etwas wie eine objektive Wahrheit zu erkennen. Worauf sollen wir uns dann in dieser Welt verlassen? Was sollen wir glauben? Schließlich müssen wir irgend etwas annehmen, um jeden Tag unzählige kleine Entscheidungen zu treffen. Wenn niemand weiß, ob diese oder jene Betrachtungsweise wahr ist, welche Betrachtungsweise nehmen Sie dann ein? Welches Kriterium benutzen Sie, wenn das Kriterium der Wahrheit wegfällt? Worauf stützen Sie sich, wenn es kein objektives Richtig und Falsch gibt? Was glauben Sie, wenn niemand weiß, ob etwas möglich ist oder nicht?

Ein erfolgreicher Mensch wird sich in dieser Situation immer fragen, wodurch er am ehesten seinen Traum realisieren kann. Er fragt danach, welcher Blickwinkel für die Erreichung seiner Ziele am nützlichsten ist.

Wie muß ich die Welt wahrnehmen, damit ich das bekomme, was ich mir wünsche?
Welche Annahme unterstützt mich optimal bei der Erreichung meiner Pläne und Ziele?

Sie können innerhalb eines sehr großen Rahmens glauben, was Sie wollen, und dadurch sich selbst eine Wirklichkeit schaffen, in der Ihr Glaube zur Realität wird. Zu einer Realität, die auch andere sehen, hören und fühlen können. Entscheidend ist dabei die Frage, ob Ihr Glaube Sie unterstützt, Ihre Ziele zu erreichen.

Haben Sie sich jemals gefragt, warum es so viele verschiedene Religionen gibt, von denen jede behauptet, sie sei die einzig wahre. Leben nicht trotzdem auch Menschen anderer Glaubensgemeinschaften glücklich und zufrieden? Ich habe jahrelang über diese Frage nachgedacht. Immer wieder habe ich Menschen unterschiedlicher Glaubensgemeinschaften getroffen und zu ihrem Gott und Menschenbild befragt: Christen, Moslems, Hindus, Juden, Buddhisten, Mormonen, Zeugen Jehovas und Anhänger verschiedener Sekten. Wie kann ein Moslem glücklich sein, obwohl doch das Christentum von sich behauptet,die einzig wahre Religion zu sein? Vielleicht ist Ihnen schon einmal auf der Straße oder an Ihrer Haustür einer der Zeugen Jehovas begegnet und hat ganz hartnäckig versucht, Sie von seiner Religion zu überzeugen. In den Kreuzzügen haben Menschen ihr Leben dafür eingesetzt, um andere Völker gewaltsam zu ihrem Glauben zu bekehren. Sie waren tief und innig davon überzeugt, daß ihr Glaube der einzige und wahre ist. Doch die Gegenseite war dies auch! Wie kann das sein? Steckt am Ende doch in allen Glaubensrichtungen ein Funke Wahrheit? Ich will die Frage nicht ausdiskutieren, denn Sie haben bereits im letzten Kapitel gesehen, daß jeder ganz individuell für sich seine eigene Welt konstruiert und unsere Wahrnehmung immer den genannten Filtern unterliegt, die Informationen generalisieren, tilgen und verzerren. Mein entscheidendes Kriterium an eine Religion ist die Frage: Hilft mir dieser Glaube dabei, ein glückliches und erfolgreiches Leben zu führen, was immer das für mich bedeutet? Im tiefsten Sinn bedeutet diese Frage auch: Ist ein solcher Glaube geeignet, die Welt zu einem besseren Planeten zu machen, einem Platz, auf dem Menschen leben und lieben wollen?

Die meisten tief religiösen Menschen werden diesen Satz für ihre Religion bejahen, gleichgültig welcher Religion sie angehören. Und es wird auch Menschen geben, die ihre Religion deshalb abgelegt haben, weil sie keine positive Antwort auf diese Frage bekommen haben. Ein und dieselbe Religion ist nicht für jeden das gleiche, weil jeder unterschiedliche Maßstäbe daran anlegt, was an dieser Religion für ihn wichtig ist und wie er bestimmte Gebote oder Verbote interpretiert.

Wer an einen gütigen, liebevollen Gott, eine positive transzendente Kraft oder einen tieferen Sinn im Leben glaubt, der bewältigt Lebenskrisen und

Konflikte deutlich besser, erleidet dadurch weniger psychosomatische Krankheiten, kann sie schneller heilen und lebt positiver. Dies sind wissenschaftliche Forschungsergebnisse! Man beachte jedoch, daß es keine Resultate einer Religionsrichtung an sich sind, sondern nur die sich aus einem tiefen Glauben ergebenden Folgen. Anhänger der meisten Glaubensgemeinschaften nehmen weniger Alkohol und Drogen zu sich und geraten dadurch seltener in Sucht und Abhängigkeit. Ihr Glaube beeinflußt ihre Lebensgewohnheiten und ihren Lebensstil. Sie nehmen ihre Probleme leichter und denken positiver.

Wer jedoch an einen strengen, strafenden Gott glaubt und sein Augenmerk ständig auf Sünden und Verbote richtet, bei dem verkehren sich diese positiven Effekte ins Gegenteil. Er neigt eher zu Ängsten und Depressionen und ist damit deutlich anfälliger für psychosomatische Störungen. In diesen Beispielen wird die Macht des Glaubens offenbar. Er kann uns das Himmelreich auf Erden bescheren oder uns zerstören.

Lassen Sie sich nicht von Ihrem Glauben kontrollieren, sondern kontrollieren Sie Ihren Glauben!

Ihr Glaube ist nichts, das unabänderlich wäre, er ist in Ihnen entstanden, ist gewachsen und hat sich verfestigt. Aber er ist nach wie vor noch Ihre eigene Konstruktion! Pausenlos versucht die Umwelt, Ihren Glauben zu verstärken oder in die eine oder andere Richtung zu zerren, doch letztendlich erzeugen Sie selbst diesen Glauben. Holen Sie sich die Kontrolle zurück und Ihre Vision wird Wirklichkeit werden.

Ich möchte Ihnen in diesem Kapitel an einigen Beispielen aufzeigen, wie unser Glaube unsere Körperfunktionen beeinflußt. Unser Körper reagiert so, als wäre das wahr, was der Geist glaubt. Darüber hinaus wird auch Ihr Verhalten ganz maßgeblich von Ihren Überzeugungen und Ihrem Glauben geprägt.

Wenn wir erst einmal einen richtig festen Glauben in uns verankert haben, dann bringen uns auch ganz massive gegenteilige Informationen nicht aus der Ruhe. Wir ignorieren sie einfach oder halten sie für falsch. Auch dafür sind die beschriebenen Mechanismen der Generalisierung, Tilgung und Verzerrung gut zu gebrauchen. Manche Menschen glauben sogar, die ganze Welt verändern zu müssen, nur damit ihr Glaube richtig ist.

Ein schönes Beispiel dafür ist die Geschichte eines Mannes, der glaubt, er sei eine Leiche. Er sitzt einfach nur da und behauptet, eine Leiche zu sein.

Ein Psychiater kommt und beide streiten eine Weile darüber, ob der Mann eine Leiche ist oder nicht. Plötzlich kommt dem Psychiater eine Idee. Er fragt den Mann, ob Leichen bluten können. Da bei einer Leiche alle Körperfunktionen zum Stillstand gekommen sind, verneint der Mann und der Psychiater sticht ihm mit einer Nadel in den Finger. Als der Finger kurz darauf zu bluten beginnt, meint der Mann: »Oh, ich habe mich wohl getäuscht. Leichen können doch bluten.«

Der Psychiater und die Leiche

Glaubenssätze lassen sich nicht einfach widerlegen, weil Sie sich nicht auf eine Realität beziehen, die man erkennen kann. Sie beziehen sich auf die subjektive Wirklichkeit und können auch nur in diesem Rahmen verändert werden. Ein Mensch, der einen bestimmten Glaubenssatz hat, kann alle seine Erfahrungen so interpretieren, daß sie seinen Glaubenssatz bestätigen.

Sie können den Glaubenssatz eines anderen Menschen darum nicht einfach verändern, Sie können eine andere Person lediglich dazu anleiten, daß sie *selbst* ihren Glaubenssatz verändert.

Der Glaube sortiert auch unsere Wahrnehmungen. Durch das Netzwerk von Glaubenssätzen in unserem Kopf erhalten Nachrichten unterschiedliche Bedeutungen. Das geschieht sogar auf der Ebene des Nervensystems. Wir sind in der Lage, über unseren Glauben von außen einströmende Reize neu zu interpretieren. Die Schilderung eines Experimentes wird diesen Gedanken klarer machen: Man hat Versuchspersonen unter Hypnose mit Eis berührt und ihnen gleichzeitig suggeriert, daß es sich um ein Stück heißes Metall handeln würde. Bei allen Personen bildeten sich an der Berührungsstelle Brandblasen.

Hypnoseexperiment

Eines nachts schloß sich versehentlich ein Mann in einen Kühlwagen ein und konnte nicht mehr heraus. Am nächsten Morgen fand man den Mann mit allen Anzeichen eines Erfrierungstodes tot auf. Der Kühlwagen war jedoch gar nicht eingeschaltet.

> *Entscheidend für dieses Resultat war nicht die Realität, sondern der Glaube!*

Haben Sie schon einmal etwas von dem Effekt der sich selbst erfüllenden Prophezeiung gehört? Dieser Effekt besagt, daß die eigenen Erwartungen das Eintreffen eines bestimmten Ereignisses deutlich wahrscheinlicher machen. Einfacher formuliert: Wenn man daran glaubt, daß sein Horoskop richtig ist, dann

Sich selbst erfüllende Prophezeiung

erhöht sich dramatisch die Wahrscheinlichkeit, daß es auch richtig sein wird. Stellen Sie sich einen jungen Mann vor, der in einer Zeitschrift aus der Regenbogenpresse sein Horoskop liest. Er erfährt dort, daß er in den nächsten Tagen einer sehr interessanten Frau begegnen wird und die Chancen für eine glückliche Beziehung sehr günstig sind. Was wird der junge Mann nun tun? Er wird ausgehen und sich an jeder Straßenecke sorgfältig umschauen. Er wird sogar beim Einkaufen darauf achten, ob nicht in der Schlange vor der Kasse eine interessante Frau steht. Wenn er sie dann gesehen hat – mit so großer Aufmerksamkeit muß er einfach eine finden – wird ihm sofort etwas einfallen, um ihre Aufmerksamkeit auf sich zu lenken. Er ist zu allem entschlossen, weil er weiß, die Sterne stehen günstig. Auch wenn er beim ersten Versuch einen Korb bekommt, entmutigt ihn das an diesem Tag nicht, denn er weiß, es läuft ihm garantiert eine interessante Frau über den Weg. Nachdem er eine Unmenge von Frauen angesprochen hat, kommt es tatsächlich zu einer Verabredung. Siegessicher und selbstbewußt geht der junge Mann zu der Verabredung. Es kann ja gar nichts schief gehen, denn die Situation ist genau so, wie es das Horoskop vorhergesagt hat. Was meinen Sie, woran lag es? Hatte das Horoskop recht oder hat seine eigene Erwartung begünstigt, daß er eine interessante Frau trifft?

Ein streng wissenschaftliches Experiment zu diesem Effekt haben die beiden berühmten Psychologen Rosenthal und Jacobsen 1968 durchgeführt. Zunächst gaben sie Grundschülern einen Intelligenztest zur Bearbeitung. Dann wurde den Lehrern erklärt, daß diese Intelligenztests keine gewöhnlichen Intelligenztests seien, sondern daß die Tests die zukünftige intellektuelle Entwicklung der Kinder vorhersagen könnten. Auf diese Weise wurde in den Lehrern die Erwartung geweckt, daß sich diese Kinder in Zukunft deutlich verbessern würden. Durch Zufall wurden nun 20% der Kinder ausgewählt und den Lehrern als diejenigen genannt, die im nächsten Jahr außergewöhnliche Leistungszuwächse zeigen werden. Tatsächlich waren die Kinder aber genauso gut oder schlecht wie die anderen auch. Als man ein Jahr später die Kinder einer Nachtestung unterzog, zeigte sich, daß die ausgewählten Schüler weit überzufällig (signifikant) größere Zuwächse in den Intelligenztestwerten hatten als ihre Mitschüler. Die positive Erwartungshaltung der Lehrer hatte sich offenbar direkt auf die Leistung der Schüler ausgewirkt.

Erwartungen im Klassenzimmer: Der Pygmalion-Effekt

Ein weiteres sehr wichtiges Phänomen ist der Placebo-Effekt. Menschen, die glauben, daß ein Medikament eine bestimmte Wirkung haben

Placebo-Effekt

wird, zeigen diese Wirkung häufig auch dann, wenn das Medikament in Wirklichkeit gar keine Wirkstoffe enthält. Sie geben beispielsweise jemanden, der Kopfschmerzen hat, etwas Traubenzucker und sagen: »Dies ist ein besonders gutes Mittel gegen Kopfschmerzen. Es wirkt praktisch immer.« Allein die Erwartung, daß dieses Medikament helfen wird, wird die Kopfschmerzen in den meisten Fällen lindern. Es gibt sogar Placebos, die Tumore bekämpfen und den Blutdruck senken. Ich habe für Sie einige interessante Ergebnisse aus wissenschaftlichen Studien zu Placebo-Effekten zusammengetragen:

- In ungefähr einem Drittel aller Fälle wirkt ein Placebo genauso gut wie ein echtes Medikament.
- Es gibt wissenschaftliche Studien, die belegen, daß Placebos zur Linderung von Schmerzen bei 50 bis 70 % der Patienten so gut wie Morphium wirken können.
- In einer anderen Studie gab man den Patienten, die nicht auf das Placebo reagiert hatten, echtes Morphium. Überraschend war, daß dieses nur in ca. 50 % der Fälle eine Wirkung hatte. Das bedeutet: Bei Menschen, bei denen Placebos nicht wirken, ist auch die Wirkung von echten Medikamenten viel unwahrscheinlicher.

Der Glaube an die Wirkung eines Medikamentes ist häufig die entscheidende Größe, selbst dann, wenn es sich um ein echtes Medikament handelt!

- Noch interessanter ist es, wenn die Patienten eine der üblichen Wirkung gegenteilige Reaktion zeigen, weil sie glauben, daß dies die erwartete Reaktion sein wird. So fühlten sich Studenten bei einem Experiment nach Einnahme von Amphetamin beruhigt, während sie sich durch Barbiturat angeregt fühlten. Eigentlich sollten die beiden Medikamente gegenteilige Wirkungen hervorrufen. Amphetamin ist ein Weckmittel und Barbiturat ein Schlaf- und Beruhigungsmittel.
- Drei Jahre lang wurde eine Elektroschockmaschine in Kalifornien nicht benutzt. Die Patienten wurden unter Vollnarkose an die Maschine angeschlossen, so daß sie nicht wissen konnten, daß die Maschine eigentlich gar nicht lief. Diese Behandlung hatte eine bessere Wirkung als eine tatsächliche Schockbehandlung.
- Eine winzige, glänzende, rote Placebo-Pille hat eine deutlich bessere Wirkung als eine dicke ohne Überzug.

Unser Glaube beeinflußt unsere Wahrnehmungen und steuert unser Verhalten. Er ist in der Lage, unsere Fähigkeiten dramatisch zu erweitern und kann sogar biologische Prozesse in Gang setzen, die es uns erlauben, selbst schwere Krankheiten zu besiegen. Wer daran glaubt, kann sein eigenes Immunsystem aktivieren.

Körper und Geist sind unteilbar. Ohne Hormon gibt es kein Gefühl. Der Körper kann seine eigenen biochemischen Reaktionen erzeugen, wenn der Geist den Auftrag gibt. Der Placebo-Effekt entsteht einzig und allein durch die Kraft der Suggestion. Sie löst die Reaktionen im Körper aus.

Das hat auch eine enorme Bedeutung für den Alterungsprozeß. Die Menschen erwarten, daß ihr Körper älter wird und man Spuren des Verfalls sieht. Dr. Deepak Chopra hat durch seine Bücher und vor allem durch sein Bestseller Cassetten-Programm ›Your Ageless Body. Alt werden und jung bleiben‹ gezeigt, daß man noch bis ins hohe Alter topfit sein kann, wenn man seinen Geist bewußt auf jung programmiert und den Vorannahmen über das Altern keinen Glauben schenkt.

Wie entstehen solche mächtigen Glaubenssysteme? Wo in unserer Vergangenheit haben wir sie aufgenommen?

Entstehung von Glaubenssystemen

In unserer Entwicklung machen wir drei verschiedene Phasen durch. Von der Geburt bis zum siebten Lebensjahr durchleben wir die *Periode der Prägung*, in der wir alle Ereignisse, Bilder, Geräusche, Gefühle, Geschmack und Gerüche in uns aufnehmen. In der sich daran anschließenden *Modellierperiode* ahmen wir unsere Eltern und andere von uns bewunderte Menschen nach. Diese Periode dauert etwa vom achten bis zum dreizehnten Lebensjahr. Danach befinden wir uns in der *Sozialisationsperiode*, in der wir als Heranwachsende aus der Familie herausgehen und neue Leute kennenlernen. In dieser Zeit werden unsere sozialen Wertvorstellungen und Glaubenssysteme ausgebildet.

Einfluß der Umwelt

Unsere Umwelt spielt dabei eine ganz entscheidende Rolle. Wenn ein Mensch in einem Elendsviertel geboren wird und alle seine Vorbilder negative Glaubenssätze haben bzw. kriminell handeln, zuviel Alkohol trinken oder einfach nur unglücklich und arm sind, dann wird er mit hoher Wahrscheinlichkeit die Glaubenssätze seiner Vorbilder übernehmen und sie in sein Leben integrieren. Wenn er das tut, dann wird er dafür von den Menschen um sich herum belohnt. Zeigt er ein Verhalten, das nicht mit den Glaubenssätzen seiner Umgebung in

Einklang zu bringen ist, dann wird er dafür bestraft. Also läßt er es nach kurzer Zeit bleiben. Nach 15 Jahren besitzt er dann nicht mehr den geringsten Zweifel daran, daß die einmal gelernten Glaubenssätze die einzig möglichen Glaubenssätze sind. Auf ähnliche Weise haben Ihre Eltern, Freunde, Altersgenossen, Spielkameraden und Lehrer Sie geprägt. Sie alle waren Ihre soziale Realität. Wenn sie Ihnen negative Glaubenssätze vermittelt haben, woher sollen Sie dann andere Glaubenssätze haben? Sie mußten glauben, daß diese Sätze wahr sind, denn woher sollten Sie wissen, daß diese Glaubenssätze nur die Beschreibung des Modells der anderen Menschen sind, die Sie durch Ihre eigenen Filter nun wahrnehmen?

In unserer Zeit spielen auch das Fernsehen und die übrigen Medien eine große Rolle. Dort werden dem Zuschauer täglich eine Fülle unterschiedlichster Glaubenssysteme in Form von Charakteren präsentiert. Es gibt z.B. Helden, die glauben, daß sie geboren wurden, um die Welt zu retten und Schurken, die meinen, daß alles keinen Sinn hätte und sie deshalb tun und lassen könnten, wozu sie gerade Lust haben. Meinen Sie, das alles hätte keinen Einfluß auf Ihr eigenes Leben?

Wenn wir uns erfolgreiche Menschen anschauen, dann stellen wir fest, daß die überwiegende Mehrheit von ihnen in einer Umgebung groß geworden ist, die für das Gebiet, auf dem sie später Spitzenleistungen erzielt haben, besonders geeignet war, auch wenn die finanziellen Verhältnisse keineswegs die besten waren.

Madonna wird zum Superstar

Das kleine Mädchen Madonna Louise Ciccone wird am 16. August 1959 in Bay City, Michigan, einer Satellitenstadt des amerikanischen Automekkas Detroit, geboren. Sie stammt aus einer Familie italienischer Einwanderer und hat 5 ältere Brüder und 2 jüngere Schwestern. Als sie sechs Jahre alt ist, stirbt ihre geliebte Mutter. Die Familie lebt in einem musikalischen Ambiente, alle ihre Brüder spielen ein Instrument. Madonnas Herz liebt den Rhythmus von Soul- und Funkmusik und sie träumt davon, Tänzerin zu werden. Mit 19 macht sie sich auf nach New York, um sich die richtige Umgebung für eine Karriere zu suchen. Das Leben dort ist hart und Madonna muß sich durchschlagen. Sie trifft viele Musiker und beschließt, hier ihren Weg zu gehen. Mit unendlichem Fleiß, viel Charme und Ehrgeiz gelingt es ihr, eine Traumkarriere zu machen. Immer wieder muß sie von vorne anfangen – doch der Lohn ist übergroß. Sie wird der Superstar der achtziger Jahre.

Was der Mensch glaubt, das kann er auch erreichen.

Der Mann, der am 23. Oktober 1940 zum ersten Mal den kleinen Dico in den Händen hielt, konnte noch nicht ahnen, was aus diesem nicht allzu kräftigen Kerlchen einmal werden würde. Er war ein mit allen Fasern seines Herzens am Fußball hängender Spielfanatiker und wünschte sich nichts sehnlicher, als daß sein Sohn ein großer Fußballspieler werden würde. Doch er hatte viele Sorgen damit, die hungrigen Mägen seiner Familie zu stopfen. Der kleine Dico übte sich sehr früh mit schon nach kurzer Zeit zermatschten Mangofrüchten oder mit aus zerfetzten Socken und Wollresten zusammengebastelten Wollbällen in den Straßen von Brasilien im Fußballspiel. Jahre später sollte er der gefeierte Mann einer Nation und unter dem Namen Pelé in der ganzen Welt berühmt werden.

Pelé wird Fußballprofi

Sowohl Madonna als auch Pelé wuchsen in armen Verhältnissen auf, doch beide fanden in ihrer Umwelt Modelle und Vorbilder, die sie anregten und mit ihrem späteren Spezialgebiet in Berührung brachten.

Vielleicht fragen Sie sich jetzt, wozu Ihre Umwelt Sie wohl anregen könnte? Was Ihre Modelle dazu beitragen, daß Sie eines Tages auf einem Gebiet Spitzenleistungen erzielen werden? Der Beitrag kann unendlich klein sein, aber es gibt ihn. Vergessen Sie nicht, sowohl Madonna als auch Pelé mußten beide in sehr jungen Jahren ihr behütetes Elternhaus verlassen, um in die Umgebung zu gelangen, die für ihren Traum förderlich war!

Bis hierhin haben Sie zwei ganz wesentliche Säulen des Glaubens kennengelernt: die Umwelt und unsere Modelle oder Vorbilder.

Wie können Sie selbst diese beiden Säulen nutzen, um einen Glauben zu schaffen, der Sie Ihrem Traum näherbringt?

Im Hinblick auf Ihre Umwelt könnten Sie Veränderungen durchführen und zum Beispiel in ein anderes Land auswandern, Sie könnten sich eine neue Wohnung suchen, aufs Land oder in die Stadt ziehen, Ihre Wohnung renovieren oder einfach nur Ihren Arbeitsplatz anders gestalten. Am wichtigsten ist es, daß Sie ständig in Kontakt mit Menschen kommen, die ähnliche Ziele haben wie Sie, damit Sie immer wieder daran erinnert werden, wohin Sie wollen. Selbst ein Mann mit einem eisernen Willen zum Training wie Arnold Schwarzenegger schreibt in seiner Biographie von dem unschätzbaren Wert, den es hat, wenn man mit jemand anderem zusammen trainiert. Gerade an den Tagen, an denen das Training weniger leicht von der Hand geht und man versucht ist, dem inneren ›Schweinehund‹ nachzugeben. Suchen Sie sich darum Menschen, die mit Ihnen in eine Richtung gehen wollen. Wenn Sie eine bestimmte Sportart sehr gut beherrschen wollen, dann treten Sie in einen Sportverein ein. Wenn Sie Ihre

Rhetorik verbessern wollen, dann gründen Sie einen Kreis für praktisches Rhetoriktraining. Dafür können Sie eine Anzeige schalten oder in Ihrem Bekanntenkreis herumfragen. Sie werden überrascht sein, was dabei herauskommt. Ergänzen Sie diese Vorschläge durch Ihre eigenen Ideen:

Meine Umwelt wird mich optimal darin unterstützen, meinen Glauben zu stärken und meine Ziele zu erreichen …

Bei der zweiten Säule könnten Sie sich neue Modelle suchen, Menschen, von denen Sie glauben, noch etwas lernen zu können, die Sie inspirieren und begeistern. Menschen, die Spitzenleistungen in den Bereichen erbracht haben, die Sie zu meistern beabsichtigen.

Meine Ideen zur Nutzung der Kraft der zweiten Säule:

Diese zwei Säulen bilden schon ein sehr starkes Fundament für unseren Glauben. Doch es gibt noch weitere Faktoren, die eine Rolle spielen und sich gegenseitig beeinflussen. Schicksalsschläge oder ständig wiederkehrende, alltägliche Ereignisse können uns veranlassen, neue Glaubenssätze auszubilden oder bestehende zu verändern. Wenn ich im Folgenden von Referenzerlebnissen spreche, dann meine ich damit alle Ihre Erfahrungen, die Sie auf eine besondere Art geprägt und Ihr Erleben dieser Welt geformt haben. Wir sammeln sie beim Sport, in der Schule, im Urlaub, durch das Fernsehen, bei Katastrophen, bei unseren Hobbys, im Umgang mit Spielkameraden, Eltern, Verwandten, Freunden usw. Ganz besonders wichtige Referenzerlebnisse sind die Momente, in denen wir so tief herausgefordert und erschüttert werden, daß wir beginnen, über unser Leben, unsere Aufgabe und unsere Mission nachzudenken. Ich glaube, es ist kein Zufall, daß wir ganz besonders im Bereich der Religion viele einschneidende Beispiele für Referenzerlebnisse finden. Zwei davon möchte ich Ihnen kurz vorstellen.

Die Bekehrung des Paulus

Der junge Mann war in einer jüdischen Familie geboren, dennoch hatte er Griechisch und Latein studiert, da seiner Familie das Vorrecht römischer Staatsbürgerschaft verliehen worden war. Er war stolz darauf, ein Pharisäer zu sein und entschlossen, die neue Lehre über Jesus auszulöschen. An diesem Tag war er auf dem Weg nach Damaskus, um dort Anhänger Jesu zu verhaften und vor Gericht zu bringen. Plötzlich tauchte ein gleißend heller Blitz alles in strahlendes Licht. Geblendet von dem Licht stürzt der Mann zu Boden und hört die Stimme von Jesus. Seine Begleiter heben den Erblindeten auf und bringen ihn nach Damaskus. Drei Tage denkt er über diese Erscheinung nach.

Schließlich nimmt er sie zum Anlaß, um sein Leben von Grund auf zu ändern. Er bekennt sich zu Jesus und gewinnt das Augenlicht wieder zurück. Jetzt stellt er sein ganzes Leben auf den Kopf. Anstatt Christen zu verhaften, predigt er von nun an über Jesus. Kaum ein Zeitzeuge konnte die Verwandlung des Saulus zum Paulus nachvollziehen.

Starke Referenzerlebnisse können in wenigen Minuten oder Stunden das gesamte Leben eines Menschen auf den Kopf stellen. Manchmal bedarf es aber auch mehrerer kleinerer, immer wiederkehrender Erfahrungen, um schließlich seinem Leben eine neue Richtung zu geben.

Karol Wojtyla entdeckt seine Berufung

Im Februar 1941 war der polnische Student gerade 21 Jahre alt. Er hatte am eigenen Leib miterlebt, wie die Deutschen Polen gestürmt hatten. Durch Glück und Beziehungen war es ihm gelungen, eine Arbeitsstelle im Kalksteinbruch der chemischen Fabrik Solvay zu bekommen. Hier verrichtet er jeden Tag zwischen 10 und 14 Stunden harte Arbeit. Dafür besitzt er die lebenswichtige Kennkarte, die ihn als jemanden auszeichnet, der in einem kriegswichtigen Betrieb arbeitet, und kann sich um seinen kränkelnden Vater kümmern. Um sich herum sieht er das Elend, die Zerstörung und den Tod. Der junge Student engagiert sich für den gewaltfreien Widerstand. Obwohl das Lehren und Lernen verboten ist, schreibt er sich in der Untergrund-Universität ein. Jeden, der hier erwischt wird, erwartet die Todesstrafe. Außerdem nimmt er ein früheres Hobby wieder auf. Während seiner Schulzeit war ein begeisterter Theaterspieler gewesen. Jetzt gründet er mit einem Lehrer zusammen ein Untergrundtheater. Für die Vorstellungen werden kurzzeitig Privaträume bereitgestellt, es gibt keine Kulissen und von den Straßen tönt der Lärm der braunen Besatzungsmacht herüber. Wenn sie beim Spielen erwischt werden, werden sie erschossen. Trotz aller Gefahren – er ist entschlossen, Schauspieler zu werden. Schon seit Jahren kennt und verehrt das Theaterpublikum den jungen Polen. Sein Vater ist herzkrank und so beschließt er, an seinem freien Tag für den Vater etwas zum Essen aufzutreiben. Glücklich kommt er mit ein paar Eiern heim, doch er findet seinen Vater tot auf. Er hätte ihn nicht alleine lassen sollen und macht sich deshalb schreckliche Vorwürfe. Seine Gedanken wandern zurück zu dem Tag, als der damals Neunjährige die Mutter viel zu früh verloren hatte. Vier Jahre später war unter tragischen Umständen sein einziger Bruder gestorben. Nun ist er der letzte Überlebende der Familie. Welchen Verlauf soll er seinem Leben von nun an geben? Er zweifelt und hadert, da wirft ihn ein neuerlicher Schicksalsschlag heftig zu Boden. Auf dem Weg zur Arbeit wird er von einem Militär-LKW erfaßt und zur Seite geschleudert. Ohnmächtig bleibt er mit einer Kopfwunde im Straßengraben liegen. Stunden später findet ihn eine Frau, die dem schwer Unterkühlten unter Aufbietung all ihrer Kräfte hilft und in ein Krankenhaus bringen läßt. Wie durch ein Wunder überlebt er! Von jetzt an ändert sich sein Leben. Jahre zuvor hatte er es noch entschieden abgelehnt, Priester zu werden, jetzt ist er voller Entschlossenheit, dem Priesterruf zu folgen. Seine Lebensaufgabe liegt mit einem Mal klar vor ihm und so tritt er im Herbst 1942 in das Untergrund-Priesterseminar ein. Dort wird heimlich nachts Theologie studiert und der junge Pole vertieft sich in die Bücher und seine Beziehung zu Gott. Hier findet er Halt, um das Chaos und die Schrecken in dieser Zeit zu überstehen und nicht nur das, er entwickelt sich auch zum Begabtesten und Klügsten der Seminarteilnehmer. Trotzdem bleibt es schwierig, in dieser Zeit zu überleben. Er wird ins Palais des Kardinals gerufen, sein Name erscheint auf der Liste der Gestapo. Er entgeht den Verfolgern und folgt ohne Furcht seinem Weg.

Mehr als drei Jahrzehnte später wird er als der Führer von über einer Milliarde Menschen verehrt werden. Keinem ist es in diesem Jahrhundert gelungen, so viele Menschen – zumindest vorübergehend – zu mobilisieren und zu faszinieren wie dem Polen Karol Wojtyla, der als Papst Johannes Paul II. in die Weltgeschichte eingeht. Er hat auf seinen vielen Pilgerreisen mehr als 20mal die Erde umrundet und über 1700 Reden gehalten. 1992 bekannte der Atheist Gorbatschow: »Alles, was in Osteuropa in den letzten Jahren geschah, wäre ohne die Gegenwart dieses Papstes nicht möglich gewesen.« Im selben Jahr rehabilitierte er Galileo Galilei und bekannte damit, daß die Kirche sich geirrt hat. 1994 wurde er von dem amerikanischen ›Time‹-Magazin mit dem Titel ›Der Mann des Jahres‹ ausgezeichnet. In Manila sprach er 1995 zu mehr als 4 Millionen Menschen an einem Tag. Niemals zuvor hat jemand zu so vielen Menschen gleichzeitig live gesprochen. Karol Wojtyla ist Leiter des Weltkonzerns Gottes, er ist eine Weltberühmtheit, eine Ausnahmeerscheinung und möglicherweise sogar der bekannteste Lebende überhaupt. Unermüdlich kämpft der von gewaltigen Visionen Angetriebene gegen die Unterdrückung von Menschen und für den Weltfrieden. Wie stark, glauben Sie, waren die Referenzerlebnisse, die Karol Wojtyla in seiner Jugend gesammelt hat? Wie haben sie sein weiteres Leben geprägt?

In diesen kritischen Momenten unseres Lebens bilden sich tiefe Glaubenssätze, Werte und Lebensregeln heraus, formen uns und geben uns die Kraft, allen Widerständen zu begegnen und gewaltige Missionen voranzutreiben. Doch wie viele Menschen lassen sich von den gleichen Erfahrungen zerstören? Wie viele geben auf und verzweifeln?

Aus so kritischen Stunden können Sie nur dann als strahlender Sieger hervorgehen, wenn Sie daran glauben, daß Sie gerade in solchen Situationen Wichtiges für Ihr weiteres Leben lernen. Es muß etwas Gutes daran geben, sonst wäre es Ihnen nicht passiert.

Hinter allem, was geschieht, verbirgt sich eine positive Absicht.

Dieser Glaubenssatz wird Ihnen zu wahrer Größe und unerschütterlicher Zuversicht verhelfen. Wenn Sie statt dessen beschließen, daß es sinnlos war und für nichts gut ist, dann geben Sie sich der Verzweiflung hin. Seien Sie davon überzeugt, daß Sie eines Tages den Sinn verstehen werden.

Je mehr verschiedene Referenzerlebnisse ein Mensch hat, um so leichter fällt es ihm, neue Erfahrungen einzuordnen und um so weniger unterliegt er der Gefahr, Neues einseitig zu bewerten. Ein Mensch, der in seinem Leben schon einiges durchgemacht hat, den erschüttert so leicht nichts mehr. Er wird in seinem reichen Schatz an Erfahrungen immer noch etwas finden, was noch schlimmer oder noch gefährlicher war. Er wird viele verschiedene Möglichkeiten entdecken, eine Situation optimal zu bewältigen. Damit wird er die Bandbreite seiner potentiellen Handlungsalternativen dramatisch erweitern.

Welches waren die wesentlichen Referenzerlebnisse Ihres Lebens? Welche Auswirkungen hatten diese Erfahrungen auf Sie? Welche positive Absicht sehen Sie? Bedenken Sie dabei, daß Sie aus der Vergangenheit lernen wollen und nicht unter ihr nachträglich leiden.

Referenzerlebnisse sind also – neben der Umwelt und unseren Modellen – die grundlegenden Elemente und Bausteine unserer Glaubenssätze. Im Prinzip haben Sie so viele Referenzerlebnisse gesammelt, daß Sie damit auch einander widersprechende Glaubenssätze untermauern könnten. Allerdings verwenden Sie Ihre Referenzerlebnisse in einer Art und Weise, die bestimmte Glaubenssätze unterstützt und andere unmöglich erscheinen läßt. Auch hier sind nicht die tatsächlichen Referenzerlebnisse entscheidend, sondern Ihre Interpretation dieser Erlebnisse. Das Interessante ist nun, daß Sie aus bestimmten Referenzerlebnissen Schlußfolgerungen ableiten und diese dann auf viele verschiedene Bereiche generalisieren.

Wie wäre es, wenn Sie aus ganz wenigen oder vielleicht nur einem Beispiel, in dem Sie sehr selbstbewußt oder mutig waren, ableiten würden, daß Sie ein sehr mutiger und selbstbewußter Mensch sind?

Erfolgreiche Menschen übertragen Referenzerlebnisse von einem Gebiet auf weitere.

Sie können Ihre Referenzerlebnisse jeden Tag erweitern, die Schatzkammer an Erfahrungen jederzeit aufstocken, indem Sie dafür sorgen, daß Sie sich immer wieder neuen Herausforderungen stellen. Besuchen Sie doch einmal eine Ausstellung von einem berühmten Künstler, eine Verhandlung

beim Landgericht oder gehen Sie zu einem Vortrag über das Liebesleben der Ameisen. Sie glauben gar nicht, was Sie bei solchen Veranstaltungen alles lernen können. Neue Erfahrungen können Sie auch beim Tiefseetauchen oder einer Expedition durch die Wüste gewinnen. Vielleicht entdecken Sie Ihre Leidenschaft für das Segelfliegen, Sie lernen eine neue Fremdsprache oder hören einmal eine ganz andere Musik.

Auf einem Konzert von José Carreras im Mannheimer Schloß erlebte ich eine interessante Überraschung. Nie zuvor hätte ich gedacht, daß mich eine solche Musik ansprechen könnte – und ich war verzaubert, es war einer der größten Tage meines Lebens. Gehen Sie das Risiko ein, Neues zu erfahren. Geben Sie sich einen Ruck. Es gibt unzählige Möglichkeiten, den Erfahrungshorizont zu erweitern und dadurch neue Referenzerlebnisse zu schaffen, die das vorhergegangene Dasein in einem neuen Licht erscheinen lassen. Sprengen Sie Ihre Grenzen, indem Sie Neues kennenlernen.

Lassen Sie sich noch heute auf eine völlig neue Erfahrung ein!

Was werden Sie in dieser Woche noch tun? Worauf hatten Sie schon immer einmal Lust?

Alle Bewertungen, die Sie vornehmen, treffen Sie auf der Basis Ihrer Referenzerlebnisse. Die Aussage, ob etwas gut oder schlecht, klein oder groß, erstklassig oder mittelmäßig ist, ist nur sinnvoll, wenn Sie etwas haben, was Sie zum Vergleich heranziehen können. Sie finden das Hotelzimmer in einem Dreisternehotel nur dann sehr luxuriös, wenn Sie nicht gerade gewöhnt sind, in einem Fünfsternehotel zu übernachten. Wenn Sie Ihre Referenzerlebnisse erweitern, verändern Sie damit Ihre Bewertung über Ihren aktuellen Lebensstandard. Möglicherweise werden Sie die Ansprüche in Bezug auf die Qualität Ihres Lebens steigern. Sie werden mehr und intensiver leben wollen und das wird Sie motivieren, weiter zu wachsen.

Mit den Referenzerlebnissen haben wir jetzt die dritte Säule unseres Glaubens kennengelernt. Wenn Sie mit diesen drei Säulen arbeiten, können Sie schon eine ganze Menge ausrichten. Die Säule der Referenzerlebnisse können Sie dadurch stärken, daß Sie neue Erfahrungen machen, die Ihren

Glauben stärken. Wenn Sie sich zum Beispiel das Rauchen abgewöhnen wollen, dann sehen Sie sich die Bilder von Raucherbeinen und zerstörten Lungenflügeln an. Studieren Sie Tumore und sprechen Sie mit Menschen, die unter den Folgen des Rauchens leiden. Suchen Sie sich Modelle, die gesund und fit sind und verzichten Sie darauf, Raucher im Hinblick auf gesundheitliche Fragen nachzuahmen. Umgeben Sie sich mit Menschen, die Nichtraucher sind und Freude daran haben, gesund und fit zu sein.

Welche Erfahrungen oder Referenzen sind nötig, um Ihren Traum zu verwirklichen?

Nutzen Sie die Erfahrungen anderer Menschen und studieren Sie die Biographien von erfolgreichen Menschen. *Mit welcher Biographie wollen Sie beginnen?*

Meine eigenen Ideen zum Aufbau von starken Referenzerlebnissen, die mich auf mein Ziel hin ausrichten werden:

Verstehen Sie diese drei Säulen als ein starkes Fundament für die Errichtung Ihres Glaubens. Mit der vierten Säule wird Ihr Glaube unerschütterlich werden. Ich nenne diese Säule ›Autosuggestion‹ oder ›Selbstbeeinflussung‹.

Sie haben bereits beim Placebo-Effekt und der selbsterfüllenden Prophezeiung erfahren, wie mächtig unsere eigene Erwartung bezüglich des Eintretens der Zukunft sein kann. Unsere Vorstellung, unsere Phantasie, läßt wahre Wunder geschehen. Ich möchte Ihnen jetzt ein Geheimnis verraten:

> *Wenn Sie sich etwas in Ihrer Phantasie vorstellen, dann ist das für Ihr Gehirn genauso, wie wenn Sie es tatsächlich erleben. Das Unbewußte kennt keinen Unterschied zwischen Phantasie und Wirklichkeit.*

Sie können sich in Ihrer Phantasie Referenzerlebnisse schaffen, die ihr Gehirn nicht mehr von der Realität unterscheiden kann. Ein so geschaffenes Referenzerlebnis kann Ihnen die Gewißheit geben, daß etwas möglich ist und daß Sie es schaffen können.

Der an der Universität von Michigan-Dearbone Psychologie lehrende John Kotre hat sich sehr lange mit Hirnforschung befaßt. Nach vielen Jahren ist er zu dem Schluß gekommen, daß sich Erinnerungen, die falsch sind, genauso anfühlen können wie echte. Bei seinen Forschungen stellte er fest, daß unser Gedächtnis eher interpretiert als faktengetreu wiedergibt. Stellen Sie sich einmal vor, Sie nehmen eine Fernsehsendung mit Ihrem Videorekorder auf. Wenn Sie sich den Film dann ein paar Wochen oder Jahre später wieder ansehen, wird er genauso sein wie beim ersten Mal. Wenn Sie aber einen Film aus Ihrem Gedächtnis abspulen, so wurde dieser inzwischen aus dem Blickwinkel der Gegenwart heraus verändert. Neue Erfahrungen und Erlebnisse wurden mit einbezogen und haben der Vergangenheit eine neue Bedeutung gegeben. Dabei versucht unser Gehirn allen Ereignissen unseres Lebens einen Sinn zu geben und läßt sich von Suggestionen sehr stark beeinflussen.

Ergebnisse der Gehirnforschung von Kotre

So ist es zum Beispiel der Psychologin Elisabeth Loftus gelungen, einer Versuchsperson eine neue Erinnerung einzupflanzen. Dem vierzehnjährigem Chris wurde erzählt, daß er einmal im Alter von fünf Jahren in einer Einkaufspassage verlorengegangen sei und später in Begleitung eines alten Mannes wiedergefunden wurde. Einige Wochen, nachdem Chris diese Geschichte erzählt worden war, schilderte er diese Erinnerung selbst sehr lebhaft. Er beschrieb genau, wie der Mann ausgesehen hatte und hielt diese Erinnerung für völlig echt.

Eine Psychologin pflanzt einem Jungen eine neue Erinnerung ein

Sie können diesen Effekt nutzen, um durch gezielte phantasierte Erinnerungen oder vorgestellte Zukunftsszenarien die für Sie nützlichen Glaubenssätze zu stützen.

Glaubenssätze sind weitestgehend unbewußt und deshalb so schwer zu identifizieren. Unsere Wahrnehmung der Umgebung geschieht nicht nur dann, wenn wir ganz bewußt und wach im Hier und Jetzt sind, sondern auch, wenn wir uns in einem anderen Bewußtseinszustand befinden. Sie verändert sich allerdings. Man geht sogar davon aus, daß Menschen, die im Koma liegen, etwas von ihrer Umgebung wahrnehmen können.

Viele Menschen haben in den letzten Jahren das autogene Training als Entspannungsverfahren für sich entdeckt. Sie verwenden dieses Verfahren, um Streß abzubauen, Schmerzen zu vermindern oder Ängste zu beseitigen. Das autogene Training ist die Vorstufe zu einem tieferen hypnotischen Zustand, wie er in der klinischen Psychologie zur Behandlung von Patienten verwendet wird. Ein sehr bekanntes Anwendungsbeispiel für Hypnose ist das schmerzfreie Ziehen von Weisheitszähnen, ohne daß eine andere Form der Betäubung verwendet wird. Dabei wird allein durch die Hypnose die Schmerzwahrnehmung verändert.

In unterschiedlichen Bewußtseinzuständen haben wir eine unterschiedliche Wahrnehmung. Leider ist das für viele, die in einem leeren und reizarmen Alltag leben, ein Anreiz, um durch Alkohol, Zigaretten und Drogen

Andere Bewußtseinszustände

ihren Bewußtseinszustand zu verändern und sich von den neuen Empfindungen berauschen zu lassen. Ich bin davon überzeugt, daß die körpereigenen ›Drogen‹ uns in noch viel bessere Zustände versetzen können. Einen der Zugänge zu diesen Zuständen stellt die Hypnose dar. Um sie anzuwenden, sind jedoch ein gewisse Grundkenntnisse unentbehrlich. Wenn Sie sich dafür interessieren, empfehle ich Ihnen, die Bücher von Milton Erickson oder seinen Schülern zu lesen und spezielle Seminare zu diesen Themen zu besuchen. Da ich selbst das Glück hatte, in Seminaren und Kongressen von zahlreichen der weltbesten Hypnotiseure, u.a. von Betty Alice Erickson, der Tochter von Milton Erickson, zu lernen, werde ich Sie an späterer Stelle zu ersten Erfahrungen mit Trancezuständen anregen. Jetzt soll uns hier nur die Idee beschäftigen, daß es Zustände gibt, in denen unser Bewußtsein nicht in der üblichen Art und Weise funktioniert. Wenn Sie gelernt haben, Auto zu fahren, dann wissen Sie, daß es vielleicht eine ganze Weile ständigen Übens bedarf, bis das Schalten und die zahlreichen Verkehrsregeln in Fleisch und Blut übergegangen sind. Beim Kuppeln den Druckpunkt finden und dann die Kupplung langsam kommen lassen, das war früher gar nicht so einfach. Heute ist es für Sie wahrscheinlich überhaupt nicht mehr aufregend. Im Gegenteil, Sie denken nicht einmal mehr darüber nach, und wenn Sie es täten, würde es Sie vielleicht eher verwirren. Das Autofahren läuft bei Ihnen ganz automatisch ab. Vielleicht ging es Ihnen schon einmal so: Sie fahren auf einer Straße, Ihre Gedanken kreisen um irgendein Thema. Da halten Sie plötzlich inne und wundern sich, daß Sie schon so weit sind. Eigentlich wissen Sie gar nicht, wie Sie die letzten Meter zurückgelegt haben. Ihr Unterbewußtsein hat für Sie die Kontrolle übernommen! Es kann dies für Sie tun, weil Sie ihm vorher durch regelmäßiges und unablässiges Trainieren gesagt haben, wie diese Aufgabe zu erfüllen ist. Jetzt übertragen Sie dieses Beispiel auf Ihre Glaubenssätze. Sie haben jahrelang bewußt bestimmte Glaubenssätze empfangen. Diese sind so tief in Ihnen verwurzelt, daß Sie gar nicht so leicht zu löschen sind.

Bevor ich Ihnen zeige, wie Sie Ihr Unterbewußtsein beeinflussen können, ist es wichtig, einige Informationen über seine Funktionsweise kennenzulernen. Beachten Sie bitte, daß auch das Unterbewußtsein nur ein Modell ist! Ob es tatsächlich irgendeine physische Substanz gibt, die die genannten Funktionen erfüllt, ist für das Funktionieren nicht von Bedeutung. Es gibt Menschen, die wissen nicht einmal, daß sie ein Unterbewußtsein haben und benutzen es trotzdem. Das

Unterbewußtsein

Unterbewußtsein ist Tag und Nacht in Bereitschaft. Es schläft niemals. Allerdings arbeitet es etwas anders als das Bewußtsein. Es versteht keine komplizierten Sätze und kennt keine Verneinung. Darum ist es wichtig, daß Sie Sätze, die das Unbewußte erreichen sollen, sehr einfach und positiv formulieren. Außerdem werden Sie merken, daß die meisten Suggestionen in diesem Buch in Ich-Form geschrieben sind.

Das Unterbewußtsein ist auch der Ort, wo alle Ihre Träume und Phantasien gespeichert sind. Jeder Gedanke, den Sie einmal gehabt haben, findet sich hier wieder. Diese Gedanken sind nicht zensiert worden. Was immer Sie sich vorstellen, wird hier gespeichert und beeinflußt Ihren Geist und Ihren Körper. Hier können durch negative Gedanken Krankheiten entstehen, aber auch durch positive Gedanken Heilungsprozesse in Gang gesetzt werden. Wenn Sie sich in den Finger schneiden, dann heilt die Wunde in der Regel von alleine zusammen. Sie wissen gar nicht, wie das funktioniert, und trotzdem kann Ihr Unterbewußtsein Ihnen helfen. Das Unterbewußtsein wird Ihnen auch helfen, Ihre Träume zu verwirklichen, selbst wenn Sie jetzt noch nicht wissen, wie sie zu erreichen sind. Vertrauen Sie auf die unermeßliche Kraft Ihres Unbewußten. Sie werden lernen, diese Kraft zu benutzen und im Kapitel von den imaginären Verbündeten werden Sie erfahren, wie Sie diese Kraftquelle noch um ein Vielfaches erweitern können.

Gedanken sind unsichtbare Energien.

Gedanken tendieren dazu, sich in der realen Welt zu manifestieren. Die Vorstellungskraft schafft die äußere Realität. Die innere bildliche Vorstellung wird der Antrieb zum Handeln. Damit ist Ihr Leben das Produkt Ihrer Gedanken. Gedanken machen Sie zu Verlierern oder Gewinnern, zu einem glücklichen oder einem unglücklichen Menschen. Gedanken sind starke Kräfte. Sie machen das Unbewußte zu einer unerschöpflichen Schatzkammer mit phantastischen Möglichkeiten. Ihr Unbewußtes sorgt dafür, daß Sie Ihre Ziele erreichen, Probleme lösen, Hemmungen abbauen und Ängste verringern.

Durch die Autosuggestion verwandeln Sie negative Gedanken in positive. Es handelt sich hier um eine gezielte Selbstbeeinflussung. Durch die Autosuggestion können Sie neue Gedanken und Glaubenssätze in Ihrem Unterbewußtsein verankern. Das ermöglicht Ihnen die Heilung von Krankheiten und die Förderung Ihrer Gesundheit, mehr Fröhlichkeit und Lebensfreude. Sie können Ihr Gedächtnis verbessern und das Unterbewußtsein um mehr Harmonie und Geld bitten. Es gibt unzählige Wege, wie sich die Macht Ihres Unterbewußtseins verwirklichen kann.

Dennoch ist für viele Menschen das Wort ›Beeinflussung‹ negativ besetzt. Bei ›Beeinflussung‹ denken sie sofort an Manipulation und das ist etwas Verwerfliches. Was sie dabei nicht berücksichtigen, ist, daß wir mit oder ohne unseren Willen ständig von unseren Freunden, unseren Eltern, unseren Partnern und den Medien beeinflußt werden. Unser ganzes Leben ist ein einziges Beeinflußt-Werden und miteinander Interagieren. Wir kamen mit einer leeren Kassette im Unterbewußtsein auf die Welt und jetzt ist sie halbvoll! Der Großteil dieses Inhalts stammt von Menschen, die uns beeinflußt haben. Wenn Sie keinen anderen Menschen beeinflussen wollen, dann dürfen Sie ihm nicht einmal guten Tag sagen, weil Sie ihn dadurch positiv beeinflussen würden. Das Schlimme ist nicht das Beeinflußt-Werden und Beeinflussen, es ist das Beeinflussen mit dem Motiv der Macht. Einige Menschen wollen Sie beeinflussen, um von Ihrem Geld zu profitieren und für sich einen Vorteil davon zu bekommen. Wenn Sie sich nicht selbst beeinflussen wollen, dann überlassen Sie die Formung Ihres Unterbewußtseins den anderen oder der Fernsehwerbung. Sie werden zu einer Marionette der Gesellschaft werden. Wenn Sie sich statt dessen selbst beeinflussen, dann wissen Sie wenigstens, mit welchen Botschaften Sie beeinflußt werden. Sie haben die Wahl!

Es gibt zwei Arten, um das Unterbewußtsein neu zu programmieren: Bei der klassischen Autosuggestion wird die Neuprogrammierung durch ständig wiederkehrende Gedanken erreicht. Neuere Entdeckungen haben jedoch gezeigt, daß es noch einen zweiten Zugang zu unserem Unterbewußtsein gibt, der wesentlich schneller greift: Die Verknüpfung unserer Gedanken mit starken Emotionen. Ich werden Ihnen beide Ansätze nacheinander vorstellen.

klassische Autosuggestion

Zu Beginn einer klassischen Autosuggestion versetzten Sie sich in einen sehr entspannten Zustand und sagen sich die Suggestionsformeln vor. Sie können sie auch auf eine Kassette sprechen und dann immer wieder abhören. Bei der Autosuggestion konzentrieren Sie sich ganz gezielt auf wenige ausgewählte Gedanken. Sie überlassen es nicht der Willkür, ob Sie gerade an etwas Trauriges, Gemeines oder Schönes denken, sondern Sie beschäftigen sich ganz bewußt mit positiven Gedanken. Dadurch steigert sich die positive Energie in Ihnen. Schließlich werden unsere neuen positiven Gedanken das Unterbewußtsein formen und zum Dank werden Sie die positiven Gewohnheiten erhalten, die Sie sich wünschen.

Positives Denken heißt nicht, das Schlechte zu übersehen, sondern es heißt, sich auf das Positive zu konzentrieren. Das ist ein großer Unterschied! Durch Autosuggestion können Sie selbst bestimmen, woran Sie glauben wollen, welche Gedanken Sie haben werden und damit letztendlich, was für ein Mensch Sie sind.

> *»Eine Angewohnheit kann man nicht aus dem Fenster werfen. Man muß sie die Treppe hinunterboxen, Stufe für Stufe.«*
> *(Mark Twain)*

Glauben Sie jedoch nicht, daß es reicht, sich zwei Tage lang jeden Morgen fünf Minuten die neuen Glaubenssätze vorzusagen, um dann ein neuer Mensch zu sein und jahrelange Gewohnheiten überwunden zu haben. Das wird nicht funktionieren. Wenn Sie die Autosuggestion einmal oder zweimal üben, dann wird sie keine Wirkung erzielen. Autosuggestion braucht Disziplin! Wenn man durch das einmalige Vorhersagen von ein paar Sätzen der Mensch werden könnte, der man sein will, dann würde es jeder machen. Tatsächlich aber sind die wenigsten Menschen in der Lage, das Leben zu leben, das sie führen möchten.

Sie wollen Ihren Traum zum Leben erwecken? Sie wollen der Welt begeistert zeigen, was Sie sich ausgedacht haben? Sie sind nicht jemand, der sofort aufgibt? Dann zeigen Sie, daß Sie mehr Ausdauer besitzen als die meisten anderen Menschen, die schon nach wenigen Tagen wieder aufgeben. Verwenden Sie diese Methode und bringen Sie sich noch heute auf die Spur der Erfolgreichen dieser Erde.

Nutzen Sie meine Anregungen in diesem und vielen anderen Kapiteln und formulieren Sie Ihre eigenen Suggestionssätze. Lernen Sie diese Sätze auswendig und sagen Sie sie voller Überzeugung jeden Tag viermal laut auf. So können sie bis in Ihr Unterbewußtsein vordringen und sich dort festsetzen.

Ich glaube an meinen Erfolg. Ich bin tief und fest davon überzeugt, daß ich meinen Traum verwirklichen kann. Die dynamischen Kräfte meines Unterbewußtseins helfen mir bei allem, was ich tue. Ich bin ein wertvoller Mensch und forme von nun an meine eigenen Glaubenssätze. Ich bin frei und unabhängig. Ich habe die Kraft, meine Träume in die Tat umzusetzen. Durch meine Träume bin ich grenzenlos. Ich bin fest entschlossen, mein Leben zu einem bunten Abenteuer zu machen. Aufgeber gewinnen nie, aber Gewinner geben niemals auf! Ich kann alles erreichen, wenn ich es nur versuche.

Platz für meine eigenen Suggestionssätze:

Bevor ich Ihnen eine sehr wirksame Methode zeige, wie Sie mit Hilfe der Verknüpfung von Gedanken mit Emotionen Ihr Unterbewußtsein beeinflussen können, sollten Sie herausfinden, woran Sie im Moment glauben. *Welche Glaubenssätze haben Sie? Was denken Sie über das Leben, Ihre Identität, Ihre Karriere, Arbeit, Zeit, Geld, Liebe etc.?* Häufig beginnen diese Glaubenssätze mit den Formulierungen *»Ich bin…«, »Das Leben ist…« usw.*

Nachfolgend finden Sie einige der häufigsten einschränkenden Glaubenssätze und dazu einige Fakten und Beispiele, die Sie nachdenklich stimmen sollten.

Einschränkender Glaubenssatz	**Begegnung**
1. Ich bin zu jung.	▷ Walt Disney gründete mit 20 Jahren sein erstes Zeichenbüro. ▷ Boris Becker hat mit 17 Jahren zum ersten Mal Wimbledon gewonnen. ▷ David Stuart hielt mit 12 Jahren einen wissenschaftlichen Vortrag vor einer Gruppe von 150 Archäologen und Maya-Forschern über ein von ihm dechiffriertes Schriftzeichen der Maja-Sprache. ▷ Mit 15 Jahren wurde Judit Polgar der jüngste Schachgroßmeister aller Zeiten.
2. Ich bin zu alt.	▷ Hulda Crooks wußte mit 60 noch nicht, daß Sie mit 70 das Bergsteigen als neues Hobby entdecken würde. Mit 90 war sie die älteste Frau, die je den Fudschijama bestiegen hatte. ▷ Livius schrieb mit 75 Jahren die Geschichte Roms und Goethe mit 80 Jahren den ›Faust‹. ▷ George Bernard Shaw brach sich mit 96 Jahren ein Bein, als er beim Pflaumenpflücken vom Baum fiel. ▷ Mit 54 Jahren kam Ray Kroc als Milchmixer zum ersten Mal in ein McDonalds Restaurant. Kurz darauf entwickelte er ein Franchise-Konzept für die Fast-Food-Kette. Er machte McDonalds zu einem wirtschaftlichen Giganten und starb dreißig Jahre später als Milliardär.
3. Ich habe nicht genügend Ausbildung	▷ Etwa 80% der erfolgreichsten Unternehmer hatten weder Abitur noch ein abgeschlossenes Studium. ▷ Albert Einstein hatte kein Abitur. Bei seiner ersten Aufnahmeprüfung bei der Eidgenössi-

schen Technischen Hochschule fiel er durch. Trotzdem stellte er die Relativitätstheorie auf und wurde der berühmteste Physiker des 20. Jahrhunderts.

- ▷ Es gibt niemanden, der Sie daran hindert, heute mit einer neuen Ausbildung zu beginnen

4. Ich habe nicht genug Geld

- ▷ Auch Robert Schuller, der bekannte Meister des Möglichkeitsdenkens, hatte kein Geld. Ohne einen Dollar gründete er eine Kirchengemeinde, hielt Gottesdienste in einem Autokino ab und baute schließlich die Crystal Cathedral, die inzwischen über 100 Millionen Dollar wert ist.
- ▷ Andrew Carnegie startete in einer Haspelfabrik mit 15 DM Wochenlohn. In den letzten 18 Jahren seines Lebens spendete er über 1 Mrd. DM.

5. Mir fehlt die Fähigkeit...

- ▷ Robert W. Woodruff konnte wegen einer Dyslexie nicht einmal richtig lesen. Selbst als er ein großer Unternehmer war, mußte er jedes Wort buchstabieren. Trotzdem hat er bis zu seinem Tod 1985 die Coca-Cola Company in Atlanta geleitet und so einen der erfolgreichsten Konzerne der Welt geschaffen. Wenn es Robert Woodruff mit dieser Schwäche gelungen ist, einen solchen Konzern aufzubauen, was hindert Sie dann daran, erfolgreich zu sein?

6. Ich stamme aus einfachen Verhältnissen

- ▷ Arnold Schwarzenegger stammte aus einfachen Verhältnissen. Doch das hinderte ihn nicht daran, der erfolgreichste Bodybuilder aller Zeiten zu werden, ein Hollywood-Star zu sein und in die Kennedy-Familie einzuheiraten.

7. Meine körperlichen Gebrechen hindern mich daran, erfolgreich zu sein

- ▷ Demosthenes hat gestottert und wurde dennoch zum größten Redner der Antike.
- ▷ Der blinde José Feliciano erspielte sich 38 goldene Schallplatten.

	▹ Auch der blinde Stevie Wonder ist weltberühmt geworden. ▹ Sylvester Stallone wurde trotz seines gelähmten Augenlides und seiner langsamen Sprechweise einer der größten Helden von Hollywood.
8. Ich habe keine Beziehungen	▹ Jesus hatte keine Beziehungen, keine Organisation im Rücken, keinen Fürsprecher und heute verfügt er über Millionen von Anhängern.

Konnten Sie sich in dem einen oder anderen Glaubenssatz wiederfinden? Wenn man sich die von mir genannten Beispiele und ihre Erwiderung vor Augen hält, dann hat eigentlich keiner dieser Glaubenssätze seine Berechtigung. Doch ich bin sicher, Sie haben Gründe gefunden, warum diese Glaubenssätze dennoch ausgerechnet für Sie Gültigkeit haben. Wenn das so ist, dann ist Ihr Gehirn darauf trainiert, sofort Antworten auf die Frage zu produzieren, warum etwas nicht funktioniert. Meistens sind diese Argumente allerdings nur intellektuelle Scheinargumente. Dennoch verhindern sie unbewußt unseren Erfolg.

> *»Alle persönlichen Durchbrüche beginnen mit einer Änderung unserer Glaubensmuster.«*
> *(Anthony Robbins)*

Um erfolgreich zu sein, müssen Sie die alten, lähmenden Glaubenssätze gegen neue, beflügelnde eintauschen. Bringen Sie das Fundament des alten Glaubens ins Wanken und er wird wie ein Kartenhaus einstürzen. Errichten Sie dann den Glauben Ihrer Wahl auf einem neuen, noch stärkeren und unzerstörbaren Fundament.

Änderung des Glaubens mit Hilfe von starken Emotionen

Nur – wie genau macht man das?

Sie müssen massive Nachteile und Schmerzen mit dem alten Glauben verknüpfen. Nur wenn Sie Ihrem Gehirn ganz deutlich zeigen, was der alte Glaube Sie geistig, emotional, spirituell, finanziell kostet, schaffen Sie es, einen Antrieb dafür zu erzeugen, diesen Glauben zu beseitigen. Fragen Sie sich daher:

Was hat es mich bereits in der Vergangenheit gekostet, diesen Glauben aufrechtzuerhalten?

Was kostet es mich gerade jetzt in der Gegenwart?

Und was wird es mich geistig, emotional, spirituell und finanziell in der Zukunft kosten, wenn ich diesen Glauben nicht heute ein für allemal beseitige?

Verknüpfen Sie massiven Schmerz mit diesem alten Glauben. Geben Sie eindeutige Signale, damit Sie nie mehr unter diesem Glauben leiden müssen.

Suchen Sie dann nach einem neuen, passenden Glaubenssatz und ersetzen Sie den alten Glauben durch einen neuen. Formulieren Sie zum Beispiel statt: ›Ich bin zu jung‹ – ›Jugend bedeutet Power‹, dann trällern Sie den alten Satz mit einer völlig überzogenen und lächerlichen Stimme daher. Sagen Sie ›mein alter Glaubenssatz war: Ich bin zu jung. Das ist völliger Blödsinn. Richtig ist: Jugend bedeutet Power!‹ Bewegen Sie sich dabei, lassen Sie zu, daß Sie emotional werden, dann wird diese Methode am besten wirken. Probieren Sie es aus, die Sätze zu singen oder mit der hohen, quietschenden Stimme von Mickey-Mouse zu sagen. Dadurch machen Sie den alten Glaubenssatz lächerlich, unterbrechen Ihr altes Muster und pflanzen an dieser Stelle den neuen Glaubenssatz ein. Diese einfache Technik wird Ihr Leben verändern!

Haben Sie einen neuen Glaubenssatz installiert, dann untermauern Sie diesen mit neuen Referenzerlebnissen. Wenn Sie in Ihrem eigenen Leben noch keine dafür finden, dann lesen Sie Autobiographien von Menschen, die diese Bereiche in ihrem Leben gemeistert haben. Benutzen Sie die Erfahrungen und Glaubenssätze von erfolgreichen Menschen und Sie werden selbst einer werden!

4
Die Vielfalt der Lebensstile

»Leben heißt wagen. Leben bedeutet, etwas riskieren. Wer nichts wagt, der lebt auch nicht.«

Charles Houston

Ein Leben in Leidenschaft

In seinen Memoiren enthüllte der alte Venezianer in atemberaubender Offenheit sein wildes Leben als Verführer und Frauenheld. Seine Kindheit verbrachte er mit einer Großmutter, die sich nicht recht um ihn kümmerte. Da finanziell gut für ihn gesorgt war, konnte er sich in seinen Jugendjahren ein freies Leben leisten. Ständig war er auf Reisen und vermochte es, sich aufgrund seiner Gewandtheit und seiner Selbstsicherheit Zugang zu Fürstenhäusern zu verschaffen. Sein Leben war voller Abenteuer, nicht nur im Reich der Erotik. Als junger Mann lieferte er sich zwei Duelle mit hochangesehenen Persönlichkeiten. Einmal war er wegen unbedachter Äußerungen in ein berüchtigtes Gefängnis gebracht worden, aus dem er jedoch mit List und Kühnheit fliehen konnte, was ihm noch mehr Bewunderung einbrachte. In finanzieller Hinsicht glich sein Leben einer Achterbahn. Zu manchen Zeiten war er steinreich und dann wieder bettelarm. Dafür sorgten seine Spielleidenschaft und seine Verschwendungssucht. Dennoch war er fest davon überzeugt, immer und überall durchzukommen, und so stürzte er sich von Abenteuer in das nächste. Nach seinem fünfundvierzigsten Lebensjahr verlor er jedoch seine Wirkung auf Frauen und damit begann die traurige zweite Lebenshälfte eines erfolgverwöhnten Mannes. Schließlich landete Giacomo Casanova (1725–1798) als Bibliothekar auf Schloß Dux in Böhmen, wo er verstarb.

Die kleine, zarte Frau sprach in ganz einfachen Worten über Liebe, Fürsorge und das Glück des Teilens. Die vielen langen Jahre der Arbeit in den Slums von Kalkutta, in den Wellblechhütten in London und in den Ghettos von New York hatten tiefe Spuren in ihrem Gesicht hinterlassen. Sie hatte das Gelübde der Keuschheit abgelegt und ihr Leben in den Dienst Gottes gestellt. Als seine Dienerin wusch sie die Wunden der Leprakranken, baute Heime für verlassene Kinder und sammelte Geld für die medizinische Versorgung der Armen. Für sich selbst benötigte sie nichts. Sie hatte allem materiellen Reichtum entsagt und beschlossen, für immer in Armut zu leben, um den Armen so auf gleicher Stufe zu begegnen. Die Armut war ihre Freiheit. Lediglich Glauben besaß sie im Überfluß. Sie war überzeugt, daß Gott sie leiten würde und sie ihre Mission erfüllen könnte. Als sie eines Tages in das indische Motijhil kam, sah sie, daß hier eine Schule fehlte. Da gab es keine großen Pläne, keine großen Vorbereitungen. Sie fing einfach an. Auf einem offenen Platz begann sie mit einem Stock das Bengali-Alphabet in den Boden zu kratzen. Nach und nach kamen immer mehr Kinder. Stühle wurden gestiftet, eine Bank, eine Tafel, bis schließlich die Schule Wirklichkeit geworden war. Jeder Arme oder Kranke konnte ihrer Hilfe sicher sein: Leprakranke, Aidskranke, verlassene Kinder, Hungernde, Sterbende. Tag und Nacht arbeitete sie für andere, führte ein Leben in unbeschreiblicher Mühsal. In vielen Ländern wurde sie mit den höchsten Ehrungen ausgezeichnet und 1979 erhielt sie für die Taten ihres vor Liebe überfließenden Herzens den Friedensnobelpreis. Als Anwältin der Armen und Machtlosen hatte sie freien Zugang zu den Mächtigsten dieser Erde und auch die hohen Herren der Kirche ließen sich gerne mit ihr sehen. Doch trotz allem blieb sie immer die Bescheidenheit in Person. Über 4000 Missionarinnen der Nächstenliebe werden in etwa 400 Niederlassungen auf der ganzen Welt ihr Lebenswerk fortsetzen.

Eine von Demut und Nächstenliebe erfüllte Frau

> *»Wir verlangen, das Leben müsse einen Sinn haben.*
> *Aber es hat nur genausoviel Sinn, wie wir ihm geben.«*
> *(Hermann Hesse)*

Nur ein kurzer Abriß aus dem Leben zweier berühmter Menschen – doch was für ein gewaltiger Unterschied. Mein Leben lang habe ich mich gefragt, was diese Unterschiede ausmacht. Wie kommt es, daß ein Casanova so völlig anders lebte als Mutter Teresa? Welche Kräfte trieben diese beiden Menschen zu ihrem Lebenswerk an? Welche Werte mögen hinter ihren Schicksalen stehen? Ich will die Antwort noch nicht vorwegnehmen – sie wird im Laufe dieses Kapitels klarer werden. Zunächst bleibt jedoch festzuhalten: Es gibt eine Unmenge an verschiedenen und unverwechselbaren Charakteren. Auch Sie gehören dazu. Sie sind einzigartig und einmalig. Ist es nicht wunderbar, wie vielfältig unsere Möglichkeiten auf diesem Planeten sind? Wie viele verschiedene Ziele es zu verfolgen sich lohnt und auf wie viele Arten man sich für sie einsetzen kann? Was jedoch nahezu allen Menschen gemeinsam ist, ist die Suche nach einem Sinn in unserem Leben. Doch diese Gemeinsamkeit ist auch schon alles, denn die Wege zu diesem Sinn sind völlig verschieden. Die einen treten in einen Orden ein und werden Mönche oder Nonnen. Andere stürzen sich in ihren Job und versuchen, so schnell wie möglich viel Geld zu verdienen. Ein Mann zog predigend durch das Land und vermittelte dem einfachen Volk seine frohe Botschaft. Ein anderer setzte sich mit all seiner Energie dafür ein, daß ein ganzes Volk ausgerottet wurde. Worin bestanden die Unterschiede zwischen diesen Menschen? Was war es, was sie antrieb und sie so leben ließ, wie sie es taten. Waren diese Menschen schon immer so? Mußten Sie immer so bleiben?

Ich glaube nicht! Wir sind keine starren, unveränderlichen Wesen, deren Charakter von Geburt an festgelegt ist und sich nicht ändern läßt. Jeder von uns vereinigt in sich eine Vielzahl von Charaktereigenschaften und Verhaltensweisen. Jedoch scheint es, als würden sich manche Menschen auf eine Hand voll Eigenschaften beschränken und sich damit zusätzlicher Möglichkeiten berauben. Was wäre, wenn Sie Ihre Charaktereigenschaften selbst wählen oder sogar von Situation zu Situation wechseln könnten?

Die meisten Menschen denken jedoch nicht einmal im Traum daran, daß dies möglich ist. So haben sie diese Möglichkeit vollkommen ausgeblendet und tragen ihr ganzes Leben lang die Brille ihrer Gewohnheiten, die sie immer wieder die gleichen Verhaltensweisen ausführen läßt. Ihr Alltag läuft nach einem starren Muster ab und ist zur Routine geworden.

Diese Starrheit müssen wir überwinden, wenn wir erfolgreich sein und ein glückliches Leben führen wollen. Ein Psychologe drückte es einmal mit den Worten aus: ›Der gesunde Mensch hat möglichst wenig Persönlichkeit‹.

Entwickeln Sie eine dynamische Persönlichkeit

Er versteht unter Persönlichkeit alles, was wir an Werten und Normen in uns tragen, an festen Charaktereigenschaften, an Moralsystemen, die Art wie wir sprechen, alles was statisch ist und nicht in einem Prozeß befindlich, das, was wir einmal erworben haben und nicht mehr hergeben. Er sagt nicht, man darf gar keine Persönlichkeit haben, sondern sie sollte möglichst wenig starr sein, daß heißt, man sollte in der Lage sein, auch mal alles über den Haufen werfen zu können, um neu zu beginnen. Wünschen Sie sich nicht auch manchmal, ein klein wenig mehr Elan zu haben, um aus dem bequemen Käfig der eingefahrenen Verhaltensmuster auszubrechen, und sich entgegen der Gewohnheit für etwas Neues zu entscheiden, das Sie Ihrem großen Traum näherbringt? In diesem Buch werde Ihnen zeigen, wie Sie eine dynamische Persönlichkeit entwickeln können. Darunter verstehe ich eine Persönlichkeit, die vor allem die Wahl hat, sich zu verändern, wann immer sie es für nützlich hält. Ich möchte Ihnen Möglichkeiten zeigen, zu verschiedenen Zeitpunkten oder verschiedenen Situationen Ihres Lebens zwischen verschiedenen ›Persönlichkeiten‹ zu wählen. Keine Angst! Sie können immer auch die Persönlichkeit wählen, die Sie schon sind oder glauben zu sein. Jedoch können Sie zusätzlich auch jemand anderes sein, wenn Sie es wünschen.

Wenn Sie das tun, was eine gewöhnliche Person tut,
dann werden Sie auch nur ein gewöhnliches Ergebnis erzielen.
Wenn Sie ein außergewöhnliches Ergebnis erzielen wollen,
dann müssen Sie auch das tun, was eine außergewöhnliche Person tut.

Wenn Sie eine dynamische Persönlichkeit entwickeln, dann haben die Gesetze, die für ›normale‹ Menschen gelten, für Sie keine Gültigkeit mehr, weil Sie Ihre Persönlichkeit und die damit verknüpften Verhaltensweisen willentlich ändern können. Sie werden lernen, Probleme und Aufgaben aus neuen Blickwinkeln zu betrachten und sich selbst Wahlfreiheit in Ihrem Verhalten zu eröffnen. Eine dynamische Persönlichkeit kann sich den Erfordernissen der jeweiligen Lebenssituation anpassen. Sie werden in der Lage sein, die ganze Bandbreite emotionaler Reaktionen und Gefühle auszuschöpfen. Indem Sie sich zu einer dynamischen Persönlichkeit entwickeln, werden Sie in den Besitz von Macht gelangen – der Macht, Ihr Leben nach Ihren Wünschen zu gestalten. Persönlichkeitszüge sind nur dann statisch, wenn man daran glaubt, daß sie es sind. In diesem Buch lernen Sie, wie man seine Persönlichkeit verändern kann. Sie können Ihre scheinbar fest vorgezeichnete Bahn verlassen und das werden, was Sie werden möchten. Wir beschäftigen uns hier mit einem neuen Weg. Wir orientieren uns nicht mehr am Gewöhnlichen oder Alltäglichen sondern an dem Außergewöhnlichen. Wir untersuchen Spitzenleistungen von exzellenten Meistern ihres Faches!

Wenn Sie sich an einer gewöhnlichen Person orientieren, dann gelten für Sie auch die psychologischen Gesetze, die für diese Person gelten. Dann ist es für Sie auch unmöglich, Ihre Träume zu verwirklichen. Ändern Sie Ihren Fokus und konzentrieren Sie sich auf erfolgreiche Menschen – auf Menschen, die es geschafft haben, irgendeinen Bereich (oder alle!) ihres Lebens zu meistern. Indem Sie ihre Methoden und Lebensweise nachahmen, werden Sie aus dem Käfig des Alltäglichen ausbrechen und sich neue Möglichkeiten erschließen. Ich möchte Sie nun mit einigen Varianten des Anders-Seins bereichern und zu neuen Ideen anregen. Lassen Sie sich davon inspirieren und vielleicht überdenken Sie einmal Ihren jetzigen Lebensstil. Im Anschluß werden wir untersuchen, wodurch sich diese erfolgreichen Menschen auszeichnen.

Wilde Menschen

Eine für mich sehr faszinierende Art von Menschen sind die ›wilden‹ Menschen. Sie weisen eine besondere Lebensenergie auf, die es ihnen ermöglicht, eine ungewöhnliche Tatkraft zu entwickeln und erstaunlich viele herausragende Leistungen zu vollbringen. Sie hungern geradezu nach Empfindungen, die ihnen beweisen, daß sie noch am Leben sind. Allerdings geraten sie zwischen ihren Abenteuern auch in Zeiten, in denen sie eine seelische Leere erleben, was sehr schlimm für sie ist. Sie sind häufig in hohem Grade emotional verletzbar, auf der anderen Seite aber auch sehr risikofreudig. Sie weichen von gesellschaftlichen Normen ab, um ihren eigenen individuellen Lebensstil zu verwirklichen. Sie brechen Tabus und halten es häufig in Beziehungen nicht lange aus. Sie suchen das Neue, in dem sie sich verwirklichen können. Wilde Menschen leben auf einem sehr hohen Energieniveau. Man könnte sagen, sie stürzen sich in das Leben und verbrennen in einem atemberaubenden Kampf ihre gesamten Ressourcen.

> *»Der Sinn des Lebens ist es schließlich, zu leben, bis an die äußersten Grenzen dessen zu gehen, was wir erfahren können, begierig und furchtlos nach immer neuen, reicheren Erfahrungen zu greifen.«*
> *(Eleanor Roosevelt)*

Ein beeindruckendes Beispiel für einen wilden Menschen ist Lou von Salomé (1861 – 1937), die besonders durch ihre Beziehungen zu Friedrich Nietzsche, Rainer Maria Rilke und die enge Freundschaft zu Sigmund Freud bekannt geworden ist. Sie regte diese drei und noch einige weitere berühmte Männer zu großen schöpferischen Leistungen an. Ihr Leben war

Das Leben der Lou von Salomé

von einer sehr großen Leidenschaft geprägt. Sie war voller Inspiration, verfocht die Ideen der Selbstbestimmung der Frau und trat für die freie Liebe ein. Sie war eine lebenssprühende Person mit einer unglaublich erotischen Ausstrahlung. Zahlreiche Heiratsanträge wurden ihr gemacht, und als sie schließlich doch widerwillig einem Antrag nachgab, war es eher die Selbstmorddrohung ihres Geliebten als das Verlangen nach einer festen Bindung, die sie dazu bewegen konnte. Auch während ihrer Ehe pflegte sie ihr wildes Leben weiter.

Eine ganz besondere Art von wilden Menschen sind die Extrembergsteiger. Wenn sie gerade mal nicht in den Bergen sind, dann planen sie ihre nächste schwierige Bergbesteigung. Sie reizt das Unmögliche. Dabei geht es Ihnen nicht einfach nur darum, so schnell wie möglich an die Spitze eines Berges zu gelangen. Nein, sie suchen sich gefährliche, anspruchsvolle Routen, die ihre ganze Kraft fordern werden. Sie besteigen im wahrsten Sinne des Wortes den Gipfel ihres Lebensberges. Weitere Lebensbereiche sind diesem Ziel vollkommen untergeordnet. Sie wollen beständig Abenteuer in freier Natur erleben. Dabei können sie häufig auch schwerste Erfrierungen oder Abstürze ihrer Kameraden nicht davon abhalten, wieder auf Berge zu steigen. Während der Extremalpinist am Berg ist und eine schwierige Wand durchklettert, lauert immer der Tod im Hintergrund, so daß er sich ständig dieser Gefahr bewußt sein muß. Der geringste Fehlgriff kann ihn das Leben kosten. Darum bedarf es höchster Präzision und Konzentration aller Sinnesleistungen und Körperkräfte auf die anstehende Aufgabe und den Fels unter seinen Händen. Durch die totale Bündelung aller seiner Energien erlebt der Kletterer seine Ganzheit. In diesem Moment muß er nicht darüber nachdenken, warum er lebt. Die Frage nach dem Sinn des Lebens verstummt im Angesicht des Todes und der nackte Überlebenswille tritt roh und übermenschlich hervor. Das gefahrvolle Unterwegssein dieser Natur-

abenteurer ist für sie zu einer absoluten Lebensnotwendigkeit geworden, für das sie im Zweifelsfall alles andere in ihrem Leben opfern würden.

Das lebende Paradebeispiel eines Extremalpinisten ist Reinhold Messner. Er hat alle 14 Achttausender dieser Erde bezwungen. Dabei wurde er geleitet von dem Wunsch sich zu verwiklichen, an seinen Besteigungen zu wachsen und sich weiterzuentwikkeln. Die riesigen Berge sind für ihn etwas Unbegreifliches, eine Art Mythos – etwas Gewaltiges. Mit ihnen hat er den Kampf auf seine eigene Art und Weise aufgenommen. Was selbst erfahrene Bergsteiger damals für unmöglich hielten, Reinhold Messner setzte es in die Tat um. Er besann sich auf die natürlichen Kräfte des Menschen und verzichtete auf Sauerstoffgeräte, Hochlager und zusätzliche Absicherungen. Dadurch prägte er einen neuen Kletterstil und widerrlegte auf eindrucksvolle Weise den Glaubenssatz, daß Menschen auf über 8.000 m nicht atmen könnten. Sein jahrelanges Training und die Konzentration auf dieses eine Ziel waren von Erfolg gekrönt. Auf seinem Weg ist er unzählige Male gescheitert und doch hat er nie aufgegeben, sondern sich mit seinem gewaltigen, unnachahmlichen Überlebenswillen auf immer schwierigere Gipfel vorgewagt. Während einer Tour auf den Nanga Parbat verlor Reinhold Messner seinen Bruder durch eine Lawine. Er selbst überlebte, doch mußten ihm bei der Rückkehr sechs Zehen und einige Fingerkuppen amputiert werden. Keine zwei Jahre später stand er auf dem nächsten Achttausender und immer wieder bewältigte er schier ausweglose Situationen. In den Zeiten zwischen den Expeditionen träumte er von neuen, noch gewagteren Unternehmungen und schuf sich immer wieder Möglichkeiten, sie zu verwirklichen. Reinhold Messner hat neue Horizonte eröffnet, indem er die physischen Grenzen seines Körpers überwand und größte Gefahren meisterte. Er hat gelernt umzukehren, zu verlieren, aber nicht aufzugeben. Das hat ihm das Leben gerettet.

Reinhold Messner bezwingt die höchsten Gipfel

Verlassen wir die Berge und Reinhold Messner und begeben wir uns in die Welt der 64 Felder. Niemand hatte dem sechsjährigem Jungen das Schachspiel beigebracht, dennoch wanderten seine Augen nicht von der vor ihm auf dem Schachbrett aufgebauten Stellung. Am nächsten Morgen machte der kleine Junge einen Lösungsvorschlag, der seine Eltern sehr erstaunte. Im nächsten Jahr nahm ihn ein Junge aus der Nachbarklasse mit in den Schachkreis der jungen Pioniere von Baku, von wo aus er seine phantastische Karriere starten sollte. Obwohl er anfangs sehr schwach spielt, entwickelt

Ein Junge klettert auf den Schacholymp

er ein außergewöhnliches Gedächtnis und versetzt sich rasch vollkommen in die Trainingsstellungen und Studien. Er nimmt sich Alexander Aljechin, den Weltmeister von 1927–35 und 1937–1945, als Vorbild und studiert unermüdlich seine Partien. Damit beginnt ein unaufhaltsamer Aufstieg. Mit 10 Jahren tritt Garry in die berühmte Botwinnik-Schach-Schule ein. 1977, mit 14 Jahren, wird er Jugendmeister der Sowjetunion und belegt noch im selben Jahr bei der Weltmeisterschaft der Kadetten den 3. Platz. Neben den unermüdlichen Studien hinter dem Schachbrett beschäftigt er sich vor allem mit Literatur und entwickelt so eine enorme intellektuelle Allgemeinbildung. Trotz der wilden Kämpfe auf dem Schachbrett ist er eher ein ruhigerer Typ, der große Menschenansammlungen haßt. Sein Leben ist gekennzeichnet von dem vollen Einsatz für seine Profession – das Schachspiel. Mit 18 Jahren gewinnt er zum ersten Mal die Meisterschaft der UdSSR. Danach gibt es kein Halten mehr und so wird Garry Kasparow mit 22 Jahren schließlich Weltmeister.

Es gibt unzählige Beispiele weiterer interessanter Lebensstile. Sie brauchen sich nur einmal unterschiedliche Länder und Kontinente vorzustellen. Wie leben die Menschen dort? Welchen Herausforderungen sieht sich ein Kind in Südafrika gegenüber? Welche Lebensregeln muß ein Jude beachten? Wie verläuft das Leben von iranischen Frauen? Wie würde es Ihnen gefallen, ein Eskimo zu sein?

Oder überlegen Sie sich, wie es wäre, wenn Sie in einer längst vergangenen Zeit geboren worden wären. Vielleicht in einer Zeit, in der in Ägypten die Pharaonen große Pyramiden errichteten oder noch viel früher bei unseren Vorfahren in der Eiszeit?

Werte und Lebensregeln

Ich habe Ihnen alle diese Beispiele genannt, um Ihnen zu zeigen, wie unermeßlich die Bandbreite an Möglichkeiten und Motiven zu leben ist. Was diese Menschen aus meiner Sicht vor allem unterscheidet, sind ihre Werte und Lebensregeln. Sowohl Werte als auch Lebensregeln sind eine besondere Form von Glaubenssystemen. Werte sind Überzeugungen über die Wichtigkeit bestimmter Dinge. Bei den Lebensregeln unterscheide ich zwischen zwei Arten. Die einen geben uns an, welche Voraussetzungen erfüllt sein müssen, damit in uns ein bestimmtes Gefühl ausgelöst wird, die anderen sagen uns, was wir tun müssen und was wir tun wollen.

Werte stehen hinter unseren Verhaltensweisen, sie sind innere Motivatoren. Wenn Sie Ihr Verhalten verändern wollen, aber Werte haben, die zu dem gewünschten Verhalten im Widerspruch stehen, dann werden

Sie keinen Erfolg haben. Ihr neues Verhalten werden Sie nicht lange beibehalten können. Nur wenn Ihre Werte Ihr Verhalten unterstützen, werden Sie es schaffen, Ihr Leben dauerhaft zu verändern.

Es ist wichtig, daß sie kongruent sind, daß Werte und Verhaltensweisen zusammen passen. Fragen Sie einmal einen begeisterten Extrembergsteiger, ob er sein Bergsteiger-Dasein gegen die Residenz und die Aufgaben des Sultans von Brunei eintauschen würde. Er würde wahrscheinlich nicht glücklich dabei werden. Seine Verhaltensweisen wären nicht im Einklang mit seinen Werten. Vermutlich ist ihm seine Freiheit tausendmal lieber als die noch so gut bezahlten Rechte und Pflichten eines Sultans. Er würde sich weder glücklich noch erfolgreich fühlen, denn seine Werte bestimmen, woran er seinen Erfolg mißt. Werte bringen also unsere Überzeugung zum Ausdruck, was wir ganz persönlich für wichtig halten.

Unsere Werte bestimmen, worauf wir uns im Leben zubewegen und wovon wir die Finger lassen. Sie formen unseren Lebensstil!

Jede Verhaltensweise, die Sie erwerben möchten, jede Erfahrung, die Sie machen, unterliegt einer Kontrolle durch Ihre Werte. Werte nehmen eine relativ hohe Position in Ihrem internen Steuerungssystem ein. Sie können nicht abgeschaltet oder umgangen werden, denn sie gehören zum Kern Ihrer Persönlichkeit. Unsere Werte werden wie unsere Glaubenssätze sehr stark in unserer Kindheit durch unsere Umgebung geprägt. Durch ihr Verhalten haben uns unsere Eltern ihre Werte gezeigt und uns dazu angehalten, es ihnen gleich zu tun. Meistens wurden uns die Werte unserer Erzieher durch Strafe und Belohnung verinnerlicht.

Entstehung und Veränderung von Werten

Allerdings bleiben Werte nicht das ganzes Leben über gleich. Sie verändern sich zum Beispiel durch das Zusammensein mit Gleichaltrigen, durch Lehrer, ein Studium und später durch das Unternehmen, für das Sie arbeiten. Wenn Sie sich nicht mit den Werten Ihres Arbeitgebers identifizieren können, stoßen Sie auf massiven Widerstand und werden wahrscheinlich das Unternehmen bald wieder verlassen. Ein Aufstieg fällt Ihnen leichter, wenn Sie die Werte des Chefs übernehmen. Sind Sie dann in einer neuen Position, kann es sein, daß sich auch Ihre Ansprüche und damit Ihre Werte verändern. Auch die Medien und das gesamte gesellschaftliche Umfeld beeinflussen Ihre Werte sehr stark. Im Laufe der Zeit können sich sogar die Werte einer ganzen Generation verändern. Trotz dieser Wandlungsfähigkeit sind die augenblicklichen Werte ungeheuer wichtig. Wegen Werten wie Freiheit, Ehre, Gerechtigkeit oder Vaterlandsliebe ziehen Männer in den Krieg und nehmen die Gefahr in Kauf, getötet zu werden.

In dem Film ›Eine Frage der Ehre‹ stehen zwei Soldaten vor Gericht, weil sie auf Befehl ihres Vorgesetzten einen ihrer Kameraden mißhandelt haben. Durch unglückliche Umstände kam dieser dabei ums Leben. Obwohl sie durch einen einfachen Vergleich auf freien Fuß kommen könnten, bestehen sie darauf, in den für sie nahezu aussichtslosen Prozeß zu gehen, um nachzuweisen, daß sie einen Befehl ihres Vorgesetzten ausgeführt haben. Ihre Soldatenehre rein zu waschen, ist ihnen wichtiger als ihre Freiheit.

Werte motivieren und leiten jeden einzelnen von uns. Im Prinzip bestimmen Ihre Werte jede wichtige Entscheidung Ihres Lebens. Wenn Sie an einer Wegkreuzung angelangt sind, werden Sie sich unbewußt für den Weg entscheiden, der mit den höheren Werten verknüpft ist. Der brave, verheiratete Beamte, der jeden Tag pünktlich nach Hause kommt, seinen Garten ordentlich pflegt und jeden Tag mit dem Gewohnten glücklich ist, weiß nicht, daß wahrscheinlich bei ihm der Wert Sicherheit sehr groß ist. Eine verheiratete Frau, die gerade einen entzückenden Mann kennenlernt, wird sich in der Regel auch nicht hinsetzen und sich fragen, ob sie Leidenschaft und Freiheit höher einstuft als Geborgenheit und Abhängigkeit. Doch in ihrer Entscheidung, ob sie ihren Ehemann verläßt und sich auf eine Affäre mit dem anderen Mann einläßt, spielen diese Werte eine bedeutende Rolle. Unsere Werte liegen unbewußt in uns verborgen, jedoch steuern sie unseren Lebensweg. Wenn Sie die Werte eines Menschen kennen, fällt es Ihnen viel leichter, ihn zu verstehen und eine gute Beziehung zu ihm aufzubauen.

Werte sind der Schlüssel zur Steuerzentrale einer anderen Person.

Für eine effektive Kommunikation mit einer anderen Person ist es daher hilfreich, wenn Sie wissen, welche Werte für die andere Person wichtig und welche eher unwichtig sind.

Lassen Sie uns nun daran gehen, herauszufinden, welche Werte für Sie wichtig sind. Da es sehr viele Werte gibt, die für Sie eine Rolle spielen, ist

Die Wertehierarchie

es sinnvoll, sie in eine Rangfolge zu bringen und eine Wertehierarchie aufzustellen. Fragen Sie sich: ›Was ist mir in meinem Leben wichtig?‹ oder ›Welche Werte spielen in meinem

Leben ein große Rolle?‹. Sammeln Sie diese Werte, so daß Sie sie einmal vor Augen haben und mit ihnen weiter arbeiten können.

Beispiele: Lebensfreude, Wachstum, Gesundheit, Attraktivität, Liebe, Ehrlichkeit, Macht, Flexibilität, Erfolg, Kreativität, Respekt, Verständnis, Status

Um das Ordnen der Werte für Sie anschaulicher zu machen, werde ich Ihnen anhand einiger Beispiele zeigen, wie man sie in eine Rangreihe bringen kann. Dies ist nur ein Beispiel, Ihre Werte bestimmen Sie ganz alleine. Die Werte könnten sein: Leidenschaft, Phantasie, Freiheit, Entwicklung, Abenteuer, Erfolg und Gesundheit. Jetzt frage ich mich, welcher Wert mir wichtiger ist.

Ist Leidenschaft oder Phantasie wichtiger für mich? Leidenschaft.

Ist Leidenschaft wichtiger als Freiheit? Ja.

Was ist wichtiger: Leidenschaft oder Entwicklung? …

So vergleiche ich alle Werte der Reihe nach mit Leidenschaft. Wenn es keinen Wert gibt, der wichtiger ist als Leidenschaft, dann kommt Leidenschaft an die erste Stelle. Wenn es einen Wert gibt, der wichtiger ist, wird dieser vorgezogen und mit allen anderen verglichen. Wenn also beispielsweise Erfolg wichtiger wäre als Leidenschaft, dann wird Erfolg Nummer eins. Natürlich brauche ich jetzt nicht mehr Erfolg mit Phantasie zu vergleichen, weil Phantasie ja weniger wichtig war als Leidenschaft und diese wiederum weniger wichtig als Erfolg. Ich frage also nur noch:

Ist Erfolg wichtiger als Gesundheit? Ja. Erfolg ist Nummer eins.

Ist Leidenschaft wichtiger als Gesundheit? Ja.

Damit wird Leidenschaft die Nummer zwei usw. Wenn Sie das konsequent durchziehen, haben Sie sehr schnell Ihre höchsten Werte in eine Rangreihe gebracht.

An einigen Punkten kann es sein, daß Ihnen die Einordnung schwer fällt. Ist mir Freiheit wichtiger oder Abenteuer? Wenn ich Abenteuer erlebe, fühle ich mich frei; ohne Freiheit kann ich keine Abenteuer erleben. Wenn Sie so nicht weiter kommen, dann fragen Sie sich, was Ihnen Freiheit und Abenteuer bedeuten. Freiheit könnte bedeuten, tun und lassen zu können, was man will. Abenteuer könnte bedeuten, aufregende Herausforderungen anzugehen. Jetzt können Sie besser vergleichen: Was ist für mich wichtiger: Tun und lassen zu können, was ich will, oder aufregende Herausforderungen zu meistern? Aufregende Herausforderungen zu meistern – Abenteuer ist also ein höherer Wert. Wenn Sie trotz Nachfragen immer noch keine deutliche Unterscheidung treffen können, dann fragen Sie sich, was geschehen würde, wenn einer der beide Werte wegfiele. Könnte ich mir ein Leben ohne Abenteuer vorstellen? Es wäre langweilig, ich wäre energielos und hätte wenig Ansporn. Wie wäre es, wenn ich keine Freiheit hätte? Ich wäre abhängig. Ist es schlimmer abhängig zu sein oder energielos? Energielos. Damit ist Abenteuer wichtiger als Freiheit. Wäre es mir lieber, keine Freiheit zu haben, dafür aber Abenteuer? Oder ist es angenehmer auf die Abenteuer zu verzichten und dafür Freiheit zu haben?

Durch diese Fragen sollte es Ihnen möglich sein, Ihre Hierarchie der Lebenswerte aufzustellen. Tun Sie dies jetzt und tragen Sie das Ergebnis hier ein!

Hierarchie meiner Werte

1. ______________________________
2. ______________________________
3. ______________________________
4. ______________________________
5. ______________________________
6. ______________________________
7. ______________________________
8. ______________________________
9. ______________________________
10. ______________________________

Gehen Sie nun Ihre Liste nochmals durch und ergründen Sie, was diese Werte für Sie bedeuten. Fragen Sie sich: Was bedeutet Liebe, Erfolg, Leidenschaft… für mich? Liebe bedeutet für mich, mit einem anderen durch dick und dünn zu gehen. Was bedeutet für Sie, mit einem anderen durch dick und dünn zu gehen? Auf den anderen vertrauen zu können. Fragen Sie ruhig nach, denn oft verbirgt sich für uns hinter einem Wort etwas ganz anderes, als ein anderer vermuten würde. Wenn zwei Menschen das Wort Liebe auf ihrer Liste ganz oben stehen haben, dann müssen sie damit noch lange nicht auch das gleiche meinen. Der eine versteht unter Liebe vielleicht das ›Gefühl, nach Hause zu kommen und seine Familie in trauter Runde vorzufinden‹. Er meint vielleicht so etwas wie Geborgenheit. Der andere meint mit Liebe ein brennendes, leidenschaftliches Gefühl. Für ihn ist Liebe so etwas wie völlige Hingabe. Sie sehen schon an diesem Beispiel, daß die Unterschiede riesig groß sein können. Deshalb ist es für Sie wichtig, Ihre eigenen Werte und die der Ihnen nahestehenden Menschen herauszufinden und auch zu beschreiben. Sie können sich in die Welt eines anderen nur einfühlen, wenn Sie wissen, was er unter seinem Wert versteht. Für den einen bedeutet Spaß, einen Tag am Strand zu liegen, ein gutes Buch zu lesen und es sich abends vor dem Fernseher gemütlich zu machen. Der andere versteht unter Spaß eine Wildwasser-Kanufahrt, Bungee-Jumping und Fallschirmspringen. Präzision ist hier absolut erforderlich.

Bedeutung der Werte

Viele Menschen haben in ihrem Leben sogenannte Wertekonflikte. Sie wollen im Beruf weiter voran kommen, ihre Lebensqualität erhöhen, sich mehr sozial engagieren und gleichzeitig sehr viele Wochen in Urlaub zu gehen, in der Sonne liegen und Zeit für andere Dinge haben. Das kann Wertekonflikte erzeugen. Zu einem

Wertekonflikte

gewissen Teil gehören diese Wertekonflikte auch zu unserem Leben. Sie machen unser Leben reizvoll, abwechslungsreich und spannend. Wenn die Konflikte aber Oberhand gewinnen, sind wir inkongruent, d.h. wir haben uns nicht voll und ganz unserem Ziel verschrieben und der innere Konflikt drückt sich in unserem Verhalten aus.

Was ist, wenn für Sie sowohl Sicherheit als auch Abenteuer attraktive Werte sind? Wenn Sicherheit für Sie nicht gerade bedeutet, daß Sie sich sicher sind, auch in Zukunft in Abenteuer zu geraten, werden Sie sich selbst sabotierten. Sie werden handlungsunfähig, weil Sie sich nicht entscheiden können, in welche Richtung Sie sich bewegen sollen. Aus Ihrem eigenen Leben kennen Sie wahrscheinlich eine ganze Reihe von Wertekonflikten. Zwei Beispiele könnten sein: Einerseits wollen Sie beruflich vorankommen und Karriere machen, andererseits wollen Sie auch eine Familie gründen und viel Zeit für Ihre Kinder haben. Wenn beides für Sie sehr wichtig ist, dann haben Sie einen Konflikt. Ein anderer Mensch zweifelt daran, ob es sinnvoll ist, so viel zu arbeiten und es nicht vielleicht besser wäre, mehr Sport zu treiben und sich mehr um seine Gesundheit zu kümmern.

Überprüfen Sie also Ihre Liste hinsichtlich solcher Wertekonflikte. Werden Sie sich ihrer bewußt und heben Sie sie für später auf, wenn ich Ihnen zeigen werde, wie Sie Ihre Werte verändern können.

Wo bestehen Wertekonflikte in meiner Liste?

Lebensregeln sind auch eine Art Glaubenssätze. Sie beschreiben, welche Anforderungen erfüllt sein müssen, damit eine Sache oder ein Ereignis unseren Wertvorstellungen gerecht wird. Was muß geschehen, damit wir ein bestimmtes Gefühl empfinden? Was muß geschehen, damit Sie sich glücklich fühlen? Müssen Sie eine Million verdienen und ein schickes Auto fahren, ehe Sie sich glücklich fühlen, oder reicht es, wenn ein paar Sonnenstrahlen

Was muß geschehen, damit ich das Gefühl x habe?

Ihr Gesicht kitzeln? Was muß geschehen, damit Sie sich ärgerlich fühlen? Reicht es aus, wenn Sie es eilig haben und an einer roten Ampel warten müssen, oder muß Ihnen jemand mit Vollgas ins Auto fahren und danach Fahrerflucht begehen? Sie haben es sicher gemerkt, diese Fragen wollen Sie dazu auffordern, über Ihre Lebensregeln nachzudenken. Je nachdem, wie leicht oder schwierig es ist, Ihren Regeln zu entsprechen, werden Sie den einen oder anderen Gefühlszustand häufiger oder seltener erleben. Wenn Sie die Regel haben, daß Sie sich sofort schlecht fühlen, wenn etwas nicht nach Ihren Wünschen verläuft, dann werden Sie sich häufig schlecht fühlen. Wenn Sie sich dagegen erst in einer Situation mit nur geringen Überlebenschancen schlecht fühlen, dann werden Sie diese Empfindung nur selten erleben. Denken Sie jetzt, daß man es sich damit sehr einfach machen würde? Regeln über positive Gefühle formuliert man einfach so, daß sie möglichst oft erfüllt sind und Regeln über negative Gefühle so, daß Sie nur dann erfüllt sind, wenn es wirklich angemessen ist. Beispiele: Ich fühle mich erfolgreich, wenn es mir gelingt, morgens früh aufzustehen. Ich kann jede Situation genießen, ganz gleich, was auch geschieht. Ich fühle mich verletzt, wenn mir hundert Leute in einer Stunde sagen, daß sie mich nicht leiden können. Statt dessen könnten Sie ja auch sagen: Ich fühle mich verletzt, wenn jemand meinen Geburtstag vergißt. Die Gefahr, daß dies passieren wird, ist jedoch ungleich höher. Mit Lebensregeln, die sehr leicht zu erfüllen sind, machen Sie es sich keineswegs einfacher. Sie schrauben nicht Ihre Ansprüche auf ein Minimum zurück – im Gegenteil. Sie sind bereit, höhere Ansprüche an sich zu stellen. Sie sind bereit, sich trotz widriger Umstände positiv zu fühlen und die Kontrolle für Ihre Gefühle damit in Ihrer Hand zu behalten.

Lebensregel 1. Art:
Was muß geschehen, damit ich ein bestimmtes Gefühl habe?
Lebensregel 2. Art:
Was muß ich tun, damit … geschieht?
Was sollte ich tun, damit … geschieht?

Menschen, die viele Dinge tun müssen, damit sie gesund bleiben, eine befriedigende Beziehung haben oder erfolgreich sind, schränken häufig Ihr Leben damit sehr ein und lähmen sich selbst. Eine Muß-Regel ist unbedingt einzuhalten. Sie darf auf keinen Fall verletzt werden. Wenn Sie herausfinden wollen, in welchen Bereichen eine andere Person solche Regeln benutzt,

dann fragen Sie sie, was Sie tun müssen, um z.B. gesund zu sein oder geliebt zu werden. Wenn jemand formuliert: ›Ich sollte weniger Alkohol trinken‹, so ist dies weitaus schwächer formuliert. Es sagt nur aus, was jemand tun will. Der Druck dahinter ist geringer.
Was sind meine wichtigsten Lebensregeln?

> *»Jeder Narr kann Regeln aufstellen -*
> *und alle Narren werden sich danach richten.«*
> *(Henry David Thoreau)*

Gehen Sie Ihre Werte noch einmal durch und fragen Sie sich entsprechend dem Wert, z.B. Liebe: *Was muß geschehen, damit ich mich geliebt fühle? Welche Voraussetzungen müssen erfüllt sein, damit ich mich geliebt fühle?*

Beispiel: Ich fühle mich glücklich, wenn… Ich fühle mich gesund, wenn…

Überprüfen Sie nun, ob diese Regeln Sie aktivieren oder hemmen. Wenn Sie eine Regel finden, der Sie unmöglich gerecht werden können, weil die Kriterien so komplex oder einander ausschließend sind, dann werfen Sie diese Regel über Bord und ersetzen Sie sie durch eine neue. Verfahren Sie genauso, wenn Umstände, die Sie nicht kontrollieren können, für die Erfüllung der Regel wichtig sind. Versuchen Sie, viele Regeln zu finden, um sich gut zu fühlen und möglichst aufwendige, um sich schlecht zu fühlen.

Ergänzen Sie nun die angefangenen Sätze:

Ich fühle mich immer dann gut, wenn… (Je mehr Möglichkeiten Sie sich hier geben, um so häufiger werden Sie sich gut fühlen)

Meine Beziehung läuft super, wenn…

Meine Arbeit macht mir Spaß, wenn…

Finden Sie heraus, welche Regeln für Sie am wichtigsten sind und bringen Sie Ihre Regeln in eine Hierarchie. *Welche Regeln würden Sie niemals verletzten?*

In welchen Bereichen Ihres Lebens könnte die Einhaltung solcher eiserner Regeln Vorteile bringen? In welchen Nachteile?

Kennen Sie bereits die Unterschiede zwischen den ›ich muß‹- und den ›ich sollte‹-Regeln? Versuchen Sie die Unterschiede zu beschreiben!

Vielleicht entwickeln Sie auch aus Ihren Lebensregeln so etwas wie einen ethischen Kodex, der den Standard für Ihre Lebensqualität festlegt. Große Firmen entwickeln sogenannte Leitbilder für ihr Unternehmen. Sie können das gleiche mit Ihrem eigenen Leben machen. Entwerfen Sie Ihre Grundsätze für ein neues und glücklicheres Leben.

Meine Leitsätze für ein neues und glücklicheres Leben:

Prüfen Sie einmal, ob Sie die Regeln Ihrer Mitmenschen, vor allem Ihres Partners oder eines engen Vertrauten, kennen. Wenn wir uns über andere ärgern, tun wir dies häufig einfach deshalb, weil wir nicht erkennen, daß der Partner andere Regeln hat, nach denen er handelt und unsere Regeln nicht einmal kennt. Wie könnten Sie die Regeln von jemanden einhalten, die Sie nicht einmal kennen? Bemühen Sie sich daher, die Regeln anderer Menschen zu ergründen und legen Sie Ihre eigenen offen dar. Wenn Sie in einer Beziehung leben, dann fragen Sie doch einmal Ihren Partner, was ihm an ihrer Beziehung wichtig ist. Oder fragen Sie einen Arbeitskollegen oder Mitarbeiter, was ihm an seiner Arbeit wichtig ist. Hören Sie auf die Schlüsselwörter, die diese Menschen verwenden, wenn sie von der Beziehung oder ihrer Arbeit reden. Benutzen Sie diese Wörter und die Werte, um den anderen zu motivieren. Fragen Sie ruhig nach, woran jemand erkennt, daß seine Werte erfüllt sind. Fragen Sie: Woran merkst du, daß Vertrauen in unserer Beziehung ist? Oder: Was gibt Ihnen das Gefühl, bei Ihrer Arbeit selbständig zu sein? Lösen Sie sich bei dieser Übung von Ihren eigenen Werten. Denken Sie daran: Jeder hat sein eigenes Modell der Welt – und Sie wissen erst sehr wenig über das Modell des anderen.

Lebensregeln der anderen erkennen

5
Mit Modellen zum Erfolg

»Wenn du ein Schiff bauen willst, so trommle nicht Männer zusammen, um Holz zu beschaffen, Werkzeuge vorzubereiten, Aufgaben zu vergeben und die Arbeit einzuteilen, sondern lehre die Menschen die Sehnsucht nach dem weiten, endlosen Meer.«

Antoine de Saint-Exupéry

Vor sechs Jahren stieß ich bei meinen Studien über die Psychologie des Erfolgs auf eine bemerkenswerte Wissenschaft: Das Neurolinguistische Programmieren (kurz: NLP). Auch wenn der Name mich zunächst etwas abschreckte, waren die Methoden und Techniken dieser Disziplin für mich so bedeutungsvoll, daß sie es mir erlaubten, in kürzester Zeit auf der Straße zum Erfolg vom Seitenstreifen auf die Überholspur zu wechseln. Inzwischen habe ich viele Ausbildungen in dieser Disziplin absolviert und die Methoden auch anderen Menschen gezeigt, damit auch sie die Möglichkeit haben, sie in ihrem Leben anzuwenden. Ehe ich Sie gleich mit einigen Grundlagen dieser Disziplin vertraut machen werde, möchte ich Ihnen kurz etwas über die Geschichte des NLP erzählen, damit Sie einen Einblick bekommen, wie NLP entstanden ist.

Anfänge des NLP

Die Geschichte des NLP beginnt in den siebziger Jahren des zwanzigsten Jahrhunderts, als die beiden amerikanischen Wissenschaftler Richard Bandler und John Grinder aufeinander trafen. John Grinder war zu diesem Zeitpunkt Professor für Linguistik an der Universität von Kalifornien in Santa Cruz, Amerika. Richard Bandler war Mathematiker, Gestalttherapeut und Computerfachmann.

Beide zeichneten sich dadurch aus, daß sie beständig lernen und sich weiterentwickeln wollten. Auf dem ersten Kongreß des World Council of Psychotherapy in Wien 1996 hat John Grinder im Rückblick sich und Bandler als ziemlich verrückt bezeichnet – und das waren sie wohl auch! Sie waren bereit, Dinge mit ihren Gedanken zu machen, die noch nie zuvor ein Mensch gemacht hatte. Schließlich beschlossen sie, herauszufinden, wie Experten ganz besondere Leistungen auf bestimmten Gebieten erzielen, während andere versagen. Sie interessierten sich nicht dafür, warum diese Erfolgreichen so handelten, sondern *wie* sie handelten. Diese erfolgreichen Menschen nahmen sie sich als Modelle und versuchten zu erkennen, welche Muster sie benutzen, um die von ihnen gewünschten Ziele zu erreichen. Sie entwickelten ganz spezielle Techniken, um diese Muster zu erkennen und für andere nutzbar zu machen. Bandler und Grinder blieben hartnäkkig auf der Spur der Besten. Beide kündigten ihren Job und widmeten sich ganz dieser Aufgabe. Sie erkannten, daß diese Art des Lernens bedeutend effektiver als das traditionelle Lernen durch Versuch und Irrtum ist. Auch wenn wir als Kinder bereits das Modellernen genutzt haben, um gehen oder sprechen zu lernen, so richtig professionell nutzen wir es später nicht mehr. Oder haben Sie bereits die intelligentesten, sportlichsten und erfolgreichsten Menschen Ihrer Umgebung mit dem Ziel betrachtet, es genauso zu machen, sie zu modellieren? In einer Zeit, in der Benchmarking, d.h. die gezielte Suche danach, was andere Unternehmen besser machen, um es für sich selbst zu übernehmen, ein bedeutendes Schlagwort in der Wirtschaft geworden ist, scheint diese Methode modern zu werden. Der besondere Reiz an NLP liegt jedoch darin, daß es mit den Methoden von Bandler und Grinder möglich wird, jemanden zu modellieren, der nicht einmal bewußt weiß, wie er seine Spitzenleistung vollbringt. Die wenigsten Erfolgreichen wissen nämlich genau, wie ihre Erfolge zustande gekommen sind, da ihnen ihre Muster oft nicht bewußt sind.

Für Grinder war das die Chance, seinen Drang nach Neuem zu befriedigen. Sobald er in der Lage war, eine bestimmte Aufgabe zu meistern, wollte er sich einer anderen widmen. Er wollte beständig lernen und sich weiterentwickeln. Inzwischen haben Bandler und Grinder Finanzexperten, Therapeuten, Lehrer, Politiker, Scharfschützen, Wissenschaftler und Experten aus vielen weiteren Gebieten modelliert.

Ich betone diesen Prozeß des Modellierens so stark, weil ich Sie dazu ermuntern möchte, sich nicht nur mit den Ergebnissen oder Inhalten des NLP auf einem Gebiet zufriedenzugeben, sondern damit Sie eine Methode lernen, mit der Sie auf allen Gebieten Ihres Lebens erfolgreich werden können. Wann immer Sie einen Menschen sehen, der eine besondere Fähigkeit hat, betätigen Sie sich als Modellierer und erwerben Sie diese Fähigkeit, wenn Sie Ihnen etwas bedeutet. Es gibt für fast alle Fähigkeiten, Erfolge und Aufgaben gute Modelle in dieser Welt. Nutzen Sie diese Modelle, um sich vorhandenes Wissen und Strategien in extrem kurzer Zeit anzueignen und dann darauf aufbauend etwas Weiterführendes zu schaffen. Vergeuden Sie nicht Ihre Zeit damit, das Rad ein zweites Mal zu erfinden. Entwickeln Sie lieber etwas Neues, etwas, das die Menschheit weiterführt. Darüber hinaus können Sie natürlich auch sich selbst modellieren. Sie werden durch NLP verstehen lernen, wie Sie sich selbst in erfolgreiche Zustände versetzen und wie Sie diese jederzeit wieder abrufen können.

Bedeutung des Modellierens

Berühmt geworden sind Grinder und Bandler vor allem durch das Modellieren von vier sehr faszinierenden Persönlichkeiten: Dr. Milton Erickson, dem wohl bedeutendsten Hypnotherapeuten der Welt, Virginia Satir, einer außergewöhnlichen Familientherapeutin, Fritz Perls, dem Vater der Gestalttherapie und Gregory Bateson, einem unglaublich intellektuellen und vielseitigen Philosophen und Anthropologen.

Erickson erzielte in seiner hypnotischen Arbeit sagenhafte Erfolge bei Patienten, bei denen andere Therapeuten nichts erreicht hatten. Infolge einer Polioinfektion war er an den Rollstuhl gebunden und konnte nur undeutlich sprechen. Im Alter von 17 Jahren, als er zum ersten Mal an Polio erkrankt war, hatte er einmal mit angehört, wie ein Arzt sagte, daß er den Morgen nicht mehr erleben werde. Mit Hilfe seiner schon damals ausgeprägten hypnotischen Fähigkeiten war es ihm jedoch gelungen, seinen kritischen Zustand zu überwinden. Später konnte Erickson in sehr kurzer Zeit fast jeden seiner Patienten von Ängsten und Phobien befreien. Er konnte jedoch nicht genau angeben, wie er diese Heilerfolge erzielte. Also beobachteten Bandler und Grinder die Handlungsmuster, Strategien und zugrundeliegenden Überzeugungen von Erickson. Dabei entdeckten sie einige bedeutende Muster, die ich Ihnen gleich vorstellen möchte. Bandler und Grinder ging es nicht darum, eine neue Therapieschule zu begründen oder eine weitere Theorie aufzustellen. Nein, sie wollten herausfinden, welche Muster die von ihnen untersuchten Meister der Kommunikation in ihrer täglichen Arbeit tatsächlich benutzten!

Milton Erickson: Meister der Hypnose

Auch in der Arbeit mit den anderen berühmten Therapeuten entdeckten Bandler und Grinder ähnliche Muster wie bei Milton Erickson. Sie begannen,

Studenten in diesen Techniken zu unterrichten, veröffentlichten einige Bücher und hielten offene Seminare ab, wodurch sich mittlerweile auf der ganzen Welt ein Netzwerk von NLP-Anwendern ausgebreitet hat. In letzter Zeit ist NLP aufgrund der zahlreichen praktischen Erfolge auch zusehends mehr zum Gegenstand der Forschung an Universitäten geworden.

Als Bandler und Grinder diese Techniken zur Modellierung von erfolgreichen Menschen herausgefunden hatten, fragten sie sich, wie sie die gefundenen Strategien, Verhaltensweisen und Überzeugungen nennen sollten. So wurde schließlich von dem Linguisten Grinder und dem Mathematiker und Computerfachmann Bandler der Name Neurolinguistisches Programmieren geboren.

Die drei Bestandteile des Namens sind schnell erklärt:

Neuro bezieht sich auf die Funktionen des Gehirns und des gesamten Nervensystems – von dort werden unsere Gedanken, Handlungen und Gefühle gesteuert.

Linguistisch bedeutet, daß wir über unsere Sprache innere Bilder oder Repräsentationen entstehen lassen und nach außen mitteilen können.

Programmieren bezeichnet die Möglichkeit eines Eingriffes in unsere Gedanken, Handlungen und Gefühle, um durch eine Veränderung zu den erwünschten Verhaltensweisen oder Gefühlen zu gelangen.

Da sich viele Menschen von diesem Namen abschrecken lassen und glauben, daß es sich um eine neue Computersprache handelt, hat John Grinder weltweit einen offenen Wettbewerb ausgeschrieben, wie man NLP umbenennen könnte; jeder, der einen Vorschlag für einen praktikableren Namen hat, ist aufgerufen, ihn an John Grinder weiterzugeben.

NLP ist auch nur ein Modell

Doch nun zu einigen grundlegenden NLP-Methoden, die aus der Arbeit von Bandler, Grinder und ihren Nachfolgern entstanden sind. Machen Sie sich bewußt, daß es sich auch hierbei nur um ein Modell handelt. NLP ist ein Modell, es erhebt keinen Anspruch auf Wahrheit, es möchte nützlich sein. Setzen Sie das Wissen dieser Methoden um, und probieren Sie aus, ob sie für Sie funktionieren. Tun Sie so, als wäre wahr, was Sie jetzt lesen werden, und es wird Ihr Leben verändern! Auch wenn diese Methoden und Techniken bereits bei Hunderttausenden von Menschen funktioniert haben, sollten Sie sich selbst davon überzeugen.

Rapport – der Tanz auf der gleichen Wellenlänge

Gemeinsamkeiten verbinden Menschen und sogar ganze Völker miteinander. Wie oft haben wir in der Weltgeschichte schon erlebt, daß man alle inneren Unstimmigkeiten begräbt, wenn es darum geht, gegen einen gemeinsamen äußeren Feind zu kämpfen? Oft reicht schon ein gemeinsames Ziel, um uns zu motivieren, mit Menschen zusammenzuarbeiten, die wir vorher nicht sonderlich sympathisch fanden.

Wir mögen andere Menschen, die so sind wie wir. In *Rapport* zu sein bedeutet, mit einem anderen auf der gleichen Wellenlänge zu liegen, sich gut zu verstehen, einander sympathisch zu sein.

> *»Rapport bedeutet, Menschen auf ihrem Niveau anzusprechen und deren Sprache zu verwenden, um sie von Gedanken zu überzeugen, die sie nicht verstanden hätten, wären sie in einer anderen Form dargestellt worden.« (Jerry Richardson)*

Rapport im Gespräch

Es gibt Menschen, zu denen fühlen wir uns vom ersten Augenblick an hingezogen. Wir kommen ins Gespräch und stellen fest: »Mensch, diese Person ist ja genau wie ich!« Es ist, als würden wir sie schon jahrelang kennen und könnten einen Teil ihrer Gedanken lesen. Vielleicht haben Sie zu bestimmten Sachverhalten die gleiche Einstellung gehabt, oder Sie haben ein gemeinsames Hobby entdeckt. Vermutlich lag jedoch in jedem Fall irgendein gemeinsames Merkmal zugrunde. Sobald Sie in einem Gespräch eine Gemeinsamkeit entdeckt haben, läuft Ihre Unterhaltung besser. Sie werden lebhafter, bringen sich mehr ein, sind begeisterter und fasziniert von Ihrem Gesprächspartner. Sie vergessen vielleicht die Zeit um sich herum und tauchen ein in die Welt des anderen. Das ist Rapport!

Nonverbales Spiegeln

Ein aufmerksamer außenstehender Beobachter hat Ihren Rapport daran bemerkt, daß Ihre Körperhaltungen, die Gestik und Mimik sich denen der anderen Person unbewußt angepaßt haben. Sie begannen sich allmählich äußerlich immer ähnlicher zu werden, bis Sie schließlich einander fast glichen. Dieses spontane, unbewußte Spiegeln ist ein Charakteristikum jeder menschlichen Interaktion.

Wenn Sie mir nicht glauben, dann beobachten Sie doch einmal zwei Menschen, die gerade beginnen, sich kennenzulernen und sich immer näher kommen. Natürlich werden sie nicht völlig identisch sein, aber achten Sie einmal auf ihre Sprechgeschwindigkeit, ihre Atmung und ihre

Bewegungen. Schauen Sie genau hin und Sie werden die Ähnlichkeiten entdecken.

In den meisten Fällen versuchen wir bewußt, über die Inhalte unserer Worte eine Gemeinsamkeit zu finden. Das erzielt auch eine gewisse Wirkung. Jedoch haben wissenschaftliche Untersuchungen gezeigt, daß nur 7 % der Kommunikation zwischen Menschen durch Worte selbst übermittelt werden. 38 % werden durch den Tonfall der Stimme und 55 % durch die Körpersprache übermittelt.

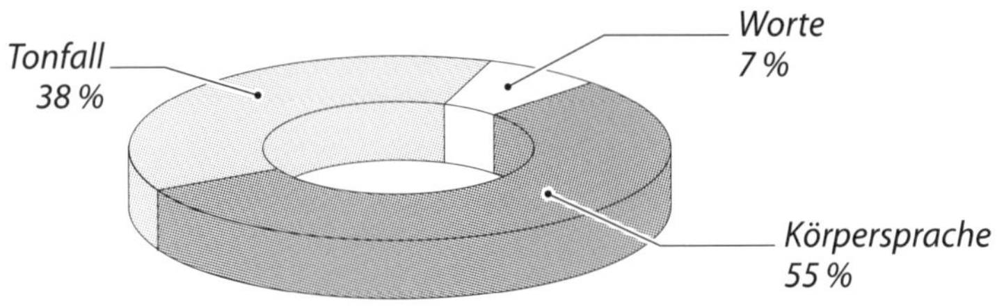

Daraus ergibt sich, daß eine Angleichung an die Körpersprache der anderen Person bedeutend vielversprechender ist als eine rein inhaltliche Angleichung der Worte. Am besten nutzen Sie sowohl sprachliche als auch körpersprachliche Angleichung. Damit sprechen Sie nämlich sowohl die bewußten (Worte) als auch die unbewußten (Körpersprache) Aspekte des anderen Menschen an.

> *Rapport ist die Fähigkeit, die Welt eines anderen zu betreten und zu ihm eine Brücke zu bauen.*

Was kann man alles spiegeln?

Rapport ist auch eine Voraussetzung, um das Vertrauen einer anderen Person zu gewinnen. Nur wer das Vertrauen einer anderen Person genießt, wird in der Lage sein, dem anderen Veränderungen zu ermöglichen. Professionelle Therapeuten und Kommunikatoren verstehen es, Rapport bewußt herzustellen, indem sie den anderen hinsichtlich folgender Kriterien spiegeln: Atmung, Stellung der einzelnen Körperteile, Gesten, Körperhaltung, Kopfstellung, Augenbrauenbewegung, Gewichtsverlagerungen usw. Im Bereich der Stimme spiegeln erfahrene Therapeuten den Tonfall, die Stimmlage, die Lautstärke, Lieblingswörter und Lieblingsausdrücke. Auf diese Art gelang es Dr. Milton Erickson innerhalb kürzester Zeit starken Rapport zu seinen Klienten herzustellen. Man nennt diesen Vorgang des Spiegelns auch

Pacing. Es bedeutet nicht, daß wir wie kleine Kinder alles, was der andere macht, einfach nachahmen, sondern nur einige ganz bestimmte Aspekte. Dadurch geben Sie dem anderen das Gefühl, daß Sie ihn verstehen. Machen Sie es subtil und vor allem spiegeln Sie keine Marotten oder schlechten Angewohnheiten einer Person. Wenn sich zum Beispiel jemand ständig nervös am Kopf kratzt, dann sollten Sie der Person nicht diese Angewohnheit zurück spiegeln. Das könnte sich eher negativ auswirken.

Gemeinsamkeiten mit anderen Menschen können Sie auch herstellen, indem Sie die gleiche Kleidung tragen, das gleiche Hobby ausführen, die selben Bekannten oder Freunde haben, eine politische Meinung teilen, die gleiche Nahrung zu sich nehmen oder beide in die selbe Kirche gehen. Es gibt unzählige Möglichkeiten!

Die Fähigkeit zur Herstellung des Rapports können Sie überall dort gebrauchen, wo sie auf andere Menschen treffen. Gleichgültig, ob es darum geht, in einem Bewerbungsgespräch einen guten Eindruck zu machen, einen Kunden zu überzeugen oder aus einem Flirt eine wundervolle Beziehung zu machen.

Rapport ist übrigens ein Muster, das wir bereits als kleine Kinder kennenlernen, ehe wir überhaupt lernen zu sprechen oder uns auf eine andere Art und Weise zu verständigen. Sobald der Mund einer Bezugsperson aufgeht, sie zu sprechen beginnt und anfängt zu lächeln, öffnet auch ein kleines Kind den Mund und beginnt zu lächeln. Vielleicht ist dieses Verhalten die Wurzel für die ungeheure Macht, die Rapport auf uns ausübt.

> *»Wenn Sie einen anderen Menschen für Ihre Sache gewinnen wollen,*
> *müssen Sie ihn zuerst davon überzeugen,*
> *daß Sie sein aufrichtiger Freund sind.«*
> *(Abraham Lincoln)*

Da Menschen zu Ihren wichtigsten Ressourcen gehören, ist Rapport für Sie von enorm großer Bedeutung. Es gibt immer Menschen, die Ihnen helfen können, schneller an Ihr Ziel zu gelangen, die Ihnen neue Wege aufzeigen können oder Ihnen Trost und Hoffnung spenden. Diese Menschen werden Ihnen viel bereitwilliger und eher helfen, wenn sie Sie nett finden. Das erreichen Sie mit Rapport. Wenn Sie Ihre Arbeitskollegen, Ihre Nachbarn, Ihren Geschäftspartner, Ihre Kinder oder Ihre Ehefrau beeinflussen wollen, dann besteht der erste Schritt immer darin, Rapport zu diesen Menschen aufzubauen, um eine starke Verbindung mit ihnen herzustellen. Durch das

Spiegeln gelingt es Ihnen, ähnliche Gefühle zu empfinden wie diese Menschen. Dabei lernen Sie, sie besser zu verstehen. Gleichzeitig erweitern Sie Ihren eigenen Erfahrungshorizont.

Nachdem Sie durch Pacing Rapport zu einer anderen Person aufgebaut haben, können Sie diese gemeinsame Basis nutzen, um jetzt die Führung zu übernehmen – in der Fachsprache nennt man das Leading. Das heißt, jetzt beginnen Sie langsam, Ihre Körperhaltung zu verändern und beobachten genau, ob der andere Ihren Veränderungen folgt. Wenn Sie in gutem Rapport zueinander sind, wird der andere Ihnen folgen. Folgt er Ihnen noch nicht, so kehren Sie für eine Weile wieder zum Pacing zurück und versuchen Sie es später noch einmal. Dabei ist es unbedingt notwendig, daß Sie flexibel auf den anderen reagieren. Rapport ist kein statisches Gebilde, sondern ein fließender Prozeß, in dem mal der eine, mal der andere die Führung übernehmen kann. Nach einer Weile werden Sie jedoch den Punkt erreichen, an dem Sie die Führung übernehmen und Veränderungen einleiten können. Sie können dann beispielsweise einen Gesprächspartner mit einer sehr unmotivierten Körperhaltung zu einer deutlich offeneren Haltung mit Blick nach oben und tieferer Atmung führen. Dadurch werden sich seine Gefühle verändern!

Übernahme der Führung: Leading

Beachten Sie in Zukunft, wenn Sie die Fähigkeiten des Pacing und Leading üben, unbedingt die Reaktionen des anderen.

> *Die Bedeutung Ihrer Kommunikation liegt in der Reaktion, die Sie bekommen.*

Wenn Sie nicht die Reaktion bekommen, die Sie erreichen wollten, dann liegt der Fehler in Ihrer Kommunikation. Seien Sie in diesem Fall flexibel und versuchen Sie einen anderen Ansatz.

Während meiner Tätigkeit für die Kienbaum Personalberatung hielt ich im Rahmen eines Seminars für Führungskräfte einen Vortrag zum Thema Pacing und Leading. Einer der Teilnehmer fragte mich im Anschluß, was ich machen würde, wenn ein Kunde anfängt, sehr laut zu werden und zu schreien. Ich sagte darauf, daß man in dieser Situation durch Lautwerden und Schreien in Rapport zum Kunden gelangen kann. Dabei muß man allerdings berücksichtigen, daß man ›mit‹ dem Kunden schreit und nicht ›gegen‹ ihn. Stellen Sie sich vor, der Kunde ist erregt und aufgebracht, er kommt mit

Pacing und Leading im Umgang mit Kunden

einer für ihn sehr wichtigen Beschwerde oder Reklamation zu Ihnen und Sie bleiben völlig ungerührt und kalt. Glauben Sie, daß dies den Kunden beruhigt? Mein Vorschlag ist hier: Gehen Sie etwas mit dem Kunden mit, zeigen Sie ihm, daß Sie ihn ernst nehmen, daß Sie ihn verstehen und seine Reklamation auch für Sie sehr wichtig ist. Diese Information wird beim Kunden nicht echt ankommen, wenn Sie es leise und in einem gleichgültigen Ton sagen. Natürlich ist es nicht empfehlenswert, so lange und laut zu schreien, bis man selbst die Kontrolle über sich verloren hat. Wenn Sie diese Technik anwenden, können Sie schon nach kurzer Zeit vom Pacing zum Leading überleiten und den Kunden auf eine sachliche Ebene führen, auf der Sie mit Ihren Argumenten eine viel bessere Wirkung erzielen können.

Die bis hierhin dargestellten Möglichkeiten, Rapport aufzunehmen, können Sie ab sofort immer üben! Sie brauchen dafür keine weiteren Bücher zu lesen, kein Seminar zu besuchen, sondern können überall auf der Welt, wo Sie auf andere Menschen stoßen, Ihre Fähigkeiten im Pacing und Leading üben. Tun Sie dies oft – es wird sich auszahlen!

★ *Übungsvorschläge zu Pacing und Leading*

- ▹ Nutzen Sie eine Gelegenheit beim Tanzen und ahmen Sie die Bewegungen des ganzen Körpers einer anderen Person nach. Spiegeln Sie die andere Person und beginnen Sie dann, langsam zu führen. Lassen Sie sich auf verschiedene Wechsel ein, so daß ein sanfter Tanz entsteht.
- ▹ Werden Sie etwas feiner und spiegeln Sie in der nächsten Unterhaltung die Atmung, die Körperhaltung und bestimmte Gesten. Nach einiger Zeit können Sie auch dazu übergehen, minimale Veränderungen im Gesichtsausdruck zu spiegeln.
- ▹ Brechen Sie auch gelegentlich ganz bewußt den Rapport. Achten Sie auf die Reaktionen der anderen und Ihre eigenen Gefühle dabei.
- ▹ Spiegeln Sie am Telefon die Lautstärke, das Sprechtempo, den Rhythmus und die Sprachmuster einer anderen Person.

VAKOG – Das Tor zur Welt

Wie in Kapitel 2 bereits dargestellt, nehmen wir die Welt durch unsere Sinnesorgane auf. Dabei unterscheidet man im NLP zwischen den fünf Wahrnehmungsmöglichkeiten: **v**isuell (sehen), **a**uditiv (hören), **k**inästhetisch (fühlen), **o**lfaktorisch (riechen) und **g**ustatorisch (schmecken). Geruchs- und Geschmacksinn sind beim Menschen in der Regel nicht so besonders gut ausgeprägt und werden deshalb häufig vernachlässigt.

Auf diesen fünf Wahrnehmungskanälen beruht unsere gesamte Vorstellung oder Repräsentation der Welt. Sie bilden somit das Tor zur Welt, durch das wir gehen müssen, wenn wir Erfahrungen machen wollen. Sie sind die Filter für unsere Erfahrungen. Im NLP geht es vor allem um die Struktur unserer Erfahrungen.

Unsere Empfindungen in dieser Welt werden in unserem Gehirn gespeichert, so daß wir sie bei Bedarf wieder abrufen können. Erinnern Sie sich doch einmal an Ihren letzten Urlaub... Was kommt Ihnen dabei zuerst in den Sinn? Ist es ein Bild von dem Strand oder dem Urlaubshotel? Oder hören Sie das Rauschen des Meeres? Vielleicht spüren Sie auch die Umarmung Ihres Partners... Denken Sie doch einmal einen Moment an eine köstliche Mahlzeit... und hören Sie einen ganz großen Sommerhit aus Ihrer Jugend...

Wie erinnern Sie sich?

Für dieses Beispiel ist es nicht wichtig, was genau Sie erfahren haben, sondern nur, wie Sie es in Ihrem Gehirn repräsentiert haben. War es ein Bild, ein Geräusch oder ein Gefühl? Sie merken, die selben Wahrnehmungskanäle, die uns für die Interaktion mit unserer Umwelt zur Verfügung stehen, benutzen wir auch innerlich, um Zugang zu der riesigen Datenbank in uns zu bekommen. Ihr Auge wird damit zu einer Videokamera, die – allerdings nach subjektiven Gesichtspunkten – alles, was ihr vor die Linse gesetzt wird, aufzeichnet, so daß es bei Bedarf wieder abgerufen werden kann. Ebenso funktionieren auch die anderen Sinnesorgane. Beim Geruch haben wir allerdings Schwierigkeiten, ihn bewußt wieder abzurufen, weil wir selten den Namen eines Duftes mit seinem Duft verbinden. Doch wenn wir in der Weihnachtszeit in die Küche kommen, wissen wir genau, daß gerade wieder Plätzchen gebacken wurden und erkennen den Duft sofort wieder. Vielleicht kennen Sie auch diese Situation: Sie riechen plötzlich ein Parfum, daß sie von einem Menschen kennen, mit dem Sie vor langer Zeit eine intime Beziehung hatten. Schlagartig wird Ihnen diese Person in Erinnerung gerufen und Sie wissen, wann diese Person so gerochen hat. Auf einmal spüren Sie diese Person wieder. Unsere Geruchssinneszellen haben eine direkte Verbindung ins Limbische System, also in den Teil des Gehirns, der zu einem großen Teil für unsere Gefühle zuständig ist.

Obwohl wir in der Regel auf alle Wahrnehmungsmodalitäten zurückgreifen können, haben die meisten Menschen einen vorherrschenden oder dominierenden Wahrnehmungssinn. Ein großer Teil der Menschen in Europa kann sehr gut klare innere Bilder sehen. Daher werde ich diesen Menschen den

Dominierender Wahrnehmungssinn

visuellen Typ nennen. Anderen fällt dies schwer. Sie sprechen eher mit sich selbst und hören häufig innere Stimmen. Dies sind die auditiven Menschen. Die kinästhetischen Menschen handeln sehr häufig aus ihren Gefühlen heraus.

Diese drei Typen sind die mit Abstand häufigsten in unserem Kulturkreis. Menschen, die bevorzugt schmecken oder riechen, kommen so gut wie nicht vor. Ich möchte Ihnen jetzt nacheinander die drei überwiegend auftretenden Typen etwas genauer vorstellen. Vielleicht fällt Ihnen schon beim ersten Lesen auf, welcher Typ Sie eher sind.

Der visuelle Typ

Der visuelle Typ nimmt seine Umgebung primär visuell wahr. Er denkt sehr viel in Bildern, die er mit rasender Geschwindigkeit in seinem Kopf abrufen kann. Da er Sprache vor allem dazu verwendet, seine inneren Bilder zu beschreiben, spricht er auch häufig sehr schnell. Seine Atmung ist eher flach und schnell und seine Augen wandern oft nach oben rechts oder links, weil er dort fortwährend seine inneren Bilder betrachtet. Seine Schulter- und Bauchmuskeln sind meistens angespannt. Äußere Attraktivität ist für ihn bei der Partnerwahl besonders wichtig. Er legt Wert auf ein schickes Auto und achtet ganz besonders auf die Auswahl der Farben für seine Kleidung. Leicht verschafft er sich einen guten Überblick und erkennt kleinste Details recht schnell. Er beobachtet Körpersprache und Mimik sehr genau und mißt dem Blickkontakt eine große Bedeutung bei.

Der auditive Typ

Der auditive Typ kann gut zuhören – seinen Gesprächspartnern und seinen eigenen inneren Stimmen. Er spricht oft zu sich selbst und ist sensibel für alle äußeren Geräusche und Stimmen. Seine Atmung ist weder besonders flach noch besonders tief. Seine Augen richtet er geradeaus nach vorne. Er spricht ruhig und langsam, während er gleichzeitig auf Wortwahl und Satzbau achtet. Wenn er nachdenkt, dann richtet er seine Aufmerksamkeit nach innen und nimmt sich Zeit, denn er denkt nicht in Bildern sondern in Worten oder Sätzen. Der auditive Typ ist ein recht anspruchsvoller Gesprächspartner mit einem enormen Wortschatz. Brillante Formulierungen machen ihm ebenso Freude wie lange Fachgespräche über politische oder philosophische Themen. Gesichter kann er sich nur schlecht merken, dafür aber Zahlen, Daten und Fakten in ganz ausgezeichneter Weise. Während eines Gesprächs kann es passieren, daß der auditive Typ lange Zeit keinen Blickkontakt aufnimmt, was besonders visuelle Typen häufig sehr verärgert, weil sie es als unhöflich empfinden. Auditive Menschen lesen sehr gerne und weisen Sie im

Gespräch gerne darauf hin, daß ›das gleiche‹ und ›das selbe‹ voneinander unterschieden werden muß. Ein auditiver Typ achtet auch sehr genau darauf, mit welcher Betonung etwas gesagt wird.

Der kinästhetische Typ lebt vor allem in seinen Gefühlen. Daher atmet er tief im Bauch und seine Augen sind häufig nach unten gerichtet. Er spricht langsam und mit einer tiefen Stimme. Insgesamt scheint er eher passiv zu sein, da seine Gefühle ihm weniger spontane Reaktionen erlauben. Seine Muskeln sind entspannt. Bei einem Treffen wird Sie der kinästhetische Typ nicht mit einem freundlichen Blick oder ein paar warmen Worten begrüßen, sondern wahrscheinlich mit einer herzlichen Umarmung oder einem kräftigen Händedruck. Er achtet sehr auf Bewegungen und innere Gefühle. Wenn er sich an etwas erinnern möchte, dann sucht er den Zugang zu dieser Erfahrung durch das Gefühl, das er in der Situation empfunden hat. Er treibt in der Regel sehr viel Sport. Dabei will er nicht über etwas reden oder bei etwas zusehen, sondern er will anpacken und etwas tun. Er ist neugierig darauf, wie sich etwas anfühlt, was dazu führt, daß ein Produkt, das der kinästhetische Typ kaufen will, erst einmal gründlich betastet bzw. anprobiert wird, ehe er eine Entscheidung trifft. Der kinästhetische Typ ist in der Schule eindeutig benachteiligt, denn dort werden Informationen meistens über Geschriebenes oder über die Stimme des Lehrers vermittelt. Der kinästhetische Lerner bervorzugt jedoch ›Learning by doing‹. Im Tanz- oder Surfunterricht hat er deshalb deutliche Vorteile. Im Gespräch mit anderen verwendet er eine sehr intensive Körpersprache, wobei er häufig den ganzen Körper einsetzt.

Der kinästhetische Typ

Es ist für Sie sehr wichtig, herauszufinden, in welcher Modalität sich Ihr Gesprächspartner gerade aufhält oder welche Modalität er besonders gerne benutzt. Dadurch können Sie viel leichter Rapport aufbauen und einige klassische Mißverständnisse vermeiden.

Ein Ehepaar sitzt am Sonntagmorgen gemeinsam am Frühstückstisch. Während die beiden sich unterhalten, blickt der Mann in die Zeitung. Die Frau regt sich furchtbar darüber auf, daß ihr Mann sie nicht anschaut. Für sie ist es sehr wichtig, von dem Gesprächspartner angesehen zu werden. Deshalb fragt sie: »Hörst Du mir überhaupt zu?« und der Mann antwortet »Na klar, mein Schatz.« Für ihn ist es wichtig, die Stimme seiner Frau zu hören und mit ihr zu reden. Er ist ein auditiver Typ. Blickkontakt braucht er nicht. Man kann sich doch auch ohne sich anzusehen miteinander unterhalten, denkt er. Die Frau glaubt ihm nicht, weil sie meint, ihr Gesprächspartner müsse sie

Ein Ehepaar am Fühstückstisch

ansehen, wenn er sich mit ihr unterhält. Und dann spricht er auch wieder so langsam, das könnte sie jedesmal fast auf die Palme bringen. Kann er denn nicht schneller reden? Sie bevorzugt eindeutig die visuelle Modalität. Obwohl beide wahrscheinlich das gleiche wollen, gibt es Störungen in ihrer Kommunikation, die häufig Ursache für einen ernsthaften Streit sein können. »Nie hörst Du mir zu! Du beachtest mich gar nicht! So war es letzte Woche auch schon. Bedeute ich Dir überhaupt noch etwas?« sagt die Frau. »Natürlich höre ich Dir zu. Was Du immer für Ideen hast.« usw. Kennen Sie solche Unterhaltungen? Manchmal kommt man durch eine kleine Kommunikationsstörung in riesige Probleme. Das können Sie vermeiden, wenn Sie in der Lieblingsmodalität Ihres Gesprächspartners Rapport aufbauen.

Unterschiedliche Typen beim Autokauf

Stellen Sie sich vor, Sie wären ein Autoverkäufer. Der Kunde kommt in Ihr Autohaus. Sie unterhalten sich ein wenig und erkennen dabei, daß Sie einen kinästhetischen Typ vor sich haben. Sie können noch so viel davon schwärmen, wie toll die Farbe und die Karosserie des Autos aussieht und wie phantastisch leise doch der Motor ist, damit werden Sie Ihren Kunden weniger beeindrucken wie mit dem folgenden Satz: »Nehmen Sie einmal Platz und spüren Sie, wie es ist, daß Lenkrad zu halten und die Gangschaltung zu betätigen. Machen Sie doch gleich einmal eine Probefahrt und genießen Sie das unglaubliche Fahrgefühl.«

Ist Ihnen aufgefallen, daß wir durch unsere Sprache bestimmte Sinnesmodalitäten ansprechen können? Die Sprache bietet auch eine einfache Möglichkeit, um zu erfahren, in welcher Sinnesmodalität sich gerade eine Person befindet. Achten Sie einmal darauf, welche Wörter und Redewendungen Personen benutzen. Hier gebe ich Ihnen eine Liste von Wörter und Redewendungen, die visuelle, auditive, kinästhetische, olfaktorische und gustatorische Typen benutzen.

Visuell

sehen, einsehen, übersehen, schauen, sich ein Bild machen, ich sehe das so, sichtbar, sich vorstellen, mir scheint, zeigen, anschaulich, deutlich, Aussicht, Perspektive, Überblick haben, ins Auge fassen, Klarheit gewinnen, hell, dunkel, rot, gelb, farbig leuchten, klar, das ist mir klar, im Bild sein, das wird mir zu bunt, im Dunkeln tappen, Farbe bekennen, Gespenster sehen, durch Abwesenheit glänzen, dasselbe in Grün, ein langes Gesicht machen, jemanden hinters Licht führen, etwas scharf unter die Lupe nehmen, mal nicht den Teufel an die Wand, jemanden von oben herab ansehen, der Schein trügt, sein Licht unter den Scheffel stellen, sich ins rechte Licht rükken, das läßt tief blicken...

Auditiv

hören, ich höre, was du sagst, das klingt überzeugend, laut, leise, das hört sich gut an, fragen, das verstehe ich, im Einklang sein, in Ruhe lassen, rufen, verstärken, abstimmen, tönen, harmonisieren, Ankündigung, jemandem ins Gewissen reden, die Gläser klingen lassen, mit halbem Ohr zuhören, mit den Wölfen heulen, das läßt sich hören, sich die Kehle aus dem Hals schreien, ich habe was läuten gehört, er weiß ein Lied davon zu singen, ich bin ganz Ohr, daher pfeift also der Wind, es ist nicht gesagt, der neueste Schrei, sich in Schweigen hüllen, ein Wort gab das andere...

Kinästhetisch

spüren, merken, fühlen, berühren, begreifen, handhaben, behandeln, aufnehmen, sich bilden, sich regen, ausführen, hineinbringen, passen, voll, rund, leer, fest, glatt, rauh, warm, kalt, heftig, weich, hart, ich bin müde, mir wird warm ums Herz, in den sauren Apfel beißen, jemandem unter die Arme greifen, etwas aus dem Ärmel schütteln, mit beiden Beinen im Leben stehen, jemandem Beine machen, jemandem den Daumen drücken, er weiß, wo mich der Schuh drückt, wie ein rohes Ei behandeln, das Eis ist gebrochen, aus der Haut fahren, mir fällt ein Stein vom Herzen, die Fühler ausstrecken, kalte Füße bekommen, eine Gänsehaut bekommen, etwas an den Haaren herbeiziehen, im Handumdrehen, etwas auf dem Herzen haben, den Ärger in sich hineinfressen, man muß viel hinunterschlucken, sich über etwas hinwegsetzen, ein Klotz am Bein sein, es liegt klar auf der Hand, es liegt mir schwer im Magen, sich etwas aus dem Kopf schlagen, sich an einen Strohhalm klammern, gegen den Strom schwimmen, mit jemandem warm werden, sich an etwas die Zähne ausbeißen...

Olfaktorisch/gustativ

riechen, eine Nase dafür haben, ätzend, betäubend, duftend, würzig, es stinkt mir, ich habe die Nase voll, den Braten riechen, eine feine Nase für etwas haben, das konnte ich nicht riechen...

saftig, trocken, mild, köstlich, herb, lieblich, bitter, süß, sauer, lecker, schal, frisch, Geschmack, in den sauren Apfel beißen, eine bittere Pille schlucken, sauer reagieren, jemandem die Suppe versalzen...

Neben der Sprache gibt es noch eine ganze Reihe weiterer Hinweise, auf die Sie achten können, wenn Sie das gerade vorherrschende Repräsentationssystem einer Person herausfinden möchten. Im Prinzip können Sie auf alle Merkmale achten, die die einzelnen Typen kennzeichnen: Kopfposition, Atmung, Sprechtempo, Tonalität, Hautfarbe, Muskelspannung usw. Auf ein Merkmal möchte ich jetzt allerdings noch etwas näher eingehen, weil es eine ganz spezielle Entwicklung des NLP ist: die Augenzugangshinweise.

Augenzugangshinweise

Anhand der Richtung, in die sich die Augen einer Person bewegen, können wir mit großer Wahrscheinlichkeit sagen, in welchem Repräsentationssystem sie sich gerade befindet.

V_E visuell erinnert: Erinnerung an Bilder, die man schon einmal gesehen hat, z.B. wenn man versucht, die Fenster des Hauses, in dem man seine Kindheit verbracht hat, zu zählen und sie sich dabei im Geiste vorstellt.

V_K visuell konstruiert: Konstruktion von Bildern, die man noch nie zuvor gesehen hat. Es handelt sich hierbei um phantasierte innere Bilder, z.B. wie würde ein blaugelb karierter Affe aussehen?

A_E auditiv erinnert: Erinnerung an Töne, Klänge oder Stimmen, die man in seiner Vergangenheit schon einmal gehört hat. Hören Sie sich doch mal innerlich Ihr Lieblingslied an!

A_K auditiv konstruiert: Sie hören innerlich etwas, was Sie noch nie zuvor gehört haben, z.B. wie es klingen würde, wenn Ihr Lieblingsschauspieler zu Ihnen sagen würde: »Ich liebe Dich!«.

A_D auditiv digital: Sie führen mit sich selbst einen inneren Dialog, z.B.: »Jetzt geh schon rüber und sprich diese Person endlich an!«

K kinästhetisch: Bewegungen, taktile Gefühle und Emotionen. Was für ein Gefühl ist es, wenn warmes Wasser über Ihren Körper gleitet und die Sonnenstrahlen Sie auf der Nasenspitze kitzeln.

Dieses Schema ist nur ein Orientierungsmaßstab, den Sie bei jedem Menschen überprüfen müssen. Viele Rechtshänder bewegen ihre Augen in die angegebenen Richtungen, wenn sie Zugang zu den entsprechenden Wahrnehmungskanälen haben wollen. Bei einigen Menschen ist das Schema jedoch seitenverkehrt anzuwenden. Am besten nutzen Sie immer mehrere Möglichkeiten, um eindeutig die Art der internalen Repräsentation zu bestimmen.

Die Augenbewegungen sind den Personen selbst unbewußt und manchmal nur sehr kurz. Häufig kann man auch beobachten, wie eine Person ganz schnell hintereinander sehr verschieden Augenbewegungen durchführt. Dabei springt sie von einem Modus in den nächsten, um vielleicht eine komplexe Aufgabe zu bewältigen. Die Beobachtung dieser Abfolgen spielt eine große Rolle beim Herausfinden von Strategien.

★ *Übungen zu den Wahrnehmungsmodalitäten*

- ▹ Suchen Sie sich drei bestimmte Menschen aus Ihrem Umfeld aus und entdecken Sie deren bevorzugten Wahrnehmungskanal. Sie können dazu Fragen stellen, bei denen die Person nicht gezwungen ist, in einen bestimmten Modus zu gehen. Sie können aber auch modalitätsspezifische Fragen stellen, um herauszufinden, welches Verhalten die Person zeigt, wenn sie in eine bestimmte Modalität wechselt.
- ▹ Versuchen Sie, in Ihren Unterhaltungen gezielt den Repräsentationsmodus zu wechseln, um den Bewußtseinszustand des anderen zu ändern.
- ▹ Spiegeln Sie den vorherrschenden Modus einer Person und führen Sie dann zu einem anderen.

Separator: Der Unterbrecherzustand

Wie Sie bemerkt haben, gelangt man im Verlauf dieser Übungen sehr schnell in ganz bestimmte Erinnerungszustände, bei denen viele alte Gefühle wieder aktiviert werden. Irgendwann wollen Sie diese Zustände wieder verändern und eine neue emotionale Haltung einnehmen. Dann benutzen Sie das, was man im NLP einen Separator oder Unterbrecherzustand nennt. Die Unterbrechung des aktuellen Zustandes oder Musters kann auf verschiedene Arten geschehen. Zum Beispiel können Sie eine körperliche Aktivität ausüben, den Körper bewegen und die Aufmerksamkeit auf etwas ganz anderes richten. Sie können aus dem Fenster sehen, oder sich fragen, was Sie eigentlich gestern zu Mittag gegessen haben, auf wieviel Grad Ihre Gefriertruhe eingestellt ist oder eine andere überraschende Frage. Manchmal ist es schwer, sich selbst aus einem Zustand herauszuholen, weil man zu sehr in das Geschehen eingebunden ist. Das ist besonders bei sehr unangenehmen, ressourcearmen oder depressiven Zuständen der Fall. In unserem Kopf läuft dann ein Muster ab und wir sind nicht in der Lage, es zu unterbrechen. Leichter ist es, wenn Hilfe von außen kommt und uns jemand anderes mit einem Separator aus den Gedanken reißt und unseren Fokus auf etwas Neues richtet. Sie müssen nicht länger als nötig in einem schlechten Zustand sein, aber die meisten Menschen wissen nicht, wie sie sich daraus befreien sollen. Springen Sie durch die Gegend, stampfen Sie mit den Füßen und schreien Sie: Halleluja, ich kann noch atmen! Das wird Ihr Muster unterbrechen, die negative Schleife beenden und Sie auf andere Gedanken bringen. Sie können das auch bei anderen anwenden, indem Sie z.B. in festgefahrenen Diskussionen den anderen unauffällig dazu auffordern, seine Standhaltung zu verändern. Mit einer Veränderung der körperlichen Haltung wird auch gleichzeitig eine Veränderung der inneren Haltung eintreten. In die Diskussion wird wieder Bewegung kommen. Vielleicht ist Ihnen schon einmal aufgefallen, was passiert, wenn man kleine Kinder, die hingefallen sind, sich etwas verletzt haben und schon seit einigen Minuten wie am Spieß schreien, mit einer völlig anderen Sache ablenkt. Sie schauen kurz auf, hören auf zu weinen, werden neugierig und vergessen unter Umständen ihren Schmerz.

6
Der Film Ihres Lebens

»Bedeutende Leistungen werden nur von bedeutenden Menschen erzielt; und bedeutend ist jemand nur dann, wenn er fest entschlossen ist, es zu sein.«

Charles de Gaulle

In diesem Kapitel werde ich Ihnen eine Delikatesse des NLP vorstellen – die Submodalitäten. Keine Angst vor diesem Wort, Sie wissen unbewußt schon seit vielen Jahren, was dahinter steckt. Mit Hilfe der Submodalitäten wird es Ihnen gelingen, alte, graue, demotivierende Erfahrungen in erfolgreiche, farbige und schöne Erinnerungen zu verwandeln. Sie werden lernen, wie Sie Ihre eigenen Filme in Ihrem Gehirn drehen und sich später wie einen Videostreifen ansehen können. Sie verfügen bereits über eine beträchtliche Sammlung an schönen, traurigen, phantasievollen, ängstigenden, liebevollen, erotischen, spannungsgeladenen, lustigen, aufregenden, ernsten und komischen Filmen. Sie alle befinden sich in einem imaginären riesigen Schrank in Ihrem Kopf. Alle sind fein säuberlich beschriftet und kommen mehr oder weniger zufällig zum Einsatz. Diese Filme vermögen es erstaunlich gut, Ihre innere Verfassung zu verändern. Sie sind noch mitreißender und emotionaler als Kinofilme oder Spielfilme im Fernsehen, weil Sie selbst die Hauptrolle darin spielen. Es handelt sich vielleicht um tragische Ereignisse Ihres Lebens, um schöne und lustige Momente, um Ihre erste große Liebe und den Tag, als Sie zum ersten Mal in die Schule gingen. Diese Filme haben häufig eine so starke Wirkung, daß sie uns von einen zum anderen Moment verwandeln können. Sie können aus einem schlechten Tag einen wundervollen, aus einem schönen einen grauen Tag machen. Wenn Sie nicht kontrollieren können, welcher Film in Ihrem inneren Kino gezeigt wird, dann haben Sie keine Kontrolle über Ihre Zustände und damit letztendlich über Ihr Verhalten. In einem guten Zustand können Sie Berge versetzen und die Welt mit Ihren Ideen begeistern.

Erinnern Sie sich doch einmal daran, wie es war, als Sie das letzte Mal total verliebt waren. Die Welt war nicht groß genug für Sie. Sie wären jedes noch so hohe Risiko eingegangen, nur um dem anderen zu gefallen. Richtig? Doch wie war es, als Sie zum letzten Mal verlassen wurden? Vielleicht wollten Sie am liebsten niemanden mehr in die Augen sehen. Ihr Essen blieb unberührt. Vielleicht wagten Sie nicht einmal mehr, an die Zukunft zu denken.

Ihre Zustände bestimmen Ihr Verhalten! Wenn Sie Ihre Zustände kontrollieren, dann erlangen Sie auch die Kontrolle über Ihr Verhalten und damit über Ihr Leben. Ob Sie sie nach Erwerb dieser Fähigkeit immer kontrollieren oder manchmal bewußt die Kontrolle verlieren, können Sie dann immer noch entscheiden. Wichtig ist jedoch, daß Sie immer dann die Kontrolle über sich gewinnen können, wenn Sie es wollen. Submodalitäten sind ein Schlüssel zu dieser Fähigkeit. Wenn Sie mit ihnen richtig umgehen können, dann stellt sich nur die Frage, welchen Film Sie gerade sehen wollen und in welchen Zustand Sie gelangen möchten. Es ist genauso, wie wenn Sie in eine Videothek gehen und sich in den Regalen umschauen, während Sie überlegen, wonach Ihnen jetzt gerade zumute ist. Sie können es! Sie haben alle Fähigkeiten, die Sie dazu brauchen, bereits in sich! Wenn Sie sich darüber hinaus noch in einer Videothek befinden, in der es nur Ihre Lieblingsfilme gibt und davon mehr als genug, dann werden Sie Ihrem Gehirn phantastische Befehle geben können. Dazu ist es jedoch notwendig, daß Sie Ihre alten Videos neu bespielen oder in den Keller räumen. Auch das können Sie tun, indem Sie Ihre Submodalitäten verändern.

Doch was sind nun eigentlich Submodalitäten, diese Werkzeuge, die so viele wunderbare Möglichkeiten bieten? Modalitäten haben wir bereits kennengelernt. Sie beschreiben, durch welchen Sinneskanal wir etwas wahrnehmen. Alles, was wir sehen, hören, fühlen, riechen oder schmecken, hat jedoch ganz bestimmte Eigenschaften. Ist der Gegenstand, den wir sehen, groß oder klein, nah oder fern, farbig oder schwarzweiß? Spricht mein Freund laut oder leise, hoch oder tief, rhythmisch oder arhythmisch? Fühlt sich der Sand weich oder rauh an, ist er warm oder kalt? Dies sind alles Merkmale, die wir innerhalb einer bestimmten Modalität wahrnehmen können. Daher nennt man sie Submodalitäten. Sie sind die Bausteine unserer Bilder, Geräusche oder Gefühle. Sie differenzieren unsere Sinneserfahrungen. Beachten Sie bitte, daß Submodalitäten zunächst nichts über den Inhalt einer Erfahrung aussagen, sondern nur über die Art, wie sie repräsentiert ist.

★ ***Übung: Der innere Videofilm.*** Lassen Sie uns den Umgang mit Submodalitäten an einem Beispiel besprechen. Am besten, Sie suchen sich jetzt einmal eines ihrer Lieblingsvideos aus. Nehmen Sie eines, daß Sie in eine besonders gute Stimmung gebracht hat. Das kann die Begegnung mit einem anderen Menschen gewesen sein oder auch ein beruflicher Erfolg oder was Ihnen sonst gerade an schönen Momenten in Ihrem Leben einfällt.

Versetzten Sie sich jetzt in diese Situation. Denken Sie noch einmal daran, wie das damals war. Ich werde Sie jetzt der Reihe nach zu den Submodalitäten dieser Erfahrung befragen. Dadurch wird die Erfahrung für Sie vielleicht noch realitätsnäher und überzeugender. Gleichzeitig werden Sie merken, was Submodalitäten sind. Also, sind Sie in der Situation? Erste Frage: Sehen Sie irgendwelche Bilder, hören Sie Töne, Klänge oder vielleicht sogar eine Stimme? Haben Sie ein Gefühl? Sehen, hören und fühlen Sie sich hinein. Können Sie sich selbst in dem Bild sehen oder erleben Sie die Situation aus Ihren eigenen Augen heraus, so als wären Sie wirklich dort? Wenn Sie sich selbst von außen sehen, dann sind Sie dissoziiert und haben vermutlich jetzt gerade noch keinen optimalen Zugang zu den damaligen Gefühlen. Wenn Sie nur Ihre Hände und Ihre Füße sehen und mittendrin in Ihrer Erfahrung stecken, dann sind Sie assoziiert.

Sehen Sie einzelne Bilder wie bei einer Dia-Vorführung oder handelt es sich um einen kontinuierlichen Film wie im Fernsehen? Vielleicht ist es auch nur ein einziges Bild? Ist es farbig oder schwarzweiß? Hell oder dunkel? Wie ist es mit Stimmen und Geräuschen? Sind die Geräusche leise oder laut? Nah oder fern? Stereo oder mono? Was spüren Sie in der Situation? Welche Emotion haben Sie? Wie ist die Temperatur?

Beispiele für Submodalitäten

(► Tabellen nächste Seite)

Visuell		
Entfernung (nah – fern)	Helligkeit (hell – dunkel)	Größe des Bildes
scharf – verschwommen	assoziiert – dissoziiert	Größe des zentralen Gegenstandes
Position (links, rechts, oben, unten)	Perspektive	Panorama – Ausschnitt (begrenzt)
farbig – schwarzweiß	Fokus	flach oder dreidimensional
gekippt – gedreht	gerahmt – ungerahmt	Film oder Standbild
Kontraste	Bewegung	Vordergrund – Hintergrund

Auditiv		
Lautstärke (laut – leise)	hoch – tief	rhythmisch – arhythmisch
externe – interne Tonquelle	Tempo	stetig – unterbrochen
Entfernung (nah – fern)	Geräusch / Klang / Stimme	Geschwindigkeit
deutlich – verschwommen	Pausen	Timbre
Position der Tonquelle	Modulation	stereo – mono

Kinästhetisch		
Temperatur	Dichte	Gewicht
Bewegung	Intensität	Vibration
Dauer	Oberflächenbeschaffenheit	Druck

Olfaktorisch / Gustatorisch		
salzig / bitter / scharf	wohlriechend – stinkend	schwer / blumig
süß – sauer	fruchtig / herb / erdig	nach ... duftend

Im Prinzip können Sie jede Submodalität aus der Tabelle abfragen und sogar noch weitere. In der Regel werden jedoch nur einige ganz bestimmte Submodalitäten für Ihr Gefühl wichtig sein. Wenn Sie diese kritischen Submodalitäten verändern, werden sich auch Ihre Gefühle verändern. Versuchen Sie es einmal mit einer Variation bezüglich assoziiert und dissoziiert. Gehen Sie erst in die Erfahrung hinein, als würden Sie sie aus Ihren eigenen Augen heraus sehen. Spüren Sie einen Moment hinein und verlassen Sie dann Ihren Körper und projizieren Sie ihn in das Bild hinein, so daß Sie sich jetzt von außen betrachten. Hat sich für Sie etwas verändert?

Kritische Submodalitäten

Versuchen Sie, die Größe des Bildes zu verändern und zoomen Sie es näher an sich heran. Viele Menschen empfinden es als sehr positiv, wenn sie eine schöne Erfahrung noch größer und heller erleben. Oder machen Sie den Film schwarzweiß und verwandeln Sie anschließend alles wieder in hell leuchtende Farben. Machen Sie manche Veränderungen ganz schnell und dann noch einmal langsam. Achten Sie auf Ihre Gefühle dabei. Lassen Sie sie weicher und sanfter werden. Probieren Sie etwas Neues aus. Seien Sie der Regisseur, der den Blickwinkel der Kamera verändert, der andere Musik in den Hintergrund mischt und die Geschwindigkeit des Films variiert. Spielen Sie ein wenig mit diesen Veränderungen herum. Sie werden noch sehr nützlich sein. Schon allein die Betonung aller Sinnesmodalitäten kann Ihre Erfahrungen merklich bereichern und die Intensität erhöhen.

Suchen Sie sich jetzt eine unangenehme Erfahrung heraus. Holen Sie auch diese Erfahrung immer näher an sich heran – bis Sie ganz groß vor Ihnen steht. Seien Sie assoziiert und lassen Sie das Bild immer heller werden. Welchen Einfluß hat das auf Ihre Gefühle? Jetzt lassen Sie das Bild wieder kleiner werden. Machen Sie es dunkler und verschwommen. Verschieben Sie es nach rechts unten in eine Ecke. Fühlt es sich immer noch so bedrohlich und mächtig an? Sicherlich nicht! Es wird schwächer und verliert seinen negativen Einfluß auf Sie.

Auf diese Weise können Sie negative innere Repräsentationen beseitigen und positive verstärken und noch positiver machen! Sie können Ihre internalen Repräsentationen kontrollieren! Sie können Ihrem Gehirn Befehle geben, die Ihren Zustand verändern. Das ist ein großer Schritt auf dem Weg zu einem erfüllten und erfolgreichen Leben.

Vielleicht haben Sie manchmal eine innere Stimme in Ihrem Ohr, die Ihnen sagt, was Sie zu tun und zu lassen haben. Diese Stimme läßt nicht ab und führt endlose innere Dialoge mit Ihnen. Jetzt müßten Sie eigentlich wissen, wie Sie mit dieser Stimme umzugehen haben. Drehen Sie sie leiser, lassen Sie die Stimme wie Mickey Mouse sprechen und verdoppeln Sie die Geschwindigkeit wie auf einem Cassettenrecorder, der mit erhöhter Geschwindigkeit abgespielt wird. Verzerren Sie die Stimme, lassen Sie sie ganz langsam, mit abgehakten Sätzen sprechen. Sie haben inzwischen genug über Submodalitäten gelernt, um dieser Stimme Herr zu werden.

Wie Sie sehen, sind Submodalitäten sehr vielseitig verwendbar. Seien Sie im Umgang mit ihnen spielerisch und neugierig. Finden Sie die Submodalitäten anderer Menschen heraus. Achten Sie auch hier auf die sprachlichen Hinweise. Macht sich jemand ›trübe‹ Gedanken. Oder spricht er von einer ›erhitzten‹ Debatte. Unsere Sprache verrät oft mehr als wir erahnen.

★ ***Kontrastübung.*** Nehmen Sie eine positive Erfahrung und eine negative Erfahrung. Finden Sie zu beiden die entsprechenden Submodalitäten heraus. Bei den meisten Menschen werden sich die beiden Erfahrungen deut-

↓ Submodalitäten ↓	positive Erfahrung	negative Erfahrung

lich in einigen Submodalitäten unterscheiden. Nehmen Sie nun die Submodalitäten der positiven Erfahrung und übertragen Sie sie auf die negative. Wenn zum Beispiel die positive Erfahrung besonders bunt war, dann machen Sie auch die negative Erfahrung bunt. Tun Sie dies so lange, bis die Submodalitäten der beiden Erfahrungen gleich sind. Bei den meisten Menschen werden sich dann auch die damit verknüpften Gefühle verändern. Finden Sie auf der einen Seite Ihre Erfolgs- und Glücksmodalitäten heraus und auf der anderen Seite Ihre Versagens- und Angstmodalitäten. Tauschen Sie sie aus und achten Sie auf die Wirkung.

★ *Swish-Technik – Zauberformel zur schnellen Veränderung*

Die Swish-Technik ist eine sehr wirksame und extrem schnelle Methode zur Verinnerlichung von Veränderungen. Wie bei vielen anderen NLP-Techniken wird davon ausgegangen, daß unserer Gehirn nicht langsam, sondern sehr schnell lernen kann. ›Veränderung braucht Zeit‹ ist ein viel zitiertes Motto und es ist richtig – wenn man daran glaubt. Wenn man nicht daran glaubt, dann kann man mit dieser Technik in sagenhaft kurzer Zeit dauerhafte Veränderungen herbeiführen. Bei dieser Technik werden negative, ressourcearme Zustände automatisch mit neuen ressourcevollen Zuständen verknüpft. Sie können also einen Zustand der Angst mit einem Zustand des Mutes und der Kontrolle verknüpfen, ohne daß Sie bewußt daran denken müssen. Oder Sie nutzen das Swish-Muster, um Ihre Freßsucht oder Ihren Drang nach Alkohol in den Griff zu bekommen. Sie können auch das Muster Ihrer Schüchternheit durchbrechen und aus Ihrer Kontaktangst starke positive Gefühle machen. Wenn Sie die Technik richtig angewendet haben, dann müssen Sie sich nicht ständig daran erinnern, sondern diese Vorgänge werden automatisch ablaufen. Wir haben bereits über Submodalitäten gesprochen. Der Swish ist eine klassische Methode, um die Submodalitäten zu nutzen. An dieser Stelle möchte ich Ihnen den visuellen Swish vorstellen. Es gibt jedoch auch einen auditiven und einen kinästhetischen Swish.

Ablauf der Technik:

1. Machen Sie sich klar, welches Verhalten Sie verändern wollen.
   Ermitteln Sie dann die inneren Repräsentationen dieses Verhaltens. Dabei sollten Sie assoziiert sein, das Bild also aus Ihren eigenen Augen heraus sehen.
   Finden Sie ein Bild, das Ihr Problem oder Ihren Zwang auslöst.

2. Entwickeln Sie nun ein Bild, wie Sie gerne nach der Veränderung sein möchten. Dieses Zielbild soll positiv und dissoziiert sein. Auf irgendeine Art und Weise muß man an dem Bild deutlich sehen, daß Sie eine Person sind, die es geschafft hat, die gewünschten Veränderungen zu vollziehen.
3. Verknüpfen Sie nun diese beiden Bilder. Stellen Sie sich Ihr Auslösebild vor und ganz klein in einer Ecke Ihr Zielbild. Am leichtesten ist es, wenn Sie dabei die Augen geschlossen halten. Lassen Sie nun gleichzeitig Ihr Zielbild ganz groß und hell werden und das Auslösebild ganz klein und dunkel. Das Auslösebild soll dabei einfach in der Ecke verschwinden, bis es ganz winzig ist. Unterstützen Sie diesen Prozeß mit einem Wort wie zum Beispiel ›Swish!‹ oder ›Wuuuuusch!‹ und führen Sie ihn sehr schnell aus. Die Geschwindigkeit ist bei dieser Technik ganz entscheidend! Nachdem Sie dies einmal gemacht haben, löschen Sie Ihre imaginäre Leinwand, setzten Sie einen Separator und wiederholen Sie den Ablauf etwa 5 – 10 mal. Dadurch verbinden Sie automatisch die internen Repräsentationen Ihres Problems mit den positiven Repräsentationen des Zielbildes. Die Auslöser werden in Zukunft automatisch das Zielbild hervorrufen.

Beispiel: Sepp möchte sich gerne von seiner Freßsucht befreien. Sein Zwang, etwas zu essen, wird besonders durch den Anblick von Cheeseburgern ausgelöst. Er stellt sich deshalb einen Cheeseburger vor. So sieht er ihn immer, bevor er sich nicht mehr zurückhalten kann.

Nach der Veränderung möchte er gerne viel schlanker und dadurch attraktiver sein. So hofft er, eine Chance bei Mirabella zu haben, die er sehr bewundert. Er stellt sich vor, wie er schlank und attraktiv ist und Mirabella anspricht. Dabei achtet er darauf, daß er selbst im Bild ist.

Jetzt stellt sich Sepp den Cheeseburger riesig groß vor. Im gleichen Bild sieht er aber auch schon in der rechten oberen Ecke ganz klein und dunkel sein Zielbild mit dem attraktiven Sepp, der Mirabella anspricht.

Jetzt macht Sepp den Cheeseburger immer kleiner und dunkler und schiebt ihn in die obere Ecke. Das Bild von sich mit Mirabella macht er immer größer und heller. Sepp macht es sehr schnell und ruft dabei: ›Wuuusch...!‹

Im Bruchteil einer Sekunde ist der Cheeseburger in der Ecke verschwunden. Sepp genießt das Gefühl, attraktiv zu sein und Mirabella anzusprechen.

Dann unterbricht er seinen Zustand und wiederholt den Vorgang noch einige Male. Er spürt deutlich, wie sich in seinem Gehirn eine neue Verbindung einschleift und so wiederholt er den Vorgang fünfundzwanzigmal. Jetzt kann er sich keinen Cheeseburger vorstellen, ohne zugleich den attraktiven Sepp mit der schönen Mirabella zu sehen.

Eine Woche später kommt Sepp zufällig bei McDonalds vorbei und sieht einen Cheeseburger. Da schießt ihm das Bild von dem attraktiven Sepp mit Mirabella in den Kopf, und er beschließt, keine Cheeseburger zu essen. Statt dessen macht er noch zehnmal die Swish-Technik. Er ist so begeistert, daß er am nächsten Tag den Vorgang mit Kuchen und Bier wiederholt.

★ *Der Design-Swish*

Es gibt noch eine sehr interessante Variante des visuellen Swish, den sogenannten Design-Swish. Dabei verändern Sie nicht einfach die Dimensionen Größe, Helligkeit und Position rechte untere Ecke, sondern die Dimensionen, die für Sie selbst am wirksamsten sind. Diese muß man allerdings vorher herausgefunden haben. Wenn Sie alle bisherigen Übungen auch durchgeführt haben, müßte Ihnen schon in etwa klar sein, welche Ihre kritischen Submodalitäten sind. Sie brauchen meist nur eine oder zwei kritische Submodalitäten, damit der Design-Swish wirksam wird. Wenn Sie sie haben, dann können Sie wieder ein positives dissoziiertes Zielbild entwickeln, in dem alles das repräsentiert ist, woran Sie erkennen können, daß Sie darin eine Persönlichkeit sind, die Ihr Problem bewältigt hat. Haben Sie auch dieses Zielbild, kommt der eigentliche kreative Moment bei dieser Technik: Finden Sie eine möglichst elegante Lösung, um das Ausgangsbild mittels der kritischen Submodalität in das Zielbild zu verwandeln. Das Auslösebild kann z.B. eine Kinoleinwand sein, die durch das Zielbild in Fetzen zerrissen wird. Finden Sie das Verfahren, das auf Sie die größte Wirkung hat und führen Sie den Design-Swish so oft durch, bis die Vorstellung des Ausgangsbildes automatisch das Zielbild hervorruft. Unterbrechen Sie auch hier nach jedem Vorgang und löschen Sie Ihre innere Leinwand, um nicht das Zielbild mit dem Ausgangsbild zu vermischen.

★ *Änderung der Wertehierarchie mit Submodalitäten*

Mit Hilfe der Submodalitäten lassen sich sehr viele Änderungen in Ihrem Leben vollziehen. Ein weiteres Anwendungsbeispiel ist die Änderung Ihrer Wertehierarchie. Blättern Sie doch noch einmal zurück und betrachten Sie Ihre Wertehierarchie.

Keine Angst, die Veränderung Ihrer Werte, die sie jetzt gleich vollziehen werden, können Sie genauso leicht auch wieder rückgängig machen. Vielleicht spielen Sie einfach ein wenig mit dieser Technik und lassen sich überraschen, wie es wäre, wenn plötzlich ein ganz anderer Wert bei Ihnen in der Hierarchie sehr weit oben stehen würde.

Was war Ihr Wert Nr. 1? Denken Sie an diesen Wert und überlegen Sie sich, welches Bild Ihnen zu diesem Wert einfällt. Dann finden Sie die Submodalitäten heraus. Ist das Bild

schwarzweiß	oder	farbig
hell	oder	dunkel
oben	oder	unten
links	oder	rechts
mit Rahmen	oder	ohne Rahmen
Standbild	oder	Film
scharf	oder	unscharf

Wenn Sie die Submodalitäten von Ihrem höchsten Wert herausgefunden haben, dann denken Sie an den Wert, den Sie gerne weiter oben in Ihrer Wertehierarchie plazieren möchten. Sehen Sie auch hierfür ein Bild? Finden Sie auch zu diesem Bild die Submodalitäten heraus! Dann tauschen Sie diese Submodalitäten mit den Submodalitäten Ihres höchsten Wertes aus. Wie attraktiv ist nun der neue Wert? Hat er nicht beträchtlich an Attraktivität zugenommen und steht nun knapp unter dem höchsten Wert? Wenn Sie jetzt noch weiter gehen wollen, dann könnten Sie die Submodalitäten des Bildes von Ihrem höchstem Wert in Richtung auf die Submodalitäten Ihres schwächsten Wertes verändern.

Prüfen Sie einmal, wie sich diese Verschiebungen innerlich für Sie anfühlen. Sollte es nicht stimmig sein, dann machen Sie sie rückgängig. Tun Sie es nicht, werden diese Werte für eine Weile auf ihrer neuen Position bleiben.

★ *Das Biographie-Video*

Sie haben eine ganze Menge über einzelne Ausschnitte aus Ihren Lebensvideos erfahren. Sie haben die Werkzeuge kennengelernt, die notwendig sind, um einen Film zurecht zu schneiden, anzuhalten, zu verzerren, farbig zu machen, Gefühle hineinzubringen und wundervolle Töne in den Hintergrund einzuspielen. Jetzt möchte ich Sie dazu ermuntern, sich einmal ein Video über Ihr bisheriges Leben zu betrachten. Nehmen Sie also einmal an, Ihr bisheriges Leben wäre verfilmt worden.

Welchen Titel würde man diesem Film geben?

Was würde man in diesem Film sehen, hören und fühlen?

Wer ist der Held / die Heldin in diesem Film und was tut er/sie?

Wüßten Sie als Zuschauer, in welchem Film Sie sind?

Haben Sie das Gefühl, daß Sie auch im richtigen Film sind? Oder würden Sie lieber umschalten oder ein anderes Kino besuchen?

Spielen Sie die Hauptrolle in Ihrem Leben oder sind Sie eher ein Statist?

Überlegen Sie einmal, warum Sie ins Kino gehen und welche Filme Sie sich dort anschauen. Sind das langweilige, anspruchslose Filme, in denen die Filmhelden langweilige und anspruchslose Rollen spielen? Erwarten Sie nicht, daß der Filmheld mit all seinen Mitteln für die Erfüllung seiner Ziele kämpft und sogar größte Hindernisse überwindet? Ja, macht nicht häufig die Größe der Widerstände, die sich dem Helden entgegenstellen, den Film erst spannend? Zittern Sie dann nicht auch mit und wollen ihm zurufen: ›Gib bloß nicht auf Junge, du schaffst das schon‹? Jubeln Sie nicht innerlich mit ihm, wenn er es am Ende doch geschafft hat?

Bei der Qualität eines Kinofilms sind wir wählerisch, aber in unserem eigenen, einmaligen Leben geben wir uns mit einer viel geringeren Qualität zufrieden. Wir verlieren unsere Ziele und guten Vorsätze aus den Augen und versäumen es, unserem Traum zu folgen, obwohl dieser Film sich ausschließlich um uns dreht. Wir sind die Helden in diesem Film, aber trotzdem spielen wir nicht unsere Rolle, sondern lassen uns zu schnell von den widrigen Umständen aus der Bahn werfen. Wir rufen uns selbst nicht zu, daß wir noch ein wenig länger durchhalten sollen und nicht aufgeben. Wir geben uns allzu häufig mit mittelmäßigen Lösungen und Zielen zufrieden.

Würden Sie ins Kino gehen, drei Stunden Zeit und 10.- DM opfern, um sich Ihren eigenen Film anzusehen?

Glauben Sie, daß es sich auch für andere Menschen lohnen würde, den Film zu sehen?

Gehen Sie jetzt noch einen Schritt weiter. Lassen Sie den Film weiter laufen. Der selbe Held, die gleiche Handlung, die gleichen Ergebnisse, am nächsten Tag, eine Woche später, einen Monat, ein Jahr, zwei Jahre, 5 Jahre, 10 Jahre später. Wo leben Sie jetzt? Was haben Sie erreicht? Was haben Sie nicht getan, weil Sie Angst davor hatten? Welche Vorsätze haben Sie nicht verwirklicht? Wie denken Sie darüber, daß Sie es nicht damals versucht haben, Ihren Traum zum Leben zu erwecken? Gehen Sie noch ein paar Jahre weiter – keine Veränderung Ihres Verhaltens, Ihrer Persönlichkeit – Sie erzielen immer noch die gleichen Resultate. Welche Träume haben Sie zu diesem Zeitpunkt begraben, die Sie vorher noch für möglich gehalten hätten. Wie fühlen Sie sich dabei? Gehen Sie noch weiter, immer weiter, bis Sie alt sind. Stellen Sie sich vor, wie Sie Ihren Enkeln Geschichten aus Ihrem Leben erzählen. Geschichten von vertanen Chancen, von aufgegebenen Träumen und nicht realisierten Wünschen, von Gründen, warum es nicht ging. Warum Sie Ihr ganzes Leben lang nicht das Leben führen konnten, das Sie wollten.

Vielleicht glauben Sie nicht, daß es so kommen wird. Irgendwann wird schon ein Märchenprinz oder eine Prinzessin auftauchen und alle Ihre Wünsche werden in Erfüllung gehen. Irgendwann... Natürlich wird das irgendwann der Fall sein, aber wollen Sie so lange warten? Denken Sie an die Menschen, die abends von der Arbeit nach Hause kommen, sich vor den Fernseher setzen, die Füße hoch legen und sich von ihrem Partner eine Dose

Bier bringen lassen, und deren einzige interessante Aufregung die Spiele ihrer Lieblingsfußballmannschaft sind.

Glauben Sie, daß diese Menschen sich genau dieses Leben bewußt ausgesucht haben? Sie haben es nicht geschafft, ihre Trägheit zu überwinden und ihre Zukunft so großartig, so überwältigend zu machen, daß sie ihr Bier stehen lassen und sich vom Fernseher losreißen.

Sind Sie zufrieden mit Ihrer Zukunft? Ist Sie es wert, daß Sie sich mit vollem Einsatz und absoluter Begeisterung dafür einsetzen? Werden Sie mit Befriedigung von Ihrem Leben erzählen?

Wenn Sie eine dieser Fragen verneint haben, dann sollten Sie sich daran machen und jetzt den Film Ihres Lebens drehen, der später einmal ein Kassenschlager sein wird. Sie sind von nun an Regisseur und Schauspieler in einer Person. Schreiben Sie das Drehbuch Ihres Lebens neu.

Entwickeln Sie jetzt einen unwiderstehlichen Film über eine Person, die Ihren Traum lebt und es schafft, sich über alle Hindernisse und Widerstände hinwegzusetzen, um sich selbst zu verwirklichen. Nehmen Sie sich Ihre Notizen aus dem ersten Kapitel zu Hilfe und feilen Sie jetzt daran. Setzen Sie alle Punkte, die Sie dort aufgeschrieben haben, in Bilder, Geräusche und Gefühle um, die Sie auf der Kinoleinwand tatsächlich wahrnehmen können. Wenn Sie beispielsweise bei den Zielen für die Persönlichkeitsentwicklung geschrieben haben, daß Sie ein liebevoller und helfender Mensch werden wollen, dann setzen Sie diese Eigenschaften in Filmszenen um, in denen für Sie klar zum Ausdruck kommt, daß Sie diese Eigenschaft besitzen. Vielleicht schmiegt sich die Partnerin des Filmhelden auf eine ganz bestimmte

Weise an ihn, so daß für Sie klar ist, daß die beiden einander sehr vertraut sind und sich lieben. Oder Sie entwickeln eine stürmische Liebesszene.

Wie Ihr Film schließlich wird, hängt natürlich von Ihren Träumen ab, davon, was Sie in Ihrem Leben wirklich wollen. Gleichgültig, worum es in Ihrem Film geht, ob es eine Komödie, ein Drama oder ein Heldenepos ist, geizen Sie nicht mit besonderen Effekten. Sie wissen, welchen Einfluß eine plötzliche Veränderung der Kameraperspektive auf Ihre Gefühle hat. Und Sie sind sich auch schon der Bedeutung einer guten Filmmusik bewußt geworden. Füllen Sie Ihren Film mit den unterschiedlichsten Gefühlen und Eindrücken an. Sehen, hören fühlen, schmecken und riechen Sie Ihren Erfolg. Sehen Sie, wie Freunde Ihnen gratulieren, wie Sie Ihnen die Hand schütteln, wie Sie vielleicht auf einer triumphalen Feier Ihre Gäste mit einer kleinen Ansprache begrüßen und Ihnen für Ihre tatkräftige Unterstützung danken. Oder hören Sie, wie ein ganzes Orchester Ihnen zu Ehren Ihr Lieblingsstück spielt. Vielleicht schreibt auch eine große Zeitung über Sie einen Bericht, oder das Fernsehen berichtet von Ihnen. Vielleicht ist es aber auch nur Ihr Traumpartner, der Ihnen in einem schmucken Zimmer gegenüber sitzt und Ihnen bei Kerzenschein und einem Glas Sekt gratuliert. Lassen Sie sich etwas einfallen, was für Sie persönlich extrem attraktiv ist.

Würden Sie sich diesen Film im Kino anschauen? Würden Sie ihn auch Ihren besten Freunden empfehlen?

Wenn Sie es geschafft haben, ein phantastisches Werk zusammenzustellen, dann genießen Sie die Vorführung des Kinofilms. Nehmen Sie sich viel Zeit, gönnen Sie sich ein Glas Champagner oder etwas, was Sie sehr gern mögen. Lehnen Sie sich zurück und seien Sie stolz auf Ihr Werk!

Feiern Sie Ihren Erfolg!

7
Powervolle Zustände

»Die wichtigste Stunde in unserem Leben ist immer der gegenwärtige Augenblick; der bedeutsamste Mensch in unserem Leben ist immer der, der uns gerade gegenübersteht; das notwendigste Werk in unserem Leben ist stets die Liebe.«

Leo Tolstoj

Was für ein aufregender Tag! In den frühen Morgenstunden war ich nach Brüssel gereist und nun lauschte ich schon seit Stunden mit gierigen Ohren den Worten dieses Mannes, der mein Leben seit über fünf Jahren bis zu dem Höhepunkt an diesem Tag begleitet hatte. Er war ganz plötzlich in mein Leben getreten und hatte mich doch vom ersten Tage an so tief beeindruckt und geprägt. Anfangs war es wie ein verschwommener, weit entfernter Traum gewesen. Ich studierte seine Bücher über Persönlichkeitsentwicklung, wollte mir keinen seiner Sätze entgegen lassen, dann fielen mir ein paar seiner Kassetten in die Hände und ich lief monatelang mit Walk-Man und seiner Stimme im Ohr herum. Diese Stimme begann mich zu fesseln und zu begeistern. Heute war der Tag, an dem ich ihn zum ersten Mal sehen sollte. Leichtes Kribbeln erfaßte mich, als ich die Halle betrat. Mit mir warteten 2.000 andere Menschen aus der ganzen Welt auf dieses Ereignis. Riesige Videoleinwände und Musikanlagen kündigten für die nächsten vier Tage ein gewaltiges ›Party-Seminar‹ an. Ein Moment Stille in der Halle, dann beginnt eine schnelle, laute und fröhliche Musik. Eine Tanzgruppe bringt die Seminarteilnehmer in Stimmung, die Menge tanzt wild, Minuten vergehen und plötzlich taucht er wie aus dem Nichts mitten auf der Bühne auf – ein gewaltiger Riese, über zwei Meter ist er groß, sein Körper gesund und kräftig. Schwungvoll springt er in die Luft und jubelt der Menge zu. Wie viele Jahre hatte ich auf diesen Augenblick gewartet? Jetzt stand mein großer Lehrer nur wenige Meter von mir entfernt – unverkennbar, die schnelle, aufrüttelnde und dynamische Stimme, die mich bald in einen noch nie geahnten Zustand der Begeisterung führte. Seine lebendige und ausdrucksstarke Körpersprache – jede auch noch so unvorhersehbare Seminarsituation wird von ihm mit Perfektion gemeistert. Am Nachmittag wird im Freien ein großes Feuer angezündet, nicht etwa, um uns daran zu erwärmen, sondern vielmehr, um später über einen Teppich aus 900° heißen, glühenden Kohlen zu laufen. Dann ergibt sich endlich für mich die Gelegenheit, Anthony Robbins persönlich die Hand zu geben und ein paar Worte mit ihm zu wechseln. Wir kehren in die Halle zurück, um noch etwas Motivation für das gefährliche Abenteuer zu tanken. Noch ein paar Worte der Mahnung – es sind schon Menschen an den Folgen des Feuerlaufs gestorben. Ich muß eine Erklärung unterschreiben, daß ich für mein Handeln selbst verantwortlich bin. Den Text lese ich erst gar nicht... Ich ziehe meine Schuhe und Strümpfe aus und laufe mit den anderen nach draußen zum Feuer. Es ist mittlerweile spät geworden. Um zwei Uhr nachts stehe ich barfuß vor diesem Teppich aus glühenden Kohlen... Es war ein langer Tag, doch jetzt, wo ich die Hitze von vorne spüre, bin ich wieder hellwach. Ich führe eine schnelle Bewegung aus, einmal, zweimal, dreimal, noch ein weiterer Anker, dann ist mein Körper voller Energie. In Sekundenschnelle fühle ich mich unaufhaltsam, so stark wie noch nie. Nichts kann mich jetzt noch daran hindern, mein Vorhaben auszuführen. Mit einem Mal hat sich die Angst in Stärke verwandelt. Blick gerade aus, dann gehe ich los, »kühles Gras, kühles Gras...«, 3, 4, 5, 6, 7 langsame, fast stampfende Schritte – unbeschreiblicher Jubel. Jetzt bin ich ein Feuerläufer! Aber nicht nur das, ich kann jetzt jede Angst im Bruchteil einer Sekunde in Stärke verwandeln. Ich habe nicht gelernt, wie man über glühende Kohlen läuft, sondern, wie man seine eigenen Zustände verändert, wie man Trauer in Hoffnung, Schmerz in Freude und Haß in Liebe verwandelt. Ich muß meine Stimmung nicht mehr dem Zufall überlassen, sondern ich habe jetzt einen der wichtigsten Schlüssel für meinen persönlichen Erfolg bekommen. In diesem Kapitel möchte ich diese Methoden mit Ihnen teilen, damit auch Sie in Ihrem Leben jede Situation meistern können.

Sie kennen sicherlich die Tage, an denen das Leben wie am Schnürchen läuft. Eine gute Nachricht jagt die nächste und es fällt Ihnen leicht, Ihre

Aufgaben zu bewältigen und kreative Ideen zu entwickeln. Wie von Zauberhand wird Ihr Handeln gelenkt und Sie erzielen großartige Erfolge. Vielleicht hatten Sie auch schon einmal ein außerordentliches Erfolgserlebnis. Von allen Seiten wurde ihnen auf die Schultern geklopft und Sie hatten das Gefühl, die Welt könnte nicht groß genug für Sie sein. Durch den Erfolg beflügelt, haben Sie sich an neue, schwierigere Aufgaben gewagt und sich neuen Herausforderungen gestellt.

Heute ist ein guter Tag

Einen solchen Tag hatte der amerikanische Leichtathlet Jesse Owens am 25.5.1935 – ein Tag, der als ›Day of the Days‹ in die Geschichte der Leichtathletik einging. Dabei war der einundzwanzigjährige Jesse noch am Vortag gestürzt und hatte sich Prellungen am Rücken zugezogen. Er startete trotz Schmerzen – und in was für einer Form! Um 15.15 Uhr stellte er den Weltrekord über 100 yards (= 91,44 m) in 9,4 sec ein. Nur 10 Minuten später sprang er 8,13 m weit! Damit überbot er die alte Bestleistung um 15 Zentimeter und sprang als erster Mensch über 8 Meter. Dieser sagenhafte Rekord wurde erst 25 Jahre später gebrochen! Spätestens jetzt muß der junge Amerikaner geahnt haben, daß ihn an diesem Tag nichts würde aufhalten können. Und so lief er um 15.34 Uhr die 220 yards (= 201,16 m) in der Weltrekordzeit von 20,3 sec. Auch dieser Rekord konnte erst 15 Jahre später gebrochen werden. Zugleich stellte er die beste Zeit dar, die jemals auf gerader Bahn über 200 m gelaufen worden war. Danach hatte Jesse Owens 25 Minuten Pause, ehe er um 16.00 Uhr mit 22,6 sec einen weiteren doppelten Weltrekord über 220 yards Hürden bzw. 200 m Hürden aufstellte. Damit hatte Owens an diesem unglaublichen Tag innerhalb von 45 Minuten sechs Weltrekorde gebrochen!

Jesse Owens bricht 6 Weltrekorde in 45 Minuten

Doch neben diesen wunderbaren Tagen, gab es sicherlich auch in Ihrem Leben Tage, an denen Sie in einer schlechten Verfassung waren und einfach gar nichts funktionierte. Pleiten, Pech und Pannen waren Ihre treuesten Begleiter und alles, was Sie taten, machte die Sache nur noch schlimmer. An einem solchen Tag fühlt sich der Körper schlapp und träge an und meistens haben wir auch die passenden negativen Gedanken dazu.

Schlechte Tage

Wie wäre es, wenn Sie sich selbst Ihre geistige Verfassung aussuchen und nach Ihren Wünschen verändern könnten? Wie wäre es, wenn Sie jeden Tag in einem power- und ressourcevollen Zustand erwachen würden und für jede anstehende Aufgabe in der richtigen Stimmung sein könnten? Glauben Sie nicht, daß dies Ihr Leben entscheidend beeinflussen könnte?

»Wer andere beherrscht, ist vielleicht mächtig,
aber wer sich selbst beherrscht, ist noch viel mächtiger.«
(Lao-Tse)

Im Laufe eines Tages werden sehr viele unterschiedliche Anforderungen an Sie gestellt. Es gibt Situationen, da brauchen Sie einen aufnahmefähigen Geist, weil Sie etwas Neues lernen wollen. Kurz darauf wollen Sie vielleicht in körperlicher Hochform sein und Ihrem Lieblingssport nachgehen. Dann wechseln wieder die Anforderungen und Sie wollen ein zärtlicher Liebhaber oder eine zärtliche Geliebte sein. Es gibt Momente, in denen Sie vielleicht ängstlich, depressiv oder traurig sind. Vielleicht wäre es gut, zu der einen oder anderen Zeit begeistert und voller Freude zu sein. Manchmal erleben wir alle diese Gefühlszustände innerhalb eines Tages und wir merken gar nicht, wie wir von einem Zustand in den nächsten überwechseln. Wir schaffen es, unsere innere und äußere Haltung den geforderten Gegebenheiten anzupassen. An anderen Tagen verfügen wir allerdings nicht über die Fähigkeit, uns schnell in den jeweils optimalen Zustand zu versetzen, obwohl wir ihn dringend gebrauchen könnten. Dann verpassen wir günstige Gelegenheiten und machen uns das Leben unnötig schwer. Nach meiner Erfahrung ist die Fähigkeit, sich selbst in gute, hilfreiche, ressourcevolle Zustände zu versetzen, unbezahlbar. Es gibt Menschen, die haben zwar sehr häufig energievolle Zustände, aber sie setzen diese nicht zur rechten Zeit ein. Gerade dann, wenn sie die Energie und Kraft am dringendsten nötig hätten, haben sie keinen Zugang zu ihr. Vielleicht sind sie Weltmeister beim Proben, aber in der realen Prüfungssituation, im Verkaufsgespräch oder Vortrag versagen sie. Wirkliche Power hat man erst dann, wenn man in der Lage ist, sich innerhalb weniger Sekunden in den gewünschten Zustand zu versetzen – gleichgültig zu welcher Uhrzeit und wo man sich gerade befindet. Das bedeutet, seine Power kontrollieren und gezielt einsetzen zu können. Power ohne Kontrolle ist weitaus unwirksamer. Lernen Sie, einengende, bedrückende Zustände in begeisternde und beflügelnde Zustände zu verwandeln. Durchbrechen Sie die Ketten Ihrer unbewußten Stimmungen und lenken Sie Ihre Power.

Um unsere Zustände unter unsere Kontrolle zu bringen, ist es hilfreich, zu wissen, welche Faktoren unsere Zustände bestimmen. Die Antwort darauf beinhaltet zwei Faktoren. Einen kennen Sie bereits: Unsere *internalen Repräsentationen*, die Art der Bilder, Geräusche und Gefühle, die wir in uns erzeugen. Der zweite Faktor ist unsere *Physiologie*, die Art, wie wir unseren Körper einsetzen, wie wir atmen, wie das Blut durch unseren Körper fließt, welche Haltung wir einnehmen usw. Beide Faktoren beeinflussen wechselseitig unser Nervensystem und bestimmen damit unsere Gefühlszustände. Stellen Sie sich einmal kurz vor, Sie wollten einen Vortrag über ein Ihnen wenig vertrautes Thema vor einer großen Menge von Leuten halten. Sie haben sich schlecht vorbereitet und treten vor die Menge. Alle schauen Sie mit ernsten Mienen an. Sie sind unsicher und wissen nicht so recht, was Sie sagen sollen. Sie sprechen mit leiser, verschüchterter Stimme. Der Vortrag wird ein totaler Reinfall. Sie verlieren ständig den Faden, können Ihre Zuhörer nicht erreichen und müssen aus Zeitgründen Ihre Rede vorzeitig beenden.

Internale Repräsentationen und die Physiologie beeinflussen unsere Zustände

Diese innere Vorstellung wird Sie sicherlich nicht gerade ermutigen, die Rede besonders gut und lebhaft zu halten. Ihr Zustand wird nicht optimal sein, wenn Sie sich solche Gedanken machen. Stellen Sie sich jetzt bitte eine ähnliche Situation vor. Diesmal haben Sie sich ausgezeichnet vorbereiten können. Es handelt sich um Ihr Spezialthema, in dem Sie sich wie in Ihrer Hosentasche auskennen. Sie sind der Meister auf diesem Gebiet. Selbstbewußt stehen Sie vor der Gruppe. Sie werden als ehrenwerter Gast begrüßt und starten mit einem lebendigen Einstieg. Ihre Stimme ist laut, deutlich und engagiert. Die Zuhörer sind von Ihrem Vortrag gefesselt. Begeistert erläutern Sie Ihre Thesen. Keiner wagt es, Sie zu unterbrechen. Sie finden einen grandiosen Schlußsatz und tosender Applaus begleitet Sie. Welche der beiden Varianten wird Ihnen eher dabei behilflich sein, einen tollen Vortrag auszuarbeiten und ihn schließlich erfolgreich zu halten? Auf diese Weise die inneren Voraussetzungen für Ihren Erfolg zu schaffen, bedeutet, den ersten Schritt zu gehen.

Den zweiten Schritt gehen Sie, wenn Sie gleichzeitig Ihre Physiologie verändern. Stellen Sie sich einmal aufrecht hin und lassen Sie Ihre Schultern und Arme hängen. Senken Sie Ihren Blick zum Boden und beugen Sie Ihren Kopf nach unten. Lassen Sie auch Ihre Mundwinkel nach unten sacken und atmen Sie ganz flach. Bleiben Sie ganz ruhig stehen und bewegen Sie sich nur sehr

Schlappe Physiologie

langsam. Tun Sie dies bitte jetzt für ein bis zwei Minuten, ehe Sie weiterlesen. Jetzt!

Wie haben Sie sich gefühlt? Haben Sie gemerkt, daß Sie durch Ihre Körperhaltung Ihre Gefühlszustände verändert haben? Stellen Sie sich bitte auf die gleiche Art noch einmal hin und versuchen Sie sehr überzeugend zu sagen: »Oh, wie geht es mir gut!«. Jetzt!

Ich bin ziemlich sicher, daß Sie es nicht geschafft haben, diesen Satz überzeugend auszusprechen. Wenn die nonverbale Aussage nicht zu der verbalen Aussage paßt, spricht man von *Inkongruenz.* Stimmen beide Aussagen überein, so nennt man dies *Kongruenz.* In der Kommunikation mit anderen verlassen wir uns bei Inkongruenzen in der Regel auf die nonverbalen Aussagen, weil wir glauben, daß es hier nicht so leicht ist, sich zu verstellen und die Körpersprache eher die Wahrheit zum Ausdruck bringt.

Kongruenz

Verändern Sie jetzt Ihre Körperhaltung! Richten Sie den Blick nach oben, heben Sie Ihre Arme zum Himmel und atmen Sie tief ein. Vielleicht kommen Sie sich jetzt wie ein großer Prediger oder Pfarrer vor, der zu Gott betet, doch vielleicht wird Ihnen bei dem Gefühl, das diese Haltung in Ihnen auslöst, auch klar, warum es hilfreich ist, für einen betenden oder predigenden Menschen genau so dazustehen. Wenn Sie diese Haltung eingenommen haben, dann sagen Sie diesmal voller Überzeugung: »Oh, wie geht es mir schlecht!« Vermutlich werden Sie auch diesmal nicht kongruent sein können. Viele der Menschen, mit denen ich dieses Spiel gemacht habe, mußten sogar anfangen zu lachen, weil es Ihnen so absurd vorkam, mit Ihrem aktuellen Gefühl einen solchen Satz zu sagen. Wenn Sie eine solche Körperhaltung einnehmen, dann können Sie einfach nicht mehr deprimiert oder niedergeschlagen sein. Bleiben Sie noch für einen Moment in diesem Zustand. Lachen Sie über das ganze Gesicht. Stehen Sie da, als wären Sie gerade völlig unerwartet Olympiasieger geworden. Sie haben es geschafft, Sie sind jetzt die Nummer Eins. Jahrzehntelange Anstrengungen haben sich gelohnt. Genießen Sie die Euphorie des Sieges und machen Sie einige Luftsprünge. Recken Sie dabei immer wieder die geballten Fäuste in die Luft. Sie sind der Champion! Sie haben es gerade geschafft, innerhalb von Sekunden Ihren Zustand von frustriert zu euphorisch zu verwandeln. Herzlichen Glückwunsch! (Wenn Sie diese Übung nicht gleich gemacht haben, weil Sie erst die Anweisung zu Ende lesen wollten, dann kehren Sie jetzt zurück und machen Sie diese Übung! Sie wollen doch etwas in Ihrem Leben verändern, oder?)

Powervolle Physiologie

Unser Verhalten ist von unseren Zuständen abhängig. Diese wiederum hängen von unseren internalen Repräsentationen und unserer Physiologie ab. Verändern Sie Ihre internalen Repräsentationen und Ihre Physiologie, dann verändern Sie Ihre Zustände und gleichzeitig Ihr Verhalten. Wenn Sie also ein begeistertes Verhalten zeigen wollen, dann müssen Sie auch die Physiologie eines Begeisterten einnehmen. Lachen Sie, schreien Sie, tanzen Sie, hüpfen Sie herum, klatschen Sie und verändern Sie damit Ihre Zustände. Nehmen Sie die Haltung ein von jemanden, der sich unaufhaltsam fühlt. Verstärken Sie Ihren körperlichen Ausdruck immer mehr und Sie werden erleben, wie Sie sich tatsächlich unaufhaltsam fühlen.

Ich weiß nicht, wie es Ihnen geht, aber ich liebe es, immer wieder neue Zustände zu erfahren. Ich genieße es, mich in Ekstase zu tanzen, ich will überschäumen vor Freude und Glück. Auf der anderen Seite gibt es aber auch Erlebnisse, die mich todtraurig machen. Ich nehme mir dann auch bewußt eine kurze Zeit, um zu trauern, ehe ich mich wieder von meinem Optimismus berauschen lasse und das strahlendste Lächeln aufsetze, zu dem ich fähig bin. Auf diese Weise schöpfe ich eine riesige Bandbreite an Gefühlen aus. Probieren Sie es einmal aus, sehr schnell zu tanzen, dabei herumzuwirbeln, die Arme empor zu reißen und so zu tun, als müßten Sie gleich vor Glück platzen.

Ich glaube, daß Menschen, die körperlich in Bewegung sind, auch geistig beweglich sind und viele neue kreative Ideen haben. Wenn unsere Physiologie die Art unserer Gedanken verändert, wenn eine depressive Körperhaltung auch zu depressiven Gedanken führt, dann führt eine offene Körperhaltung zu einer offenen Einstellung, eine ungewöhnliche, neue Körperhaltung zu neuen, ungewöhnlichen Gedanken. Lassen Sie das Blut einmal mit einer anderen Geschwindigkeit durch Ihren Körper rasen. Treiben Sie Sport, begeben Sie sich in neue, ungewöhnliche Situationen, lernen Sie einen neuen Tanz, versuchen Sie es einmal mit Tai-Chi oder packen Sie ein altes Hüpfseil aus und hüpfen Sie einmal wieder wie ein kleines Kind durch die Gegend. Versuchen Sie, sich auf Rollschuhen oder mit Inline-Skates fortzubewegen.

Manchmal habe ich den Eindruck, daß viele Menschen in einem langweiligen Alltagstrott festgefahren sind. Die täglichen Abläufe sind zu Routinen geworden. Der Körper dieser Menschen wird nur innerhalb eines relativ kleinen Spektrums eingesetzt und bewegt. Dadurch wird auch die Bandbreite der Gefühle dieser Menschen eingeschränkt. Versuchen Sie, für einige Tage ein großes Spektrum an Gefühlszuständen zu erleben. Seien Sie leidenschaftlich, begeistert, euphorisch. Versuchen Sie, bis an Ihre Grenzen zu gehen.

Wer körperliche Grenzen verschiebt,
der kann auch geistige Grenzen verschieben.

Achten Sie in der nächsten Zeit einmal auf Ihre Bewegungen. Bewegen Sie sich langsam, schnell, ruckartig, heftig, energisch, leicht, dynamisch, geschmeidig oder wie auch immer. Achten Sie darauf, ob sich an Ihren Gefühlen etwas verändert, wenn Sie Ihre Körperhaltung ändern. Nehmen Sie Körperhaltungen ein, die für bestimmte Zustände typisch sind. Wie stehen Sie da, wenn Sie Feuer und Flamme für etwas oder jemand sind? Welche Haltung haben Sie, wenn Sie sich wahnsinnig freuen? Woran kann man an Ihrem Körper erkennen, daß Sie gerade Angst oder Furcht empfinden? Was ist die verrückteste Körperhaltung, die Sie sich vorstellen können? Wie muß es sich wohl anfühlen, wenn Sie sich so bewegen wie Mister Bean oder Michael Jackson? Wie fühlt sich ein Fotomodell auf dem Laufsteg oder ein Fußballtrainer am Spielfeldrand?

Sie können noch viele ähnlich Fragen für sich finden und sich neugierig auf die Suche machen, wie Sie bisher Ihren Körper eingesetzt haben und wie Sie ihn in Zukunft einsetzen können.

Wenn Sie sich gut fühlen wollen und handeln wollen wie jemand, der sich gut fühlt, dann tun Sie so, als ob Sie sich gut fühlen würden. Wie stehen Sie da, wenn Sie sich gut fühlen? Wie atmen Sie? In welcher Stellung sind Ihre Gesichtsmuskeln? Haben Sie Ihren Kopf gesenkt oder geneigt?

Achten Sie auch auf die Körperhaltungen anderer Menschen. Was verrät Ihnen die Körperhaltung über die Gefühle, die diese Menschen wohl gerade empfinden? Überprüfen Sie Ihre Hypothesen, indem Sie die anderen Menschen fragen, was sie gerade empfinden. Versuchen Sie auch in Verhandlungen oder Konfliktsituationen, in denen Sie bei Ihrem Gesprächspartner eine starre Haltung vorfinden, ihn in eine andere Körperhaltung zu führen. Beginnen Sie mit einem Pacing und verschaffen Sie sich so Zugang zu seiner Welt der Gefühle. Wenn Sie auf die gleiche Art atmen, sich auf die gleiche Art bewegen oder die gleiche Körperhaltung einnehmen, dann stimulieren Sie Ihr Nervensystem auf eine sehr ähnliche Art und Weise. Das erlaubt Ihnen sehr gut, ähnliche Gedanken zu entwickeln wie Ihr Gegenüber und Rapport zu ihm aufzubauen. Beginnen Sie dann zu führen und führen Sie den anderen durch eine Veränderung der körperlichen Haltung zu einer Veränderung der geistigen Haltung.

Durch die ›Physiologie‹ beeinflussen wir die biochemischen und elektrischen Prozesse unseres Körpers. Sogar unser Immunsystem reagiert auf diese Veränderungen. Es gibt psychische Krankheiten, die sich besser durch Sport heilen lassen als durch eine fundierte Psychotherapie!

Eine sehr gute Möglichkeit, sich in einen guten Zustand zu bringen, bietet das Lachen. Menschen, die Spaß verstehen und in Ihrem beruflichen und privaten Alltag Humor einzusetzen pflegen, werden dafür nicht nur in Bezug auf ihre aktuellen Zustände belohnt, auch Ihr Gesundheitszustand verbessert sich.

Auswirkung von Humor und Lachen

Esther Blumenfeld und Lynne Alpern, zwei amerikanische Psychologinnen, schreiben in Ihrem Buch ›Wer lacht, gewinnt?‹: »Humor macht das Leben leichter. Er ist der salzlose, kalorienarme, fettfreie, absolut natürliche Weg zum Wohlbefinden... Richtig eingesetzt, kann er die Art und Weise unseres Denkens, Fühlens, Handelns positiv beeinflussen.« Humorvoll zu sein, können auch Sie lernen. Dadurch können Sie Ihre Lebensfreude steigern, mit Ihren Problemen leichter fertig werden, lebendiger kommunizieren, auch einmal unangenehme Wahrheiten sagen, Kontakte zu anderen Menschen aufbauen, Konflikte mit weniger Argumenten meistern und Ihrem Körper etwas Gutes tun.

Prof. Dr. med. William F. Fry von der Stanford Universität beschäftigt sich seit über dreißig Jahren mit den physiologischen Folgen des Lachens. Dabei hat er festgestellt, daß der Blutdruck steigt, ein Adrenalinstoß in den Blutstrom gelangt und die Muskeln in Brust, Bauch und Schultern sich zusammenziehen. Anschließend sinken die Werte und der Körper kann sich wieder entspannen. Durch Lachen kann man Kopfschmerzen vermindern und die Schmerzwahrnehmung des Gehirns verändern. Man vermutet, daß durch Lachen die Bildung von Endorphinen, das sind körpereigene ›Drogen‹, angeregt wird.

Bleiben wir weiter auf der Jagd nach Möglichkeiten, unsere Zustände zu verändern. Was versetzt uns in bestimmte Zustände? Vielleicht kennen Sie folgende Situation: Sie sind gerade in eine Unterhaltung oder eine andere Tätigkeit vertieft, da hören Sie plötzlich aus einem Radio oder einem anderen Tonträger ein Lied, das Sie vor vielen Jahren zusammen mit Ihrer ersten großen Liebe gehört haben. Urplötzlich kommen Ihnen wieder ähnliche Gefühle wie damals in den Sinn, obwohl Sie vielleicht Jahre lang nicht mehr daran gedacht haben. Je nachdem, was für Sie mit diesem Lied verbunden ist, kann es passieren, daß Sie traurig werden, sich stolz oder unendlich glücklich fühlen. Während Sie damals das Lied hörten, waren Sie in einem sehr emotionalen Zustand und dieser Zustand wurde mit dem Lied gekoppelt. Deshalb bekommen Sie auch Jahre später noch durch dieses Lied wieder einen Zugang zu Ihren damaligen Gefühlen. Das Gleiche geschieht auch, wenn Sie plötzlich einen ganz bestimmten Duft in der Nase haben. Vielleicht gehen Sie zur Weihnachtszeit einkaufen und riechen irgendwo Plätzchen. Das könnte dazu beitragen, daß Sie in eine weihnachtliche Stimmung versetzt werden und sich an eine Zeit erinnern, in der Ihre Mutter Plätzchen gebacken hat. Vielleicht begegnen Sie auch eines Tages wieder einem Duft, dessen Namen Sie zwar nicht kennen, den aber eine vertraute Person häufiger hatte. Ganz spontan erinnern Sie sich wieder an diese Person und geraten in einen bestimmten Zustand.

Manchmal sind es auch Orte, die uns in besondere Stimmungen versetzen. Möglicherweise hatten Sie ein ganz besonderes Gefühl, als Sie nach einer langen Reise oder einem Wechsel Ihres Wohnortes wieder einmal in Ihre Heimat zurückkamen und das Haus betraten, in dem Sie Ihre Kindheit verbracht haben. Für manche Menschen ist auch die Nationalhymne Ihres Landes oder die Nationalflagge mit ganz bestimmten Gefühlen verbunden.

Es könnte auch sein, daß man Sie nur auf eine ganz bestimmte Art berühren muß, um Sie in besondere Zustände zu versetzen, weil Sie zu der Zeit, als Sie so das erste Mal berührt wurden, sehr glücklich waren und jetzt durch die Berührung wieder in diesen Zustand hineinversetzt werden. Nutzen Sie dies, indem Sie Ihren Partner auf eine ganz bestimmte Art und Weise berühren, die dieser Person sehr gut gefällt. Versuchen Sie dabei möglichst eine Berührung zu wählen, die noch nie zuvor jemand benutzt hat. Wenn Sie beide in ausgelassener, euphorischer Stimmung sind, dann kraulen Sie ihn oder sie vielleicht am Nacken oder knabbern Sie auf eine ganz bestimmte, unverwechselbare Art an dem Ohr des anderen. Dadurch verbinden Sie die Stimmung des Augenblicks mit Ihrer Berührung. Später reicht dann die Berührung aus, um wieder die Stimmung hervorzurufen. Dieser Partner wird Sie alleine an dieser bestimmten Berührung unter sehr vielen anderen Menschen erkennen.

Anker

Ich habe Ihnen jetzt eine ganze Reihe von Reizen genannt, die mit bestimmten Zuständen verbunden sind. Solche Reize nennt man in der Sprache des NLP *Anker*. Ein Anker kann ein Satz, ein Gegenstand, ein Raum, eine Berührung, ein Geräusch, ein Geschmack, ein Geruch oder vieles andere mehr sein. Ihre Gemeinsamkeit besteht darin, daß Sie sehr schnell und unbewußt in uns Gefühlszustände auslösen können. Wir alle haben tausende von mehr oder weniger starken Ankern. Anker halten unsere Erfahrungen fest und sind mit dafür verantwortlich, daß uns unsere Vergangenheit immer wieder bewußt wird. Es kann sehr schwer sein, sich dieser Anker zu entledigen. Denken Sie vielleicht an eine Trennung in Ihrem Leben. Da gibt es Photos, Geschenke, Düfte und Gewohnheiten einer anderen Person, denen Sie ständig begegnen und für die Sie eine lange Zeit brauchen, um ihre dramatische Wirkung abzuschwächen. Monate später öffnen Sie vielleicht wieder eine Schublade, in die Sie schon lange nicht mehr geschaut haben und Ihr Blick fällt auf ein Photo von Ihnen und dieser Person, vielleicht in irgendeinem Urlaub. Sofort schaltet sich Ihr innerer Videorecorder ein und Sie haben Zugang zu den Gefühlen, Bildern und Geräuschen aus dieser Zeit. Oder ein anderes Beispiel: Sie stehen mitten in einem Flughafen und warten auf Ihr Flugzeug. Da ertönt aus den Lautsprechern die Durchsage, daß der Flug von Mexiko 30 Minuten Verspätung hat. Viele Passagiere um Sie herum haben vielleicht diese Durchsage nicht einmal wahrgenommen. Bei Ihnen aber hat sich mit einem Mal Ihre Stimmung völlig verändert. In Mexiko ist doch damals Ihr Bruder ums Leben gekommen. Der Name des Landes, in dem der Unfall stattfand, wurde für Sie zum Auslösungsmechanismus, der alle Gefühle der Trauer wieder hervorruft. Besonders wichtig bei diesen Ankern ist, daß Sie uns häufig unbewußt sind und uns zu Reaktionen veranlassen, die vollkommen automatisch sind und nur schwer von uns kontrolliert werden können.

Eine sehr wirkungsvolle Art von Ankern sind die Raumanker. Bestimmte Räume und Positionen haben wir mit emotionalen Zuständen verbunden, weil wir dort etwas Bestimmtes erlebt haben. Je nach Ihren Erfahrungen haben manche Menschen eine unheimliche Sehnsucht nach Ihrer Heimat, wenn Sie länger im Urlaub sind oder nach Jahren wieder einmal zurückkehren. Es kann sein, daß die Personen, die die emotionalen Erfahrungen dort gestaltet haben, längst gestorben sind. Dennoch bleiben die Gefühle mit diesem Ort verbunden.

Raumanker

Ein anschauliches Beispiel für die Wirkung von Raumankern zeigt sich in einer klassischen Demonstration des Erwartunseffektes und des Umgebungseinflusses auf die Toleranz gegenüber Heroin. Bei einem Experiment mit Ratten wurde nach derselben Dosierung von Heroin und einer Placebosubstanz in zwei unterschiedlichen Umgebungen über mehrere Tage hinweg Toleranz aufgebaut. Am letzten Testtag erhielten die Tiere eine normalerweise tödliche Dosis von Heroin in einer der beiden Umgebungsbedingungen. In der Kontrollgruppe, die keinerlei Toleranz entwickelt hatte, starben 96,4 % der Tiere. In einer anderen Gruppe, die zwar Toleranz entwickelt hatte, aber jetzt die tödliche Dosis in einer neuen Umgebung erhielt, starben 64,3%. In der Gruppe mit derselben Heroin-Vorgeschichte wie die anderen Gruppen, aber identischen Lern- und Testbedingungen starben nur 32,4%. Nur diese letzte Gruppe konnte kompensatorische pharmakologische ›Erwartungsreaktionen‹ in der Testsituation entwickeln.

Erwartungseffekt des Umgebungseinflusses

Eine wissenschaftliche Untersuchung zeigte, daß die Häufigkeit von Todesfällen nach einer Heroin-Überdosis unter neuen, unerwarteten Umwelteinflüssen dramatisch zunimmt. Nach der Analyse der Todesfälle stellte man fest, daß nur in ganz seltenen Fällen eine reale Überdosierung vorlag. In den meisten Fällen wurde eine normale Dosis in einer ungewohnten Umgebung (z.B. Bahnhofstoilette) eingespritzt. Da für die Umgebung noch keine konditionierte, vorbereitende und kompensatorische Reaktion ausgebildet worden war, wirkte die normale Dosis als Überdosis, so, als ob dieselbe Dosis das erste Mal eingenommen wurde, und wirkte tödlich.

Das Ankern stellt eine Weiterentwicklung der Arbeiten des russischen Physiologen Iwan Pawlow (1849 – 1936) über den bedingten Reflex dar. Pawlow fand heraus, daß es neben den angeboren Reflexen, wie z.B. dem Lidschlagreflex oder dem Kniesehnenreflex, auch gelernte Reflexe gibt. Er nannte die gelernten Reflexe ›bedingte‹ Reflexe, weil die reflexhafte Reaktion von

Die Versuche von Iwan Pawlow

einer vorausgegangenen Lernerfahrung abhängig (bedingt) ist. Das Nervensystem lernt es, einen Zusammenhang zwischen einem äußeren Reiz und einer inneren Reaktion herzustellen.

Den Anstoß zur Entdeckung dieses Prinzips bildete wieder einmal eine zufällig Entdeckung. Pawlow untersuchte in seinem Labor die Verdauung von Hunden und verabreichte ihnen zur Anregung des Speichelflusses pulverisiertes Fleisch. Nach einiger Zeit bemerkte Pawlow jedoch, daß der Hund, mit dem er die Experimente durchführte, bereits dann speichelte, wenn er die Person sah, die ihn gleich füttern würde. Schließlich speichelte der Hund sogar dann, wenn er nur die Schritte hörte. Das war höchst merkwürdig und so begann Pawlow das Phänomen systematisch zu untersuchen. In seinem ersten – sehr berühmt gewordenen Experiment – ertönte immer kurz vor der nächsten Mahlzeit eine Glocke. Dadurch verknüpfte Pawlow den Speichelfluß des Tieres mit dem Geräusch der Glocke. Nach einigen Wiederholungen sonderte der Hund auch dann Speichel ab, wenn nur die Glocke ertönte, ohne daß tatsächlich danach eine Mahlzeit folgte. Den Prozeß der Koppelung von einem äußeren Reiz (Läuten der Glocke) mit einem inneren Reiz (Speichelfluß des Hundes) nennt man Konditionierung. In der Fachsprache des NLP würde man sagen, daß die Glocke zu einem Anker wurde, der durch den Prozeß des Ankerns in der Lage ist, die gleiche Reaktion wie der Geruch von Fleisch auszulösen.

Prinzipiell kann jeder äußere Reiz mit einer inneren Reaktion gekoppelt werden. Wenn der Reiz eine sehr intensive innere Reaktion (z.B. Angst, Schmerz, Freude etc) auslöst, kann die Verknüpfung schon beim ersten gemeinsamen Auftreten stattfinden und ein Leben lang anhalten. Wiederholungen sind in diesem Fall nicht erforderlich. Um beispielsweise eine Phobie vor Fahrstühlen zu entwickeln, reicht es aus, einmal in einem Fahrstuhl stecken zu bleiben. Diese Lernerfahrung kann unter Umständen das ganze weitere Leben über bestehen bleiben. Anker sind also assoziative Verknüpfungen von äußeren Reizen mit inneren Reaktionen. Sie können in allen fünf Repräsentationssystemen auftreten.

Jeden Tag strömen unzählige Anker auf Sie ein. Die rote Ampel signalisiert ›Stop‹. Das Klingeln des Weckers sagt Ihnen, daß Sie jetzt aufstehen sollten. Die Medien bombardieren Sie mit Werbung und unzähligen weiteren Informationen, Bildern und Geräuschen. Nicht alle werden für Sie zu starken, emotionsauslösenden Ankern, doch sind die meisten Menschen diesen Reizen, die sowohl gute als auch schlechte Verbindungen haben, relativ hilflos ausgeliefert. Ein Anker entsteht, wenn ein Reiz sehr häufig wiederholt wird oder wir stark emotional beteiligt sind. Vielleicht ist Ihnen schon einmal aufgefallen, daß Sie Informationen, die Sie interessant und spannend fanden, schon bei der ersten Beschäftigung gelernt haben, während Sie uninteressante Informationen immer und immer wiederholen mußten, ehe Sie sie gelernt hatten.

Wenn Sie Ihre Zustände unter Kontrolle bekommen wollen und damit die Voraussetzung schaffen, um Ihren Traum zu leben, dann ist es unerläßlich, daß Sie lernen, sich powervolle und mächtige Anker zu schaffen. Fast alle großen Führerpersönlichkeiten haben die Macht von Ankern erkannt und sie eingesetzt. Denken Sie beispielsweise nur an das Hakenkreuz. Welche Bedeutung hatte dieses Symbol ursprünglich? Mit Sicherheit eine ganz andere als nach Hitlers Machtergreifung oder heute. Dieses Zeichen – bei zahlreichen Völkern ein Sinnbild für Glück und Segen – wurde von den Nationalsozialisten für die Ziele ihrer Politik mißbraucht. Hitler verstand es, nationalsozialistische Werte und Gefühle mit dem Symbol zu verknüpfen. Wo immer man auf dieses Zeichen traf, wurden die mit ihm verbundenen Zustände aktiviert. Beständige Wiederholung machten sie zu festen Bestandteilen des Lebens unter der Naziherrschaft.

Die Macht der Anker: Das Hakenkreuz

Ich habe dieses Beispiel gewählt, um Ihnen noch einmal deutlich zu machen, daß man das Prinzip des Ankerns sowohl in positiver wie auch in negativer Richtung benutzen kann. Genauso können Sie auch alle anderen Techniken einsetzen, um damit Gutes oder Schlechtes zu bewirken. Sie können mit der Swish-Technik Menschen von ihren schlechten Gewohnheiten befreien, aber genauso können Sie diesen Menschen schlechte Gewohnheiten beibringen. Sie können mit wirkungsvoller Rhetorik für den Frieden eintreten, aber auch ein Volk zum Krieg aufrufen. Sie können mit der Kernenergie eine Atombombe bauen und unzählige Menschenleben auslöschen oder Energie herstellen und dadurch Menschenleben retten. Das Mittel ist nicht verantwortlich für den Zweck, für den es verwendet wird. Der eine wählt ein Kreuz mit Haken und erklärt es zum Symbol seiner Schreckensherrschaft, unter der Millionen Menschen den Tod finden. Das Kreuz des anderen besteht aus zwei einfachen Balken und steht für Nächstenliebe und Gott. An diesem Kreuz findet Jesus den Tod und nimmt damit nach dem Glauben des Christentums die Sünde der Welt auf sich und erlöst alle Menschen. Die Symbolik, der Anker, unterscheidet sich nur durch ein paar einfache Striche, doch könnte der Unterschied zwischen Hitler und Jesus kaum dramatischer sein.

Auch Sportler benutzen die Kraft von Ankern, um sich in mentale Spitzenzustände zu bringen. Wenn Boris Becker die Faust ballt, wenn Maradonna sich vor einem Elfmeter bekreuzigt, wenn Boxer vor dem Kampf ihre langen Vorbereitungsrituale durchlaufen, dann tun sie das vor allem, um die Wirkung dieser Anker zu nutzen.

Ehe wir dazu übergehen, wie man Anker bei sich selbst und anderen setzt, um dadurch von einem Moment auf den anderen beflügelnde und energievolle Zustände zu erreichen, möchte ich Sie dazu auffordern, eine Sammlung Ihrer bisherigen Anker anzufertigen. Dafür können Sie die unten stehende Tabelle ausfüllen. Wenn Sie in anderen Bereichen noch weitere Anker finden, können Sie die Tabelle ruhig ergänzen.

Meine Anker: Auslöser für gute Zustände

	Bilder	Wörter
glücklich		
kreativ		
leidenschaftlich		
begeistert		
neugierig		
ausdauernd		
selbstbewußt		
liebevoll		
…		
…		

Musik	Gegenstände	Orte

Erläuterungen zu den Zuständen

Glücklich: Sie möchten am liebsten die Erde umarmen und Ihr Herz will Ihnen aus der Brust hüpfen. Sie freuen sich über Ihr Leben und sind im Augenblick rundherum zufrieden.

Kreativ: Sie sprühen vor neuen Einfällen und kreativen Möglichkeiten. Eine Idee jagt die nächste, und Sie sind in der Lage, ungewöhnliche Lösungen zu finden.

Leidenschaftlich: In Ihnen brennt ein Feuer, das es Ihnen erlaubt sich intensiv für eine Sache oder eine Person einzusetzen. Leidenschaft beflügelt Ihre Aktivitäten und gibt Ihrem Leben Kraft und Energie.

Begeistert: Wenn Sie begeistert handeln, werden Sie alle Hindernisse auf Ihrem Weg überwinden, Vorurteile und Einwände beiseite schieben und Ihrem Ziel entgegeneilen. Begeisterung ist der Feind der Untätigkeit. Sie wird sich wie ein Feuer in Ihre Beziehungen ausbreiten und alle Menschen, die mit Ihnen zu tun haben, anstecken.

Neugierig: Ein Zustand, der beständig dafür sorgt, daß Sie wachsen und sich weiterentwickeln. Die Neugier treibt Sie zu neuem Wissen, zu weiteren Erfahrungen an. Sie macht Ihr Leben interessant und farbig. Erstaunlich waren die Ergebnisse eines Experimentes, bei dem Mäuse, die in einer reizvollen Umgebung aufgewachsen waren, mit Mäusen verglichen wurden, die in einer Standardumgebung aufwuchsen. In der ersten Gruppe lebten die Tiere in einer geradezu luxuriösen Umgebung mit Tunneln, Rädern, Käse, Popcorn und Äpfeln. In der zweiten Gruppe gab es nur Standardfutter. Nach einigen Wochen fanden die Forscher vom Salk Institute for Biological Studies in Kalifornien, daß Mäuse in der reizvollen Umgebung mehr Gehirnzellen entwickelt hatten als ihre Artgenossen.

Ausdauernd/Entschlossen: Sie haben eine Entscheidung getroffen und setzten Sie in die Tat um, gleichgültig, was auch geschieht. Nichts auf der Welt schafft es, Sie am Erreichen Ihres Zieles zu hindern.

Selbstbewußt: Dieser Zustand gibt Ihnen Sicherheit und den Mut, Neues zu wagen und Herausforderungen mit Optimismus anzugehen. Sie können auf andere Menschen zugehen und neue Kontakte aufbauen.

Liebevoll: Sie empfinden eine menschliche Wärme und sind bereit, sich offen auf andere einzulassen. Sie haben Verständnis und Zuneigung für den anderen.

Sehen Sie sich für diese Übung ruhig in Ihrer Wohnung um und achten Sie darauf, welche Wirkung bestimmte Gegenstände oder Bilder auf Sie haben. Vielleicht werfen Sie auch einmal einen Blick in Ihre alten Fotoalben und achten auf Ihre Empfindungen dabei. Ich selbst habe für mich eine ganz persönliche Mappe meiner Erfolgsanker angelegt. Darin befinden sich alte Klausuren, Zeugnisse, Zeitungsausschnitte, Abdrucke der besten von mir gespielten Schachpartien, Bilder der Menschen, die mir am liebsten sind, die Startnummer meines ersten Marathonlaufs, Gedichte und Briefe, die besondere Momente festgehalten haben, einige Schmuckstücke wie Ringe und Anhänger, eine alte Landkarte von Schottland, Bilder von Schlössern, Textstellen, die mich berührt haben. Regelmäßig erstelle ich mir eine Kassette mit meinen aktuellen Lieblingsliedern, die ich je nach Bedarf dazu verwende, um mich in ganz bestimmte Stimmungen zu versetzen. Vielleicht haben Sie all dies schon gewußt, bevor Sie dieses Buch gelesen haben – aber etwas zu wissen, bedeutet noch lange nicht, daß man es auch verwendet. Fragen Sie sich einmal ehrlich, ob Sie sich tatsächlich an einem schlechten Tag bewußt für Ihre Lieblingsmusik entscheiden, sich einige lustige und erfolgreiche Bilder ansehen, sich Ihre Lieblingskleidung anziehen und sich durch Ihr Lieblingsessen in einen ganz anderen Zustand bringen. Ihr Wissen nutzt Ihnen erst dann etwas, wenn Sie es auch einsetzen.

Einem meiner powervollsten und stärksten Anker überhaupt verdankt dieses Buch seinen Namen, der Diskothek ›Way Up‹ in Hainburg. Dieser Ort ist für mich deshalb von so großer Bedeutung, weil ich hier meine Liebe zum Freistil-Tanzen entdeckt habe und gleichzeitig meine Angst überwand, vor anderen zu tanzen und fremde Menschen anzusprechen. Über 3 Jahre war ich jeden Mittwoch an diesem Ort, weil mir die Musik dort besonders gut gefiel. Beim ersten Mal traute ich mich kaum auf die Tanzfläche – in den letzten Jahren war ich immer der erste, der tanzte, und ich genoß es, die ganze Fläche für mich zu haben. Hinzu kommen die vielen neuen Freunde, die ich dort kennengelernt habe. Glückliche Stunden, leidenschaftliche Tänze, unbändige Kraft, enormes Selbstbewußtsein und viele, viele Kontakte – das alles ist auf ewig in meinem Gehirn untrennbar mit diesem Ort verbunden. Es ist daher kein Wunder, wenn ich dieses Buch Way Up genannt habe – denn dort begann für mich der Weg zu meinem Traum, der Aufstieg nach oben zu meinem Stern.

Das »WayUp« wird zum Anker

Außer Anker einzusetzen, die bereits existieren, können Sie aber auch neue Anker setzen. Das dürfte besonders in zwei Fällen interessant sein:

Zum einen, wenn Sie eine andere Person neu kennenlernen und in gute Zustände bringen wollen; zum anderen, wenn Sie bei sich selbst einen neuen Zustand ankern wollen. Das Grundprinzip beim Ankern ist ganz einfach. Sie sorgen dafür, daß die andere Person (oder Sie selbst) in einem sehr intensiven Zustand der Freude oder Leidenschaft ist (sind) und setzen auf dem Höhepunkt des Gefühls einen Reiz. Das kann ein Wort, ein Satz oder eine Berührung sein. Wichtig ist dabei, daß Sie den Reiz auf dem Höhepunkt des Gefühls setzen und daß Sie einen Reiz wählen, der einzigartig und unverwechselbar ist. Der Reiz sollte nicht zum normalen Verhaltensrepertoire der Person gehören. Suchen Sie sich für einen Berührungsreiz eine ganz bestimmte Stelle und eine charakteristische Berührung aus. Wenn Sie beispielsweise eine Person an Ihrem rechten Oberarm berühren, dann können Sie nicht erwarten, daß Sie die gleichen Gefühle haben wird, wenn Sie sie später an ihrem Fuß berühren. Hier sollten Sie sehr genau sein und überlegt vorgehen. Wenn Sie jemanden auf die Schulter klopfen, dann müssen Sie sich bewußt sein, daß wahrscheinlich schon viele andere Menschen dieser Person auf die Schulter geklopft haben und diese Körperstelle möglicherweise schon mit anderen Zuständen geankert ist, die die von Ihnen beabsichtigte Wirkung wieder aufheben. Am einfachsten ist es, eine Person zu ankern, die aus welchen Gründen auch immer gerade in dieser besonderen Stimmung ist, die Sie später wieder durch Ihren Anker auslösen wollen. Dann brauchen Sie nämlich einfach nur einen günstigen Moment abzupassen und Ihren Anker zu setzen.

Wie man neue Anker setzt

Ankern:
Intensiver Zustand
Höhepunkt der Erfahrung
Unverwechselbarkeit des Reizes
Einfachheit und Wiederholbarkeit

Wenn die Person oder Sie selbst noch nicht in einem entsprechenden Zustand sind, dann müssen Sie sich oder die Person erst in diesen Zustand bringen. Stellen Sie sich vor, wie das war, als Sie zum letzten Mal in diesem Zustand waren und beschreiben Sie die Submodalitäten, um wieder einen Zugang zu der Erfahrung und den Gefühlen zu bekommen. Dann unterstützen Sie Ihren Prozeß, indem Sie Ihre Physiologie verändern. Tun Sie so, als seien Sie gerade dynamisch und energievoll. Wie stehen Sie da, wenn Sie dynamisch und powervoll sind? Wie atmen Sie? Nutzen Sie alle bisher gelernten Möglichkeiten, um einen intensiven und optimalen Zustand herzustellen. Wenn Sie meinen, den Höhepunkt der Erfahrung erreicht zu haben, dann setzten Sie einen Anker. Ballen Sie die Faust oder führen Sie eine ganz spezifische Bewegung aus. Schreien Sie gleichzeitig ein spezielles Wort, wie z.B. ›Towanda‹, ›Tschaka‹ oder ›Jaahhhh‹! Je mehr verschiedene Repräsentationssysteme Sie gleichzeitig ansprechen, um so wirkungsvoller wird Ihr Anker sein.

★ Übung: Moment of Excellence

In der folgenden Übung geht es darum, jemand anderen in einem hervorragenden Zustand zu erleben. Suchen Sie sich also einen Menschen aus Ihrer Umgebung, dem Sie gerne ein derartiges Geschenk machen möchten und führen Sie die Übung mit ihm durch. Die Anweisungen, die Sie der anderen Person geben, sind kursiv gedruckt. Sie können Sie vorlesen oder entsprechend umformulieren – ganz wie Sie möchten.

1. Finden der Ressource-Situationen
   Denken Sie an drei Situationen, in denen Sie in einer ausgezeichneten Verfassung waren und sich sehr gut gefühlt haben. Geben Sie ein nonverbales Zeichen, wenn Sie Situation 1, 2, 3 gefunden haben.
   Achten Sie hierbei ganz besonders auf Veränderungen in der Physiologie der anderen Person.
2. Auswahl der Situation
   Wählen Sie nun aus diesen drei Situationen die aus, die Sie im Augenblick für die schönste halten.
3. Erinnerung der Situation
   a) Präsens: *Gehen Sie bitte jetzt in den Moment der Situation, der am schönsten für Sie war. Wo sind Sie jetzt?* Achten Sie darauf, daß Ihre Unterhaltung jetzt im Präsens stattfindet.
   b) *Wie ist Ihre Körperhaltung in der Situation?* Sorgen Sie dafür, daß die Person, mit der Sie die Übung durchführen jetzt eine möglichst ähnliche Körperhaltung annimmt, um das Einfinden in die Situation zu erleichtern.
   c) Lassen Sie sich nun die VAKOG-Eindrücke schildern. *Was sehen Sie? Was hören sie? Was fühlen Sie? usw.*
   d) *Gehen Sie jetzt noch einmal in die Situation und vergegenwärtigen Sie sich den absolut schönsten Moment. Wenn Sie wollen, können Sie auch diesen Moment in Ihrer subjektiven Zeit länger machen.*

4. Setzen Sie einen Separator.
5. Beschreiben Sie wie ein Regisseur die Erfahrungen, die der andere Ihnen gerade geschildert hat. Benutzen Sie, wenn möglich, die gleichen Worte wie er. Beschreiben Sie, was er sieht, hört und fühlt.
6. Stellen Sie jetzt innerlich sicher, daß Sie auch in der Lage sind, sich im Moment-of-Excellence-Zustand in andere Situationen zu versetzen. Bauen Sie eine Eselsbrücke oder eine Assoziation, die Ihnen dies ermöglicht.

★ *Übung: Ressource-Kreis*

1. Visualisieren Sie vor sich am Boden einen Kreis. Bestimmen Sie dann für den Kreis eine schöne Farbe und denken Sie sich noch ein positives Wort aus, das Ihnen gleich als Anker dienen wird (z.B. Super, Spitze, Klasse).
2. Wählen Sie nun einen positiven und kraftvollen Zustand aus.
3. Erleben Sie innerlich diesen Zustand (VAKOG).
4. Ankern Sie diesen Zustand mit einer Berührung oder Bewegung, z.B. dem Ballen einer Faust.
5. Halten Sie den Zustand innerlich aufrecht, sehen Sie vor sich den farbigen Ressource-Kreis, nehmen Sie einen tiefen Atemzug, sagen Sie das Geheimwort und treten Sie in den Kreis.
6. Genießen Sie den Zustand und treten Sie dann wieder heraus.
7. Wiederholen Sie diese Schritte mit anderen Zuständen so oft wie Sie wollen.
8. Finden Sie dann eine schwierige Situation und treten Sie mit der Vorstellung der schwierigen Situation in den Kreis, sagen Sie Ihr Zauberwort und nehmen Sie einen tiefen Atemzug.
9. Überlegen Sie, wie sich Ihre Vorstellung der Situation verändert hat.

★ *Das Stapeln von Ankern*

Sie können Anker auf sehr verschiedene Arten einsetzen. Ein kraftvolles Beispiel ist das Stapeln von Ankern. Dabei werden viele unterschiedliche Ressourcenzustände mit einem Anker verbunden und dadurch ein sehr starker Ressourcenanker aufgebaut.

Suchen Sie sich drei für Sie sehr intensive Ressourcenzustände aus. Wie wäre es zur Übung mit den Zuständen ›begeistert‹, ›glücklich‹ und ›selbstbewußt‹? Gehen Sie der Reihe nach in diese Zustände und setzen Sie jeweils den gleichen Anker. Versetzen Sie sich jetzt in einen Zustand totaler Begeisterung. Na los! Stehen Sie auf! Spielen Sie begeisterte Bilder auf Ihrer inneren Leinwand ab, nehmen Sie eine absolut begeisterte Körperhaltung ein und rufen Sie ganz laut Ihr Ankerwort (z.B. ›Power‹, ›Yes‹, ›Wow‹, ›Towanda‹).

Jetzt kommt Zustand Nummer 2. Versetzten Sie sich in einen Zustand, in dem Sie äußerst glücklich sind. Denken Sie sich etwas wirklich Nettes aus. Genießen Sie für einen Moment die inneren Bilder. Machen Sie sie klarer, heller und größer, so, wie es für Sie angenehm ist. Wie fühlt sich das in Ihrem Körper an, wenn Sie glücklich sind? Nehmen Sie die entsprechende Haltung ein. Lassen Sie sich von Glück durchdringen und rufen Sie dann ganz laut Ihr Ankerwort. Nehmen Sie den Zustand Nummer 3 ein. Fühlen Sie Ihr Selbstbewußtsein in allen Fasern Ihres Körpers, lassen Sie sich durchströmen von diesem Gefühl, machen Sie sich Bilder, in denen Sie äußerst selbstbewußt sind und rufen Sie dann erneut Ihr Ankerwort.

Auf diese Weise schaffen Sie sich einen sehr starken Ressourcenanker. Probieren Sie seine Wirkung gleich aus. Laufen Sie kurz zum Fenster und reißen Sie es auf oder berühren Sie Ihre Zehenspitzen, um sich in einen andern Zustand zu bringen und dann setzen Sie Ihren neuen Anker.

Vielleicht ist dieser Zustand schon ganz gut – ich habe Ihnen aber zu Beginn dieses Buches versprochen, daß Sie Meisterleistungen vollbringen können, wenn Sie die Übungen in diesem Buch durchführen und trainieren werden. Davon sind Sie jetzt wahrscheinlich noch etwas entfernt, was aber auch kein Wunder ist. Ihre Muskeln werden ja auch nur dann stärker, wenn Sie sie regelmäßig trainieren. Ein Krafttraining ist nur dann wirksam, wenn Sie die Intensität immer wieder ein kleines Stück erhöhen und mehrere Serien hintereinander durchführen. Genau das werden wir jetzt tun! Wir werden jetzt diese Übung noch einmal wiederholen und dabei die Intensität verzehnfachen!

Suchen Sie sich jetzt bitte eine Musik aus, die Ihnen gefällt und die an einer Stelle einen ganz besonderen Höhepunkt hat. Das können Paukenschläge, ein Schrei oder etwas ähnliches sein. Drehen Sie die Musik etwas lauter als Sie es vielleicht sonst gewohnt sind. Stellen Sie sich dann wieder aufrecht in die Mitte eines Raumes. Konzentrieren Sie sich jetzt wieder auf einen begeisterten Zustand und intensivieren Sie ihn immer weiter, machen Sie die Bilder schneller und intensiver, mischen Sie Farbe hinein, lassen Sie sich von der Musik berauschen und – egal, wie alt Sie sind – sobald die Musik ihren Höhepunkt erreicht, nehmen Sie Ihre rechte Hand nach hinten, so als würden Sie zu einem Schlag im Tennis ausholen, gehen Sie leicht in die Knie und auf dem Höhepunkt der Musik und Ihrer Begeisterung bringen Sie die Hand schwungvoll nach vorne, wo sie mit der anderen

Hand zusammentrifft und ein Klatschen erzeugt. Schreien Sie gleichzeitig mit voller Kraft Ihr Ankerwort! Halten Sie diesen Zustand noch einige Sekunden und lösen Sie ihn dann auf. Recken Sie Ihre geballten Fäuste zum Himmel und springen Sie mit aller Kraft in die Luft, recken Sie immer wieder die geballten Fäuste nach oben, beugen Sie sie hinter dem Kopf und recken Sie sie wieder nach oben, immer wieder. Feiern Sie auf diese Weise Ihre großartige erste Ressource. Wenn Sie mindestens zwanzigmal in die Luft gesprungen sind, tanzen Sie einmal um die eigene Achse, ehe Sie mit der zweiten Ressource weitermachen.

Ich weiß, daß einige Leser an dieser Stelle denken werden: »Das ist doch albern, ich bin doch kein kleines Kind mehr!« Probieren Sie es trotzdem! Ich bin davon überzeugt, daß alleine diese Übung – täglich angewendet – Ihre Lebensqualität entscheidend verbessern kann. Sie müssen es ja beim ersten Mal nicht gleich an einem Ort machen, wo andere Menschen Sie sehen. Obwohl ich Ihnen garantiere: Wenn Sie diese Übung zusammen mit 2000 anderen Menschen machen, wird Ihr Energieniveau explodieren! Gönnen Sie sich daher die Wohltat dieser Übung.

Spulen Sie jetzt die Kassette zurück oder drücken Sie auf dem CD-Spieler auf Wiederholung und dann nehmen Sie sich Ihren zweiten Zustand vor... Glück. Lassen Sie zu, daß sich ein Gefühl des Glücks in Ihrem Bauch ausbreitet. Immer weiter und intensiver, strahlenförmig in alle Richtungen, bis es Sie ganz ausfüllt. Lassen Sie sich einen Moment Zeit, bis die Glücksquelle in Ihnen zu sprudeln beginnt. Intensiviereren Sie das Gefühl in dem Maße, in dem sich die Musik dem Höhepunkt nähert. Immer noch ein Stückchen mehr. Fiebern Sie diesem Moment entgegen und wenn es so weit ist, dann... machen Sie die Bewegung schneller als jemals zuvor, mit noch mehr Power und Intensität als beim letzten Mal. Achten Sie darauf, daß Ihr Klatschen mindestens so laut wie der Höhepunkt der Musik ist. Schreien Sie noch lauter und dann strecken Sie wieder die Fäuste zum Himmel und springen Sie wie ein Flummi immer höher und höher. Feiern Sie wieder Ihren Triumph, Sie sind auf einem phantastischen Weg.

Werden Sie langsam wieder ruhiger, denn jetzt kommt ihr dritter Ressourcezustand – Selbstbewußtsein. Stellen Sie sich hin, wie der ungeschlagene Boxweltmeister. Nichts und niemand kann Sie jetzt noch erschüttern. Wie ein Fels in der Brandung, so sind Sie mit der Erde verwurzelt. Sicherheit durchströmt Ihren ganzen Körper. Sie sind jetzt unaufhaltsam. So muß sich Alexander gefühlt haben, als er die Welt eroberte und Casanova, als keine Frau seinem Charme widerstehen konnte. Jetzt gehört dieses

Selbstbewußtsein für alle Zeiten Ihnen. Steigern Sie die Intensität dieses Zustands um 10 %, dann um 30 % und wenn sich die Musik wieder dem Höhepunkt nähert, dann legen Sie noch einmal 100 % obendrauf. Geizen Sie nicht mit Ihrer Energie, jetzt ist volle Intensität gefragt und wenn der Höhepunkt erreicht ist, dann geben Sie alles, was in Ihnen steckt. Je mehr Sie jetzt geben, um so mehr werden Sie zurückbekommen. Halten Sie sich keine Reserven mehr – los gehts! Drei, zwei – holen Sie wieder aus, beugen Sie leicht die Knie – eins, machen Sie Ihre Bewegung, schreien Sie Ihre gesamte Energie hinaus in das Universum und dann kann es kein Halten mehr für Sie geben. Lassen Sie alles heraus, stampfen, springen, jubeln Sie. Stehen Sie still, holen Sie aus... ›Ja‹, machen Sie wieder Ihre Bewegung, aber jetzt noch einmal aufgepaßt: Machen Sie jetzt noch zehnmal mit voller Energie und mit Höchstgeschwindigkeit Ihre Bewegung ganz schnell hintereinander. So schnell, daß Sie mit dem Zählen gar nicht mehr hinterherkommen und sich auf nichts anderes mehr konzentrieren können, als auf das Gefühl in Ihren Händen, die immer wieder aufeinandertreffen.

Wenn Sie das getan haben, dann lehnen Sie sich etwas zurück. Sie haben ein riesiges Stück Arbeit verrichtet. Ich freue mich für Sie, denn Sie haben einen mächtigen Anker errichtet. Wahrscheinlich wird sowohl die Auslösung der Bewegung als auch das Sprechen des Ankerwortes für sich alleine in Zukunft schon Ihren Zustand deutlich verändern. Beide zusammen aber werden Sie von einem Moment auf den anderen in einen ungeheuer energievollen Zustand katapultieren.

★ *Verketten von Ankern*

Stellen Sie sich einige hintereinander aufgestellt Domino-Steine vor. Durch einen Impuls wird der erste Stein umgestoßen, dieser bewirkt, daß auch der zweite umfällt, dann der dritte usw. Durch einen kleinen Anstoß wird innerhalb von einigen wenigen Sekunden eine ganze Kette von Reaktionen ausgelöst. Dieses Prinzip können wir auch dazu benutzen, um durch einen kleinen Anstoß eine Kette von emotionalen Zuständen auszulösen, die sich

gegenseitig aufschaukeln, bis sie eine wirklich große Veränderung unseres Zustandes bewirken. Indem wir die einzelnen Zustände miteinander verknüpfen, können wir uns später bei Bedarf sehr schnell durch viele verschiedene emotionale Zustände hindurch bewegen. Wofür soll das gut sein? Nun, manchmal sind Problemzustände so stark, daß man den weitentfernten Ressourcenzustand nicht in einem Schritt erreichen kann. Wenn Sie zum Beispiel gerade ein Erlebnis hatten, das Sie völlig frustiert hat, dann ist es für Sie vielleicht schwierig, direkt von diesem Zustand in einen begeisterten überzuwechseln. In diesem Fall ist es nötig, daß Zwischenschritte eingebaut werden. Welche emotionalen Zustände Sie zwischen Ihren Problem- und den letztendlichen Ressourcenzustand schalten, hängt ganz von der Art der Zustände ab. Überlegen Sie sich, welcher Zustand Ihnen aus dem Problemzustand heraushelfen könnte und erreichbar ist; welcher Zustand könnte dann Ihre Lage verbessern? Was bringt Sie dann Ihrem gewünschten Endzustand näher usw. Ankern Sie jeden dieser Zustände separat, am besten beginnen Sie mit einem Anker beim kleinen Finger und gehen Finger für Finger weiter bis zum endgültigen Ressourcezustand. Wenn der Problemzustand wieder einmal auftritt, dann feuern Sie den ersten Anker ab. Auf seinem Höhepunkt den zweiten, dann den dritten usw.

Natürlich müssen das nicht unbedingt kinästhetische Anker sein, sie sind jedoch in der Regel recht praktisch, weil Sie Ihren eigenen Körper immer dabei haben und die Anker somit fast überall auslösen können.

★ *Anker verschmelzen*

Was geschieht, wenn Sie gleichzeitig einen negativen und einen positiven Anker abfeuern? Meistens entsteht zunächst ein kurzer Moment der Verwirrung, dann taucht ein neuer Zustand auf. Die beiden entgegengesetzten Anker beeinflussen sich gegenseitig und neutralisieren sich, wenn sie etwa gleich stark sind. Probieren Sie bei Gelegenheit einmal mit einer anderen Person folgende Schritte aus:

1. Eine andere Person begegnet Ihnen und erzählt Ihnen ein furchtbares Ereignis oder eine unangenehme Situation. Beobachten Sie den Zustand der anderen Person, wenn sie durch diese Erzählung in einen negativen Zustand gerät, dann ankern Sie diesen.
2. Bitten Sie dann diese Person einmal aufzustehen bzw. den Standort zu wechseln, ein paar Schritte weiter zu gehen und die unangenehmen Gefühle auf dem alten Platz zu lassen. Setzen Sie einen Separator und unterbrechen Sie den Zustand der anderen Person.

3. Lassen Sie die andere Person den zurückgelassenen Platz und sich selbst dort stehend oder sitzend betrachten und fragen Sie, was diese Person dort in dem unangenehmen Zustand gebrauchen könnte. Achten Sie darauf, daß die Person, mit der Sie arbeiten, vollkommen dissoziiert ist und das auch sprachlich zum Ausdruck bringt, indem sie von sich selbst in der dritten Person spricht.
4. Jede Ressource, die nun genannt wird, sollten Sie verstärken, indem Sie die andere Person in die Erfahrung der Ressource assoziiert hineinführen. Setzen Sie auf dem Höhepunkt der Ressource einen weiteren Anker – am besten durch eine Berührung. Stapeln Sie auf diese Weise viele positive Ressourcen aufeinander.
5. Bitten Sie nun Ihren Partner wieder den Platz einzunehmen, von dem aus er/sie zunächst den negativen Zustand geschildert hat. Lösen Sie dann den negativen Anker aus und zeitlich etwas versetzt den Ressource-Anker, so daß beide gleichzeitig aktiviert sind.
6. Lassen Sie die andere Person beschreiben, wie sie sich jetzt fühlt, und beobachten Sie auch ihren Gesichtsausdruck. Wenn das Ergebnis noch nicht zufriedenstellend ist, dann wiederholen Sie die Schritte und bauen Sie noch mehr positive Ressourcen auf.

Der eigene Name als Anker

Einer der mächtigsten Anker in Ihrem Leben ist Ihr eigener Name. Ihre Eltern geben Ihnen Ihren Namen und von den ersten Tagen Ihres Lebens an werden Sie mit ihm gerufen. Der Name dringt dadurch in die tiefsten Schichten Ihres Unterbewußtseins ein. Er wird zu einem Anker für Sie, aber auch für andere. Wenn Menschen über Sie sprechen, dann benutzen sie Ihren Namen. Woran denken Sie, wenn Sie die Michael Jackson, James Watt, Saddam Hussein oder Peter Alexander hören? Wie viele Vorstellungen verbinden sich doch mit diesen Namen? Sorgen Sie dafür, daß andere Menschen positive, optimistische und freudige Assoziationen mit Ihrem Namen verbinden. Ein guter Name öffnet Ihnen Tür und Tor.

Nomen est omen. Dein Name ist Dein Schicksal!

Menschen, die ihren Namen verändern, verändern ihr Schicksal. Wenn jemand in ein Kloster eintritt, dann legt er seinen alten Namen ab und bekommt einen neuen Namen. Alles, was sich mit dem alten Namen verband, soll dadurch gelöscht werden und der Aufbau eines neuen, positiven Images gefördert werden.

Stellen Sie sich vor, wann immer Ihr Name fällt, geraten Sie in einen absoluten Spitzenzustand. Das wäre doch eine extrem wirksame Selbstkonditionierung. Wie oft werden Sie Tag für Tag von anderen Menschen mit Ihrem Namen angesprochen? Jede dieser Gelegenheiten wäre für Sie ein freudiges Ereignis! Und nicht nur für Sie – wenn es Ihnen gelingt, daß andere gute Gefühle dabei haben, wenn sie Ihren Namen aussprechen, dann wird man gerne über Sie sprechen und Ihren Namen weiter verbreiten. Wie viele Menschen kennen Ihren Namen? Welche Wirkung wird es haben, wenn Ihr Name in riesigen, leuchtenden Lettern über einer Stadt wie Berlin oder New York hängt? Was verbinden andere Menschen mit Ihrem Namen? Was möchten Sie, daß mit diesem Namen verbunden wird? Sorgen Sie dafür, daß andere Menschen Ihren Namen mit positiven und optimistischen Dingen verbinden.

8
Niederlagen in Siege verwandeln

»Ich bin nicht entmutigt, weil jeder als falsch verworfene Versuch ein weiterer Schritt vorwärts ist.«

Thomas Alva Edison

Ich bin immer wieder erstaunt, wie viele Menschen glauben, daß ausgerechnet sie aus diesen oder jenen Gründen keine Sieger im Leben sein können. Sie sind Experten darin geworden, Argumente zu finden, warum es nicht geht. Wenn Sie diesen Menschen neue Vorschläge machen, dann bekommen Sie erst einmal genau erklärt, was an Ihren Vorschlägen schlecht ist und nicht funktioniert. Irgendwie glauben diese Menschen, daß alle anderen, die erfolgreich sind, ihren Erfolg geschenkt bekommen haben oder besonderen Umständen verdanken. Vielleicht wurde das Sieger-Sein manchen in die Wiege gelegt oder die Eltern haben dafür gesorgt, daß aus den Kindern ein Spitzensportler, genialer Musiker oder Wissenschaftler wurde. Wenn auch Sie glauben, daß irgendwer auf diesem Planeten Erfolg umsonst bekommt, dann muß ich Sie enttäuschen. Kein Mensch bekommt Erfolg umsonst!

Möglicherweise haben Sie aber schon einmal jemanden getroffen, der sehr erfolgreich ist und Ihnen seine Erfolgsgeschichte so erzählt hat, daß Sie meinten, es müsse sehr leicht sein. Weit gefehlt! Auch wenn es sich sehr leicht anhörte, heißt das noch lange nicht, daß ein anderer, der die gleichen Handlungen ausführen, die gleiche Zeit investieren und dieselben Hindernisse überwinden würde, den auf diese Art errungenen Erfolg ebenfalls leicht verdient nennen würde. Häufig zeichnet nämlich gerade das die ganz

Erfolgreichen aus, daß sie sehr leicht über Niederlagen und Mißerfolge hinwegkommen, ja sie manchmal nicht einmal bemerken. Wenn ich Menschen, die glauben, daß Erfolg für sie nicht möglich ist, frage, was sie denn schon alles unternommen haben, um erfolgreich zu werden, dann kommt sehr schnell heraus, daß sie ein oder zwei Sachen mal halbherzig ausprobiert haben und dann zu dem Schluß kamen, daß es keinen Sinn hat. Manche haben nie ihr einmal gelerntes Gebiet verlassen. Nach der Schule haben sie eine Ausbildung begonnen und den Beruf gelernt, in dem sie heute arbeiten. Alltag und Routine haben sie eingeholt, und warum sollten sie ihr Leben ändern? Wenn mal wieder einer der ganz Erfolgreichen im Fernsehen oder in einer Zeitung auftaucht, dann sagt man sich: »So gut hätte ich es auch gerne!« Dabei wird vergessen, was diese Person alles unternommen hat, um erfolgreich zu sein. Welches Risiko sie eingegangen ist und wieviel Mut es gebraucht hat, um das alte, gewohnte Gebiet zu verlassen und sich in einem neuen Betätigungsfeld zu behaupten.

Studie mit Millionären

Eine Studie aus Amerika, die mich persönlich unheimlich beeindruckt hat, berichtet von vier Männern, die aus eigener Kraft mit 35 Jahren Millionär geworden waren. Jeder von Ihnen hat sich im Durchschnitt in 17 verschiedenen Geschäftsbereichen versucht, ehe er die Sache fand, mit der er schließlich reich wurde. Können Sie sich das vorstellen? Wie oft haben Sie schon etwas ausprobiert? In wie vielen Branchen haben Sie mitgewirkt? Wie oft haben Sie nach Niederlagen etwas Neues ausprobiert und wieder von vorne angefangen? Ich glaube, hier liegt der Schlüssel zum Erfolg:

Aufgeber gewinnen nie, Gewinner geben niemals auf!

Stallone kämpft sich nach oben

Wenn ein Mensch hartnäckig an seinen Erfolg glaubt, bereit ist, flexibel zu sein und entschlossen ist, niemals aufzugeben, dann muß er Erfolg haben! Was denken Sie, wie Sylvester Stallone zu seiner ersten Filmrolle kam? Glauben Sie, er mußte nur sagen: »Hallo, da bin ich – es kann losgehen«? Nein, er mußte an unzählige Türen klopfen, sich unzählige Male sagen lassen, daß er nicht der Richtige für die Filmbranche sei. Sylvester Stallone hat unmenschliche Anstrengungen auf sich genommen, um das zu werden, was er heute ist. Eines Tages hatte er die Idee zu dem Film ›Rocky‹. Er hatte keine Ruhe mehr, in dreieinhalb Tagen schrieb er die Geschichte von einem unbekannten Boxer, der durch einen glücklichen Zufall die unglaubliche

Chance bekommt, gegen den Weltmeister im Schwergewicht um den Titel zu kämpfen. Es war seine Geschichte, die Geschichte seines Lebens, die er in dieses Werk einflocht. Sylvester Stallone hatte eine harte Kindheit hinter sich. Seit seiner Geburt war durch einen Fehler des Arztes eines seiner Augenlider gelähmt und der Mundwinkel hing etwas schief herunter. Er war kontaktscheu und wurde wegen seines Vornamens gehänselt. Er war ein schlechter Schüler und eine Schule nach der anderen warf ihn hinaus. Doch jetzt hatte er etwas ganz Besonderes geschaffen, die größte Story seines Lebens! Das Studio United Artists war interessiert und bot Sylvester Stallone 75.000 Dollar. Das war mehr, als sich seine Frau zu diesem Zeitpunkt erträumen konnte! Allerdings stellte United Artists eine Bedingung: Stallone sollte nicht die Hauptrolle bekommen. Man bereitete bereits den Vertragsabschluß vor, weil man wußte, daß Stallone in finanziellen Schwierigkeiten steckte. Im Vorjahr hatte er ganze 1.400 Dollar verdient und sein Guthaben war auf knapp 100 Dollar zusammengeschrumpft. Jetzt bot sich ihm auf einmal die Möglichkeit, einen Haufen Geld zu bekommen, aber unter was für einer schmerzlichen Bedingung! Er sollte auf eine Rolle verzichten, die er für sich selbst geschrieben hatte. Die Rolle des ›Rocky‹ sollte sein großer Durchbruch werden. Sylvester Stallone schlug das Angebot aus. United Artists war schockiert von solcher Unverschämtheit, doch man erhöhte das Angebot auf 100.000 Dollar und kurz darauf sogar auf 150.000 Dollar. Stallone verzichtete auf dieses Geld und spielte die Hauptrolle, die ihn zum Stern am Himmel von Hollywood werden ließ!

Erfolg hat seinen Preis! Nur wer ihn zahlt, wird erfolgreich sein. Oft muß man sich überlegen, ob der Preis angemessen ist und man bereit ist, ihn zu bezahlen. Wenn Sie jedoch bereit sind, diesen Preis zu begleichen, dann können Sie jedes Ziel erreichen. Wenn Sie gelernt haben, immer wieder aufzustehen und weiterzumachen, wenn sie jede Niederlage mit doppeltem Eifer beantworten, dann kann der Erfolg gar nicht ausbleiben.

Es kommt nicht darauf an, immer zu gewinnen,
aber es kommt darauf an, immer wieder aufzustehen.

Ich weiß, es tut verdammt weh, mit dem Gesicht im Dreck zu liegen. Doch Sie sollten sich klar machen: Hier entscheidet es sich, ob Sie Ihren Traum verwirklichen können. Es sind nicht die Tage, an denen alles gut läuft, die Gewinner von Verlierern im Leben unterscheiden. An einem guten Tag kann auch ein Verlierer phantastische Ergebnisse erzielen. Kritisch aber ist der Umgang mit den schlechten Tagen. Der Verlierer zieht sich zurück, er bleibt im Bett und zieht die Bettdecke über den Kopf. Der Gewinner stürzt sich erneut in die Schlacht, er versucht es noch einmal. Er will ganz hartnäckig wissen, ob seine Niederlage nur Zufall war oder ob er etwas an seinem Verhalten ändern muß. Er betrachtet seine Niederlage nur als vorübergehend und ist entschlossen, noch heute die Wende einzuleiten. Er sagt sich: »Jetzt erst recht!« Der Gewinner ist sich bewußt, daß ihn genau dieses Verhalten vom Verlierer unterscheidet. Seien Sie sich bitte daher ab jetzt, wenn Sie eine Niederlage erfahren, eine Ablehnung bekommen oder bei irgendeinem Vorhaben scheitern, bewußt, daß sich genau jetzt Ihr Schicksal entscheidet. Genau jetzt haben Sie die Chance, der Welt zu zeigen, daß Sie entschlossen sind, sich nicht unterkriegen zu lassen und Sie geboren wurden, um ein Sieger zu sein.

Betrachten Sie fortan Niederlagen als einzelne Schlachten, aus denen Sie dazulernen können. Diese Schlachten sind aber nicht der Krieg. Sie sind nur einzelne Abschnitte, deren Bedeutung sich Ihnen nur im Rahmen eines übergeordneten Ganzen erschließt. Wenn Sie eine Schlacht verloren haben, haben Sie noch lange nicht den Krieg verloren. Im Gegenteil, Sie haben vielleicht eine neue Schwäche bei sich gefunden, eine Stärke Ihres Gegners ausfindig gemacht und wissen nun, wie Sie auf keinen Fall zum Erfolg kommen. Jetzt gilt es nur noch, daraus die richtigen Schlüsse zu ziehen, herauszufinden, wo Sie ansetzen können, um es noch einmal mit noch mehr Engagement zu versuchen. Nehmen Sie eine ›Jetzt-erst-recht-Haltung‹ ein. Stellen Sie sicher, daß Sie aus Ihren Niederlagen etwas gelernt haben und in Zukunft besser mit solchen Situationen umgehen können. Versuchen Sie es nicht immer auf die gleiche Art und Weise, sondern ändern Sie Ihren Ansatz, wenn Sie an einem Punkt nicht weiterkommen. Streben Sie danach, den Krieg zu gewinnen. Die einfache Erfolgsformel dabei heißt:

»Sein Ziel kennen, das modellieren, was funktioniert, und solange etwas neues ausprobieren, bis das Ziel erreicht ist.«
(Anthony Robbins)

Jetzt werden Sie vielleicht sagen: »Das kann aber ganz schön lange dauern.« Das kann es, wenn Sie nach der ›Versuch-und-Irrtums-Methode‹ vorgehen! Lernen Sie deshalb, die Erfahrungen anderer zu nutzen, aber seien Sie auch hartnäckig. Denken Sie an Thomas Edison, der nach über 10.000 Mißerfolgen beim Erfinden der Glühbirne gefragt wurde, warum er

Edison erfindet die Glühbirne

nicht endlich aufgebe. Er antwortete: »Ich hatte keinen einzigen Mißerfolg, ich habe 10.000 Möglichkeiten entdeckt, die Glühbirne nicht zu erfinden. Jeder verworfene Versuch ist ein weiterer Schritt vorwärts.« In der Weltgeschichte wimmelt es nur so von Männern und Frauen, die immer wieder alles verloren haben und von vorne anfangen mußten, ehe sie endlich den großen Durchbruch schafften.

Lincoln erlitt unzählige Niederlagen

Kennen Sie die Biographie von Abraham Lincoln? Man könnte meinen, daß diese Biographie die eines sehr erfolgreichen Mannes sei. Das ist sie auch, aber sie ist gleichzeitig eine Aneinanderreihung von unzähligen Mißerfolgen und Niederlagen. Lincoln hat sich dadurch nicht entmutigen lassen, er steckte alle privaten und beruflichen Schicksalsschläge weg und wurde schließlich mit sechzig Jahren Präsident der Vereinigten Staaten von Amerika.

Die Pepsi-Company mußte gleich zweimal Konkurs anmelden, ehe es ihr gelang, durchzustarten. Wer kann heute von sich behaupten, daß er noch nie etwas von Pepsi Cola gehört hat? Suchen Sie in Ihren Niederlagen die Saat des Sieges. Lassen Sie sich nicht unterkriegen und stehen Sie immer wieder auf. Sie haben gewaltige Kräfte in sich. Sie können alles überstehen, so lange Sie überleben. Keine Niederlage ist endgültig, wenn Sie nicht aufgeben.

Bettger wird erfolgreichster Verkäufer Amerikas

Die besten Verkäufer sind häufig die, die eine ganze Reihe von Niederlagen haben einstecken müssen. Irgendwann kam für sie der Punkt, an dem jedes ›Nein‹ des Kunden ein Ansporn wurde, noch besser zu werden, noch bessere Argumente zu entwickeln, noch überzeugender zu sein und noch begeisterter zu verkaufen. Frank Bettger wurde Halbwaise mit fünf, Zeitungsverkäufer mit elf, Gehilfe eines Installateurs mit vierzehn Jahren. Dann wurde er professioneller Baseball-Spieler und war bereits auf dem Weg nach ganz oben, als ein Sportunfall seine Gipfelträume jäh beendete. Von einem Tag auf den nächsten war sein Traum ausgeträumt. Am Tag zuvor war er noch ein bekannter Sportler gewesen, heute war er ein Versager. Ohne Ausbildung, ohne Geld versuchte er sich als Mieteneintreiber mit einem Einkommen von 18 Dollar in der Woche. Dann begann er im Versicherungsgeschäft. Der erste alte Freund, den er besuchte, hatte nur wenige Tage zuvor eine Versicherung abgeschlossen. Als Frank Bettger bei seiner Haustür angelangt war, begegneten ihm gerade der Vertreter einer anderen Gesellschaft und ein Arzt, die eine letzte Untersuchung durchgeführt hatten. Was muß das für eine Enttäuschung gewesen sein? Nach einer Woche hatte er von seiner Liste mit den Namen von 37 Bekannten die ersten 36 besucht. Er war hungrig, mutlos und enttäuscht. Ein Mittagessen konnte er sich nicht leisten und so war er nahe daran, seinen neuen Job aufzugeben. Widerwillig entschied er sich, noch den letzten seiner Bekannten aufzusuchen. Er hoffte, dieser werde nicht da sein. Doch er wurde freundlich begrüßt. Nach einigen Minuten zeigte ihm sein alter Freund die Policen, die er bereits besaß, und Frank Bettger entdeckte, daß die Prämien viel zu hoch waren. Daraufhin entschloß sich sein Bekannter, noch eine weitere Police über 2.000 Dollar bei ihm abzuschließen. Dieser erste kleine Erfolg gab ihm den Mut, weiterzumachen. Doch seine Bemühungen waren nicht von Erfolg gekrönt. In diesem ersten Jahr gab es kaum einen Tag, an dem er nicht mit dem Gedanken spielte, aufzuhören. Er bewarb sich sogar um seinen alten Job als Mieteneintreiber, um wenigstens die 18 Dollar sicher zu haben – doch keine Chance! Am Rande der Verzweiflung machte Frank Bettger trotzdem immer weiter. Ganz allmählich begannen die Geschäfte besser zu laufen und schließlich wurde er der erfolgreichste Verkäufer Amerikas. Zwölf Jahre später konnte er sich als reicher Mann vom Arbeitsleben zurückziehen.

Eine Niederlage wird zum Anlaß für eine große Party

In meiner Jugend war ich ein begeisterter und auch erfolgreicher Schachspieler. Ich habe etliche Preise und Turniere gewonnen, jedoch niemals die Hessische Einzelmeisterschaft der Jugend. Ich erinnere mich noch genau, wie ich meine letzte Hessenmeisterschaft spielte. Im nächsten Jahr würde ich zu alt sein und nicht mehr mitspielen dürfen, deshalb wollte ich unbedingt dieses Turnier gewinnen. Die Konkurrenz war sehr gut und ich hatte einen miserablen Start. Vor der letzten Runde hatte ich einen ganzen Punkt Rückstand auf den Führenden, der auch noch einen vermeintlich schwachen Gegner aus der Verfolgergruppe zugelost bekam. Ich selbst hatte auch einen als nicht besonders stark eingeschätzen Gegner, was aber an diesem Tag keine besondere Rolle spielte, da ich mir selbst mein stärkster Gegner war. Ich ging ohne Aussicht auf den Turniergewinn in diese Partie, eröffnete mit einem Zug meines Randbauern und spielte eine passive, leidlich schlechte Partie. Nach 3 Stunden hatte der bis dahin Führende seine Partie verloren. Mit einem Mal war mein Puls bei 180: Wenn ich meine Partie gewinne, müssen wir einen Stichkampf austragen. Allerdings war meine Stellung inzwischen so hoffnungslos unentschieden, daß es schon eines Gewaltaktes bedurft hätte, um noch für eine Partei den Sieg herbeizuführen. Inzwischen waren alle anderen Partien beendet und die Siegerehrung mußte nur wegen meiner Partie noch aufgeschoben werden. Ich brannte vor Ehrgeiz und so entschloß ich mich schließlich nach 5 Stunden Spielzeit alles zu riskieren und verlor wenige Züge später die Partie. Es hatte nicht sollen sein. Der Himmel hatte für ein paar Minuten seine Pforten ganz weit für mich geöffnet, aber ich hatte meine Chance nicht genutzt. Ich fragte mich, wozu diese Niederlage gut sein sollte. Einen Moment lang war ich verzweifelt und geschockt. Schließlich erweiterte sich mein Fokus. Mit mir hatten auch einige andere Spieler nicht das erreicht, was sie erreichen wollten. Ich blickte in die enttäuschten Gesichter und beschloß, daß unsere gemeinsame Enttäuschung ein Grund zum Feiern sei und so entstand noch in der Stunde der Niederlage die Idee der für den erlesenen Kreis der Verlierer schon fast legendär gewordenen ›Looser-Party‹. Einige Wochen später lud ich alle Verlierer für einen Tag und eine Nacht zu einer fröhlichen und ausgelassenen Party zu mir ein. Inzwischen folgten einige weitere Neuauflagen dieser Party und viele der damals Beteiligten sind heute noch gute Freunde von mir. Im Nachhinein betrachtet, war die Niederlage Geburtsstunde und Auslöser für viele wunderbare Ereignisse.

Häufig können wir jedoch nicht sofort absehen, wofür die Zurückweisung oder die Niederlage gut sein soll. Viele gute Seiten treten erst einige Zeit später in Erscheinung und wir fragen uns, was passiert wäre, wenn wir nicht vorher erfolglos gewesen wären.

Entwickeln Sie in sich den Glaubenssatz, daß jede Niederlage eine gute Nachricht für Sie hat.

> *Niederlagen wirken nur dann negativ,*
> *wenn wir Sie als Mißerfolge werten.*

Es kommt auf Ihre Bewertung an! Die Dinge sind nicht so und so, sondern sie sind so, wie Sie sie sehen. Entscheiden Sie sich dafür, daß jede Niederlage Sie eine wertvolle Lektion lehrt. Sie werden herausgefordert, etwas Neues zu versuchen. Dadurch werden Sie wachsen und zu einer erfolgreichen Persönlichkeit werden. Sie lernen Hindernisse zu überwinden und immer schwierigere Situationen zu meistern. Vielleicht ist es manchmal hart, aber Sie werden reifen. Wenn man Niederlagen auf diese Weise betrachtet, dann sind sie die Schnellstraßen zum Erfolg! Sie sind fast so etwas wie Reifeprüfungen, mit denen das ›Schicksal‹ uns testen will, ob wir bereit für den nächsten Schritt in der Entwicklung unserer Persönlichkeit sind. Menschen, die keine Niederlagen mehr haben, bleiben in ihrer Entwicklung stehen. Sie haben sich entschlossen, unterhalb ihrer Möglichkeiten zu leben. Sie wollen von ihren Grenzen fernbleiben und stellen nicht mehr höhere Ansprüche an die Qualität ihres Lebens. Erfolg bedeutet, beständig zu wachsen, seine Fähigkeiten zu erweitern, neue Aufgaben zu meistern. Erfolg ist grenzenlos! Ohne Niederlagen in Kauf zu nehmen, können Sie gar nicht an Ihre Grenzen gelangen und Sie überwinden.

Niederlagen sind der Wegweiser zum Erfolg.

Niederlagen bereiten Sie darauf vor, die Aufgaben Ihres Lebens zu meistern. Betrachten Sie ein kleines Kind, das Laufen lernt. Es steht immer wieder auf und versucht es erneut, bis es irgendwann laufen kann. Haben Sie keine Angst davor, auch einmal hinzufallen. Stehen Sie immer einmal mehr auf, als Sie hinfallen. Entwickeln Sie Ausdauer und Hartnäckigkeit. Haben Sie den Mut, Fehler zu riskieren, wenn Sie sich auf neue Situationen einlassen. Dadurch werden Sie gezwungen, Ihre wahren inneren Kräfte zu entfalten und weiterzuentwickeln. Bringen Sie Ihr volles Potential zur Geltung und führen Sie ein Leben auf höchstem Niveau!

Nur in der Not wachsen dem Menschen Flügel.

Es dürfte Sie deshalb nicht weiter verwundern, daß der Erfolg eines Menschen fast proportional zu den Hindernissen und Schwierigkeiten ist, die er am Beginn seiner Reise zu den Sternen zu überwinden hatte. Alle Sieger sind an ihren Niederlagen gewachsen und stärker geworden.

Die sogenannten Mißerfolge vieler Menschen haben der Welt mehr Gutes gebracht als viele Erfolge. Würden Sie das Leben von Sokrates einen Mißerfolg nennen, allein weil er mit einem Becher Schierlingsgift seinem Leben ein vorzeitiges Ende setzen mußte? Würden Sie sagen, daß Jesus

Christus umsonst gelebt hat, weil er gekreuzigt wurde? Am christlichen Glauben können Sie recht deutlich sehen, wie man aus einer Niederlage die Saat des Sieges machen kann. Die Christen glauben, daß Jesus die Pein und den Tod am Kreuz auf sich genommen hat, um die Welt von ihren Sünden zu befreien – welch ein Triumph! Welch eine neue Bedeutung für den Tod! Würden Sie Christoph Kolumbus einen Versager nennen, weil er als Lohn für seine Taten als Gefangener in Ketten lag?

Genauso wenig wie alle diese Menschen sind Sie ein Versager, so lange Sie sich nicht selbst als einen solchen betrachten. Es mag Momente geben, in denen Sie dies glauben, aber das Rad des Glücks dreht sich immer weiter. Es gibt Stellen, an denen sind Sie obenauf und Stellen, an denen sind Sie am Tiefpunkt angelangt. Das Leben geht weiter, der Fluß fließt immer weiter und jeder Tiefpunkt geht vorüber. Kämpfen Sie!

Wer hoch hinaus will, wird immer wieder tief fallen. Je größer der Gipfel ist, den Sie bestiegen haben, um so steiler ist auch der Abstieg. Doch je mehr Erfolg Sie haben, je mehr Sie sich zutrauen, um so reifer werden Sie auch im Umgang mit dem Absturz.

Überall lauern Chancen

Seit Jahren ist in mir der Wunsch entstanden, eine Person zu werden, der man alles wegnehmen kann und die trotzdem nicht entmutigt ist, weil sie weiß, daß sie es sich kraft ihrer Persönlichkeit immer wieder zurückholen kann. Die persönliche Reife ist etwas, was Ihnen niemand mehr wegnehmen kann. Geld, Autos, Häuser kann man Ihnen wegnehmen, aber nicht Ihre persönliche Erfahrung. Das Schlimmste, was Ihnen durch eine Niederlage geschehen kann, ist, daß Ihr positives Selbstbild zerstört wird. Wenn Sie das zulassen, dann sind alle Ihre Träume verloren! Sie können zwar nicht immer gewinnen, aber sie können genauso wenig immer verlieren! Das ist doch das Entscheidende! Sie müssen es nur oft genug versuchen. Wenn Sie in einem Land arbeitslos sind, in dem es noch 10.000 freie Arbeitsplätze gibt, und Sie zehn Bewerbungen wegschicken, dann sollten Sie meines Erachtens nicht enttäuscht sein, wenn Sie keine Stelle bekommen. Sie haben einfach nur 9.990 Chancen ungenutzt gelassen. Behalten Sie bitte in Ihrem Hinterkopf: Sie können nicht immer verlieren, wenn Sie nicht aufgeben und schon gar nicht, wenn Sie die in diesem Buch beschriebenen Methoden und Kenntnisse anwenden!

Wir sind geboren worden, um glücklich und erfolgreich zu sein. Anders formuliert: Wir sind geboren, um Probleme zu lösen. Vielleicht haben Sie gerade wieder irgendein Problem vor sich. Natürlich bläht es sich gleich wieder auf und wird zu einer Staatstragödie. Ihr Fokus richtet sich auf dieses Hindernis und Sie sind davon überzeugt, daß niemals zuvor ein Mensch ein so großes Problem gehabt hat, wie Sie es im Augenblick vor sich haben. Erstaunt blicken Sie um sich und bekommen das Gefühl, daß die Welt sich überhaupt nicht darum kümmert, worunter Sie gerade leiden. Die Menschen gehen an Ihnen vorbei und nur wenige nehmen Notiz von Ihnen und Ihrem Problem.

Vielleicht habe ich die Situation etwas überzeichnet, aber nur die allerwenigsten Menschen haben Probleme, die die Existenz der gesamten Menschheit betreffen. Wenn Sie James Bond 007 im Fernsehen sehen, dann können Sie sicher sein, daß es um das Wohlergehen der ganzen Menschheit geht, um Atombomben oder eine weltweite Drogenmafia, und nicht darum, daß ein Agent jetzt arbeitslos ist, seine Tochter in der Schule nicht die Versetzung geschafft hat oder Dortmund das DFB-Pokalendspiel verloren hat. Das würde nur wenige Zuschauer interessieren. In unserem Leben spielen diese Dinge jedoch häufig eine dramatische Rolle. Woher wissen Sie, welche Probleme für Sie wichtig sind? Wie wichtig ist es, wenn Sie eine Prüfung nicht bestehen oder Ihr Freund zu spät zu einer Verabredung kommt? Sind das nicht kleine Probleme, über die wir uns viel zu leicht aufregen? Wenn wir jedoch diese kleinen Schwierigkeiten in der richtigen Relation zu anderen Sachverhalten sehen würden, dann müßten wir über uns selbst lachen. Lernen Sie, Abstand zu Ihren Problemen zu gewinnen und sie in eine angemessene Relation zu Ihrem Leben zu setzen. Halten Sie sich dazu an zwei einfache Regeln:

Setzen Sie die Probleme in die richtige Relation!

1. Regel: Regen Sie sich nicht über Kleinigkeiten auf!
2. Regel: Es gibt nur Kleinigkeiten.

Wir befinden uns inmitten eines unendlichen Raumes, den wir Universum nennen. Dieser Raum entstand auf noch ungeklärte Weise vor unvorstellbar langer Zeit, vor 20 Milliarden Jahren, mit einem gewaltigen Urknall. Milliarden Jahre später entstand unsere Galaxie, die Milchstraße mit ihren zweihundert Milliarden Sternen. Allerdings gibt es noch etwa 100 Milliarden weitere Galaxien mit ebenso vielen Sternen. Unser Stern ist die Sonne; 9 Planeten und ihre Monde umgeben sie. Einer von diesen Planeten ist die Erde – der blaue Planet. Sie ruht inmitten dieses nahezu unendlichen Wirrwarrs von Sternen, Galaxien, und Sonnensystemen auf einem schwarzen Samtkissen. Hier hat sich innerhalb von sehr langer Zeit Leben entwickelt – und schließlich begann vor etwa 35 Millionen Jahren die Entwicklung des Menschen. Heute gibt es ca. 5 Milliarden Menschen und einer dieser Menschen sind Sie. Verglichen mit der Größe und Komplexität des Universums ist die Erde ein Sandkorn in der Wüste und Sie absolut unbedeutend! Wenn Sie also im Vergleich zur Weite des Weltalls so unbedeutend sind, wie bedeutend sind dann noch Ihre Probleme? Natürlich sind sie wichtig für Sie, aber im Bezug auf das Universum sind sie geradezu lächerlich.

Stellen Sie sich vor, Ihr Partner würde Sie verlassen, Ihr Chef bzw. Ihre Chefin würde Ihnen kündigen und Sie fühlten sich gerade gesundheitlich ausgemergelt. Aus Ihrer Sicht mag Ihnen das höchst problematisch erscheinen. Aus dem Blickwinkel eines Juden, der sich zur Nazizeit im Konzentrationslager in Auschwitz befindet, sind diese Probleme ein Witz. Gleichgültig, wie hart Ihnen Ihr Schicksal erscheinen mag, es gibt immer Menschen, die weitaus Schlimmeres ertragen haben.

Rose Fitzgerald Kennedy verliert Ihre Familie

Kennen Sie die Geschichte einer Frau, die eine geistig behinderte Tochter geboren hat, die ihren ersten Sohn im 2. Weltkrieg verlor, deren zweiter Sohn erschossen wurde, eine Frau, deren dritter und letzter Sohn vor der Wahl zum Präsidenten von Amerika ebenfalls von einen Attentäter erschossen wurde und der dann das Schicksal auch noch ihren Mann nahm? Wenn Sie jetzt glauben, daß Rose Fitzgerald Kennedy, die Mutter von John F. und Robert Kennedy nach all dem aufgegeben hat, dann haben Sie sich gründlich getäuscht. Statt in Selbstmitleid zu versinken, tröstet sie sogar andere Menschen.

Dies ist vom Ausmaß der Tragödie aus betrachtet gewiß kein Einzelschicksal. Wir leben nun einmal auf einem Planeten mit einer bewegten und abenteuerlichen Vergangenheit. Wenn Sie es bedauern, daß Ihr Lebensrisiko wegen Autounfällen und Krankheiten so hoch ist, dann stellen Sie sich vor, Sie wären im Zeitalter der Kreuzzüge geboren oder als die Pest in Europa wütete. Wenn Sie es bedauern, daß Sie in Deutschland leben und so viele Steuern zahlen müssen, dann stellen Sie sich vor, daß Sie in einem Land der dritten Welt geboren worden wären, noch zwölf weitere Geschwister hätten und mit ansehen müßten, wie eines nach dem anderen verhungert. Unsere Perspektive bestimmt, wie wichtig wir unsere Probleme nehmen. Wenn wir unseren Blickwinkel ausweiten, dann erkennen wir, wie klein unsere Probleme tatsächlich sind. Daher ermuntere ich Sie in diesem Buch auch immer wieder dazu, sich Ihre Grenzen nicht zu eng zu stecken, sich zu einem großen Traum zu bekennen, einen Traum, der das Wohl und Glück vieler anderer Menschen beinhaltet. Wenn Sie groß denken, werden Sie groß werden. Sie werden nicht über die kleinen Hindernisse stolpern, sondern leicht über Sie hinweg fliegen, weil die großen Schlachten Ihres Lebens nicht auf Nebenkriegsschauplätzen stattfinden.

Wenn es Ihnen anfangs noch schwer fallen sollte, Ereignisse im Zusammenhang mit dem großen Ganzen zu sehen, dann versuchen Sie, sie zumindest in den Zusammenhang Ihres Lebens einzureihen. Ich bin bei meiner ersten Führerscheinprüfung durchgefallen. Das war ein halber Weltuntergang! Wenn ich heute auf dieses Ereignis zurückblicke, dann ist es lächerlich bedeutungslos.

In den Jahren danach folgten bedeutend härtere Prüfungen, Enttäuschungen und Niederlagen. Diese Mißerfolge waren so hart, daß ich das Gefühl hatte, sie gerade noch überleben zu können. Die Erfahrungen, die ich dabei machte, erlaubten mir, mich immer wieder ein Stück weiter zu entwickeln und noch größere Hindernisse zu überwinden. Hindernisse, von denen ich mir nicht vorstellen kann, wie ich sie ohne die Bewältigung der Ereignisse vorher hätte durchstehen können. Sie hätten mein Ende sein müssen. So aber waren sie immer gerade noch in den Grenzen des Erträglichen und ermöglichten mir, noch ein Stück weiter über mich hinaus zu wachsen. Wenn ich von meinem heutigen Stand auf diese Probleme zurücksehe, dann befällt mich ein unbeschreibliches Gefühl der Freude. Neue Ereignisse werden von mir in Relation zu den alten bewertet, die ich schon gemeistert habe. Dadurch werden die Probleme bedeutend kleiner.

Machen Sie sich immer wieder bewußt, welche Probleme Sie bereits gemeistert haben. Benutzen Sie dazu Ihre Anker-Mappe, in der sich die für Sie persönlich wichtigsten Anker Ihres Lebens befinden. Überwinden Sie die Filter und sprengen Sie die Fesseln Ihres Modells der Welt.

Reframing

Es gibt ein Verfahren, das sich mit dem kreativen Umdeuten von Erfahrungen beschäftigt und im NLP *Reframing* genannt wird. Wenn ich Ihnen jetzt über das Reframing berichte, dann werden Sie wahrscheinlich merken, daß Sie bereits im ersten Teil dieses Kapitels diese Technik schon zahlreiche Male angewendet haben. Der Kontext (auch Rahmen genannt), in dem wir eine Erfahrung betrachten, entscheidet darüber, wie wir eine Erfahrung bewerten. Wenn wir den Rahmen ändern, ändern wir auch die Bedeutung eines Erlebnisses. Genau das geschieht beim Reframing.

Für Ihren Erfolg kann das Reframing von unschätzbarem Wert sein. Sie selbst bestimmen nämlich, welche Bedeutung Sie einer bestimmten Erfahrung zuweisen und da die von Ihnen beigemessene Bedeutung eines Ereignisses auch Ihr Verhalten beeinflußt, können Sie so Ihr Verhalten verändern. Wenn Sie es schaffen, die Dinge unter einem anderen Blickwinkel zu betrachten, andere Faktoren in Betracht zu ziehen, dann deuten Sie damit Ereignisse um und gewinnen dadurch andere Reaktionsmöglichkeiten.

An einem regnerischen Tag können Sie sich beispielsweise darüber ärgern, daß Ihr Familienausflug nun ausfallen muß und sich davon die Laune verderben lassen. Sie können dieses Ereignis aber auch umdeuten, es sich zu Hause gemütlich machen, Freunde einladen und einen schönen Spiele-Nachmittag veranstalten.

*»Betrachte immer die helle Seite aller Dinge –
und wenn sie keine helle haben, dann reibe die dunkle, bis sie glänzt.«
(Nikolaus Enkelmann)*

Kontext- und Inhaltsreframing

Grundsätzlich unterscheidet man zwei Arten des Reframings: Das *Kontextreframing* und das *Inhaltsreframing* (Bedeutungsreframing). Beim *Kontextreframing* wird ein als problematisch erlebtes Verhalten oder eine Erfahrung in einem Zusammenhang betrachtet, in dem dieses Verhalten angemessen und nützlich ist. Man gibt der Erfahrung also einen neuen Rahmen. Man fragt sich: In welcher Situation oder welchem Kontext könnte genau das gleiche Verhalten nützlich, förderlich oder positiv sein?

Stellen Sie sich zum Beispiel vor, Sie wären eine Führungskraft in einem Versicherungsunternehmen und eine andere, Ihnen unterstellte Führungskraft habe einen sehr powervollen, energischen und erfolgsorientierten Führungsstil. Wenn Sie diese Führungskraft im Bereich Sachbearbeitung einsetzen, dann kann es große Probleme mit den Mitarbeitern geben, weil diese nicht einsehen, warum sie Überstunden schieben sollen und von ihnen so viel gefordert wird. In diesem Kontext wirkt sich ein solcher Führungsstil eher negativ aus. Setzen Sie dagegen dieselbe Führungskraft im Außendienst ein, dann haben Sie genau den richtigen Mann am richtigen Ort.

Beispiele für Kontextreframing

Das Verhalten eines Menschen ist nicht gut oder schlecht. Es ist nur je nach Kontext angebracht und nützlich oder eben unangebracht und schädlich.

Ein Mädchen hat von seinen Eltern die Fähigkeit übernommen, sehr stur und hartnäckig zu sein. Es weiß genau, was es will und läßt sich nur äußerst schwer von den Ansichten anderer überzeugen. Ihren Eltern bereitet dies eine Menge Kummer. Bei einer Verabredung mit einem Mann, der unsittliche Absichten hat, könnte sich diese Beharrlichkeit allerdings als äußerst wertvolle Eigenschaft erweisen. Das wäre auch der Fall, wenn dieses Mädchen z.B. versuchen würde, bei seiner Bank höhere Zinsen für sein Erspartes auszuhandeln.

Menschen mit Halluzinationen werden in unserer Kultur häufig als nicht normal angesehen und in eine psychiatrische Institution eingewiesen. Bei einigen afrikanischen Stämmen würden sie als Medizinmänner mit übernatürlichen Kräften und großen Visionen verehrt werden.

Achten Sie bei Ihren Ihnen unlieben Erfahrungen und Verhaltensweisen darauf, in welchem Kontext diese Verhaltensweisen durchaus sinnvoll sein könnten. Dies wird die Bewertung Ihres Verhaltens verändern. Eigenschaften, die Sie für sehr negativ halten, könnten sich als sehr positiv und wichtig für Sie herausstellen. Ihre Chance beim Kontextreframing besteht darin, daß Sie die Vorteile einer Verhaltensweise, die Sie aufgeben möchten, erkennen und anderweitig sicherstellen können. Wenn Sie mit dem Fluchen aufhören wollen, dann fragen Sie sich: In welchen Momenten meines Lebens ist es durchaus angemessen und sinnvoll zu fluchen? Suchen Sie ruhig ein wenig nach einem geeigneten Kontext. Verändern Sie ein wenig die Bilder in Ihrem Kopf. Wie ist es, wenn Sie in der Kirche, im Wohnzimmer, unter der Dusche fluchen? Wenn Sie einen Kontext finden, in dem Ihnen das Verhalten ›fluchen‹ sinnvoll erscheint, dann stellen Sie sicher, daß Ihnen in genau diesem Kontext diese Verhaltensweise noch erhalten bleibt und ändern Sie Ihre Verhaltensweise in den anderen Kontexten.

Schreiben Sie hier auf, welche Verhaltensweisen Ihnen in dem jetzigen Kontext unpraktisch vorkommen und in welchem Kontext sie angebracht wären.

Beim *Inhaltsreframing* findet man für eine kritische Erfahrung eine neue, passendere Bedeutung. Der Kontext oder die Situation bleibt die gleiche, es ändert sich nur die Bedeutung. Man erhält somit einen anderen Blickwinkel auf dasselbe Phänomen. So würde man zum Beispiel eine Krankheit als etwas sehen, was einem erlaubt, sich einmal Zeit für sich selbst zu nehmen, eine Pause zu machen, Zuwendung von anderen zu erfahren und einmal wieder über ganz grundsätzliche Dinge seines Leben nachzudenken.

Eine Hausfrau ist genervt und frustriert, weil ihre Kinder und ihr Mann immer wieder Unordnung im Haushalt anrichten und sie sich für die Sauberkeit in der Wohnung verantwortlich fühlt. Für sie bedeutet die Unordnung Arbeit, die sie zu bewältigen hat. Gleichzeitig bedeutet die Unordnung aber auch, daß sie nicht alleine ist, daß andere Menschen, die sie sonst sehr gerne mag, um sie herum sind. Wenn keiner da wäre, dann wäre alles sauber.

Beispiele für Inhaltsreframing

Von dem legendären Multimillionär Henry Ford erzählt man sich folgende Anekdote, die ein gutes Beispiel für ein Inhaltsreframing darstellt.

Ein junger und talentierter Mitarbeiter hatte durch einen Managementfehler einige hunderttausend Dollar in den Sand gesetzt und mußte nun vor Henry Ford Rechenschaft ablegen. Er befürchtete, daß er wohl entlassen würde und sagte: »Es tut mir furchtbar leid. Sie werden mir jetzt wohl kündigen.« Darauf entgegnete Henry Ford: »Machen Sie Witze? Ich habe gerade mehrere hunderttausend Dollar in Ihre Ausbildung investiert und bin mir sicher, daß sich diese Investition auszahlen wird.«

Meistens findet man ein Inhaltsreframing, wenn man nach der verborgenen guten Absicht des Symptoms fragt oder nach einem sekundären Gewinn sucht. Durch das verbale Umdeuten gelingt es, eine Zustandsveränderung und häufig auch eine erste Aussöhnung mit dem Problem herbeizuführen.

Sie können gleich einmal Ihre Fähigkeiten beim Reframen üben! Überlegen Sie sich, welche Bedeutungen Sie den folgenden Situationen geben und in welchen Kontexten diese Verhaltensweisen sinnvoll wären.

1. Sie sehen, wie Ihre Frau sich auf einer Party den ganzen Abend mit einem anderen Mann unterhält.
2. Ich bin traurig, weil mein Vater gestorben ist.
3. Ich bin zu faul, um zu arbeiten.
4. Es gibt so viele verschiedene Speisen beim Büfett. Ich weiß gar nicht, welche ich essen soll.
5. Dauernd kritisiert mich meine Frau (mein Mann).
6. Wenn meine Frau einkaufen geht, dann dauert es stundenlang, bis sie etwas gefunden hat.
7. Ich möchte mich umbringen.
8. Mein Mann schreit sehr viel, wenn er wütend ist.

Legen Sie jetzt das Buch für einen Moment zur Seite und denken Sie kurz nach. Wenn Sie zu jedem Beispiel ein Reframing gefunden haben, dann lesen Sie meine Vorschläge für Ihre Antworten.

1. Toll, daß Sie mit einer so begehrten Frau zusammen sind. Ist Sie nicht wunderbar?
2. In manchen Kulturen wird der Tod eines Menschen von Schmerz und großer Trauer begleitet; es gibt Trauerzüge und das Ritual des Schwarz-Tragens. In anderen Kulturen stellt der Tod die Erlösung des Menschen und den Übergang in ein viel herrlicheres Jenseits dar.
3. Das bedeutet, daß Du sehr viel Rücksicht auf Deine Gesundheit nimmst. Dies ist durchaus sehr sinnvoll, um Dich davor zu schützen, Dir zu viel zuzumuten. Du genießt also Dein Leben!

4. Das ist wieder eine wunderbare Gelegenheit, um das Treffen von Entscheidungen zu üben.
5. Sie (er) achtet sehr sorgfältig darauf, was Sie tun und möchte Ihnen die Möglichkeit geben, sich zu verbessern.
6. Ihre Frau ist sehr sorgfältig bei der Auswahl von Dingen, die sie haben möchte. Ist es nicht toll, daß sie ausgerechnet Sie als Mann ausgewählt hat?
7. Wenn ich Sie recht verstehe, wollen Sie den Himmel auf Erden haben. Welche anderen Möglichkeiten gibt es, um den Himmel auf Erden zu bekommen?
8. Ihr Mann versteht es also, kongruent seine Gefühle zum Ausdruck zu bringen. So wissen Sie gleich, woran Sie sind!

Um wirkungsvoll seine eigenen Erfahrungen zu reframen, ist es sehr wichtig, eine dissoziierte Position einnehmen zu können. In dieser Position haben Sie mehr Abstand zu Ihren inneren Emotionen und können klarer nach möglichen Umdeutungen suchen. Wenn es Ihnen anfangs noch schwer fällt, sich zu dissoziieren, dann stellen Sie sich doch vor, daß Sie in einem Kino wären und auf der Leinwand Ihren eigenen Film sehen würden. Beim Reframing ist es wichtig, sich daran zu erinnern, daß hinter jedem Verhalten eine positive Absicht steckt. Unser Verhalten ist stets die bestmögliche Reaktion, die wir im Augenblick zur Verfügung haben. Wenn es eine bessere Alternative gäbe, dann würden wir sie benutzen. Das ist selbstverständlich nur eine Annahme. Aber sie kann uns das Leben gewaltig erleichtern. Sie verändert unseren Umgang mit unseren eigenen problembehafteten Verhaltensweisen und Gewohnheiten. Wenn wir glauben, daß diese Annahme zutrifft, müssen wir unser Verhalten nicht verurteilen und als schlecht empfinden, sondern können es statt dessen würdigen und respektieren. Das ist die beste Voraussetzung, um es in Einklang mit uns selbst zu verändern und uns letztendlich in Harmonie mit uns selbst zu fühlen.

Wenn Sie das Reframing auch im Umgang mit anderen Menschen anwenden, dann können Sie an deren Physiologie erkennen, ob Ihnen ein gutes Reframing gelungen ist. Meistens brauchen die Gesprächspartner einen kleinen Moment, in dem sie nach innen gehen und dann nicken sie leicht oder sagen: »von dieser Seite habe ich das noch gar nicht betrachtet... so könnte man das auch sehen«. Versuchen Sie aber nicht, den anderen mit einem Reframing übers Ohr zu hauen und ihm z.B. wie in der Politik eine Steuererhöhung als einen Solidaritätsbeitrag zu verkaufen. Benutzen Sie lieber das Reframing als ein kreatives Angebot, das dem anderen erlaubt, eine Neubewertung eines Aspektes vorzunehmen.

Wenn Sie derartige Wechsel des Standpunktes häufiger trainieren und anwenden, werden Sie sehr viel mehr Möglichkeiten wahrnehmen und dadurch auch in Ihrem Denken sehr viel flexibler werden.

★ *Das Teilemodell*

Vielleicht wird Ihnen das, was ich Ihnen jetzt vorstellen möchte, zunächst sehr merkwürdig vorkommen. Es hat sich jedoch in jahrelanger Arbeit mit der Gestalttherapie gezeigt, daß es für viele innere Konflikte sehr sinnvoll ist, davon auszugehen, daß wir verschiedene Teile in uns haben. Ich möchte auch hier bemerken, daß es sich wieder nur um ein Modell handelt, das keinen Anspruch darauf hat, die Wahrheit darzustellen. Es will lediglich in einer bestimmten Hinsicht nützen, und das kann es ganz hervorragend!

Vielleicht kennen Sie Situationen, in denen Sie sich völlig unsicher sind, wie Sie sich verhalten sollen. Eine innere Stimme flüstert Ihnen zu: »Mach das bloß nicht. Das könnte doch ins Auge gehen. Du handelst Dir nur Ärger oder Ablehnung ein. Halte Dich zurück und warte erst mal ab, dann kann Dir nichts passieren.« Irgendwie juckt es uns aber doch in den Fingern, das Risiko auf uns zu nehmen und es ist, als würde uns eine zweite Stimme gleichzeitig sagen: »Na los, versuche es. Viel kann ja nicht passieren. Du schaffst das. Keine Frage. Du hast das schon so oft hingekriegt. Mach's einfach und Du wirst sehen, daß es klappt.«

Stellen wir uns einfach vor, es würde sich um zwei verschiedene Personen in uns handeln. Der eine ist ein risikofreudiger Abenteurer, während der andere ein Sicherheitsfanatiker ist. Beide Teile gehören zu uns und sie haben auch beide ihre Daseinsberechtigung. Lassen Sie uns stillschweigend davon ausgehen, daß beide für uns nur das Beste wollen. Was könnte das sein? Der Sicherheitsfanatiker will uns vor Schaden bewahren. Er glaubt, daß es für uns am besten ist, wenn wir kein Risiko eingehen und uns nicht der Gefahr aussetzen, physisch oder psychisch verletzt zu werden. Der Abenteurer dagegen macht uns Mut, es zu versuchen. Er glaubt, daß es für uns am besten ist, wenn wir uns bestimmte Dinge auch zutrauen und es wenigstens versuchen. Der eine versucht, Angst und Schmerzen zu vermeiden. Der andere möchte Lust und Freude gewinnen. Beide sind in uns vorhanden, und beide haben ihren Sinn.

So gibt es für viele andere Bereiche unseres Lebens viele verschiedene Teile. Manchmal drücken wir das auch sprachlich aus, indem wir davon sprechen, ›wie hin und her gerissen wir sind‹, wie wir ›einerseits das wollen und andererseits etwas anderes‹. Bei den Menschen, die sehr gerne die

Wendung ›ja, aber…‹ benutzen, spüren Sie förmlich, wie ein Teil dieser Person Ihnen schon zugestimmt hat, während ein anderer Teil Widerstand leistet. Auch hier gilt wieder, daß hinter jedem Teil eine positive Absicht steckt. Diese Teile arbeiten für Sie. Sie sind Teammitglieder in dem Boot, das Sie steuern. Keiner möchte Sie davon abhalten glücklich zu sein. Sie haben nur unterschiedliche Methoden dafür. Wenn es gelingt, daß die Teile untereinander Verständnis füreinander haben und Sie Ihre Teile mit Achtung und Wertschätzung behandeln, dann haben Sie optimale Voraussetzungen für eine friedliche Konfliktlösung geschaffen.

Der erste Schritt in der Arbeit mit Teilen ist deshalb das Herausarbeiten der positiven Absichten der Teile, die Ihnen Schwierigkeiten machen oder die miteinander im Konflikt liegen, um dadurch zu einer Aussöhnung zu gelangen. Konflikte sind besonders dann zu erwarten, wenn es Ihnen nicht gelingt, Ihre Persönlichkeitsteile in Balance zu halten.

★ *Verhandlungsreframing*

Die Technik Verhandlungsreframing können Sie dann anwenden, wenn zwei Teile in Ihrem Inneren miteinander in Konflikt geraten sind.

1. Machen Sie den Konflikt ausfindig und identifizieren Sie eine Situation, bei der Sie zwar einerseits ja sagen, aber andererseits auch nein sagen wollten oder wählen Sie eine Situation, bei der Sie ›ja-aber-Gefühle‹ hatten.
2. Trennen Sie die beiden Teile voneinander, indem Sie den einen Teil in die linke Hand und den anderen Teil in die rechte Hand aufnehmen.
3. Charakterisieren Sie die beiden Teile, indem Sie sich über das Aussehen, den Klang, das Gefühl, Alter oder den symbolischen Gehalt eines Teiles klar werden.
4. Finden Sie mit jedem Teil einzeln die positive Absicht heraus. Fragen Sie zunächst jeden Teil einzeln, ob er bereit ist, mit Ihnen zu kommunizieren. Stellen Sie die Frage etwa in der Art: »Lieber Teil xyz, wenn es uns gelingt, eine Möglichkeit zu finden, daß Du Deine Aufgabe besser erfüllen könntest, wärest Du dann bereit, mit mir zusammenzuarbeiten?« Wenn Sie ein Ja haben, erfragen Sie die hinter dem Verhalten liegende positive Absicht.
5. Beginnen Sie nun, die beiden Teile miteinander in Kontakt treten zu lassen. Sollte dies anfangs schwierig sein, weil die beiden sich nicht riechen können, dann werden Sie kreativ und schalten Sie einen Dolmetscher ein oder lassen Sie die Unterhaltung am Telefon stattfinden. Klären Sie die Wünsche und Bedürfnisse beider Teile ab und entwickeln Sie dann

eine gemeinsame Zielvorstellung. Hinterfragen Sie jede Absicht so lange, bis beide Teile die gleiche oder eine ähnliche Antwort geben.

6. Lassen Sie nun die beiden Teile einander wechselseitig ihre Ressourcen austauschen. Das kann dadurch geschehen, daß Farben oder Symbole ausgetauscht werden. Inszenieren Sie eine Versöhnung und lassen Sie die beiden Teile einander verzeihen.
7. Integrieren Sie nun die beiden Teile, indem Sie Ihre beiden Hände langsam einander nähern und dann durch das Zusammenlegen der Hände die Teile miteinander verschmelzen, so daß aus den beiden ehemaligen Konfliktparteien ein neuer Teil entsteht, der beide integriert. Sollte eine derartige Verschmelzung nicht möglich oder beabsichtigt sein, können Sie auch dafür sorgen, daß die beiden Teile eine Vereinbarung über Ihr zukünftiges Zusammenspiel treffen und nach einer Probezeit überprüfen, ob das neue Verhalten funktioniert.
8. Überprüfen Sie jetzt, ob es noch andere Teile gibt, die an dem Konflikt beteiligt sind, sich bisher übergangen fühlten und noch Einwände gegen die neue Lösung haben. Wenn das der Fall ist, sollten Sie diese Teile unbedingt mit in die Verhandlung einbeziehen, auch ihre positive Absicht erfragen und die Schritte noch einmal durchlaufen.
9. Wenn es keine Einwände mehr gibt, dann überprüfen Sie innerlich, wie Ihr Verhalten sein wird, wenn Sie wieder einmal in eine dem Ausgangspunkt ähnliche Situation kommen.

Welche positiven Umschreibungen fallen Ihnen für die folgenden, im allgemeinen negativen Eigenschaften ein?

1. Gier : ____________________

2. Sorgenvoll: ____________________

3. Neid: ____________________

4. Frustration: ____________________

5. Furcht: ____________________

6. Schuld: ____________________

____

Mögliche Antworten könnten sein:

1. Gier: Fähigkeit, für die Befriedigung der eigenen Bedürfnisse zu sorgen.
2. Sorgenvoll: Fähigkeit, sich sehr ernsthaft mit allem auseinander zu setzen.
3. Neid: Konzentrierte Beobachtung anderer Menschen mit dem Wunsch, dieselben Ergebnisse zu erzielen
4. Frustration: Einsicht, daß es so nicht mehr weiter gehen kann.
5. Furcht: Gedankliche Vorwegnahme und Vorbereitung auf eine schwierige Situation.
6. Schuld: Hinweis, daß die eigenen Maßstäbe verletzt wurden und Aufforderung, diese beim nächsten Mal einzuhalten.

★ *Sechs-Schritte-Reframing*

Im ›Sechs-Schritte-Reframing‹ geht man davon aus, daß es einen Teil gibt, der für das unerwünschte Verhalten verantwortlich ist. Dieser Teil hält Sie davon ab, das zu tun, was Sie tun wollen oder er läßt Sie etwas tun, was Sie nicht tun wollen.

1. Bestimmen Sie den Teil oder das Verhaltensmuster, das Sie verändern möchten.
2. Nehmen Sie mit dem Teil Kontakt auf, der für dieses Verhalten verantwortlich ist. Stellen Sie diesem Teil die Frage: »Lieber, Teil, der Du für das Verhalten X verantwortlich bist, bist Du bereit, mit mir zu kommunizieren?« Wenn er es ist, dann soll er Ihnen ein deutlich wahrnehmbares Zeichen senden. Bedanken Sie sich bei dem Teil für seine Bereitschaft. Wenn der Teil nicht bereit ist, mit Ihnen im Bewußtsein zu kommunizieren, dann bedanken Sie sich bei dem Teil dafür, daß er Ihnen ein ›Nein‹ gesendet hat und fragen Sie ihn »Unter welcher Bedingung wärest Du bereit, mit mir zu kommunizieren?« Wenn der Teil nicht über Worte mit Ihnen kommunizieren möchte, dann vereinbaren Sie ein Ja/Nein-Signal, bei dem eine Verstärkung des Signals ›Ja‹ bedeutet und eine Abschwächung ›Nein‹. Bedanken Sie sich bei dem Teil für die Kommunikation und finden Sie einen Namen oder ein Symbol für ihn.
3. Trennen Sie die Absicht vom Verhalten. Bitten Sie den Teil, Ihnen mitzuteilen, welche gute Absicht er für Sie verfolgt. Machen Sie sich die Vorteile, die Ihnen dieses Verhalten in der Vergangenheit gebracht hat, bewußt und bedanken Sie sich für die Mitteilung der positiven Absicht.
4. Finden Sie nun neue Verhaltensweisen, die diese Absicht erfüllen, ohne die unerwünschten Nebeneffekte zu erreichen. Orientieren Sie sich nach innen und nehmen Sie Kontakt zu Ihrem kreativen Teil auf. Bitten Sie

diesen Teil, Ihnen viele neue Möglichkeiten zu nennen, wie die positive Absicht auf anderem Wege erreicht werden kann und diese dem Teil X als Angebote vorzuschlagen. Lassen Sie den Teil X aus diesen Alternativen mindestens drei auswählen, die die positive Absicht mindestens genauso gut oder besser als das alte Verhalten erfüllen. Bitten Sie den Teil, Ihnen ein Ja-Signal für jede ausgewählte Alternative zukommen zu lassen.

5. Fragen Sie den Teil X, ob er bereit ist, die Verantwortung dafür zu übernehmen, daß die neuen Verhaltensweisen ausprobiert und geprüft werden. Wenn der Teil X dazu nicht bereit ist, dann gehen Sie zu Schritt 4 zurück. Wenn der Teil X bereit ist, dann weiter bei Schritt 6.
6. Fragen Sie, ob es noch irgendeinen Teil gibt, der Einwände gegen die eben getroffenen Abmachungen hat. Wenn es einen oder mehrere solcher Teile gibt, dann bedanken Sie sich bei ihnen für ihre Mitarbeit und Kommunikation. Gehen Sie zu Schritt 2 zurück und durchlaufen Sie mit diesen Teilen noch einmal die nachfolgenden Schritte.
7. Versetzten Sie sich in die Situation, wenn Sie das nächste Mal die neu getroffenen Abmachungen umsetzen werden.
8. Treffen Sie abschließend noch die Vereinbarung, daß Einwände, die eventuell später auftauchen könnten, auf unbewußter Ebene selbständig bearbeitet werden können.

9
Die Magie der Sprache

»Zum Dichter wird man geboren, zum Redner ausgebildet.«

Römisches Sprichwort

Immer wieder hatten Feierlichkeiten zahlreiche Könige, Helden, Ministerpräsidenten und andere Mächtige in die Stadt Washington gelockt. Doch am 28. August 1963 spielte sich hier ein Ereignis ab, daß alle vorhergehenden in den Schatten stellte. Zwar befanden sich unter den 250.000 Teilnehmern einige Prominente, doch die weitaus überwiegende Zahl der Teilnehmer bestand aus einfachen Leuten. Sie waren gekommen, um ein entschlossenes Zeugnis für die wahre Demokratie abzulegen – eine Armee ohne Geschütze, aber mit gewaltiger Kraft. Weiße und Schwarze jeden Alters marschierten zusammen, vereint durch die ungeheure Macht der Liebe. Sie zogen vom Washington-Memorial zum Lincoln-Memorial und warteten dort in brütender Hitze auf den ›moralischen Führer der Nation‹. Dieser war so überwältigt von der Stimmung des Augenblicks, daß er sich bereits nach wenigen Worten von seinen Aufzeichnungen löste und mit machtvoller Stimme die Worte sprach, die ihm vom Himmel eingegeben wurden.

Martin Luther King: Ich habe einen Traum

»Ich freue mich, heute mit euch zusammen an einem Ereignis teilzunehmen, das als die größte Demonstration für die Freiheit in die Geschichte unserer Nation eingehen wird.

Vor hundert Jahren unterzeichnete ein großer Amerikaner, in dessen symbolischem Schatten wir heute stehen, die Emanzipationsproklamation.

Dieser bedeutsame Erlaß war ein großes Leuchtfeuer der Hoffnung für Millionen von Negersklaven, die von den Flammen vernichtender Ungerechtigkeit gebrandmarkt waren. Er kam wie ein freudiger Tagesanbruch nach der langen Nacht ihrer Gefangenschaft.

Aber hundert Jahre später ist der Neger immer noch nicht frei.

Hundert Jahre später ist das Leben des Negers immer noch verkrüppelt durch die Fesseln der Rassentrennung und die Ketten der Diskriminierung.

Hundert Jahre später lebt der Neger auf einer einsamen Insel der Armut inmitten eines riesigen Ozeans materiellen Reichtums.

Hundert Jahre später schmachtet der Neger immer noch am Rande der amerikanischen Gesellschaft und befindet sich im eigenen Land im Exil.

Deshalb sind wir heute hierher gekommen, um eine schändliche Situation zu dramatisieren.

In gewissem Sinne sind wir in die Hauptstadt unseres Landes gekommen, um einen Scheck einzulösen. Als die Architekten unserer Republik die großartigen Worte der Verfassung und der Unabhängigkeitserklärung schrieben, unterzeichneten sie einen Schuldschein, zu dessen Einlösung alle Amerikaner berechtigt sein sollten. Dieser Schein enthielt das Versprechen, daß allen Menschen – ja, schwarzen Menschen ebenso wie weißen – die unveräußerlichen Rechte auf Leben, Freiheit und Anspruch auf Glück garantiert würden.

Es ist heute offenbar, daß Amerika seinen Verbindlichkeiten nicht nachgekommen ist, soweit es die schwarzen Bürger betrifft. Statt seine heiligen Verpflichtungen zu erfüllen, hat Amerika den Negern einen Scheck gegeben, der mit dem Vermerk zurückgekommen ist: ›Keine Deckung vorhanden‹.

Aber wir weigern uns zu glauben, daß die Bank der Gerechtigkeit bankrott ist. Wir weigern uns zu glauben, daß es nicht genügend Gelder in den großen Stahlkammern der Gelegenheiten in diesem Land gibt.

So sind wir gekommen, diesen Scheck einzulösen, einen Scheck, der uns auf Verlangen die Reichtümer der Freiheit und die Sicherheit der Gerechtigkeit geben wird.

Wir sind auch zu dieser würdigen Stätte gekommen, um Amerika an die grimmige Notwendigkeit des Jetzt zu erinnern.

Jetzt ist die Zeit, wo man sich den Luxus einer ›Abkühlungsperiode‹ leisten oder die Beruhigungsmittel langsamen, schrittweisen Fortschritts einnehmen kann.

Jetzt ist die Zeit, die Versprechungen der Demokratie Wirklichkeit werden zu lassen.

Jetzt ist die Zeit, aus dem dunklen und trostlosen Tal der Rassentrennung aufzubrechen und den hellen Weg der Gerechtigkeit für alle Rassen zu beschreiten.

Jetzt ist die Zeit, unsere Nation aus dem Flugsand rassischer Ungerechtigkeit zu dem festen Felsen der Brüderlichkeit emporzuheben.

Jetzt ist es Zeit, Gerechtigkeit für alle Kinder Gottes Wirklichkeit werden zu lassen.

Es wäre verhängnisvoll für diese Nation, wenn sie nicht die Dringlichkeit der gegenwärtigen Lage wahrnehmen würde. Dieser heiße Sommer der berechtigten Unzufriedenheit des Negers wird nicht zu Ende gehen, solange nicht ein belebender Herbst der Freiheit und Gerechtigkeit begonnen hat. 1963 ist kein Ende, sondern ein Anfang. Wer hofft, der Neger werde jetzt zufrieden sein, nachdem er Dampf abgelassen hat, wird ein böses Erwachen haben, wenn die Nation wieder weitermacht wie vorher.

Es wird weder Ruhe noch Rast in Amerika geben, bis dem Neger die vollen Bürgerrechte zugebilligt werden. Die Stürme des Aufruhrs werden weiterhin die Grundfesten unserer Nation erschüttern, bis der helle Tag der Gerechtigkeit anbricht. Und das muß ich meinem Volk sagen, das an der abgenutzten Schwelle der Tür steht, die in den Palast der Gerechtigkeit führt: während wir versuchen, unseren rechtmäßigen Platz zu gewinnen, dürfen wir uns keiner unrechten Handlung schuldig machen. Laßt uns nicht aus dem Kelch der Bitterkeit und des Hasses trinken, um unseren Durst nach Freiheit zu stillen.

Wir müssen unseren Kampf stets auf der hohen Ebene der Würde und Disziplin führen. Wir dürfen unseren schöpferischen Protest nicht zu physischer Gewalt herabsinken lassen. Immer wieder müssen wir uns zu jener majestätischen Höhe erheben, auf der wir physischer Gewalt mit der Kraft der Seele entgegentreten. Der wunderbare, neue kämpferische Geist, der die Gemeinschaft der Neger erfaßt hat, darf uns nicht verleiten, allen Weißen zu mißtrauen. Denn viele unserer weißen Brüder – das beweist ihre Anwesenheit heute – sind zu der Einsicht gekommen, daß ihre Zukunft mit der unseren untrennbar verbunden ist. Sie sind zu der Einsicht gekommen, daß ihre Freiheit von unserer Freiheit nicht zu lösen ist. Wir können nicht allein marschieren. Und wenn wir marschieren, müssen wir uns verpflichten, stets weiter zu marschieren. Wir können nicht umkehren.

Es gibt Leute, die fragen diejenigen, die sich der Sache der Bürgerrechte verpflichtet fühlen: ›Wann werdet ihr endlich zufriedengestellt sein?‹

Wir können niemals zufriedengestellt sein, solange der Neger das Opfer der unaussprechlichen Schrecken polizeilicher Brutalität ist. Wir können nicht zufriedengestellt sein, solange unsere müden Leiber nach langer Reise in den Motels an den Landstraßen und den Hotels der großen Städte keine Unterkunft finden.

Wir können nicht zufriedengestellt sein, solange die Bewegungsfreiheit der Neger in erster Linie darin besteht, von einem kleinen Getto in ein größeres zu geraten.

Wir können nicht zufriedengestellt sein, solange der Neger in Mississippi nicht das Stimmrecht hat und der Neger in New York niemand hat, den er wirklich wählen möchte.

Nein, wir sind nicht zufriedengestellt, und wir werden nicht zufriedengestellt sein, bis das Recht einströmt wie Wasser und die Gerechtigkeit wie ein mächtiger Strom.

Ich weiß wohl, daß manche unter euch hierher gekommen sind aus großer Bedrängnis und Trübsal. Einige von euch sind direkt aus engen Gefängniszellen gekommen. Einige von euch sind aus Gegenden gekommen, wo ihr auf Grund eures Verlangens nach Freiheit mitgenommen und erschüttert wurdet von den Stürmen der Verfolgung und polizeilicher Brutalität.

Ihr seid die Veteranen schöpferischen Leidens. Macht weiter und vertraut darauf, daß unverdientes Leiden erlösende Qualität hat. Geht zurück nach Mississippi, geht zurück nach Georgia, geht zurück nach Louisiana, geht zurück in die Slums und Gettos der Großstätde im Norden, in dem Wissen, daß die jetzige Situation geändert werden kann und wird.

Laßt uns nicht Gefallen finden am Tal der Verzweiflung.

Heute sage ich euch, meine Freunde, trotz der Schwierigkeiten von heute und morgen habe ich einen Traum. Es ist ein Traum, der tief verwurzelt ist im amerikanischen Traum.

Ich habe einen Traum, daß eines Tages diese Nation sich erheben wird und der wahren Bedeutung ihres Credos gemäß leben wird: ›Wir halten diese Wahrheit für selbstverständlich: daß alle Menschen gleich erschaffen sind.‹

Ich habe einen Traum, daß eines Tages auf den roten Hügeln von Georgia die Söhne früherer Sklaven und die Söhne früherer Sklavenhalter miteinander am Tisch der Brüderlichkeit sitzen können.

Ich habe einen Traum, daß sich eines Tages selbst der Staat Mississippi, ein Staat, der in der Hitze der Ungerechtigkeit und Unterdrückung verschmachtet, in eine Oase der Freiheit und Gerechtigkeit verwandelt.

Ich habe einen Traum, daß meine vier kleinen Kinder eines Tages in einer Nation leben werden, in der man sie nicht nach ihrer Hautfarbe, sondern nach ihrem Charakter beurteilen wird.

Ich habe einen Traum… Ich habe einen Traum, daß eines Tages in Alabama, mit seinen bösartigen Rassisten, mit einem Gouverneur, von dessen Lippen Worte wie ›Intervention‹ und ›Annullierung der Rassenintegration‹ triefen…, daß eines Tages genau dort in Alabama kleine schwarze Jungen und Mädchen die Hände schütteln mit kleinen weißen Jungen und Mädchen als Brüdern und Schwestern.

Ich habe einen Traum… Ich habe einen Traum, daß eines Tages jedes Tal erhöht und jeder Hügel und Berg erniedrigt wird. Die rauhen Orte werden geglättet und die unebenen Orte begradigt werden.

Und die Herrlichkeit des Herrn wird offenbar werden, und alles Fleisch wird es sehen. Das ist unsere Hoffnung.

Mit diesem Glauben kehre ich in den Süden zurück.

Mit diesem Glauben werde ich fähig sein, aus dem Berg der Verzweiflung einen Stein der Hoffnung zu hauen.

Mit diesem Glauben werden wir fähig sein, zusammen zu arbeiten, zusammen zu beten, zusammen zu kämpfen, zusammen ins Gefängnis zu gehen, zusammen für die Freiheit aufzustehen, in dem Wissen, daß wir eines Tages frei sein werden.

Das wird der Tag sein, an dem alle Kinder Gottes diesem Lied eine neue Bedeutung geben können: ›Mein Land, von dir, du Land der Freiheit, singe ich. Land, wo meine Väter starben, Stolz der Pilger, von allen Bergen laßt die Freiheit erschallen.‹ Soll Amerika eine große Nation werden, dann muß dies wahr werden.

So laßt die Freiheit erschallen von den gewaltigen Gipfeln New Hampshires.

Laßt die Freiheit erschallen von den mächtigen Bergen New Yorks.

Laßt die Freiheit erschallen von den hohen Alleghenies in Pennsylvania.

Laßt die Freiheit erschallen von den geschwungenen Hängen Kaliforniens.

Aber nicht nur das, laßt die Freiheit erschallen von Georgias Stone Mountain.

Laßt die Freiheit erschallen von jedem Hügel und Maulwurfshügel Mississippis, von jeder Erhebung.

Laßt die Freiheit erschallen!

Wenn wir die Freiheit erschallen lassen – wenn wir sie erschallen lassen von jeder Stadt und jedem Weiler, von jedem Staat und jeder Großstadt, dann werden wir den Tag beschleunigen können, an dem alle Kinder Gottes – schwarze und weiße Menschen, Juden und Heiden, Protestanten und Katholiken – sich die Hände reichen und die Worte des alten Negro Spiritual singen können: ›Endlich frei! Endlich frei! Großer allmächtiger Gott, wir sind endlich frei!‹« *(Martin Luther King: ›Ich habe einen Traum‹, Ansprache im Rahmen des ›Marsches nach Washington‹, gehalten am 28. August 1963 vor dem Lincoln Memorial in Washington, D.C.)*

Ist es nicht erstaunlich, was so einfache Worte bewirken können? In welche Stimmungen sie uns versetzen können? Wie sie uns motivieren oder hemmen? Worte können Wunden heilen und Hoffnung vermitteln! Sie können verletzen und angreifen, aber auch die tiefsten Gefühle der Liebe ausdrükken. Worte können Revolutionen auslösen, sie können Menschen glücklich oder unglücklich machen – sie können sogar über Leben und Tod entscheiden!

Es gibt Worte von lieben Freunden oder Lehrern, die wir unser ganzes Leben nicht mehr vergessen, die in uns nachhallen und die wir innerlich immer wieder hören, wenn wir in bestimmte Situationen kommen. Vielleicht ist Ihnen auch eine großartige Rede oder Predigt in Erinnerung geblieben, die etwas Positives in Ihnen bewirkt hat. Es gibt aber auch Worte, die Sie mißverstanden haben oder durch die Sie sich unverständlich ausgedrückt haben, und Situationen, in denen Sie sich gewünscht hätten, präziser kommunizieren zu können.

Welche Worte oder Sätze, die für Ihr Leben eine entscheidende Bedeutung haben, sind Ihnen in der Erinnerung haften geblieben?

☺

Glücklich machende Worte: ____________________

Liebe Worte: ____________________

Aufmunternde Worte: ____________________

Motivierende Worte: ____________________

☹

Verletzende Worte: ______________________________

Enttäuschende Worte: ______________________________

Verzweifelte Worte: ______________________________

Wir leben in einem Zeitalter, in dem Informationen immer wichtiger werden. Unsere Technologien machen es möglich, daß wir uns über sehr weite Entfernungen unterhalten können. Inzwischen kann man auch schon Konferenzen über Bildschirme abhalten und seine Gesprächspartner dabei ansehen. Durch den Einsatz von Multi-Media-Computern wird es möglich, ganz neue Informationswege zu beschreiten. Von allen Seiten wird versucht, mit uns Kontakt aufzunehmen: Durch das Fernsehen, durch die Werbung, durch Zeitungen oder durch das Telefon. Auch Sie selbst müssen mit anderen Menschen Kontakt aufnehmen, wenn Sie Ihre Ziele erreichen und Ihre Wünsche verwirklichen wollen. Dazu ist die Fähigkeit, effektiv und verständlich mit anderen kommunizieren zu können, unerläßlich.

Durch Worte vermitteln wir einen Teil unserer Informationen weiter an andere oder nehmen von anderen Informationen auf. Versuchen Sie sich einmal vorzustellen, wie es wäre, wenn Sie einen ganzen Tag lang nicht sprechen könnten. Viele Dinge werden Sie auch durch Körpersprache ausdrücken können. So machen Sie den Personen, die mit Ihnen zusammen wohnen, klar, wer heute mit dem Spülen an der Reihe ist, oder Sie laden sie zu einer Partie Schach ein. Sobald Sie aber versuchen, sich ohne Worte über abstraktere Sachverhalte, wie z.B. Religion oder Politik auszutauschen, wird es wahrscheinlich viel schwieriger werden. Sie werden Ihre ganze nonverbale Kommunikationskunst benötigen, um die gewünschten Informationen zu vermitteln oder zu erhalten.

Selbst dann, wenn wir Worte benutzen, fällt es oft schwer, uns anderen verständlich zu machen. Dies liegt daran, daß – wie im zweiten Kapitel bereits beschrieben – auch unserer Sprache dieselben Verarbeitungsprozesse zugrunde liegen wie unseren Glaubenssystemen. Wir verallgemeinern, tilgen und verzerren. Daher können wir nicht davon ausgehen, daß alles, was wir sagen, auch vom anderen genau so gehört und verstanden wird.

Selbst wenn der Zuhörer die Nachricht akustisch korrekt verstanden hat, ist es immer noch fragwürdig, ob er unter den Worten genau das gleiche versteht wie der Sprecher. Ein Grund dafür liegt darin, daß wir Worte oder Sachverhalte, die wir als Zuhörer nicht verstanden haben, so ergänzen, daß sie für uns einen Sinn ergeben. Dafür sind unsere eigenen Repräsentationen verantwortlich. Die Nachricht wurde im Modell des Sprechers kodiert und trifft nun auf das Modell der Welt des Zuhörers. Dort wird Sie unter Berücksichtigung seiner Filter wieder dekodiert. Diese Filter sind nicht notwendigerweise dieselben.

Frauensprache und Männersprache

Ein Beispiel für einen Unterschied im Bereich der sozialen Filter stellen die Verschiedenheiten im Kommunikationsstil von Männern und Frauen dar. Einige Autoren gehen sogar so weit zu sagen, es gäbe so etwas wie eine Frauensprache und eine Männersprache. Deborah Tannen hat ein berühmtes Buch geschrieben: ›Du kannst mich einfach nicht verstehen. Warum Männer und Frauen aneinander vorbeireden.‹ Sie meint darin, daß es vor allem einen ganz wesentlichen Unterschied gibt. Für Männer steht in einem Gespräch die Informationsvermittlung im Vordergrund, während für Frauen die Beziehung zu ihrem Gesprächspartner wichtiger ist. Männer legen Wert auf Fakten, Zahlen und Resultate, Frauen auf das angenehme Gesprächsklima. In der Welt der Männer sind daher Diskussionen über unwichtige Dinge und Entscheidungen überflüssig. Probleme werden auf der Mitteilungsebene gelöst. In der Welt der Frauen sind Diskussionen ein Ausdruck für sprachliche Verbundenheit und Kommunikation. Entscheidungen sollen daher zunächst besprochen und dann übereinstimmend beantwortet werden. Da Problemgespräche der Festigung der Beziehung dienen, wird erwartet, daß Gefühle bestätigt werden und Verständnis ausgedrückt wird. Dadurch soll auch die Symmetrie gewahrt werden. Männer zerstören häufig diese Symmetrie, indem sie sofort Ratschläge geben und ihre Fähigkeiten und Kompetenzen unter Beweis stellen wollen – sie begreifen dabei nicht, daß es Frauen oft gar nicht um die Information als solche geht, sondern um die Interaktion, das Gemeinsame. Männer legen Wert auf unterschiedliche Plätze in der hierarchischen Ordnung, sie sind entweder über- oder unterlegen. Gespräche sind Verhandlungen, in denen man überlegen sein will. Daher verteidigt man sich gegen Angriffe und versucht den anderen herabzusetzen. Das Leben wird als Wettkampf angesehen und es geht darum, Niederlagen zu vermeiden, die eigene Kompetenz zu beweisen und Unabhängigkeit zu bewahren. Frauen erleben sich eher in einem Netzwerk zwischenmenschlicher Beziehungen. Gespräche sind in dieser Welt Verhandlungen über Nähe, bei denen es darum geht, Übereinstimmung und Bestätigung zu erzielen. Männer erteilen Ratschläge, um sich selbst in den Mittelpunkt zu stellen, sie neigen dazu, zu prahlen und zu streiten, wer der Beste ist. Bei Frauen ist Prahlen verpönt, sie machen Vorschläge, um gemocht zu werden, nicht um im Mittelpunkt zu stehen. Ihr Vokabular enthält wesentlich mehr Wörter für die Beschreibung von Gefühlen und Stimmungen als das von Männern. Ihre Sprache ist emotionaler und das beeinflußt nach einer Hypothese von Benjamin Lee Whorf auch die Art und Weise, wie sie denken. Beim Argumentieren stellen Männer nach den Regeln einer formalen Logik kategorische Behauptungen über Richtig und Falsch auf, während Frauen eher dazu neigen, persönliche Erfahrungen und Beispiele heranzuziehen. Denn das hat für sie einen privaten Charakter: Die eigenen Erfahrungen werden mit den Erfahrungen anderer in Beziehung gesetzt. Männer sind in dieser Hinsicht eher abstrakt.

Woher kommen diese Unterschiede? Deborah Tannen meint, daß sie eine Folge unserer Erfahrungen als Jungen und Mädchen sind. Während Jungen überwiegend im Freien in großen, hierarchisch strukturierten Gruppen mit Anführern spielen, sich dabei gegenseitig Anweisungen geben und außerdem Gewinner-Verlierer-Spiele, wie z.B. kleine Kämpfe, bevorzugen, spielen Mädchen eher in kleinen Gruppen mit hoher Intimität Spiele, bei denen es keine Gewinner oder Verlierer gibt. An Jungen werden andere Erwartungen herangetragen als an Mädchen. Jungen sollen lernen, sich durchzusetzen, Mädchen, sich anzupassen und Harmonie herzustellen. Mir scheint, daß sich in dieser Hinsicht langsam ein Wandel vollzieht, der diese Rollen ein wenig aufzuweichen versucht. Vorhanden sind die Unterschiede jedoch immer noch.

Keiner der beiden Kommunikationsstile hat das Recht, für sich zu proklamieren, daß er der einzig Richtige sei. Beide Stile haben sowohl Vorteile als auch Nachteile. Frauen habe ihre Stärke auf der Beziehungsebene, hier können sie Botschaften sehr schnell erkennen und nutzen. Sie haben praktisch so etwas wie ein besonderes Ohr, das auf Beziehungen achtet und ihnen ein feines Gespür dafür gibt. Darüber hinaus sind Frauen sehr gut darin, indirekte Botschaften zu senden. Ihr Kommunikationsstil ist gut dafür geeignet, um eine Teamatmosphäre zu schaffen oder zu einem gemeinsam getragenen Ergebnis zu kommen. Dies wiederum wirkt sich gut auf das Betriebsklima aus. Frauen in Führungspositionen motivieren eher durch persönlichen Einfluß und nicht durch reine Macht. Das ist nur möglich, wenn man von den Mitarbeitern akzeptiert wird und die Beziehungsebene in Ordnung ist. In Verkaufsgesprächen haben Frauen aufgrund ihres Kommunikationsstils Vorteile, denn dort ist es wichtig, eine vertrauensvolle Beziehung zum Kunden aufzubauen. Männer sprechen eine deutlichere Sprache und erwarten das auch von den Frauen. Sie können auch gegenteilige Meinungen eher akzeptieren und fühlen sich dabei weniger persönlich angegriffen. Insgesamt sind sie besser in der Lage, sich durchzusetzen und sich selbst als kompetent darzustellen.

Die Unterschiede in der Kommunikation zwischen Männern und Frauen sind nur wenige Beispiele, um zu demonstrieren, auf welche Weisen Informationen auf dem Weg vom Sprecher zum Zuhörer verfälscht werden können. Je nachdem, was uns wichtig ist, welche Werte wir haben, geben wir Nachrichten unterschiedliche Bedeutungen. Dabei spielt auch unser Gedächtnis eine Rolle. Amüsant ist das folgende häufig in Rhetorikseminaren verwendete Beispiel.

Befehl des Obersten an den diensttuenden Offizier:
Morgen abend gegen 20.00 Uhr ist von hier aus der Halleysche Komet sichtbar. Dieses Ereignis tritt nur alle 75 Jahre ein. Veranlassen Sie, daß sich die Leute auf dem Kasernenplatz in Drillichanzügen einfinden. Ich werde ihnen dann diese seltene Erscheinung erklären. Wenn es regnet, sollen sich die Leute im Kasernenkino einfinden. Ich werde ihnen dann Filme dieser Erscheinung zeigen.

Befehl des diensttuenden Offiziers an seine Kompaniechefs:
Auf Befehl des Herrn Obersten wird morgen um 20 Uhr der Halleysche Komet hier erscheinen. Lassen Sie die Leute bei Regen in Drillichanzügen antreten und marschieren Sie zum Kino, wo diese seltene Erscheinung stattfinden wird, die nur alle 75 Jahre eintritt.

Befehl eines Kompaniechefs an seine Leutnants:
Auf Befehl des Herrn Oberst ist morgen um 20 Uhr Dienst im Drillichanzug. Der berühmte Halleysche Komet wird im Kino erscheinen. Falls es regnet, wird der Herr Oberst einen anderen Befehl erteilen, etwas, das nur alle 75 Jahre eintritt.

Befehl eines Leutnants an seine Feldwebel:
Morgen um 20 Uhr wird der Herr Oberst im Kino zusammen mit dem Halleyschen Kometen auftreten. Das Ereignis tritt nur alle 75 Jahre ein. Falls es regnet, wird der Herr Oberst dem Kometen die Anweisung geben, bei uns hier zu erscheinen.

Befehl eines Feldwebels an seine Unteroffiziere:
Wenn es morgen um 20 Uhr regnet, wird der berühmte 75 Jahre alte General Halley im Drillichanzug und in Begleitung des Herrn Obersten seinen Kometen durch unser Kasernenkino fahren lassen.

Befehl eines Unteroffziers an seine Mannschaften:
Stillgestanden! Wenn es morgen um 20 Uhr regnet, wird der 75 jährige General Halley in Begleitung des Herrn Oberst einen Kometen fahren lassen. Ich bitte mir respektvolles Benehmen aus. Wegtreten!

So viel zu dem, was beim Zuhörer ankommt. Doch wie kommt ein Sprecher zu seiner Aussage? Vereinfacht ausgedrückt, kann man unsere Kommunikation so beschreiben: Aus der Menge aller Informationen, die nötig sind, um einen Vorgang vollständig und ausführlich zu beschreiben, wählen wir einige aus, die wir dann tatsächlich dem anderen vermitteln. Es gibt also auch hier wieder so etwas wie ein Original – die Sprachwissenschaftler nennen das die Tiefenstruktur. Von dieser Tiefenstruktur entwickeln wir ein gefiltertes Modell – die Oberflächenstruktur – und kommunizieren diese dann durch unsere Sprache, Gestik und Mimik mit anderen. Wenn ich zum Beispiel sage: ›Ich habe ein Auto erstanden‹, dann ist das die Oberflächenstruktur. Es fehlen bestimmte Informationen, die wahrscheinlich nötig sind, um den Satz vollständig zu verstehen. Ich habe nicht gesagt, womit und von wem ich das Auto erstanden habe. Es kann sein, daß ich das Auto mit Geld von einem Händler gekauft habe. Denkbar wäre aber auch, daß ich es auf einem Auto-Markt gegen mein altes Auto eingetauscht habe. Bei der Transformation oder Übertragung der Tiefenstruktur in die Oberflächenstrukur sind Informationen verloren gegangen. Es kann auch sein, daß die Oberflächen- und die Tiefenstruktur aus anderen Gründen nicht übereinstimmen. Man spricht dann von Fehlgeformtheit. Oft sind wir uns dabei gar nicht bewußt, daß wir bei der Transformation generalisiert, verzerrt und getilgt haben. Ein Hinterfragen dieser Prozesse kann uns helfen, die Fehlgeformtheit zu erkennen und zu beseitigen. In dem folgenden Schaubild werden unsere Erkenntnisse noch einmal zusammengefaßt und der Zusammenhang zu Kapitel 2 erläutert.

Tiefen- und Oberflächenstruktur

Durch Fragen kann es gelingen, die Verbindung zur vollständigen Erfahrung wiederherzustellen. An dieser Stelle läßt sich gut begreifen, wie die Linguistik und die Neurologie ineinander übergreifen. Bandler und Grinder schreiben dazu in dem Buch ›Die Struktur der Magie I‹: »Die

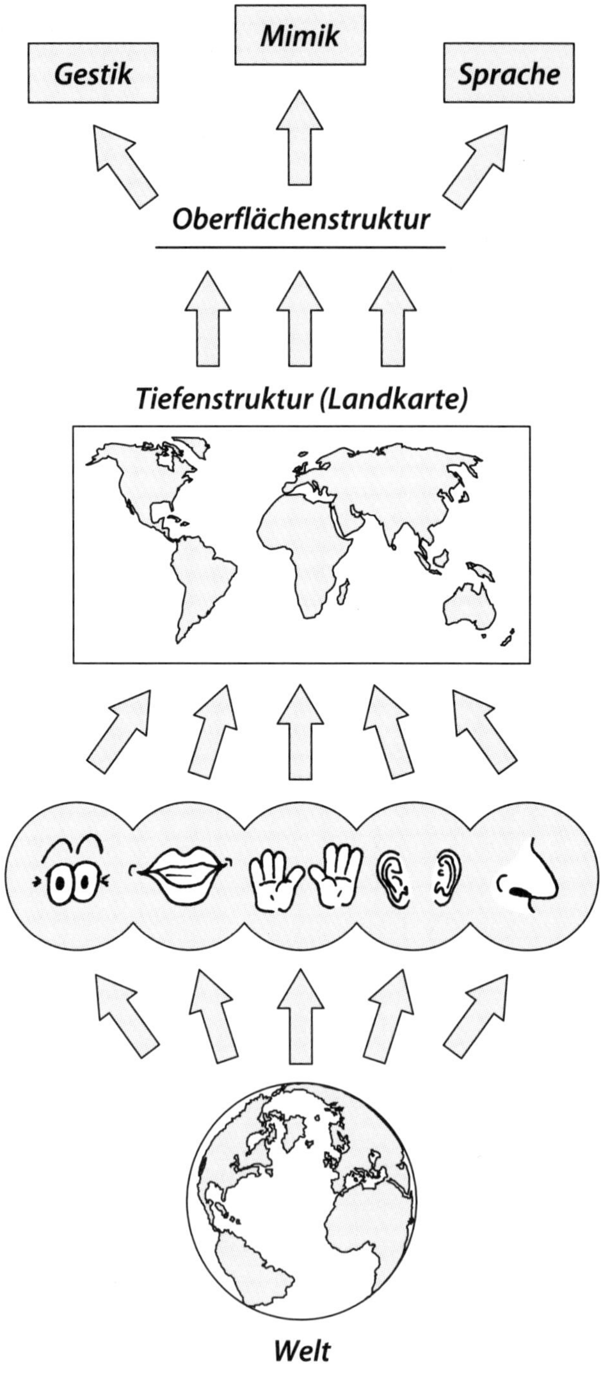
Mimik
Gestik
Sprache
Oberflächenstruktur
Tiefenstruktur (Landkarte)
Welt

Prozesse, mit denen wir unsere Erfahrungen kommunizieren, sind dieselben Prozesse, mit denen wir unsere Erfahrungen schaffen. So betrachtet, entspricht die Wiedergewinnung der vollständigen Tiefenstruktur aus der Oberflächenstruktur dem Aufdecken des vollständigen sprachlichen Modells der Welt.« Im NLP wurde ein Modell entwickelt, mit dem man die genannten Filter systematisch hinterfragen kann: Das *Meta-Modell* der Sprache.

Was stellen Sie sich vor, wenn ein Freund zu Ihnen sagt: »Peter hat mir weh getan?« Schließen Sie kurz die Augen und visualisieren Sie sich das Gesagte. Was haben Sie gesehen? Sahen Sie, wie Ihr Freund von einer anderen Person körperlich geschlagen wird oder vielleicht wie Peter etwas Gemeines über Ihren Freund sagte? Der Satz Ihres Freundes läßt beide Möglichkeiten offen. Um zu erkennen, was er tatsächlich meinte, müssen Sie seine Oberflächenstruktur hinterfragen und zu seiner Tiefenstruktur vorstoßen. Genau dafür ist das Meta-Modell geeignet. Es erlaubt Ihnen, fehlende Informationen zu erschließen, Verstrickungen aufzulösen und klar zu kommunizieren.

Der erste Schritt zu einer besseren Kommunikation mit anderen ist jedoch das genaue Zuhören. Dabei ist es zunächst wichtig, nur das zu hören, was auch gesagt wird. Das mag einfach klingen, es ist aber keineswegs trivial. Dann sollten wir uns eine Repräsentation des Gesagten bilden, die möglichst frei von unseren eigenen Vorannahmen und Glaubenssätzen ist. In der Regel neigen wir recht schnell dazu, fehlende Sachverhalte für uns selbst zu ergänzen. Das kann dazu führen, daß Aussagen verzerrt oder falsch wahrgenommen werden.

Anstatt Vermutungen anzustellen, ist es oft besser, sich zu überlegen, welche Information Ihnen noch fehlt, damit Sie den anderen richtig verstehen, und ihn nach dieser Information zu fragen. Das Meta-Modell wird Ihnen dabei helfen, solche fehlenden, verzerrten oder generalisierten Aussagen aufzuspüren und die richtigen Fragen zu formulieren, um effektiv mit dem anderen kommunizieren zu können. Dabei geht es jedoch nicht darum, jederzeit jede unvollständige oder verzerrte Aussage zu hinterfragen. Oft ist dies nämlich gar nicht nötig. Ich selbst habe am Anfang den Fehler gemacht, daß ich jede kleine sprachliche Fehlgeformtheit hinterfragt habe, auch wenn das für das Verständnis gar nicht notwendig gewesen wäre. Meine Fragen kamen wie aus der Pistole geschossen und waren sprachlich höchst präzise formuliert. Dadurch habe ich meinem Gesprächspartner unterschwellig suggeriert, daß er sich nicht einmal vernünftig und klar ausdrücken kann. Sie können sich sicher denken, daß diese Art der Meta-Modell-Anwendung nicht gerade förderlich für das Herstellen einer angenehmen Atmosphäre war. In der Tat kann man so Unterhaltungen sehr schnell beenden. Fragen Sie einfach nur immer wieder: »Wie genau...? Was genau...?« Um wirkungsvoll mit dem Meta-Modell umzugehen, benutzen Sie es vor allem dann, wenn Sie noch keine klare oder eindeutige Repräsentation von dem Gesagten haben.

Auch in der Kommunikation mit sich selbst wird Ihnen das Meta-Modell eine wertvolle Hilfe sein. Es hilft Ihnen nämlich, Ihre eigenen inneren Fehlgeformtheiten und Einschränkungen zu erkennen, zu hinterfragen und schließlich aufzulösen.

Ich möchte Ihnen jetzt eine Übersicht über einige verschiedene Sprachmuster aus dem Meta-Modell geben und anhand von Beispielen die Fragen erläutern, die zu einer Beseitigung der Fehlgeformtheit führen.

Tilgen

Beim Tilgen werden Teile der ursprünglichen Erfahrung oder der Tiefenstruktur einfach weggelassen bzw. reduziert.

Tilgen kann sehr nützlich sein, denn unsere Sätze wären sehr lang und verschachtelt, wenn wir darin immer alle Informationen vermitteln wollten.

Miller und die Chunking-Theorie

Häufig reichen einige Worte vollkommen aus, um eine Nachricht zu verstehen. Zudem müssen unsere Zuhörer, die auf sie hereinbrechende Flut an Wörtern erst einmal verdauen. Auch das menschliche Gedächtnis stößt irgendwann an seine Grenzen. Nach einer Theorie von Miller können wir uns 7 ± 2 einfache Informationseinheiten gleichzeitig merken. Für mehr Informationen müssen wir sogenannte Chunks bilden. Dazu ein Beispiel: Probieren Sie jetzt, sich eine siebenstellige Telefonnummer kurz anzuschauen und dann aus dem Gedächtnis wiederzugeben. Nehmen Sie jetzt eine neunstellige Zahl und versuchen Sie es noch einmal. Die meisten Menschen kommen dabei langsam in den Bereich, in dem sie die Zahl nicht sofort auswendig wiedergeben können. Prägen Sie sich nun die neunstellige Zahl als drei dreistellige Zahlen ein und versuchen Sie es erneut. Diesen Vorgang nennt man Chunking. Sie haben die neun einzelnen Informationseinheiten zu 3 neuen Einheiten zusammengefaßt.

Doch zurück zum Tilgen: Manchmal tilgen wir Informationen, weil wir glauben, daß sie selbstverständlich sind. Manchmal fehlen die Informationen aber tatsächlich in unserem Modell der Welt.

▹ **Tilgung beim Verb**

Es fehlt ein Satzteil, der zu dem Verb gehört.

Beispiel:	**Frage:**
▫ Ich freue mich.	▵ Worauf freust Du Dich?
▫ Peter fürchtet sich.	▵ Wovor fürchtet sich Peter?
▫ Mein Bruder lachte.	▵ Worüber lachte er?
▫ Ich habe ein Fahrrad gekauft.	▵ Von wem hast Du ein Fahrrad gekauft?

▹ **Tilgung beim Substantiv**

Es fehlt ein Satzteil, der zu einem vollständigen Satz mit diesem Substantiv gehört.

Beispiel:	**Frage:**
▫ Susanne hat keine Ahnung.	▵ Wovon hat sie keine Ahnung?
▫ Er hat keine Zeit.	▵ Wofür hat er keine Zeit?
▫ Ich habe ein Problem.	▵ Ein Problem mit wem (was)?
▫ Der Hund hat große Angst.	▵ Vor wem / was hat er Angst?

▹ **Tilgung beim Adjektiv**

Es fehlt ein Satzteil, der zum Adjektiv gehört. Adjektive charakterisieren Substantive, z.B. groß, blau, rund, mutig usw.

Beispiel:	**Frage:**
▫ Er ist angesehen.	▵ Bei wem ist er angesehen?
▫ Dieser Mann ist erfolgreich.	▵ Wobei ist er erfolgreich?
▫ Die Nachricht ist traurig.	▵ Wen macht sie traurig?
▫ Dieses Geräusch ist beunruhigend.	▵ Für wen ist das Geräusch beunruhigend?

▹ **Tilgung beim Adverb**

Es fehlt ein Satzteil, der zu einem Adverb gehört. Adverbien beschreiben wie man etwas macht. Sie charakterisieren also Verben.

Beispiel:	**Frage:**
▫ Er verhielt sich angemessen.	▵ Wem gegenüber verhielt er sich angemessen?
▫ Offensichtlich ist das ein Problem.	▵ Wem ist das offensichtlich?
▫ Bedauerlicherweise kann man nichts mehr daran ändern.	▵ Für wen ist es bedauerlich?
▫ Er argumentierte feindselig.	▵ Wem gegenüber argumentierte er feindselig?

▷ **Tilgung beim Vergleich**
Es fehlt das Objekt oder der Maßstab, worauf sich der Vergleich bezieht.

Beispiel:	**Frage:**
□ Die Krawatte war teuer.	△ Teuer im Vergleich wozu?
□ Carl Lewis ist der Schnellste.	△ Der Schnellste im Bezug worauf?
□ Die Aufgaben sind schwieriger.	△ Schwieriger als was?
□ Das ist mir lieber.	△ Lieber als was?

▷ **Tilgung durch Verwendung von Modaloperatoren**
Hierzu zählen die Wortgruppen: dürfen, können, sollen, es ist nicht möglich, vermögen, außerstande. Es gibt Modaloperatoren der Notwendigkeit (müssen), der Möglichkeit (können), der Erlaubnis (dürfen) und der Empfehlung (sollen). Unser Ziel ist es, nach der Konsequenz oder dem Ergebnis zu fragen.

Beispiel:	**Frage:**
□ Ich muß meine Hausaufgaben machen.	△ Was wird sonst passieren?
□ Wir dürfen nicht zu spät kommen.	△ Sonst passiert was?
□ Du solltest jetzt auf mich hören.	△ Was passiert, wenn ich nicht auf Dich höre?
□ Wir können es nicht schaffen.	△ Was hält uns davon ab?
□ Niemand kann in einem Jahr reich werden.	△ Was macht es unmöglich, in einem Jahr reich zu werden?
□ Man darf nicht mehr als eine Frau haben.	△ Was hemmt Sie, mehr als eine Frau zu haben?
□ Ich sehe mich außerstande dieses Problem zu lösen.	△ Was hindert Sie daran, dieses Problem zu lösen?

Verzerren

Beim Prozeß des Verzerrens werden Erfahrungen auf verschiedene Arten umgewandelt. Meistens werden sie so verdreht, daß sie einen Menschen stark in seinen Handlungsmöglichkeiten einschränken.

▷ **Nominalisierungen**
In unserer Sprache kommt es sehr häufig vor, daß wir aus einem Prozeß ein Ereignis machen. Wir sagen zum Beispiel: ›Ich bin froh über meine Entscheidung‹. Das Wort ›Entscheidung‹ bildet ursprünglich den Prozeß

›entscheiden über etwas‹ ab. Dieser Prozeß wurde hier in eine Nominalisierung verwandelt und beschreibt nun nur noch ein Ereignis. Tatsächlich ist aber das, was hier als Ereignis beschrieben wird, ein fortlaufender Prozeß, der durchaus noch verändert oder beeinflußt werden kann. Die sprachliche Formulierung mit der Nominalisierung läßt jedoch eine solche Sichtweise nicht zu.

Durch das Hinterfragen können getilgte Informationen wiedergewonnen und Nominalisierungen zu Prozeßworten zurückverwandelt werden. Dies führt zu einer Erweiterung bzw. Vervollständigung des Modells der Welt des Sprechers und kann einen Wandlungsprozeß einleiten.

Beispiel:	**Frage:**
□ Meine Entscheidung, den Job nicht anzunehmen, liegt mir schwer im Magen.	△ Können Sie sich irgendwie vorstellen Ihre Entscheidung zu ändern? △ Was hindert Sie daran, Ihre Entscheidung zu ändern? △ Was würde passieren, wenn Sie es sich noch einmal überlegen würden und den Job doch annehmen?
□ Ich bin voller Hoffnung.	△ Worauf hoffen Sie?
□ Meine Überzeugung hat sich nicht verändert.	△ Wovon sind Sie überzeugt?
□ Die Frustration ist einfach zu groß für sie.	△ Worüber ist sie frustriert? Was erlebt sie genau?

Wenn Sie Schwierigkeiten haben, Nominalisierungen zu erkennen, dann überlegen Sie, ob man den entsprechenden Gegenstand in einen Schubkarren legen kann. Einen Stuhl kann man hinein legen, eine Entscheidung, Überzeugung, Hoffnung, Vertrauen, Liebe kann man nicht hinein legen, denn sie sind Nominalisierungen.

▷ **Vorannahmen**

Die Vorannahmen eines Modells drücken sich sprachlich in Präsuppositionen aus. Das sind Aussagen, die wahr sein müssen, damit der Satz einen Sinn ergibt.

Beispiel:	**Frage:**
□ Wenn du wieder so eklig zu mir bist, gehe ich nicht mit Dir aus.	△ Was genau erschien Dir eklig?
□ Inzwischen hast Du Fortschritte gemacht.	△ Woher weißt Du, daß ich vorher nicht gut war?

Beispiel	Frage
◻ Wenn Du klug bist, wirst Du meine Entscheidung verstehen.	△ Was läßt Dich annehmen, daß ich nicht klug bin?
◻ Wodurch hat sich Ihre Einstellung verändert?	△ Was läßt Sie glauben, daß meine Einstellung sich verändert hat?
◻ Du bist genauso egoistisch wie dein Vater.	△ Was bringt Dich dazu, anzunehmen, daß mein Vater egoistisch ist?

▷ **Ursache – Wirkung**

Die sprechende Person geht von der Annahme aus, daß ihr Gesprächspartner eine Handlung ausführt, die ihren inneren Zustand auslöst. Dabei gewinnt man den Eindruck, die sprechende Person hätte keine Wahl und müsse das Gefühl erfahren.

Beispiel:	**Frage:**
◻ Du machst mich wütend.	△ Wie genau mache ich Dich wütend?
◻ Das Augenzwinkern der fremden Frau lenkt mich ab.	△ Wie genau bewirkt das Augenzwinkern, daß Du abgelenkt wirst?
◻ Du zwingst mich, Konsequenzen zu ziehen.	△ Wie genau zwinge ich Dich?
◻ Du deprimierst mich.	△ Wie genau deprimiere ich Dich?
◻ Ich bin traurig, weil Du mich verlassen hast.	△ Wenn ich Dich nicht verlassen hätte ,wärst Du dann nicht traurig?
◻ Ich möchte nicht zornig werden, aber sie hört nicht auf, mich zu kritisieren.	△ Werden Sie immer zornig, wenn man Sie kritisiert?

Tatsächlich ist es aber unmöglich, daß ein Mensch in einem anderen Menschen Gefühle erzeugt. Sie reagieren mit Gefühlen auf Interaktionen mit anderen, aber Sie erzeugen Ihre Gefühle selbst. Hier wird die Verantwortung für Gefühle nach außen verlagert, wo sie nicht mehr der eigenen Kontrolle unterliegen. Hinterfragen Sie in einem solchen Fall die Aussage so, daß die Verantwortung für die Reaktion wieder selbst übernommen wird.

▷ **Gedankenlesen**

Oft kommt es vor, daß unser Gegenüber genau zu wissen glaubt, was wir denken oder fühlen, ohne überhaupt einen direkten Anhaltspunkt zu haben.

Beispiel:	**Frage:**
◻ Ich weiß genau, was Du jetzt denkst.	△ Woher weißt Du, was ich denke?
◻ Ich weiß, was das beste für Dich ist.	△ Woher im einzelnen weißt Du das?

□ Wenn Du mich lieben würdest, würdest Du tun, was ich von Dir erwarte.	△ Woher weißt Du, daß ich weiß, was Du von mir erwartest?
□ Nie denkst Du an mich.	△ Woher weißt Du, daß ich nie an Dich denke?

Gedankenlesen kann darin bestehen, unbewußte Signale zu interpretieren und sie dann auszusprechen. Damit können Sie zwar häufig richtig liegen, aber manchmal auch ganz schön daneben! Warum sollten Sie eine vage Vermutung anstellen, wenn Sie doch auch fragen können?

▹ **Verlorener Performativ**

Eine Äußerung über eine Regel, die sich so anhört, als gelte sie für die ganze Welt. Dabei ist die Information verloren gegangen, auf wen oder was sich diese Regel bezieht, bzw. wen sie betrifft.

Beispiel:	**Frage:**
□ Es ist falsch, andere Menschen zu töten.	△ Wer sagt das?
□ Das tut man nicht.	△ Wer behauptet das?
□ Zu viel Arbeit macht krank.	△ Woher weißt du das?

Durch solche Sätze präsentiert Ihnen Ihr Gesprächspartner eine Annahme, die in seinem Modell der Welt Gültigkeit hat. Übernehmen Sie nicht automatisch die Regeln einer anderen Person, sondern prüfen Sie, ob sie auch für Sie Gültigkeit haben.

Generalisierung

Wir generalisieren bestimmte Aussagen, weil häufig die Ausnahmen nicht wichtig sind und wir nicht jedesmal sagen wollen: »In der Regel ist es so und so, aber Ausnahmen sind a) ..., b) ... und c) ... Das sparen wir uns häufig und sagen einfach: »Immer ist das Wetter schlecht, wenn ich spazieren gehen will!« »Nie hörst du mir zu!«

Das Problem dabei ist jedoch, daß durch die Generalisierung Erfahrungen sehr stark eingeschränkt werden. Wir verlieren an Detailgenauigkeit und Fülle. Manchmal sind gerade die Ausnahmen entscheidend und können uns zu einer neuen Einsicht verhelfen.

▹ **Fehlender Bezug**

Es fehlt der Bezug zu einer spezifischen Einzelerfahrung, so daß die Aussage scheinbar auf alle Erfahrungen zutrifft.

Beispiel:	**Frage:**
▫ Ich respektiere Deine Gefühle.	▵ Welche Gefühle respektierst Du?
▫ Sie mag Hunde.	▵ Welche Hunde mag sie?
▫ Man soll nicht lügen.	▵ Wer soll nicht lügen?
▫ Laßt uns aufhören.	▵ Wer genau soll aufhören?

▹ **Generalisierter Referenzindex**

Es werden Aussagen über alle Elemente einer Klasse gemacht.

Beispiel:	**Frage:**
▫ Frauen sind lieb.	▵ Alle Frauen?
▫ Siamkatzen sind sehr rein.	▵ Alle Siamkatzen?
▫ Männer sind Schweine.	▵ Alle Männer?

▹ **Universalquantoren**

Zu den Universalquantoren zählen: Alle, jeder, sämtliche, irgendeiner, niemals, nichts, kein, niemand.

Beispiel:	**Frage:**
▫ Niemand achtet auf mich.	▵ Wirklich NIEMAND? Überhaupt gar niemand?
▫ Es ist unmöglich, irgendwem zu glauben.	▵ Haben Sie jemals die Erfahrung gemacht, jemandem glauben zu können?
▫ Alle Menschen sind schlecht.	▵ Wirklich alle? Gibt es keine einzige Ausnahme?
▫ Ich mache nie einen Fehler.	▵ Wirklich niemals? Können Sie sich irgendwelche Umstände vorstellen, unter denen Sie einen Fehler gemacht haben?

▹ **Symmetrische Prädikate**

Sie beschreiben immer die Prozesse zwischen zwei Menschen. Dabei trifft zwangsläufig auch das Gegenstück zu. Wenn Hans mit mir streitet, dann streite auch ich immer mit Hans. Zu einem Streit gehören immer zwei Personen.

Beispiel:	**Frage:**
▫ Hans streitet immer mit mir.	▵ Streite ich immer mit Hans?
▫ Mein Mann berührt mich nicht mehr.	▵ Berühren Sie denn Ihren Mann?
▫ Sie gibt mir nie die Hand.	▵ Geben Sie ihr die Hand?

▷ Nicht symmetrische Prädikate

Hier geht es um Tätigkeiten, bei denen nur eine Person aktiv beteiligt ist. Bei diesen Prädikaten ist das Gegenstück nicht notwendigerweise wahr, auch wenn es oft zutrifft.

Beispiel:	**Frage:**
□ Die schöne Frau lächelt mich nicht an.	△ Lächeln Sie denn die schöne Frau an?
□ Mein Vater sieht mich nicht mehr.	△ Sehen Sie Ihren Vater?

▷ X oder Y

Wenn ich nicht X mache, dann passiert Y. Dabei werden Behauptungen über Kausalbeziehungen aufgestellt, die gar nicht notwendigerweise zutreffen müssen.

Beispiel:	**Frage:**
□ Ich muß gute Leistungen bringen, damit mich die anderen mögen.	△ Wenn andere gute Leistungen bringen, mögen Sie sie dann?
□ Wenn ich andere nicht liebe, dann liebt mich auch keiner.	△ Wenn Sie andere Menschen lieben, lieben sie dann immer auch Sie?

▷ Komplexe Äquivalenz

Zwei Erfahrungen werden als bedeutungsgleich dargestellt.

Beispiel:	**Frage:**
□ Du liebst mich nicht, weil Du mich nicht ansiehst, wenn Du mit mir sprichst.	△ Wieso bedeutet: ›ich schaue Dich nicht an‹ für Dich: ›ich liebe Dich nicht‹?
□ Mein Partner nimmt mich nicht ernst. Er lächelt immer so, daß ich mich ausgelacht fühle.	△ Nimmt Ihr Partner Sie immer dann nicht ernst, wenn er lächelt?
	△ Wenn Sie Ihren Partner *anlächeln*, *bedeutet* es dann, daß Sie ihn nicht *ernst nehmen*?
Nein.	
	Wo ist der Unterschied?

▷ Unvollständig spezifizierte Verben

Es werden Verben verwendet, die das Geschehen nur sehr allgemein beschreiben. Im Grunde genommen sind fast alle verwendeten Verben unvollständig. Selbst wenn ich sage: ›Ina küßte Mario auf den Mund‹, gäbe es noch vieles, was man genauer sagen könnte, z.B. wie lange, wie intensiv.

Beispiel:	**Frage:**
◻ Wir kamen zusammen.	△ Wie genau kamt Ihr zusammen?
◻ Meine Schwester übersieht mich immer.	△ Wie genau übersieht Sie Ihre Schwester?
◻ Klaus ging nach Bremen.	△ Wie genau ging Klaus nach Bremen?
◻ Meine Katze verlangt nach Aufmerksamkeit.	△ Wie genau verlangt Ihre Katze nach Aufmerksamkeit?

Wenn Sie sich selbst und anderen Menschen helfen wollen, ist es unbedingt notwendig, daß Sie durch Ihre Kommunikation zu dem Kern eines Problems oder Themas vordringen. Ein bedeutendes Hilfsmittel dabei sind Fragen. Fragen sind ebenso wichtig, wenn es darum geht, sich über neue Themen zu informieren und die Bedeutung von bestimmten Sachverhalten herauszubekommen. Kleine Kinder sind Weltmeister im Fragenstellen. Immer wieder fragen sie, weil es für sie so viele Dinge gibt, deren Bedeutung, Funktion oder Zusammenhang sie noch nicht kennen. Als Erwachsene fühlen wird uns manchmal genervt, wenn diese kleinen ›Quälgeister‹ uns so hartnäckig mit Fragen bombardieren. Doch um wie vieles wäre unser Leben reicher, wenn auch wir mehr Fragen stellen würden? Fragen sind auch ein wichtiger Zugang zu unseren eigenen Gedanken. Die Art der Fragen, die wir uns Tag für Tag stellen, entscheidet darüber, worauf wir uns in unserem Leben konzentrieren. »Was kann ich jetzt sofort tun, um meinem Ziel ein Stück näher zu kommen? Welchen Menschen kann ich heute helfen, glücklicher und fröhlicher zu werden? Was werde ich heute Großartiges erleben?« Gute Fragen fordern zu neuen Gedanken heraus und erweitern unseren Fokus. Schlechte Fragen schränken uns ein. Eine Veränderung Ihres Fokus verändert auch Ihre Gefühle.

> *»Fragen durchdringen das menschliche Bewußtsein wie ein Laserstrahl. Sie lenken unsere Gedanken in eine bestimmte Richtung und haben entscheidenden Einfluß auf unsere Gefühle und Aktionen.«*
> *(Anthony Robbins)*

Wer fragt, lernt bedeutend schneller. Wenn Sie eine neue Information aus einem Buch oder Zeitschriftenartikel aufnehmen wollen, dann können

Sie dies bedeutend effektiver tun, wenn Sie sich vorher Fragen an den Text überlegt haben. Wenn Sie einfach beginnen, zu lesen, werden Sie nur einen Bruchteil der Informationen aufnehmen, die Sie aufnehmen könnten. Wenn Sie sich jedoch vorher überlegt haben, was Sie aus dem Text lernen wollen, welche Antworten Sie erwarten, dann achten Sie beim Lesen genauer darauf und werden sich mehr Details merken können. Zu Beginn meines Psychologiestudiums hatte ich einige Schwierigkeiten damit, Informationen aus langatmig geschriebenen Lehrbüchern aufzunehmen. Ich hatte häufig wenig Hintergrundwissen, mit dem ich das Neue hätte verknüpfen können. Zwar schien mir beim Durchlesen alles sehr plausibel, doch wenn ich mich Minuten später gefragt habe, was ich gerade gelesen hatte, fiel mir nicht mehr viel dazu ein. Also mußte ich eine andere Möglichkeit finden. Ich las die Überschrift des Textes und dachte mir Fragen dazu aus. Diese schrieb ich auf Karteikarten. Die Rückseite ließ ich frei, um später darauf die Antwort, die der Text mir gab, zusammenzufassen. Danach entwickelte ich ein nach den modernen Prinzipien des Lernens entwickeltes spezielles System, um mit den Karteikarten zu lernen und zu wiederholen. Dadurch gelang es mir, mein Psychologie-Vordiplom in Rekordzeit und mit der Bestnote in allen Fächern abzuschließen!

> *»Manche Menschen sehen die Dinge, wie sie sind, und fragen: ›Warum?‹.*
> *Ich träume von Dingen, die es noch nie gegeben hat,*
> *und frage: ›Warum nicht?‹.«*
> *(George Bernard Shaw)*

Die Art der Fragen, die Sie an sich selbst stellen, bestimmen, wohin Sie eines Tages kommen werden. Wenn Sie sich jeden Tag fragen: ›Was muß ich tun, um zu überleben?‹, dann landen Sie an einer anderen Stelle als jemand, der sich jeden Tag fragt: ›Wie kann ich heute ein Stück meinen Zielen näher kommen?‹.

Wenn Sie sich die Frage stellen: ›was in meinem Leben macht mich glücklich?‹, dann wird Ihr Gehirn nach Referenzerfahrungen suchen, die Sie glücklich gemacht haben. Wenn Sie sich dagegen fragen: ›warum bin ich immer so frustriert?‹, dann werden Ihnen auch hierfür zahlreiche Gründe einfallen. Ihr Gehirn wird Ihnen immer eine Antwort geben – gleichgültig, ob Sie eine positive oder negative Frage stellen.

Das Geheimnis dieser Fragen besteht in den Vorannahmen, die durch sie getroffen werden. Die Frage: ›was in meinem Leben macht mich glücklich?‹

setzt voraus, daß Sie glücklich sind. Die Frage, ob Sie glücklich sind oder nicht, wird gar nicht gestellt. Achten Sie deshalb darauf, daß Sie Ihr Augenmerk immer auf positive Dinge lenken. Wie könnten Sie das tun? Welche Fragen müssen Sie dazu stellen? Nehmen Sie sich einen Augenblick Zeit und überlegen Sie sich fünf Fragen, die in der Lage sind, Ihren Fokus auf großartige Ziele und Ereignisse zu richten und Sie in unwiderstehliche Zustände versetzen.
Welche Fragen geben Ihnen Kraft und Energie? Durch welche Fragen werden Sie dazu motiviert, jetzt gleich einen weiteren Schritt zur Erfüllung Ihres Traumes vorwärts zu gehen?

Sprache hat einen Einfluß auf unsere Gedanken und Gefühle! Wenn wir nur genug Menschen erzählen, daß es ein ›Problem‹ mit einer Sache oder einer Person gibt, dann lenken wir den Fokus auf das Problem. Wir erschaffen damit eigentlich erst das Problem. Wenn wir dem anderen sagen: ›Mach Dir keine Sorgen!‹, richten wir damit seinen Fokus auf ›Sorgen‹. Wenn Sie zu Ihrem Kind sagen: ›Trink keinen Alkohol oder rühr Drogen nicht an‹, dann lenken Sie die Aufmerksamkeit genau auf diese kritischen Gebiete. Das Unterbewußtsein versteht die Verneinung nicht. Denken Sie jetzt bitte nicht an einen Elefanten mit einem Pflaster, der noch dazu durch die Luft fliegt. – Was ist passiert? Die ganze Zeit wäre es Ihnen nicht im Traum eingefallen, an einen Elefanten mit Pflaster zu denken und ausgerechnet in dem Moment, wenn Sie in diesem Buch lesen, daß Sie nicht daran denken sollen, denken Sie daran.

Ich möchte Sie dazu ermuntern, bewußter mit Ihrer Sprache umzugehen und Ihre Worte dazu benutzen, in bessere Zustände zu gehen. Vielleicht kennen sie folgendes Mini-Gespräch: Jemand fragt Sie: »Wie geht es Ihnen?« Sie antworten: »Gut«. Daraufhin sagt er: »Das hört man gerne!« An diesen Stellen kann ich meist nur schwer ein Lächeln unterdrücken. Der Frager stellt eine Frage, die völlig undifferenziert ist und fast nichts aussagt. Die Antwort ist denkbar kurz und nichtssagend. Dennoch wird Sie wörtlich genommen. Eine Weile habe ich auf die Frage: ›Wie geht es Dir?‹ geantwortet: ›In welcher Hinsicht, beruflich, privat oder in der Liebe?‹. Aber was sollte ich tun, wenn jemand sagte: ›So im Allgemeinen‹? Soll ich jetzt einen Mittelwert aus den Bereichen Emotionalität, Spiritualität, Finanzen, Liebe und Geschäft bilden? Die Antwort wäre wieder völlig nichtssagend. Im Englischen ist es da viel leichter. Jemand fragt: ›How do you do?‹ und die korrekte und höfliche Antwort ist: ›How do you do?‹. Die Frage ist also als Gruß aufzufassen. Als ich dies das erste Mal hörte, war ich ziemlich erstaunt. Vielleicht ist Ihnen auch schon aufgefallen, wie sich viele Jugendliche in Deutschland begrüßen. Der eine sagt: ›Wie geht's?‹ und der andere antwortet ›und Dir?‹. Damit ist dem Begrüßungsritual Genüge getan. Nutzen Sie doch in Zukunft die Begrüßung, um sich selbst und Ihren Gesprächspartner in bessere Zustände zu bringen. Wie geht das? Wenn das nächste Mal jemand Sie fragt, wie es Ihnen geht, verkneifen Sie sich diese langweilige Floskel ›gut‹ und sagen Sie ›ausgezeichnet‹, ›hervorragend‹, ›spitze‹, ›phantastisch‹, ›super stark‹. Trifft der andere Sie gerade in einem schrecklichen, verstörten oder enttäuschten Zustand an, dann helfen Sie sich selbst durch den Gebrauch von abschwächenden Wörtern aus der Patsche und sagen Sie: ›leicht gereizt‹, ›etwas genervt‹, ›vorübergehend müde‹ oder etwas ähnliches. Beginnen Sie damit, Ihre Redewendungen daraufhin zu überprüfen, inwieweit sie in der Lage sind, sich selbst und andere in bessere Zustände zu bringen.

> *»Menschen mit verarmtem Wortschatz haben ein verarmtes Gefühlsleben; Menschen, die über einen reichen Wortschatz verfügen, bedienen sich einer umfangreichen Palette von Farben, mit denen sie ihren Erfahrungen eine nuancenreiche Färbung geben, nicht nur in der Kommunikation mit anderen, sondern auch mit sich selbst.«*
> *(Anthony Robbins)*

★ Übung: Wörterbuch für positive Gedanken

Entwickeln Sie für sich eine Art Wörterbuch, in dem Sie Ihre alten Ausdrücke und Fragen durch neue, ermunternde und powervolle ersetzen. Hier einige Beispiele:

Was ist Dein Problem?	Worin besteht die Herausforderung?
Mach dir keine Sorgen!	Du wirst es schaffen!
Sei kein Frosch!	Sei mutig wie ein Löwe!
am Boden zerstört	etwas zurückgeworfen
ängstlich	etwas beunruhigt
deprimiert	kurz vor dem Wendepunkt
faul	Energie tanken
gestreßt	beschäftigt
scheitern	neues lernen
überfordert	richtig herausgefordert
verwirrt	neugierig
attraktiv	überwältigend
aufgeregt	hingerissen
entschlossen	nicht zu stoppen
froh	völlig aus dem Häuschen
großartig	phänomenal
konzentriert	voller Energie
sich gut fühlen	in absoluter Spitzenform
phantastisch	sagenhaft
______________________	______________________
______________________	______________________
______________________	______________________
______________________	______________________
______________________	______________________

Denken Sie daran: Die Worte, die Sie täglich verwenden, bestimmen Ihre emotionalen Zustände. Indem Sie diese Worte sorgfältig auswählen, können Sie verändern, wie Sie sich fühlen und wie Sie denken. Damit können Sie die Qualität Ihres Lebens entscheidend verbessern. Sagen Sie sich morgens vor dem Spiegel: ›Guten Morgen, Du Glückspilz (Prinz/Prinzessin)!‹ anstatt: ›Ah, sehe ich aber schon wieder müde aus...‹

Wenn Sie dieses Buch bis hierher aufmerksam gelesen haben, dann werden Sie jetzt sagen, daß es nicht nur der Inhalt der Worte ist, auf den es ankommt, sondern auch die Art und Weise, wie die Worte ausgesprochen werden, mit welcher Stimme ein Mensch spricht. Ihre Stimme ist ein Widerhall Ihrer Stimmung. Sie entsteht in Ihrem Inneren und trägt nach außen, wie es in Ihnen aussieht. Sind Sie ein ängstlichen Mensch, dann haben Sie eine ängstliche Stimme. Sind Sie ein selbstbewußter Mensch, dann haben Sie eine selbstbewußte Stimme. Sind Sie ein trauriger Mensch, dann haben Sie eine traurige Stimme. Sind Sie verliebt, dann haben Sie eine verliebte Stimme. Wenn Sie Ihre Stimme verändern, verändern Sie Ihr Inneres.

»Dem Menschen seine häßliche Stimme nehmen und ihm eine kraftvolle geben, bedeutet, dem Menschen ein neues Schicksal, eine neue Persönlichkeit zu geben.«
(Nikolaus Enkelmann)

Dieses Gesetz finden Sie in dem Theaterstück ›My Fair Lady‹ verwirklicht. Der Dialektforscher Professor Higgins und sein Fachkollege Oberst Pickering schließen eine Wette ab. Professor Higgins möchte beweisen, daß nicht die soziale Umwelt, sondern allein Sprache und Umgangsformen einen Menschen und seinen Status in der Gesellschaft bestimmen. Auf der Suche nach einer geigneten Versuchsperson entdecken sie das Blumenmädchen Eliza Doolittle, das einen fürchterlichen Cockney-Slang spricht. Eliza lebt fortan eine Zeit im Hause des Professor und bekommt anstrengenden Unterricht im Sprechen. Nach langem Üben macht Eliza Fortschritte und schließlich kann sie sich vollkommen in der gehobenen Gesellschaft etablieren!

Diese Eliza Doolittel hat tatsächlich gelebt! Sie entsprang der wilden Ehe eines englischen Schaustellers, der von Jahrmarkt zu Jahrmarkt zog, und einer jungen Schauspielerin. Sie wollte aus dem schlechten Milieu ihrer Eltern herauskommen und träumte von einer Karriere als Schauspielerin.

Zwei Jahre lang wurde sie an der besten englischen Theaterschule abgelehnt. Doch nach intensiver Arbeit an ihrer Sprache nahm man sie schließlich auf und sie wurde zum strahlenden Stern am englischen Theaterhimmel! Mit 56 Jahren hat sie an der Harvard-Universität Vorträge über die Macht der Sprache gehalten. Sie hat es geschafft: Durch Arbeit an ihrer Sprache hat sie ihre Persönlichkeit und damit ihr Schicksal verändert!

10
Selbstbewußt Kontakte knüpfen

»Furcht besiegt mehr Menschen als irgend etwas anderes auf dieser Welt.«

Ralph Waldo Emerson

Gleichgültig, welches Ziel Sie verfolgen, Sie werden immer jemanden finden, der Ihnen helfen kann, dieses Ziel schneller zu erreichen. Ihre Fähigkeit, mit anderen Menschen Kontakte aufzubauen, ist für Ihren Erfolg von entscheidender Bedeutung. In diesem Kapitel werden Sie Gelegenheit haben, an Ihrem Selbstbewußtsein zu arbeiten und Ihre sozialen Fertigkeiten im Umgang mit anderen Menschen weiter zu entwickeln. Nach Durchführung der vorgeschlagenen Übungen werden Sie in der Lage sein, mehr und tiefere Kontakte zu anderen Menschen aufzubauen. Einer der entscheidenden Schritte dabei ist der Aufbau Ihres eigenen Selbstbewußtseins. Nur wenn Sie es schaffen, Ihre Schüchternheit abzulegen und statt dessen Spaß dabei empfinden, selbstbewußt mit anderen Menschen zu kommunizieren, werden Sie in der Lage sein, auch Ablehnungen mit Leichtigkeit wegzustecken und Ihre Möglichkeiten dramatisch zu erweitern. *Überlegen Sie sich doch jetzt einmal, welche Vorteile es für Sie haben könnte, kontaktfreudig zu sein. Welche Möglichkeiten würden sich Ihnen bieten?*

Der kontaktfreudige Mensch sucht immer wieder die Nähe anderer Menschen. Er spricht sie an, wenn ihm danach zu Mute ist und versteht es, eine Unterhaltung interessant zu gestalten. Er nimmt ein ›Nein‹ beim Kennenlernen nicht als eine Kritik an seiner Person, sondern als eine Folge von ungünstigen Umständen, dem falschen Ort, der falschen Zeit oder seinem momentan ungeeigneten Verhalten. Der kontaktfreudige Mensch geht auf andere zu und flirtet aus Spaß an der Freude und nicht, um bestimmte Ziele zu erreichen. Auf diese Weise lernt er viele neue Menschen kennen, die ihm ganz zufällig das Leben leichter machen können. Der eine ist Automechaniker und ist gerne bereit, für eine Gefälligkeit mal bei dem Auto des Kontaktfreudigen nach dem Rechten zu sehen. Der andere ist Bibliothekar und kann genaue Auskunft über die Literatur zum Training der eigenen Stimme geben. Selbst wenn er alleine auf eine Party gehen muß, weil ein Freund kurzfristig abgesagt hat, ist der Kontaktfreudige voller Gewißheit, daß dieser Abend etwas ganz Besonderes werden wird; schließlich wird er dort sehr viele Menschen mit unterschiedlichen Meinungen und Lebenswegen kennenlernen. Vielleicht trifft er auch bei einem seiner zahllosen kleinen Flirts seine große Liebe und lernt noch am selben Abend jemanden kennen, der in einem Reisebüro arbeitet, das gerade besonders günstige Hochzeitsreisen anbietet. Die Welt steckt für den Kontaktfreudigen voller Überraschungen und guter Möglichkeiten.

Dem Kontaktscheuen fällt es dagegen schon schwer, ein Kompliment anzunehmen. Wird er von einem anderen Menschen abgelehnt, so nimmt er es sehr persönlich und kommt für die nächsten Stunden nicht mehr aus seinem Schneckenhaus heraus. Er lernt nur wenige neue Menschen kennen, wartet darauf, angesprochen zu werden und ist von den meisten Partys sehr enttäuscht, weshalb er sie zu meiden versucht. Wenn er sich doch einmal auf ein Gespräch einläßt, so endet das Gespräch regelmäßig in gegenseitigem peinlichen Anschweigen. Die meisten guten Möglichkeiten des Lebens ziehen ungenutzt an ihm vorüber. Er überlegt sich stundenlang, wie ein guter Gesprächsanfang aussehen könnte und fürchtet, daß andere ihn bei seinem ›Auftritt‹ auslachen könnten.

Was ist der Unterschied zwischen diesen beiden Extremtypen? Der Professor für Sozialpsychologie P. G. Zimbardo hat sich sehr lange mit Schüchternheit beschäftigt. Er schreibt in einem seiner Bücher, daß geringe Selbstachtung und Schüchternheit Hand in Hand gehen. Ein Mensch, der große Schüchternheit aufweist, besitzt eine geringe Selbstachtung, während bei einem Menschen mit großer Selbstachtung die Schüchternheit nicht mehr anzutreffen ist.

Diese Selbstachtung ist aber nichts anderes als eine Einstufung Ihres eigenen Wertes im Vergleich mit anderen Menschen.

Wie schätzen Sie Ihre Kontaktfreudigkeit ein? Geben Sie sich selbst einen Wert von 1 bis 100 auf einer Skala, auf der 1 ein Einsiedler ist, der überhaupt keine Kontakte braucht und 100 ein Alleinunterhalter, der durch die Welt zieht, überall Kontakte hat und ständig neue Kontakte braucht.

1 ———————————————— 100

Entscheidend für eine Veränderung Ihres Kontaktverhaltens sind vor allem zwei Faktoren: Ihre *Einstellung* und Ihre *Soziale Kompetenz*. Beides können Sie durch dieses Trainingsprogramm verbessern.

In dem Trainingsprogramm dieses Kapitels werden wir uns zunächst mit der Einstellung beschäftigen und dann erst auf Aspekte der sozialen Kompetenz zu sprechen kommen. Unter sozialer Kompetenz habe ich eine Reihe von Gesprächstechniken wie Fragetechniken, Körpersprache, aktives Zuhören, Kontaktstart und ›guter Abschied‹ zusammengefaßt.

Ihre Einstellung ergibt sich aus Ihren Überzeugungen und Glaubenssätzen. Das haben wir bereits früher erkannt. Jetzt haben Sie Gelegenheit, das bereits Gelernte auf das Kontaktverhalten zu übertragen.

Was waren Ihre bisherigen Glaubenssätze zum Kontaktverhalten?

Ausreden der kontaktscheuen Menschen

Hier sind einige Ausreden, die man häufig hört, wenn man kontaktscheue Menschen danach fragt, warum sie nicht einfach auf einen fremden Menschen zugehen und sich bemühen, ihn kennenzulernen:

»Ich weiß nicht, was ich sagen soll.«
»Es ist doch peinlich, jemand anderen einfach so anzusprechen.«
»Mir fehlt einfach ...«
»Wenn ich abgelehnt werden würde, wäre das furchtbar.«
»Ich bin nicht interessant genug!«
»Nur die Schönen kommen gut bei anderen an.«
»Ich bin nicht reich genug.«
»Alle Menschen lehnen mich ab.«

Im Vergleich zu Marylin Monroe oder Heiner Lauterbach werden Sie im Hinblick auf Schönheit fast immer den Kürzeren ziehen. Verglichen mit Bill Gates sind Sie wirklich ein armer Schlucker. Sie müssen nicht gleich in Versen sprechen, wenn Sie jemanden kennenlernen wollen. Was auch immer, irgend etwas wird immer fehlen, heute, morgen, in 10 Jahren – selbst wenn Sie denken können wie Albert Einstein, Muskeln haben wie Arnold Schwarzenegger und so schnell laufen können wie Carl Lewis.

Warum lassen Sie sich auf dieses ungleiche Spiel des Vergleichs ein? Sie sind völlig einzigartig. Sie haben eine einzigartige Vision und sind bereit, sich für sie einzusetzen. Sie haben anderen Menschen etwas zu sagen und können sich begeistert für Ihre Ziele einsetzen. Also, was hindert Sie daran, mit anderen zu kommunizieren? Was hindert Sie daran, in Ihrem Kopf die Weichen Ihres Selbstbewußtseins auf sehr hoch einzustellen? Ob Sie Selbstvertrauen haben oder nicht, ist nur eine Frage Ihrer Entscheidung. Warum entscheiden Sie sich nicht einfach dafür, sich von heute an für einmalig, fähig, wertvoll und liebenswert zu halten? Schließlich haben Sie nur dieses eine Leben. Sie bestimmen Ihre Zukunft und Ihr Leben.

Sie sind einzigartig!

Vielleicht haben Sie es schon bemerkt, diese Glaubenssätze sind völlig irrational, doch das hindert sie keineswegs daran, Sie zu hemmen und zu blockieren. Daher sollten Sie ihren Panzer durchbrechen und sie durch bessere ersetzen.

Formulieren Sie nun die entsprechenden Glaubenssätze eines kontaktfreudigen Menschen!

Beispiele für Überzeugungen eines kontaktfreudigen Menschen:

Ich bin liebenswert. Ich habe Interessantes anzubieten. Andere sind interessant und haben mir etwas zu geben. Es lohnt sich, ein Risiko einzugehen und andere anzusprechen. No risk – no fun.

Vervollständigen Sie die folgenden Sätze:

»Ich bin einmalig, weil...«

»Ja, ich bin fähig, meinen Traum zu verwirklichen, weil...«

»Ich bin ein wertvoller Mensch, weil... «

»Ich bin liebenswert, weil...«

Wenn Sie das Gefühl haben, daß es mit Ihrer Selbstachtung noch nicht zum Besten bestellt ist und Sie Schwierigkeiten bei der Vervollständigung

der Sätze hatten, dann forschen Sie einmal genauer in sich nach, woran es liegen könnte. Seien Sie bei der Begründung sehr präzise und überlegen Sie genau, warum Ihre Maßstäbe so oder so sind. Fragen Sie sich:
Warum genau empfinde ich mich selbst als nicht einmalig?

Was genau hindert mich daran, einmalig zu sein?

Warum genau empfinde ich mich selbst nicht als wertvoll?

Was genau hindert mich daran, wertvoll zu sein?

Warum genau empfinde ich mich selbst als nicht liebenswert?

Was genau hindert mich daran, liebenswert zu sein?

Programm zur Stärkung der Selbstachtung

Wenn Sie wollen, daß andere Sie anständig behandeln, dann müssen Sie zuallererst sich selbst so behandeln. Mal ehrlich, was halten Sie von einem Menschen, der dauernd schlecht über sich selbst redet, der mit sich selbst umgeht, als wäre er nichts wert? Sie werden sich schwer tun, diesem Menschen Achtung entgegenzubringen!

1. *Reden Sie nie schlecht über sich selbst, weder, wenn Sie alleine sind, noch in der Gegenwart von anderen.*
   Nennen Sie sich nicht ›Idiot‹ oder ›Dummkopf‹ und schreiben Sie sich keine negativen Eigenschaften zu. Das heißt nicht, daß Sie sich selbst nicht kritisieren dürfen, aber verwenden Sie dabei keine Generalisierungen. Kritisieren Sie nur spezifische Situationen oder Tätigkeiten. Anstatt zu sagen, daß Sie ein ›Versager‹ sind, beschreiben Sie die genaue Situation, in der Sie glauben, versagt zu haben. Sagen Sie z.B. »Ich habe es gestern abend in den ersten 10 Minuten der Verhandlung mit Herrn Meyer nicht geschafft, Rapport herzustellen, weil ich zu sehr meine Ziele betont habe«. Bei einer solchen Beschreibung brauchen Sie sich nicht als Person angegriffen zu fühlen. Es sind Ihre Tätigkeiten, die hier bewertet und verbessert werden können, nicht Ihre Person als solche.
2. *Trennen Sie sich von Menschen, Aufgaben und Situationen, die Ihnen ein Gefühl der Unzulänglichkeit vermitteln.*
   Es gibt so viele Menschen, Aufgaben und Situationen, daß Sie es sich leisten können, sich solche zu suchen, die Sie darin unterstützen, ein positives Selbstwertgefühl aufzubauen. Das Leben ist einfach zu kurz, um sich allzu lange mit deprimierenden, selbstzerstörerischen Dingen zu beschäftigen.

> *»Werfen Sie jeden kompromißlos aus Ihrer Wohnung hinaus,*
> *der Sie nach der dritten Verwarnung immer noch*
> *auf den Boden der Tatsachen zurückholen will.«*
> *Peter Kummer*

3. *Schenken Sie sich selbst Lob und Anerkennung.*
   Setzen Sie sich sowohl kleine als auch große Ziele, überprüfen Sie Ihre Zielerreichung und belohnen Sie sich auch für kleine Schritte. Erweitern Sie dann nach und nach den Schwierigkeitsgrad Ihrer Aufgaben. Gehen Sie jeden Tag einen kleinen Schritt weiter. Genießen Sie das Gefühl, etwas vollbracht zu haben.

4. *Nutzen Sie die Autosuggestion.*
»Ich freue mich über meine Einzigartigkeit, mein Leben. Ich entwickle mich zu einer selbstbewußten und widerstandsfähigen Persönlichkeit. Ich bin der augenblickliche Gipfelpunkt der langen Evolution unserer Art, der Träume meiner Eltern und all meiner Vorfahren. Sie unterstützen mich bei allem, was ich tue. Das erlaubt mir, aktiv in meinem Leben die Hauptrolle zu übernehmen. Ich übernehme gerne diese Verantwortung und werde dafür sorgen, daß ich glücklich und erfolgreich werde. Ich bin liebenswert und kann ganz einfach auf andere zugehen. Ich gebe jedem unbekannten Menschen die Chance, mich kennenzulernen.«
5. *Entwickeln Sie eine innere Stimme, die positiv mit Ihnen spricht.*
Die meisten Menschen haben einen ›kleinen Mann im Ohr‹, der sie ständig kritisiert. Sie hören diese Stimme und lassen sich von ihr demotivieren. Dabei ist es Ihr gutes Recht, Fehler zu machen. Solange Sie ein Mensch sind, werden Sie immer wieder Fehler machen. Bemühen Sie sich darum, immer Ihr Bestes zu geben, dann sollten Sie keine Minute mehr verschwenden an Ihre Fehler zu denken. Wenn diese kritische Stimme sagt: ›Der andere wird Dich/mich bestimmt ablehnen‹, dann lassen Sie sich davon nicht beeindrucken und suchen Sie trotzdem Kontakt. Ein positives und hilfreiches Selbstgespräch kann Sie darin unterstützen, mehr Kontakte aufzubauen. Es kann Ihre Einstellung stärken und Ihnen in der kritischen Situation helfen, die letzte Hürde beim Ansprechen zu überwinden. Was können Sie tun, wenn wieder einmal die negative Stimme auftaucht? Stellen Sie dann die Frage: »Was könnte schlimmstenfalls passieren, wenn ich es doch tue? Und wie könnte ich damit umgehen?« Sollten Sie feststellen, daß Sie sich nicht in Lebensgefahr befinden, dann können Sie sich ruhig heranwagen. Was können Sie gewinnen, wenn Sie den Mut für den ersten Schritt haben? Hören Sie, wie Ihre innere Stimme Sie lobt und Ihnen von Situationen erzählt, die Sie bereits erfolgreich gemeistert haben. Verdichten Sie jede dieser positiven Erfahrungen zu einem Stichwort, das Sie augenblicklich an diese Situation denken läßt. Probieren Sie auch einmal verschiedene Stimmen aus. Soll es die Stimme Ihrer Eltern sein, die eines guten Freundes oder einer neutralen Person? Ist es eine weibliche oder eine männliche Stimme? Klingt sie sexy oder streng? Welche Stimme erzielt bei Ihnen die beste Wirkung?
6. *Verschaffen Sie sich auch ein Fremdbild über Ihre Stärken und Schwächen!*
Tauschen Sie sich einmal mit Ihrem Partner oder einer anderen Person Ihres Vertrauens darüber aus, was Sie an ihr oder ihm gut finden, bzw.

sie oder er an Ihnen. Wo sieht die andere Person Ihre Stärken? Oder führen Sie den Vergleich mit der nachfolgenden Liste durch, indem Sie erst einmal sich selbst auf der Liste bewerten und danach die Liste ein paar Freunden geben und die Ergebnisse dann vergleichen. Wenn Sie erst Kontaktprofi sind, dann können Sie auch die Liste einer wildfremden Person in die Hand drücken mit der Bitte, Sie einmal ganz unverbindlich darauf einzuschätzen.

	1	2	3	4	5	
kalt						warm
individualistisch						teamorientiert
abenteuerlustig						sicherheitsbedacht
abwägend						spontan
sexy						unscheinbar
großzügig						geizig
offen						verschlossen
sicher						unsicher
passiv						aktiv
still						gesprächig
unkompliziert						problematisch
direkt						indirekt
entscheidungsfreudig						unentschlossen
emotional						rational

7. *Zählen Sie alle Gründe auf, warum jemand Sie kennenlernen sollte:*

✎ ____

____

____

8. *In dem Kapitel über Anker und Zustände haben Sie sich bereits eine Situation herausgesucht, in der Sie sehr selbstbewußt waren. Rufen Sie sich jetzt diese Situation noch einmal in Erinnerung und testen Sie Ihren Anker.*

Auch wenn es unser Ziel ist, daß Sie in der Lage sind, spontan auf andere Menschen zuzugehen und neue Kontakte zu knüpfen, kann es nicht schaden, wenn Sie sich wenigstens auf Ihre ersten Einsätze im Feld vorbereiten und einige grundlegende Dinge über das Thema Kontakt erfahren. Auch dann, wenn Sie spontan eine kleine Radtour machen möchten, sollten Sie doch wenigstens Fahrrad fahren können, sonst wird Ihnen die Tour keinen Spaß machen. Würden Sie nicht zumindest die einfachsten Bewegungsabläufe und Verkehrsregeln kennenlernen wollen? Genauso sollten Sie auch an das Thema ›Kontakte‹ herangehen und wenigstens einige einfache Grundsätze kennenlernen. Brechen können Sie diese dann später immer noch, wenn es Ihnen angebracht erscheint. Ich habe nämlich nicht vor, Ihnen die ›goldenen Tips für erfolgreiches Kontakten‹ zu verkaufen. Vielmehr möchte ich Ihnen Hilfestellungen geben, die Sie darin unterstützen sollen, Ihren eigenen Stil zu finden. Bis es so weit ist, können Ihnen jedoch diese Hinweise wertvolle Dienste leisten und den einen oder anderen interessanten Kontakt herstellen. Machen Sie daher Ihre Hausaufgaben gründlich – es wird sich lohnen! Später können Sie dann Kontaktsituationen ganz individuell gestalten. Übung macht den Meister!

Kleidung

Suchen Sie eine Kleidung aus, die zu Ihnen paßt und Ihre Vorzüge besonders zur Geltung bringt. Achten Sie besonders in Ihrer Freizeit darauf, daß Sie sich in der Kleidung wohl fühlen und Sie Ihnen bequem ist. Ihre Kollegen und Gesprächspartner achten auf Ihre äußere Erscheinung. Sie gibt ihnen erste Hinweise darauf, was für ein Mensch Sie sind. Dabei spielt es keine Rolle, wie Sie wirklich sind, sondern meistens sogar nur, welche Vorurteile und Meinungen die andere Person über Menschen mit Ihrem Aussehen hat. Das alte Sprichwort: ›Kleider machen Leute!‹ besitzt heute noch durchaus Gültigkeit. Immerhin bedecken Kleider den weitaus größten Teil Ihres Körpers. Machen Sie sich also zurecht, bevor Sie ausgehen, betrachten Sie sich im Spiegel und geben Sie sich selbst ein Kompliment dafür.

Gesprächsinhalte

Wer viel vom aktuellen Geschehen mitbekommt und Hintergrundwissen hat, wird es leichter haben, später einen Gesprächseinstieg zu finden. Informieren Sie sich daher durch Tageszeitungen, Zeitschriften oder das Fernsehen über aktuelle Ereignisse, Filme, Theater, Bücher oder sonstige politische und kulturelle Themen. Sammeln Sie Witze und andere Geschichten. Verstehen Sie mich bitte nicht falsch, Sie müssen nicht *viel* wissen. Sie müssen nur etwas haben, worüber Sie sprechen können. Es kann schon völlig ausreichend sein, wenn Sie sich in einem Thema – vielleicht Ihr Hobby – auskennen wie John Wayne in seiner Westentasche. So lange Sie mit diesem Thema Ihr Gegenüber begeistern können, brauchen Sie gar nicht mehr Themen parat zu haben. Menschen sind jedoch völlig verschieden und Sie werden nicht immer auf Leute stoßen, die sofort Interesse für Ihr Spezialgebiet aufweisen. Werden Sie vielseitig und Sie können wesentlich mehr Menschen erreichen. Männer – und ich schließe mich hier überhaupt nicht aus – reden leider viel zu häufig über sich selbst. Das ist natürlich auch ein Spezialgebiet, aber nicht jeder Gesprächspartner wird davon begeistert sein. Wenn er es doch ist, dann können Sie mit diesem Thema den ganzen Abend und die nächste Nacht oder sogar Ihr zukünftiges gemeinsames Leben füllen. Dennoch sollten Sie ein Meister darin sein, kleine Geschichten oder Anekdoten aus Ihrem eigenen Leben zu erzählen. Suchen Sie sich doch einmal drei interessante, abenteuerliche oder lustige Erlebnisse mit positivem Ausgang aus Ihrem eigenen Leben aus und üben Sie das Erzählen.

Mein interessantesten / aufregendsten Erlebnisse:

____

____

____

____

Körpersprache

Der Kontakt beginnt nonverbal! Sie haben bereits erfahren, daß wir den weitaus größten Teil unserer Botschaften mit dem Körper vermitteln. Berücksichtigen Sie das unbedingt, wenn Sie neue Leute kennenlernen! Manchmal gibt es Kontaktsituationen, in denen ist es völlig gleichgültig, was Sie mit Ihren Worten sagen – entscheidend ist das, was Sie mit Ihrem Körper sagen. Wenn Sie einen Kontakt beginnen, ohne vorher mit dem Körper des anderen Kontakt aufgenommen zu haben, dann haben Sie es weitaus schwieriger. Sie kommunizieren ohnehin ständig mit Ihrem Körper. Das sind die Botschaften, denen Ihr Gegenüber instinktiv eher glaubt! Achten Sie einmal darauf, welche Signale Sie aussenden. Auf welche Weise spiegelt Ihr Körper Ihre Einstellung wieder?

Nehmen Sie Blickkontakt mit der anderen Person auf, bevor Sie zu reden beginnen. Das signalisiert Ihrem Gegenüber Aufmerksamkeit und Interesse. Auch während des Gesprächs sollten Sie immer wieder die andere Person ansehen. Achten Sie darauf, ob Sie längeren Blickkontakt halten, wenn Sie selbst sprechen oder wenn die andere Person spricht. Variieren Sie beim Üben vor einem Spiegel die Dauer des Blickkontakts, die Öffnung der Augen, das Blinzeln, die Pupillenerweiterung und beachten Sie die Auswirkungen dieser Veränderungen auf Ihren Gesichtsausdruck. Vermeiden Sie es jedoch, beim Kontakten den anderen mit unbeweglichem Blick anzustarren.

Blickkontakt

Die Mimik ist das Aussagekräftigste an unserem Körper. Sie kann alle Gefühle offenlegen, wird aber von vielen Menschen als eine Maske benutzt und verliert dadurch an Lebendigkeit. Stellen Sie sich vor einen Spiegel und lassen Sie Ihr Gesicht die Gefühle Wut, Glück, Überraschung, Ekel, Verachtung, Interesse, Traurigkeit und Angst ausdrücken. Was verändern Sie? Ziehen Sie die Augenbrauen hoch, weiten Sie die Pupillen, rümpfen Sie die Nase? Schulen Sie Ihre Beobachtungsgabe und beschreiben Sie Ihre Mimik für drei der oben genannten Gefühle. *Welche Mimik zeige ich bei diesen Gefühlen?*

Mimik

Wut: ______________________________

Glück: ______________________________

Überraschung: ______________________________

Ekel: ______________________________

Verachtung: ______________________________

Interesse: ______________________________

Traurigkeit: ______________________________

Angst: ______________________________

Wenn Sie das Kapitel über die Physiologie und das Verändern von Zuständen aufmerksam gelesen haben, dann wissen Sie, daß Sie durch eine Veränderung Ihrer Mimik Ihre Stimmung beeinflussen können.

Lächeln Sie – das wird Ihnen die Herzen Ihrer Mitmenschen öffnen! In vielen Untersuchungen hat sich immer wieder gezeigt, daß lächelnde Menschen attraktiver eingeschätzt werden. Außerdem beeinflußt ein Lächeln Ihr eigenes Wohlbefinden. Die ersten Sekunden fühlt sich das Lächeln für uns selbst noch unecht und aufgesetzt an, dann verändern sich unsere Gefühle wirklich. Dies ist die machtvolle Wirkung des ›so-tun-als-ob-Prinzips‹. Wenn Sie Ihre Gesichtsmuskulatur zu einem Lächeln verändern, dann veranlassen Sie Ihren Körper, ›Glückshormone‹ auszuschütten, die dafür sorgen, daß Sie in gute Zustände kommen. Benutzen Sie diese Kenntnis während des Kontakts. Lächeln Sie so, daß Ihre Augen leuchten und das Lächeln von Innen heraus kommt. Kein breites Grinsen, sondern lieber ein geheimnisvolles, leicht freches Schmunzeln. Üben Sie das Lächeln zu Hause vor dem Spiegel, tun Sie so, als würden Sie jemand anderen begrüßen und lächeln Sie in den Spiegel. Finden Sie die Unterschiede zwischen einem Lächeln mit offenen und einem mit geschlossenen Lippen heraus.

Lächeln

Eine wichtige Rolle beim Herstellen von Kontakt spielt auch die Beziehung im Raum, die wir zueinander einnehmen. Räumliche Nähe und psychische Nähe hängen sehr häufig eng miteinander zusammen. Wenn Sie sich in weiter Entfernung von jemanden aufhalten, wird dieser daraus schließen, daß Sie kein Interesse an ihm/ihr haben. Nähern Sie sich jemanden, ist das ein Zeichen dafür, daß Sie Nähe und Kontakt suchen. Hier kann es keine Patentrezepte geben, denn das Bedürfnis nach räumlicher Distanz ist nicht nur bei allen Menschen unterschiedlich, es ist auch von der jeweiligen Stimmung abhängig. Achten Sie doch einmal darauf, wo Sie sich aufhalten, wenn Sie auf einer Party, einer Ausstellung oder in einer Diskothek sind. Stehen Sie eher in der Ecke oder lieben Sie es, sich einen Platz im Mittelpunkt zu suchen? Sie wissen bereits selbst, welche Orte der Kontaktfreudige und welche der Kontaktscheue aufsucht. Finden Sie heraus, welche Distanzen für Ihre Gesprächspartner angenehm sind, indem Sie sie aufmerksam beobachten und dann Ihre Distanz variieren.

Distanzzonen

Zeigen Sie durch eine offene Körperhaltung, daß Sie bereit für Kontakte sind. Hüten Sie sich vor der klassischen Fehlinterpretation, daß jemand, der die Arme verschränkt hat, auch verschlossen ist. Vielleicht friert die

Person nur, oder empfindet diese Körperhaltung als besonders angenehm.

Körperhaltung

Überprüfen Sie Ihre körpersprachlichen Hypothesen immer an mehr als nur einem Merkmal!

Wie ist Ihre Körperhaltung, wenn Sie selbstsicher sind? Legen Sie das Buch für einen Moment vor sich hin und stehen Sie auf! Wie stehen Sie da? Kopf hoch, aufrecht, Schultern nach hinten, mit den Beinen fest auf dem Boden. Atmen Sie tief in den Bauch ein und langsam wieder aus. Tun Sie jetzt so, als wären Sie vollkommen selbstsicher. Nichts kann Sie jetzt noch erschüttern!

Gestik

Sorgen Sie für eine offene und natürliche Gestik, versuchen Sie möglichst die Arme und Handflächen nicht verschränkt zu lassen. Vermeiden Sie es auch, ständig mit irgendwelchen Gegenständen zu spielen. Nach oben geöffnete Handflächen signalisieren häufig Offenheit und Vertrauen.

Berührungen

Berührungen sind für kinästhetische Menschen sehr wichtig. Versuchen Sie deshalb sehr frühzeitig herauszufinden, welches die bevorzugte Sinnesmodalität der anderen Person ist und behandeln Sie sie entsprechend. Berührungen drücken oft mehr aus als Worte! Teilweise gehören Sie auch zum Begrüßungsritual wie das Händeschütteln und das Umarmen. Achten Sie einmal bewußt darauf, wem Sie die Hand geben und wen Sie umarmen. Merken Sie sich, wer einen festen Händedruck hat und wer einen eher weichen Händedruck hat, und versuchen Sie, ihn zu erwidern. Wie wirkt diese Person auf Sie?

Erinnern Sie sich an den Prozeß des Pacing? Jetzt ist genau die richtige Zeit, um Ihre Fähigkeiten beim Herstellen von Rapport zu vervollständigen. Schlagen Sie die Brücke zum anderen und geben Sie ihm das Gefühl, daß Sie ihm vertrauen und ähnlich sind. Pacen Sie doch einfach Ihre neue Bekanntschaft in Bezug auf die Merkmale des Sprechens, wie Tonhöhe, Sprechtempo und Sprechdeutlichkeit. Das wird dem anderen ein sehr angenehmes Gefühl geben. Im weiteren Verlauf des Gespräches kann uns die Körpersprache wertvolle Hinweise darüber geben, ob der andere das Gespräch als angenehm empfindet, was ihm wichtig ist und ob er uns sympathisch findet.

Sie können auch ganz gezielt herausfinden, ob die Dame oder der Herr, die/den Sie gerade im Gespräch näher kennenlernen wollen, eher ein visueller, auditiver oder kinästhetischer Typ ist. Wie Sie das erkennen können, steht in Kapitel 5. Wenn Sie diese Informationen gesammelt haben, dann können Sie sie gezielt einsetzen. Wollen Sie z.B. einen visuellen Partner auf sich aufmerksam machen, dann achten Sie sehr sorgfältig auf Ihre optische Erscheinung, wählen Sie schicke Kleidung, bringen Sie zu weiteren Verabredungen Geschenke mit und gehen Sie mit ihr ins Kino. Bringen Sie die andere Person dazu, sich attraktive Bilder von einer Beziehung mit Ihnen zu machen und zeigen Sie ihr, wie begehrenswert sie für Sie ist. Wollen Sie dagegen das Herz einer auditiven Frau bzw. eines auditiven Mannes gewinnen, dann sprechen Sie in wohlklingenden Worten davon, was Sie für die andere Person empfinden. Sagen Sie einem Mann, was für ein toller Kerl er ist und wenn Sie ein Mann sind, dann sagen Sie ihr, wie unwiderstehlich sie ist. Benutzen Sie poetische Formulierungen und achten Sie besonders auf eine ansprechende Hintergrundmusik. Und wie können Sie einem kinästhetischen Partner gefallen? Ganz einfach! Verzichten Sie auf große Reden und lassen Sie Ihren Körper sprechen. Achten Sie sorgfältig auf Nähe und Distanz und provozieren Sie zunächst kleinere, fast zufällige Berührungen. Später kann eine zärtliche Umarmung Wunder wirken!

Wer zehnmal auf andere zugeht und sieben Ablehnungen erhält, hat immer noch drei Kontakte mehr als jemand, der überhaupt nicht aktiv wird.

Gesprächseinstiege

Wenn ich Ihnen jetzt ein paar Beispiele geben werde, wie man ein Gespräch verbal eröffnen kann, dann vergessen Sie bitte nicht, daß dies keine Patentrezepte sind. Es ist nicht nötig, daß Sie Sätze oder Sprüche auswendig lernen, wenngleich es am Anfang gar nicht schaden kann und Ihnen mehr Sicherheit gibt. Trotzdem gilt es vielmehr, seinen eigenen Stil zu entwickeln.

- Reden Sie über die Situation, z.B. bei einer Sportveranstaltung: »Was glauben Sie, wer gewinnt?« oder »Zu wem halten Sie?«. Im Museum können Sie fragen: »Was der Künstler wohl mit diesem Werk ausdrücken wollte?« oder »Was halten Sie von diesem Bild?«
- Machen Sie ein ehrliches Kompliment. Am besten ist ein Kompliment, welches dieser Person wahrscheinlich noch niemand gesagt hat. Dabei sollten Sie auf jeden Fall ehrlich sein. Anknüpfungspunkte für Komplimente können sein: Die Kleidung, eine Charaktereigenschaft, die äußere Erscheinung, Besitzgegenstände der Person, Verhaltensweisen oder Fähigkeiten. Hängen Sie auf jeden Fall eine Frage an das Kompliment, um dieser Person Gelegenheit zu geben, etwas zu sagen und unangenehme Pausen zu vermeiden. Beispiele: »Sie sind hier die beste Schlittschuhläu-

ferin. Wie trainieren Sie?« oder »Das Essen schmeckt ja ganz hervorragend. Wie haben Sie es zubereitet?« »Ein hübsches Kostüm (einen hübschen Anzug) haben Sie an. Wo kann man so etwas denn kaufen?« Zusätzliche Anregung: Schicken Sie doch einmal kleine Kärtchen mit Komplimenten und Danksagungen an bereits bestehende Bekannte oder Freunde. Achten Sie auch darauf, wie Sie selbst auf Lob und Komplimente reagieren. Freuen Sie sich, wenn Ihnen jemand ein Kompliment macht, halten Sie Blickkontakt, unterbrechen Sie den anderen nicht und werten Sie das Kompliment nicht ab. Nehmen Sie es an, ohne sich verpflichtet zu fühlen. Wenn Ihnen danach zumute ist, dann bedanken Sie sich und sagen dem anderen, daß Sie es nett fanden, daß er das gesagt hat.

- ▹ Stellen Sie sich einfach vor. »Guten Tag, mein Name ist…« und tauschen Sie Informationen mit der anderen Person aus. Sprechen Sie die Person häufiger im Verlauf des Gesprächs mit ihrem Namen an.
- ▹ Ganz direkt: »Hallo, ich finde Sie sehr interessant und möchte Sie gerne kennenlernen.« Eine solche Vorgehensweise beweist wirkliche Charakterstärke. Einmal konnte ich es mir wirklich nicht verkneifen, eine Frau ähnlich direkt anzusprechen – sie hatte mich regelrecht verzaubert. Ich stürmte also auf sie zu, fiel vor Ihr fast auf die Knie und sagte: »Hallo, Du siehst aus wie meine Traumfrau…« Den kurzen Moment der Überraschung von ihrer Seite konnte ich nutzen, um eine weitere Frage nachzuschieben und so begann eine sehr lange und interessante Unterhaltung.
- ▹ Bitten Sie um Hilfe oder bieten Sie Hilfe an. »Ich weiß nicht, wie man mit diesem Gerät umgeht. Können Sie es mir zeigen?« »Ich suche die Straße xyz. Wissen Sie vielleicht, wo sie zu finden ist?« Wahrscheinlich werden Sie sehr hilfsbereite Leute treffen und der eine oder andere wird sich sehr gerne noch weiter mit Ihnen unterhalten.
- ▹ Treffen Sie eine Aussage über sich selbst. »Ich glaube kaum, daß es noch einen Sinn hat, länger bei dieser Veranstaltung zu bleiben.« »Hallo, ich bin…, wie gefalle ich Ihnen bis jetzt?«
- ▹ Nutzen Sie Höflichkeitsfloskeln wie : »Darf ich Ihnen Feuer geben?« »Möchten Sie noch etwas vom Büfett?« »Darf ich Ihnen eine Tasche abnehmen?«
- ▹ Notlösung: Bevor Sie überlegen und überlegen und am Ende gar nichts sagen, benutzen Sie einfache Fragen wie: »Waren Sie schon öfters hier?« »Kennen wir uns nicht?« »Ob das Wetter wohl so bleibt?«
- ▹ Interessant ist es auch, wenn Sie selbst kreativ werden und sich etwas Amüsantes ausdenken. Eine meiner Spezialitäten ist daher der Satz:

»Hallo, darf ich Ihnen ein Küßchen geben.« Jetzt braucht es keiner großen Beobachtungsgabe, um die unterschiedlichen Reaktionen festzustellen. Der zugegebenermaßen kleinere Teil von Frauen fiel mir bei dieser Frage um den Hals und gab mir einen Kuß. Der größere Teil war völlig überrascht und schaute mich verwundert an. In diesem Moment zog ich ein Ferrero-Küßchen aus meiner Tasche und schob die zweite Frage nach: »Oder mögen Sie *Süßes* nicht!?« Dieser Satz zauberte bisher bei allen meinen Versuchen ein Lächeln auf das Gesicht der entsprechenden Person und war damit ein vielversprechender Einstieg in ein Gespräch. Einige Frauen gestanden mir sogar hinterher, das sei die witzigste und frechste Art gewesen, wie sie von einem Mann bisher angesprochen wurden. Sie könnten auch ganz dreist sein und sagen: »Hallo Sie, Sie haben gerade den Schönheitswettbewerb gewonnen, den ich einmal wöchentlich vergebe. Wie heißt denn meine bezaubernde Siegerin?«

▹ Wenn sie weiblich sind, dann habe ich auch eine ganz besondere Methode für Sie: Für den Fall, daß Sie felsenfest davon überzeugt sind, den Partner Ihres Leben vor sich zu haben, können Sie zu einer noch direkteren Methode greifen: Gehen Sie auf die Person zu und geben Sie ihr einen Kuß! Sagen Sie dann: »Hallo, ich mache gerade eine psychologische Untersuchung. Wie fanden Sie den Kuß? ... Nun noch zwei weitere Fragen, damit ich die Daten auch korrekt auswerten kann: 1. Wie attraktiv finden Sie mich auf einer Skala von 1 bis 10? 2. Sind Sie verheiratet oder in einer festen Beziehung? Entsprechen die Antworten Ihren Absichten, dann geben Sie dem mittlerweile bestimmt völlig verdutzen Mann Ihre Visitenkarte und sagen: »Falls Sie sich für die Ergebnisse der Untersuchung interessieren, können Sie mich gerne unter dieser Nummer erreichen!« und dann verschwinden Sie!

Vielleicht habe ich den einen oder anderen Leser mit diesem Abschnitt etwas schockiert. Das war nicht meine Absicht! Machen Sie sich klar, daß Menschen völlig verschiedene Modelle der Welt haben können. Was für den einen zu direkt ist, ist für den anderen genau richtig. Ich weiß aus vielen Gesprächen, daß sowohl Männer als auch Frauen häufig gerne direkt angesprochen werden wollen. Allerdings sollten Sie bei einer klaren Antwort nicht noch dreister oder gar unverschämt werden.

Wenn Sie auf Nummer sicher gehen wollen, dann sprechen Sie andere Menschen so an, wie es alle tun. Erwarten Sie aber nicht, daß die andere Person sich dann immer an Sie erinnern wird. Wenn Sie einen bleibenden

Eindruck hinterlassen wollen, dann benutzen Sie eine überraschende oder lustige Wendung. Wenn Sie Glück haben, dann treffen Sie damit genau den Ton des anderen. Wenn Sie Pech haben, dann liegen Sie völlig daneben. Versuchen Sie daher, eine Formulierung zu wählen, die eine Reaktion auslöst, durch die die andere Person etwas über sich aussagt. Möglichst so, daß sie wissen, wenn die andere Person nicht darauf reagiert, dann paßt Sie auch nicht zu Ihnen.

Wenn Sie wollen, daß der Gesprächspartner viel über sich erzählt, dann stellen Sie viele Fragen. Vermeiden Sie es dabei allerdings, den Eindruck zu erwecken, es handele sich um ein Verhör. Das können Sie über die Art der Fragen, die Sie einsetzen, steuern.

Geschlossene Fragen sind Fragen, die mit ›Ja‹ oder ›Nein‹ oder mit anderen einzelnen Wörtern beantwortet werden können. Diese Fragen sind wichtig, um bestimmte Sachverhalte oder Fakten herauszufinden, nicht aber um das Gespräch in Fluß zu halten. Beispiele hierfür sind: »Ist die Musik zu laut?«, »Wie heißen Sie?«.

Fragetechnik

Offene Fragen machen das Gespräch erst interessant und gehaltvoll. Sie fordern zu längeren und ausführlicheren Antworten auf. »Wie kamen Sie eigentlich darauf, einen Marathon laufen zu wollen?« »Worin unterscheiden sich Ihre beiden Jungen voneinander?«

Durch Fragen können Sie sehr gut steuern, worüber gesprochen wird und in welche Richtung das Gespräch geht. Versäumen Sie es nicht, auch über Themen zu sprechen, über die Ihr Gesprächspartner gerne spricht. Das sollten Sie durch genaue Beobachtung (Kalibrierung) herausfinden. Wenn der andere etwas erzählt, was ihn stolz oder glücklich gemacht hat, dann ankern Sie dieses Gefühl durch ein Wort, eine Geste oder etwas anderes. Dadurch werden Sie in der Lage sein, den anderen auch zu einem späteren Zeitpunkt in gute Zustände zu versetzen. Vermeiden Sie allzu viele Suggestivfragen. Diese Fragen haben einen sehr manipulativen Charakter, sie verlangen lediglich Zustimmung oder Ablehnung. Meistens enthalten Sie jedoch Voranname, die der andere nicht unbedingt teilt, z. B. »Findest Du nicht auch, daß es ungesund ist, zu lange in der Sonne zu liegen?« »Ja, finde ich auch.« Stellen Sie auch nicht zu viele rhetorische Fragen, wie z. B. »Was kann bei einem solchen Ansatz schon herauskommen?« Diese Fragen erwarten keine Antwort und schließen sogar eine Gegenmeinung von vornherein aus. Oft wirkt eine solche Frage auch sehr suggestiv.

Versuchen Sie mit den Fragen etwas Interessantes oder Aufregendes aus dem Leben des Gesprächspartners herauszufinden. Was macht diesen Menschen zu einem ganz besonderen Menschen? Versuchen Sie ein Bild von der Persönlichkeit des anderen zu bekommen. Fragen Sie aber nur das, was Sie wirklich interessiert.

Sorgen Sie auch dafür, daß die Gesprächsanteile nicht einseitig verteilt sind und geben Sie selbst Geschichten und Anekdoten zum besten.

Zeigen Sie Ihr Interesse am anderen und teilen Sie ihm Ihre Gedanken und Gefühle zu dem Gespräch mit. Hören Sie aktiv zu, indem Sie darauf achten, was gesagt wird und durch kurze Worte wie ›ja‹, ›verstehe‹, ›o.k.‹ und Gesten zeigen, daß Sie verstanden haben. Fragen Sie frühzeitig nach, bevor Sie sich von Ihren eigenen Hypothesen leiten lassen und den anderen mißverstehen. Versuchen Sie sich mit der Situation des anderen zu identifizieren. Nutzen Sie die zusätzlichen Informationen, die der andere Ihnen bietet und fragen Sie bei Interesse nach, z.B. so: »Das macht mich jetzt neugierig, wie machen Sie das denn?« oder »Können Sie mir noch mehr darüber erzählen?«. Wiederholen Sie gegebenenfalls das Gesagte mit Ihren eigenen Worten, indem Sie sagen: »Habe ich Sie richtig verstanden, Sie meinen also, daß…« Werden Sie dabei nicht zu einem Papagei, der nur die Worte des anderen nachplappert, erkennen Sie die tieferen Gefühle des anderen und sprechen Sie diese aus: »Ich höre aus Ihren Worten heraus, daß Sie ziemlich glücklich sind…« Mit Hilfe des Meta-Modells wird es Ihnen möglich sein, sofort zu erkennen, wo Informationen getilgt oder verkürzt wurden, und diese nachzufragen. Hören Sie auch genau hin, welchen Sinneskanal Ihr Gesprächspartner hauptsächlich benutzt und sprechen Sie ihn in diesem Kanal an.

Aktives Zuhören

Der Abschied ist sehr wichtig für die weitere Beziehung und die Art, wie Sie der anderen Person im Gedächtnis bleiben. Wenn Sie den Abschied initiieren, dann kündigen Sie den Schluß des Gespräches kurz an. Signalisieren Sie dann, daß es Ihnen Spaß gemacht hat, mit dem anderen zu sprechen und daß Sie hoffen, den anderen bald wieder zu sprechen. Das bekommen viele Leute auch noch hin, doch jetzt kommt der ›Knackpunkt‹. Wenn Sie es nicht dem Zufall überlassen wollen, daß Sie sich wiedersehen, dann muß nun einer von beiden etwas direkter werden, Sie müssen Adressen austauschen oder sich für eine weitere Aktivität verabreden. Am einfachsten ist das, wenn Sie während des Gesprächs herausgefunden haben, welche Aktivitäten der andere mag. In diesem Fall können Sie einfach einen Vorschlag machen und den anderen fragen, ob er mitkommt. Am geschicktesten ist es, wenn Sie dabei sehr direkt sind und nicht erst fragen, ob die andere Person am Samstag-

Abschied

abend schon etwas vor hat. Wenn sie nämlich nichts vor hat und trotzdem das Nichtstun Ihrer Gesellschaft vorziehen möchte, dann entsteht eine etwas unangenehme Situation. Wenn sie sich dagegen etwas Wichtiges vorgenommen hat, dann wird sie an aller Regel von alleine darauf zu sprechen kommen. Schlagen Sie also am besten eine Aktivität, einen Tag, eine Uhrzeit und einen Ort vor und warten Sie, ob die andere Person Interesse hat. Vermitteln Sie auf jeden Fall den Eindruck, daß die Sache Spaß machen wird und seien Sie nicht zu ernst. Wenn Ihr Gegenüber das erste Angebot ohne eindeutige Entschuldigung ablehnt, können Sie noch ein zweites Angebot machen, wird auch dieses abgelehnt, sollten Sie es für heute genug sein lassen. Vermeiden Sie es, nach dem Grund zu fragen – wenn der andere Interesse hat, wird er es Ihnen automatisch verraten. Hat er kein Interesse, so wird er eine Ausrede erfinden. Das liegt weder in Ihrem noch in seinem Interesse. Wenn Sie wollen, können Sie dem anderen dann immer noch Ihre Telefonnummer hinterlassen.

Übung macht den Meister

In diesem Abschnitt habe ich zahlreiche Übungen für Sie zusammengetragen, um Sie Schritt für Schritt an immer schwierigere Situationen heranzuführen. Geselligkeit muß geübt werden, wie alle anderen Fähigkeiten auch. Welche Möglichkeiten haben Sie, um Ihre Kontaktfähigkeit zu trainieren? Wo können Sie ohne das geringste Risiko üben, wenn Sie sich nicht trauen, Ihre Erfahrungen auf dem ›Schlachtfeld‹ des Alltags zu sammeln? In welchen Situationen können Sie anonym bleiben? Richtig: Am Telefon. Hier kann die andere Person Sie nicht einmal sehen und Sie brauchen auch nicht Ihren Namen preiszugeben. Rufen Sie doch einfach bei folgenden Stellen an und bemühen Sie sich, ganz besonders freundlich zu sein:

★ *Übungen am Telefon*

- ▷ Kino: Fragen Sie nach den aktuellen Filmen und den Anfangszeiten. Reservieren Sie Karten für einen interessanten Film, den Sie gerne sehen möchten.
- ▷ Stadtbibliothek: Lassen Sie sich eine Auskunft geben. Fragen Sie beispielsweise nach der Einwohnerzahl von Moskau.
- ▷ Bahn: Fragen Sie nach Abfahrtszeiten von Zügen und Preisen (194 19).
- ▷ Infoservice der Postbank (01 30-78 90): Fragen Sie nach den aktuellen Tarifen für Sparbriefe mit einer Einlage von mindestens DM 5000.–.
- ▷ Fremdenverkehrsamt: Informieren Sie sich über mögliche Urlaubsaktivitäten.

Beobachten Sie andere Menschen, die bereits gut Kontakt aufnehmen können. Dann malen Sie sich immer wieder aus, wie Sie sich auch so verhalten. Dadurch beschleunigen Sie Ihren Lernprozeß.

Eine sehr gute Methode, um sich auf zukünftige Kontaktsituationen vorzubereiten, ist die mentale Vorstellung. Beginnen Sie damit, kleine Drehbücher für Ihre Kontakte zu schreiben. Stellen Sie sich vor, wie Sie die von Ihnen ausgedachten Situationen in die Tat umsetzen. Üben Sie vor dem Spiegel einzelne Sätze, Gesten und Bewegungen. Üben Sie auch das Erzählen von Geschichten, Anekdoten, Witzen oder Sachthemen vor dem Spiegel oder mit einem Aufnahmegerät. Hören Sie das Band ab und machen Sie eine neue Aufnahme. Bemühen Sie sich bei jedem neuen Versuch, noch mehr Leben und Begeisterung in Ihre Stimme zu legen.

Mentale Vorstellung

Stellen Sie zwei Stühle einander gegenüber. Auf den einen Stuhl setzen Sie in Gedanken eine Person, die bei Ihnen Schüchternheit, Angst oder ungute Gefühle auslöst. Auf den anderen Stuhl setzen Sie sich selbst. Nun beginnen Sie eine Unterhaltung mit der anderen Person. Schreien Sie sie an, sprechen Sie dann wieder sanft mit ihr und versuchen Sie, sie zu überzeugen. Vielleicht sagen Sie ihr auch ganz offen, warum Sie glauben, nicht vernünftig oder ungehemmt mit ihr kommunizieren zu können. Wechseln Sie dann die Stühle und versetzen Sie sich in die Rolle der anderen Person und nehmen Sie die Kritik oder Meinung, die von dem anderen Stuhl kommt, in sich auf. Wechseln Sie dann wieder die Stühle, bis alles gesagt ist.

Übung mit zwei Stühlen

Ein kleiner Trick, um seine Hemmungen am Anfang zu überwinden besteht darin, einen neuen Rahmen zu kreieren und so zu tun, als handle es sich um ein Rollenspiel. Versetzen Sie sich z.B. in die Rolle eines Interviewers, der eine Umfrage macht. Dadurch können Sie aus der Rolle eines ängstlichen, verschämten, empfindlichen Selbst schlüpfen und die Rolle eines anderen spielen. Auf diese Weise sind Sie nicht verletzbar, denn es ist ja nicht ihr wirkliches Ich, das bewertet wird. Führen Sie auf diese Weise eine kleine Meinungsumfrage zu einem aktuellen Thema durch. Variieren Sie Ihre Fragen je nach dem Verlauf des Gespräches. Nach etwas Übung werden Sie die Grenzen der Rollen mit Ihrer Individualität verschmelzen lassen.

Rollenspiele

Beim Rollenspiel werden Verhaltensweisen plötzlich erlaubt, die ansonsten tabu sind. Dadurch wird das Bewußtsein, das sonst alles überwacht, ausgeschaltet und Ihnen auch von Innen erlaubt, einmal anders zu sein.

Wenn Sie die Rolle einige Male gespielt haben, ist sie ein Teil von Ihnen. Wenn Sie längere Zeit eine Rolle spielen, dann wird Sie das auch in Bezug auf Ihre Werte und Einstellungen prägen. Die Rolle wird Sie verändern. Das ›So-tun-als-ob‹ führt schließlich dazu, daß wir so werden oder so werden können. Stellen Sie sich beispielsweise vor, Sie sind der große Frauenheld und Verführer Casanova und heute abend ziehen Sie aus, um eine weitere Frau in Ihren Bann zu schlagen.

- Grüßen Sie Ihre Nachbarn und fangen Sie ein Gespräch über gemeinsame Interessen an. Wenn Ihnen nichts dazu einfällt, dann bitten Sie abends um ganz bestimmte Nahrungsmittel. Sagen Sie, daß Sie gerade beim Kochen sind und Ihnen ... ausgegangen ist.
- Nicken Sie Ihren Bekannten freundlich zu und bemühen Sie sich, den Blickkontakt zu halten.
- Sprechen Sie andere Menschen auf der Straße an. Lächeln Sie und sagen Sie einfach nur ›Hallo‹ oder ›Guten Tag‹. Achten Sie auf die Reaktionen.
- Äußern Sie kurze Bitten, fragen Sie nach dem Weg zu ... und versuchen Sie, die Leute in kurze Gespräche zu verwickeln.
- Der nächste Schritt ist das Führen von anonymen Gesprächen in der Öffentlichkeit. Verwickeln Sie die Menschen in Supermärkten, Wartezimmern, der Schlange vor dem Kino oder sonstwo in kurze Gespräche. Beginnen Sie das Gespräch mit einer Frage zu einer gemeinsamen Erfahrung. Oder sprechen Sie über die Schlange.
- Klinken Sie sich auf Partys oder in Pausen in bestehende Gespräche ein, indem Sie Fragen stellen.
- Suchen Sie sich möglichst viele verschiedene Übungspartner. Gehen Sie aus: Diese Woche ins Theater, nächste Woche ins Konzert, dann zu einem Vortrag über Umweltschutz oder eine Parteiversammlung. Besuchen Sie Kneipen, Sportveranstaltungen und akademische Vorträge. Wenn Sie am Anfang Schwierigkeiten damit haben, dann nehmen Sie sich doch einen Freund mit, der Sie etwas unterstützt.
- Lernen Sie eine neue Person an Ihrem Arbeitsplatz, in einem Lebensmittelgeschäft oder im Hörsaal kennen, indem Sie sich einfach vorstellen.
- Fragen Sie jemanden, der offensichtlich dasselbe Ziel hat wie Sie oder in die gleiche Richtung geht, ob er nicht Lust hat, ein Stück mit Ihnen zusammenzugehen.
- Gehen Sie auf einen Fremden zu und bitten Sie ihn/sie um 30 Pfennige fürs Telefonieren. Vereinbaren Sie einen genauen Termin, wann Sie das Geld zurückgeben werden!

- Erkundigen Sie sich nach dem Namen einer Person in Ihrem Büro oder Ihrer Klasse. Rufen Sie ihn oder sie an und erkundigen Sie sich nach der Hausaufgabe, nach den Betriebsferien oder einem bevorstehenden Ereignis.
- Gehen Sie in ein Café. Lächeln Sie und nicken Sie den ersten drei Leuten zu, die in Ihre Richtung blicken. Fangen Sie mindestens mit einer Person Ihres Geschlechts eine Unterhaltung an.
- Setzen Sie sich neben eine Person des anderen Geschlechts, die interessant aussieht (im Bus, in einem Warteraum, im Hörsaal oder im Kino). Machen Sie irgendeine Bemerkung, die ein Gespräch einleiten könnte.
- Gehen Sie zu einem Lauftreff, in ein Schwimmbad oder an den Strand. Unterhalten Sie sich mit zwei oder drei Fremden, denen Sie dort begegnen.
- Finden Sie jemand in Ihrer Nachbarschaft, an Ihrer Schule oder in Ihrem Büro, der Hilfe braucht. Bieten Sie Ihre Hilfe an.
- Tragen Sie einen Tag lang ein umstrittenes Buch mit sich herum. Zählen Sie, wie viele Leute daraufhin ein Gespräch mit Ihnen anknüpfen.
- Arrangieren Sie eine kleine Party (drei bis fünf Leute). Laden Sie mindestens eine Person ein, die Sie nicht gut kennen.
- Wenn Sie wieder mal ein Problem haben, suchen Sie jemand in Ihrem Wohnheim, in Ihrem Betrieb oder in Ihrer Nachbarschaft, der Ihnen nicht nahesteht, und fragen Sie ihn (oder sie) um Rat oder bitten Sie die Person um einen kleinen Gefallen.
- Laden Sie jemand zum Essen in ein Restaurant ein – jemand, mit dem Sie noch nie gegessen haben.
- Sagen Sie heute fünf neuen Leuten ›Guten Tag‹, die Sie normalerweise nicht grüßen würden. Versuchen Sie, diese Leute zu einem Lächeln und zu einer Erwiderung Ihres Grußes zu provozieren.
- Belegen Sie einen Volkshochschulkurs und lernen Sie die Teilnehmer kennen.

Zusammenfassung: Der Kontakt

Sie sind gut vorbereitet, Sie haben sich einige Themen zurechtgelegt, Sie sind auf dem Laufenden, Sie tragen Ihre Lieblingskleidung und plötzlich steht sie vor Ihnen, die Person, die Sie unbedingt kennenlernen wollen. Ein kleiner Blitz durchzuckt Sie, wie gebannt starren Sie sie an und fragen sich: »Verdammt noch mal, wie fange ich bloß ein Gespräch an. Ich kann diese Person doch nicht einfach so ansprechen.«

1. Bringen Sie sich selbst in eine gute Stimmung. Benutzen Sie dabei die für Sie wirksamsten Methoden aus dem Kapitel über die powervollen Zustände. Lösen Sie Ihre Anker für Selbstbewußtsein aus. Sprechen Sie Ihr Zauberwort und machen Sie Ihre Bewegung. Achten Sie ganz besonders auf eine ressourcevolle Physiologie.
2. Versuchen Sie jetzt nonverbal einen ersten Kontakt mit den Augen herzustellen. Wie reagiert die Person? Hat Sie Ihren Augenkontakt wahrgenommen? Lächeln Sie die Person an und nähern Sie sich ihr langsam, wenn Sie gesprächsbereit ist.
3. Achten Sie von jetzt an besonders auf eine selbstbewußte Körpersprache. Spiegeln Sie das Verhalten der anderen Person.
4. Nutzen Sie Ihre Kenntnisse über Gesprächseinstiege und machen Sie den ersten Schritt!
5. Hören Sie aktiv zu und verwenden Sie die Fragetechnik.
6. Wenn Sie das Gespräch beenden wollen oder die andere Person Anstalten macht, das Gespräch zu unterbrechen, plazieren Sie einen gekonnten Abschied und arrangieren ein erneutes Treffen.

Wie steht es nach dem Durcharbeiten von diesem Kapitel um Ihre Kontaktangst? Trauen Sie sich jetzt mehr zu als vorher? Gehen Sie nun noch den letzten Schritt und treffen Sie die Entscheidung, Ihre Kontaktangst ein für allemal zu besiegen.

★ *Übung zur Integration*

Stellen Sie sich aufrecht hin, schließen Sie Ihre Augen und überlegen Sie sich folgende Fragen: Welche Folgen hatte Ihre Kontaktangst für Ihre Bekanntschaften, Freundschaften und Ihre Partnerschaft? Welche Freundschaften sind Ihnen entgangen? Welche Partner hätten Sie haben können? Wie oft haben Sie die Gelegenheit versäumt, einen langweiligen Abend interessanter zu machen? Was ist Ihnen finanziell entgangen? Wie viele Geschäfte haben Sie deswegen nicht gemacht? Welche Auswirkungen hatte Ihre Kontaktscheu auf Ihr Selbstwertgefühl und Ihr Selbstvertrauen? Wie oft haben Sie sich minderwertig gefühlt, weil es Ihnen nicht gelungen ist, diese Angst zu überwinden? Welche Folge hatte Ihre Angst für Ihre Kinder? Was ist Ihnen alles entgangen? Welche Interessen und Vergnügen haben Sie fallengelassen, weil die Kontaktangst Sie daran hinderte? Wie viele Feste sind vergangen, auf denen Sie nicht ausgelassen feiern konnten, ohne sich vorher zu betrinken und am nächsten Tag einen Kater zu haben? Spüren Sie diesen Schmerz am ganzen Körper. Lassen Sie sich einen Moment von diesem Schmerz durchdringen. Ja, fühlen Sie das – Verzweiflung, entgangene Gelegenheiten, verpaßte Chancen. Dann gehen Sie fünf Jahre in die Zukunft. Erleben Sie, wie Sie älter werden und immer noch hat sich nichts an Ihrer Angst geändert. Sie meiden immer noch wichtige Gelegenheiten, leiden unter den privaten und beruflichen Folgen. Erleben Sie, wie Ihre Kinder älter werden, wie sie auch kontaktscheu sind, weil Sie es ihnen so vorlebten. Was entgeht Ihnen alles? Was vermissen Sie in Ihrem Leben? Gehen Sie 10 Jahre von heute in die Zukunft. Welche Träume haben Sie inzwischen aufgegeben? Worüber sind Sie enttäuscht? Welche Freunde hätten Sie jetzt gerne an Ihrer Seite, die Sie sich niemals getraut haben, kennenzulernen? Was wünschten Sie getan zu haben, wobei Sie die Angst behinderte? Gehen Sie nun noch weiter, 20 Jahre in die Zukunft. Was fehlt Ihnen in Ihrem Leben, was Sie niemals wieder gut machen können? – Das wird Ihr Schicksal sein, Ihre Zukunft.

Kommen Sie wieder ins Hier und Jetzt. Strecken Sie sich, unterbrechen Sie Ihren Zustand durch einen Separator und denken Sie einen Moment nach. So könnte Ihr Leben aussehen, wenn Sie sich nicht jetzt entscheiden, etwas zu tun, damit Sie es in andere Bahnen lenken.

Schließen Sie wieder die Augen. Stellen Sie sich aufrecht hin. Wie fühlen Sie sich, wenn Sie alle Menschen kennenlernen können, die Sie kennenlernen wollen? Welche neuen Freunde werden Sie morgen kennenlernen? Mit welchen Partnern werden Sie Verabredungen haben? Mit wem werden Sie etwas unternehmen? Welche interessanten Unterhaltungen werden Sie führen? Wie wird diese Fähigkeit Ihr Leben bereichern? Stellen Sie sich diese Bilder farbig, leuchtend und intensiv vor. Wenn Sie fünf Jahre mit dieser neuen Fähigkeit leben, wie wird das Ihr Leben verändert haben? Wie viele neue Kontakte und Freundschaften werden Sie inzwischen geschlossen haben? Werden Sie Ihren Traumpartner gefunden haben? Welche Auswirkungen wird das auf Ihr Leben und Ihr Selbstbewußtsein haben? Was wird sich finanziell zum Guten für Sie verwandelt haben, wenn Sie beruflich neue Kontakte knüpfen? Welches Vorbild werden Sie Ihren Kindern sein? Wie wird ihnen das später im Leben weiterhelfen? Gehen Sie fünf weitere Jahre in die Zukunft. Sie sind offen und selbstbewußt. Jede Person, die Sie interessiert, sprechen Sie an und Ihr Bekanntenkreis hat sich enorm ausgedehnt. Sie haben viel Spaß und Freude mit Ihren Freunden. Spüren Sie im ganzen Körper, wie Energie und Stärke Sie durchfluten. Lassen Sie sich von diesem Lebensgefühl ganz erfüllen. Sehen Sie, wie Sie auf viele sympathische Menschen zugehen und genießen Sie noch eine Weile dieses wunderbare Lebensgefühl. Gehen Sie nun noch weiter: Zwanzig Jahre in die Zukunft. Erleben Sie sich selbst auf einer Party mit all Ihren inzwischen gewonnenen Freunden. Denken Sie zurück an die gemeinsamen Erlebnisse. Lassen Sie die Gefühle ganz intensiv werden und dann setzen Sie einen Anker!

Kommen Sie wieder zurück und werfen Sie einen Blick auf die beiden Lebenswege. Welchen von beiden wollen Sie gehen? Dann treffen Sie jetzt eine Entscheidung – eine Entscheidung, bei der es kein Zurück mehr gibt, bei der Sie die Alternative für immer aus Ihrem Leben verbannen.

Stellen Sie sich aufrecht hin, spreizen Sie die Beine schulterbreit auseinander. Atmen Sie ruhig und tief in den Bauch. Werden Sie innerlich ruhig. Machen Sie sich bewußt, daß Sie jetzt eine Entscheidung treffen, die Ihr Leben verändern wird. Konzentration – drei – zwei – eins, schreien Sie ein lautes ›Jaaahhhh!‹ und machen Sie Ihre Entscheidungsbewegung. Niemals, niemals wird Ihr Leben das gleiche sein wie vorher. Wiederholen Sie diesen Vorgang mit noch größerer Intensität. Setzen Sie alle Ihre Anker ein. Laden Sie Ihren Körper mit höchster Energie auf und genießen Sie dieses unwiderstehliche Gefühl. Verdoppeln Sie noch einmal diese Intensität. Wie wird es in zehn Jahren sein, wenn Sie jetzt diese Entscheidung treffen? Machen Sie Ihre Vorstellung extrem attraktiv. Spüren Sie die Folgen in Ihrem ganzen Körper. Drei, zwei, eins. Führen Sie Ihre Bewegung mit Power aus. Es kann kein Zurück mehr geben! Verzehnfachen Sie noch einmal die Intensität und geloben Sie, daß dies Ihr neues Schicksal sein wird. Konzentrieren Sie sich und dann führen Sie Ihre Power-Bewegung noch ein letztes Mal aus, ehe Sie in unbeschreiblichen Jubel ausbrechen. Sie haben gerade Ihre Zukunft neu programmiert!

11
Die Antriebskraft von Zielen

*»Wer den Hafen nicht kennt, in den er segeln will,
für den ist kein Wind ein günstiger.«*

Seneca

Wenn Sie sich auf einem Schiff befinden, das in die falsche Richtung fährt, dann können Sie auf dem Deck dieses Schiffes so viel und so schnell hin- und herlaufen wie Sie wollen, so lange Sie das Steuer nicht umlegen, werden Sie nie an Ihrem Ziel ankommen. Wenn Sie Ihre Ziele nicht klar festlegen, dann können Sie jeden Tag noch so viel und so schnell arbeiten, Sie werden nie da ankommen, wo Sie hin wollen. Aus diesem Grund ist es so wichtig, daß Sie Ihren Lebenstraum finden. Sie müssen wissen, in welchen Hafen Ihre Reise gehen soll. Haben Sie Ihren Lebenstraum gefunden? Wissen Sie, wohin Ihre Reise geht? Wenn nicht, dann kehren Sie zurück zu dem Kapitel ›Im Anfang war der Traum‹ und machen Sie die Übungen dort. Die Zeit, die Sie in diese Übungen investieren, wird Ihnen tausendfach zurückerstattet werden. Sie können gar nicht oft genug auf diese Art an Ihrem Traum ›arbeiten‹.

Sie kennen nun Ihren großen Traum und damit die grobe Richtung, in die Sie gehen wollen. Um den Hafen zu erreichen, müssen Sie sich jedoch irgendwann für eine bestimmte Route entscheiden. Dann gilt es, sich sehr genaue Etappenziele zu stecken, die es Ihnen erlauben zu überprüfen, ob Sie auf dem richtigen Weg sind. Schließlich müssen Sie das Land verlassen und sich aufs Meer hinaus wagen, wo Sie kleinere Kurskorrekturen vornehmen müssen, um Hindernisse zu umschiffen, Sandbänke zu umgehen und gelegentlich neuen Proviant mit an Bord zu nehmen. Vielleicht vernebelt ein wildes Unwetter Ihnen kurzfristig die Sicht, so daß Sie am nächsten Tag das Schiff wieder neu auf den Hafen – Ihren Traum – ausrichten müssen. Dazu sind jeden Tag viele kleine Entscheidungen zu treffen, die man zu Beginn der Reise noch nicht absehen konnte. Natürlich war es trotzdem absolut richtig, die Reise in dem Vertrauen auf eine ruhige Überfahrt zu beginnen, in dem festen Glauben, alle auftauchenden Hindernisse zu überwinden und wohlbehalten anzukommen.

Der große Traum ist häufig zu abstrakt und zu komplex, um ihn auf einmal zu erreichen. Daher ist es oft notwendig, sich kleinere Zwischenziele zu setzen. *Wie haben Sie das bisher gemacht? Wie haben Sie bisher Ihren großen Traum in kleine Einzelziele aufgeteilt und haben ihn in erreichbare, gut kontrollierbare Ziele zerlegt?*

Dieser Punkt ist absolut kritisch! Hier entscheidet es sich, ob Sie einen Traum haben oder ob Sie nur träumen. Finden Sie es schön, sich einfach ein wenig hinzulegen und zu träumen, wie es wäre, wenn…? Dann haben Sie wahrscheinlich an dieser Stelle aufgehört und keinen einzigen Schritt zur Verwirklichung unternommen. Wenn Sie dagegen den brennenden Wunsch haben, Ihren Traum auch zu leben, dann haben Sie sich auch überlegt, was die ersten Schritte sind, die zu diesem Traum führen. Und vielleicht haben Sie ja schon begonnen, die ersten Schritte auch tatsächlich zu gehen. Denn selbst eine große Weltreise beginnt immer mit dem ersten kleinen Schritt vor die eigene Haustür. Denken Sie an Neil Armstrong – um den Mond zu betreten, mußte er einige Tage zuvor einen Schritt vor die eigene Haustür gemacht haben. Ja, er mußte sogar Jahre zuvor den Schritt in eine Schule gemacht haben. Zwischen diesen beiden Ereignisse liegen unzählig viele Zwischenschritte und Ziele, die er erreicht haben mußte, ehe dieser Traum realisiert werden konnte.

Setzen Sie sich daher kleine Zwischenziele! Machen Sie sich bewußt, daß jedes dieser Zwischenziele ein Schritt auf dem Weg zum ganz großen Erfolg ist. Streben Sie jedes auch noch so kleine Ziel mit derselben Motivation und Begeisterung an, mit der Sie entschlossen sind, sich auch für Ihren Traum einzusetzen. Auf den nächsten Seiten werden Sie lernen, wie Sie

- große Träume in realistische Ziele verwandeln,
- diese Ziele so unwiderstehlich formulieren, daß sie bewußt und unbewußt eine magnetische Anziehungskraft auf Sie ausüben,
- wie Sie Ihre neue Zukunft tief in sich verankern können.

Lernen Sie jetzt eine Strategie, mit deren Hilfe Sie Ihre Ziele sehr erfolgreich planen und sorgfältig überdenken können.

Die Walt-Disney-Strategie

Diese Strategie geht auf Walt Disney, den Mitbegründer der weltbekannten Disney Company zurück. Disney war ein Mensch mit sehr ausgeprägten Träumen und Visionen. Er wuchs in einem recht armen Elternhaus auf und mußte schon als kleiner Junge seinen Beitrag zum Lebensunterhalt der Familie leisten. Als er mit 19 Jahren aus dem Ersten Weltkrieg heimkehrte, hatte seine Verlobte einen anderen Mann geheiratet. So stand er ohne Verlobte, ohne Geld, ohne Wohnung, ohne Job und ohne besondere Talente auf der Straße. Was ihm geblieben war, waren seine Visionen und Träume.

Diese gaben ihm die Kraft, ein Studio zu eröffnen und Trickfilme zu produzieren. Niemand wollte die ersten Mickey-Mouse-Filme sehen – doch seine Vision ließ ihm keine Ruhe. In den folgenden Jahren überwand er alle Hindernisse und legte damit den Grundstein für ein gigantisches Imperium mit Vergnügungsparks, Hotels, Filmgesellschaften und einer Unmenge an verkauften Comics.

Wie gelang es Walt Disney, seine Visionen und Träume in konkrete, erreichbare Ziele zu verwandeln? Welche Strategie hat er dabei benutzt?

Walt Disney trennte drei verschiedene Phasen der Zielsetzung und unterschied sie sowohl räumlich als auch zeitlich präzise voneinander. Diese Phasen oder Positionen waren: Der *kreativer Träumer*, der *realistische Planer* und der *konstruktive Kritiker*. Für jede dieser drei Positionen benutzte Walt Disney einen anderen Raum, der ihn auch durch seine Ausstattung unterstützte, in einen für die jeweilige Position günstigen mentalen Zustand zu gelangen.

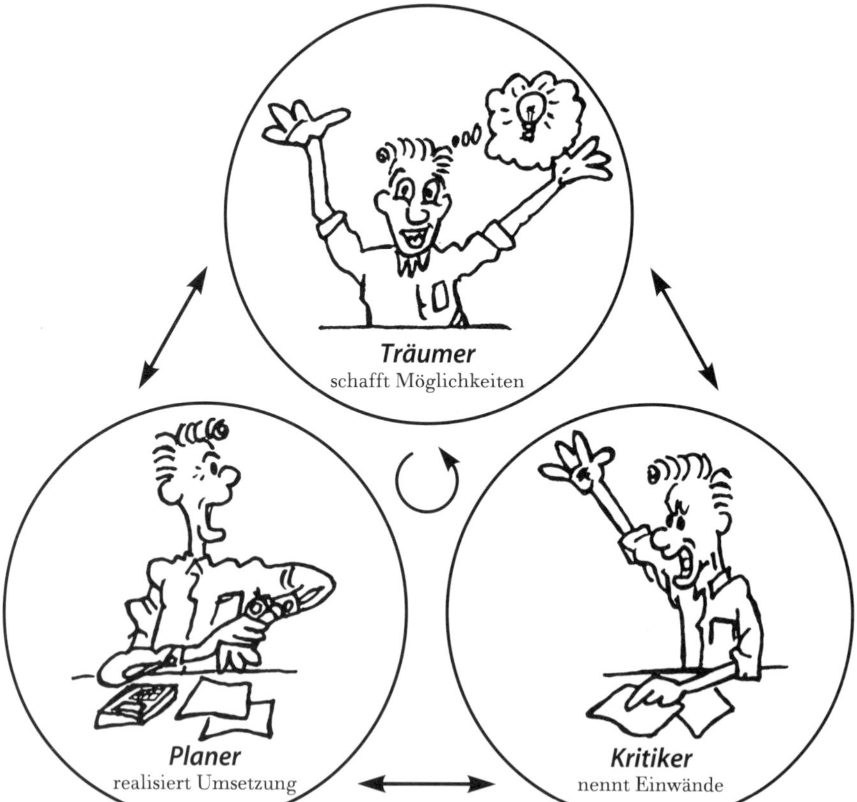

Wenn ich Ihnen jetzt die einzelnen Schritte dieser Strategie vorstelle, lesen Sie die einzelnen Schritte einmal durch, um den Gesamtablauf dieser Strategie zu verstehen. Kehren Sie dann wieder zum ersten Schritt zurück und führen Sie in aller Ruhe die einzelnen Schritte mit einem Ihrer Ziele aus. Dafür brauchen Sie viel Zeit und Ruhe! Machen Sie diese Übung auf jeden Fall! Suchen Sie sich eines Ihrer großen Ziele aus und schreiben Sie es auf:

1. Markieren Sie drei verschiedene Stellen im Raum oder in Ihrer Wohnung.
Wenn Sie ausreichend Platz haben, dann können Sie auch drei verschiedene Zimmer benutzen. Schmücken Sie den ersten Raum mit bunten Farben, Tüchern, Blumen, weichen Kissen oder anderen Gegenständen, die es Ihnen erlauben, in einen kreativen, inspirierenden Zustand zu gelangen. Im Idealfall ist das ein Whirl-Pool mit herrlicher Musik im Hintergrund und einem Aufnahmegerät, das Ihre Ideen speichert.
Der zweite Raum ist für den realistischen Planer und sollte alle dafür notwendigen Gegenstände enthalten. Dazu können gehören: Ein Zeitplaner, Terminkalender, Adreßbuch, Taschenrechner, Notizblock, ein Stift und jede Menge an Informationen.
Im Raum des konstruktiven Kritikers sollten Sie eher einen harten Stuhl deponieren und eine Brille, durch die Sie noch einmal einen kritischen Blick auf Ihren Plan werfen können.
Durchlaufen Sie in den nächsten Schritten die einzelnen Positionen relativ schnell, um einen ersten Eindruck von dieser Strategie zu gewinnen.

2. Nehmen Sie die Position des Träumers ein.
Das haben Sie im Prinzip schon in mehreren Kapiteln dieses Buches getan. Erinnern Sie sich nun an eine Situation, in der Sie kreativ und phantasievoll waren. Versetzen Sie sich in diese Stimmung. Wenn Ihnen das schwer fällt, dann denken Sie an eine Person, die oft kreativ ist und überlegen Sie, wie diese Person das wohl macht. Wichtig ist, daß Sie tatsächlich einen Zustand erreichen, in dem es Ihnen leicht fällt, zu träumen und kreative Ideen zu entwickeln. Starten Sie jetzt! Entwickeln Sie Träume, verrückte Ideen und ausgeflippte Ziele. Veranstalten Sie ein riesiges Brainstorming und sammeln Sie alles auf einem großen Plakat, einem Stück alter Tapete oder einer Kassette.

Können Sie sich noch an den Film erinnern, den Sie im Kapitel ›Der Film des Lebens‹ gedreht haben? Dort haben Sie sich auf dem Weg zum großen Triumph Ihres Lebens gesehen, gefühlt und gehört. Haben Sie den Moment der Erfüllung mit all Ihrer Vorstellungskraft in ein gigantisches Ereignis verwandelt? Können Sie jetzt noch einmal den Moment der Vollendung spüren? Nutzen Sie diese Energie und Kreativität für diese Position.

3. Verlassen Sie die Position des Träumers und schalten Sie einen kurzen Moment auf Durchzug. Setzen Sie einen Separator.

4. Nehmen Sie nun die Position des realistischen Planers ein. Erinnern Sie sich an eine Zeit, in der es Ihnen leicht möglich war, realistisch und sorgfältig zu planen oder denken Sie an jemanden, der dies sehr gut kann.
Suchen Sie sich eine der Ideen Ihres Träumers aus, die Sie jetzt planen möchten. Denken Sie etwas über die Idee nach.

- ▹ Wie können Sie diese Idee verwirklichen?
- ▹ Welche Schritte sind notwendig?
- ▹ In welcher Reihenfolge müssen sie getan werden?
- ▹ Wie lange wird es dauern, bis das Ziel erreicht ist?
- ▹ Welche Zwischenziele wären denkbar?

5. Verlassen Sie die Position des Planers und *setzen Sie wieder einen Separator.*

6. Nehmen Sie die Position des konstruktiven Kritikers ein. Erinnern Sie sich an eine Zeit oder eine Situation, in der Sie konstruktiv und kritisch waren, in der Sie Hindernisse und Einwände frühzeitig erkannt haben und genau wußten, wo Stärken und Schwächen eines Planes liegen. Oder denken Sie an eine Person, die über diese Fähigkeit verfügt. Wo fühlen Sie, daß Sie jetzt Zugang zu diesem Gefühl haben? Versetzen Sie sich in diese Stimmung.

Schauen Sie sich das Ergebnis des Träumers und des Planers an. Spüren Sie einmal hinein und entwickeln Sie ein Gefühl für den Plan.

- Wo fehlt noch etwas?
- Was wurde noch nicht berücksichtigt?
- Können Sie mit diesem Plan Ihr Ziel erreichen?

Wenn es notwendig sein sollte, Änderungen oder Verfeinerungen vorzunehmen, so durchlaufen Sie so lange die verschiedenen Positionen, bis der Kritiker sich mit dem Ziel und dessen Verwirklichung einverstanden erklärt. Dabei können Sie auch die Reihenfolge wechseln und zum Beispiel vom Kritiker zum Planer gehen, wenn die Grundideen zwar klar sind, aber die Umsetzung noch nicht ökologisch ist. Oder Sie gehen vom Planer zum Träumer zurück, weil der Traum einfach nicht umzusetzen ist und Sie gerne noch genauere Angaben zur Umsetzung hätten usw. Spielen Sie ein wenig mit diesem Modell herum.

Das Wichtigste dabei ist nach meiner Erfahrung, daß Sie die Positionen deutlich trennen und so Ihrem Kritiker nicht sofort Gelegenheit geben, Ihren Plan schon in seinen Grundfesten zu erschüttern. Jede Idee, die wir haben, durchläuft sofort eine Killerphase und die meisten Ideen überleben diese Phase nicht, obwohl Sie durchaus bei näherem Hinsehen sinnvoll wären. Mit der Walt-Disney-Strategie vermeiden Sie diese Gefahr und schaffen es, Ihre eigenen Märchen in Ihrem Leben ökologisch und wohldurchdacht umzusetzen.

Im weiteren Verlauf dieses Kapitels ist es notwendig, daß Sie immer wieder diese drei Positionen durchlaufen. Ich möchte Ihnen hier nur ein Grundschema an die Hand geben. Ändern Sie es für Ihre individuellen Zwecke ab. Wenn Sie während der Übungen wieder einen Schub Motivation brauchen, dann gehen Sie ruhig in die Position des Träumers und schauen Sie sich ein herausragendes Video Ihres Erfolges an. Wenn Sie den Eindruck haben, Sie sind die ganze Zeit am Wegfliegen, dann lassen Sie den Kritiker zu Wort kommen, er wird Sie auf den Teppich zurückholen. Versuchen Sie ein wenig die Balance zwischen diesen beiden Positionen zu halten.

Kehren Sie jetzt wieder zu Schritt 1 zurück und beginnen Sie den Prozeß mit Ihrem Ziel. Benutzen Sie die freien Zeilen, um Ihren Gedankengang zu skizzieren, die Fragen der einzelnen Positionen zu beantworten und am Ende das Ergebnis festzuhalten. Beginnen Sie jeden Gedanken damit, daß Sie die Position aufschreiben, in der Sie sich gerade befinden, z.B. Träumer.

Wohlgeformte Ziele

Wenn Sie es nicht schaffen, Ihre Ziele so präzise zu formulieren, daß sie Ihnen bewußt und unbewußt jederzeit präsent und völlig klar sind, dann vergeuden Sie Ihre Energie! Vielleicht kennen Sie das: Sie haben sich fest vorgenommen abzunehmen, ein privates Fitneßprogramm durchzuhalten oder sich jeden Abend eine Stunde Zeit nur für Ihre Kinder zu nehmen. Sie sind entschlossen, dieses Verhalten für längere Zeit, sagen wir für einen Monat, durchzuziehen. Die ersten Tage klappt es auch wunderbar, doch nach drei Tagen setzen Sie erstmals aus. Etwas Unerwartetes ist dazwischen gekommen. Am vierten Tag führen Sie wieder Ihr Vorhaben weiter, doch so ganz allmählich beginnt es einzuschlafen. Plötzlich erinnern Sie sich gar nicht mehr so richtig an Ihr Ziel und Sie stellen am Ende des Monats fest, daß es irgendwie nicht so gelaufen ist, wie Sie es geplant hatten – »Doch was spielt das für eine Rolle«, denken Sie sich. »So in etwa habe ich ja mein Ziel erreicht.« oder: »Das kann ich ja immer noch nachholen.« Haben Sie das nicht auch schon einmal so ähnlich erlebt?

Hatten Sie Ihr Ziel wirklich klar und deutlich formuliert? Hatten Sie sich nicht vielleicht doch irgendwo Spielräume gelassen, die ein träger Teil in Ihnen nur zu gerne ausnutzt und jetzt als Entschuldigung vorschiebt?

Sie werden nun die Kriterien kennenlernen, die dafür sorgen, daß ein von Ihnen gesetztes Ziel Sie motiviert und von Ihnen auch erreicht wird. Nehmen Sie zur Übung alle Ihre Zwischenziele, die Sie mit Hilfe der Walt-Disney-Strategie erarbeitet haben und üben Sie die Anwendung der Kriterien.

1. Positive Zielformulierung: Achten Sie darauf, daß Sie sich das vorstellen, was Sie auch erreichen möchten. Bedienen Sie sich hierbei und bei allen späteren Zwischenzielen einer positiven Zielformulierung. Wie bei der Autosuggestion versteht unser Unterbewußtsein auch hier das Wort ›nicht‹ nicht. Stellen Sie sich also nicht das Verhalten oder die Situationen vor, die Sie vermeiden möchten sondern immer das, worauf Sie sich zu bewegen wollen. Damit schaffen Sie auch gleichzeitig eine ›Hin-zu-Orientierung‹, die Ihre Motivation steigert. Formulieren Sie nicht im Sinne einer ›Weg-von-Motivation‹. Verwenden Sie keine Vergleiche.

Beispiele für nicht wohlgeformte Zieldefinitionen:

- Ich möchte nicht durch meine Prüfung fallen. (Negation)
- Ich werde wieder offener auf andere Menschen zugehen. (Vergleich)
- Ich werde mehr für meine Gesundheit tun. (Vergleich)

Beispiele für positive Zielformulierungen:

- Ich will meine Prüfung bestehen.
- Ich werde offen auf andere Menschen zugehen.
- Ich werde jeden Tag etwas für meine Gesundheit tun.

Meine positiv formulierten Zwischenziele und Hauptziele:

2. Selbst erreichbar: Das Ziel soll von Ihnen selbst aufrechterhalten und erreicht werden können. Die Zielerreichung soll in Ihren Möglichkeiten und in Ihrer Verantwortung liegen. Durch Ihre persönliche Aktivität müssen Sie die Chance erhöhen, das Ziel auch zu erreichen.

Beispiele für nicht wohlgeformte Zieldefinitionen:

- Ich werde eine Million im Lotto gewinnen.
- Meine Mitarbeiter werden im nächsten Monat 50 Versicherungen verkaufen.
- Mein Ziel ist, daß mir von anderen Liebe entgegengebracht wird. (Das Gehirn erfährt nicht, was in der Person selbst ablaufen muß, um die Liebe der anderen zu bekommen.)

Beispiele für wohlgeformte Zieldefinitionen:

- Ich werde regelmäßig den Tippschein ausfüllen und darauf achten, daß ich ihn abgebe und somit meine Chance auf einen Gewinn wahrnehmen.
- Ich werde in der nächsten Woche drei Seminare abhalten, um meine Mitarbeiter so zu motivieren, daß sie im nächsten Monat 50 Versicherungen verkaufen können.
- Mein Ziel habe ich erreicht, wenn mich eine innere Ruhe durchströmt, ich ein warmes und angenehmes Gefühl im Magen habe und helle, leuchtende Bilder in meinem Kopf sehe.

Meine positiv formulierten und selbst erreichbaren Zwischen- und Hauptziele:

3. Größe: Wenn Sie ein zu großes Ziel wählen, dann besteht die Gefahr, daß Sie sich überfordert fühlen, ehe Sie das Ziel mit beiden Händen angepackt haben. Andererseits halten Sie zu kleine Ziele nicht für wichtig genug, um sie gewissenhaft zu erledigen. Sie fühlen sich vielleicht unterfordert. Finden Sie hier den goldenen Mittelweg. Zerlegen Sie große Ziele, die Sie überwältigen, in kleine Teilziele und formulieren Sie zu kleinen Zielen die entsprechenden Oberziele. Bringen Sie Ihre Ziele auf die für Sie richtige Größe.

4. Konkret und spezifisch: Ganz besonders wichtig ist die Kontrolle Ihrer Ziele. Wenn Sie es nicht schaffen, Ihr Ziel so zu formulieren, daß Sie die Erreichung oder Nicht-Erreichung überprüfen können, dann haben Sie kein Ziel. Nur wenn Sie ein Ziel konkret und sinnesspezifisch beschreiben, werden Sie wissen, ob und wann Sie Ihr Ziel auch erreicht haben. Nur dann können Sie die Erreichung Ihrer Ziele auch kontrollieren. Wenn Sie Ihr Ziel in der Art formulieren: ›ich möchte mehr Geld haben‹, dann ist das nicht spezifisch genug. Sie haben Ihr Ziel bereits erreicht, wenn Sie nur einen Pfennig mehr Geld haben als vorher. Bedenken Sie: Sie bekommen, worum Sie bitten. Um sicherzustellen, daß Ihr Ziel auch konkret und spezifisch ist, helfen Ihnen die folgenden Fragen:

- Woran werde ich merken, daß ich mein Ziel erreicht habe?
- Was werde ich sehen, hören und fühlen, wenn ich das Ziel erreicht habe? Wie werde ich aussehen und wie werde ich mich bewegen?
- Was tue ich, wenn ich mein Ziel erreicht habe?
- In welchem Kontext erreiche ich mein Ziel? Paßt dieser Kontext? Wo, wann, wie, mit wem will ich es?

Falsch: Ich möchte immer ruhig und gelassen sein.
Richtig: Ich möchte nur dann ruhig sein, wenn es angemessen ist.
Falsch: Ich möchte gesünder leben.
Richtig: Ich will jeden Tag 15 Minuten Gymnastik machen und mich morgens von Obst ernähren.

5. Ressourcen: Machen Sie eine Bestandsaufnahme Ihrer Ressourcen und Hilfsmittel. *Welche Ressourcen sind bereits vorhanden, um mein Ziel zu erreichen?*

Welche Ressourcen fehlen noch, um mein Ziel zu erreichen?

Wie beschaffe ich mir die fehlenden Ressourcen?

6. Konsequenzen: Setzen Sie Ihre Ziele so, daß sie für Sie, Ihre Familie und den ganzen Planeten angebracht sind. Sie sollten auf jeden Fall auch die Konsequenzen durchdenken, die es hat, wenn Sie Ihr Ziel erreichen. Es kann nämlich sein, daß es nicht nur positive Auswirkungen gibt, sondern auch die eine oder andere Auswirkung dabei ist, die man auf jeden Fall berücksichtigen muß, damit Sie sich nicht negativ auswirkt. Stellen Sie sich folgende Fragen:

Welche Auswirkungen hat es auf die Umwelt (meinen Partner, meine Familie, meinen Beruf, meine Freunde, mein Land), wenn ich mein Ziel erreiche?

Drei mögliche Konsequenzen sind …

Um diese Konsequenzen zu verhindern, fallen mir folgende Ideen ein...

Was wird nicht passieren, wenn ich mein Ziel erreicht habe?

Was wird passieren, wenn ich es nicht erreiche?

Was wird nicht passieren, wenn ich es nicht bekomme?

Beginnen Sie bereits jetzt, für jedes Ziel, das Sie sich setzen und mit dem Sie arbeiten, zwei Anker zu etablieren. Den einen verwenden Sie als mentalen Anker. Dabei kann es sich um eine Farbe, einen Geruch, einen Ton, ein Gefühl oder einen Erinnerungsbegriff handeln. Der andere Anker sollte tatsächlich real existieren. Das kann ein kleiner Zettel mit einem Schlüsselwort sein, ein Gegenstand auf Ihrem Schreibtisch, ein Bild oder ein gelber Punkt auf Ihrer Uhr. Sorgen Sie dafür, daß Sie diesen Anker jeden Tag sehen! Der Punkt auf der Uhr ist dabei besonders hilfreich, weil Sie gleich mehrmals am Tag auf die Uhr schauen. Sie können auch in Ihrer ganzen Wohnung, im Bad, in der Küche, auf dem Schlafzimmertisch, im Kühlschrank usw. kleine Zettel verteilen, die Sie an Ihr Ziel erinnern.

Mein 1. Anker: ________________________________

Mein 2. Anker: ________________________________

Diese 6 Wohlgeformtheitskriterien sollen Sie in Zukunft bei allen Zielen beachten. Mit etwas Übung werden Sie jedes neue Ziel automatisch auf diese Kriterien hin überprüfen und entsprechend umformulieren.

Die Zeit-Linie

Jetzt werden wir uns um die Größe ›Zeit‹ kümmern. Wann werden Sie Ihren Traum leben? Wann ist die Zeit der Erfüllung gekommen? In 25 Jahren, in 20 Jahren, in 10 Jahren oder in 5 Jahren? Vielleicht ist auch Ihr ganzes Leben ein Traum. Wann sind Sie auf dem Höhepunkt Ihres Lebens?

Entdecken Sie nun mit mir Ihre innere Zeitlinie. Diese Zeitlinie besteht aus der Gesamtheit Ihrer bisherigen und zukünftigen Erfahrungen. Diese Erfahrungen sind in uns gespeichert und prägen unsere Persönlichkeit. Die Zeitlinie ist eine Methode, um in Ihrem Innern Vergangenheit, Gegenwart und Zukunft so zu kodieren, daß Sie sie unterscheiden können. Dadurch wissen Sie, welche Ereignisse bereits geschehen sind und welche erst noch geschehen werden. Aus unserer Sprache können wir wertvolle Hinweise darüber gewinnen, wie wir oder andere Menschen Zeit organisieren. Manche sagen z.B. ›wir werden darauf mit Freude zurückblicken‹, ›da steht uns aber noch ein hartes Stück Arbeit bevor‹, ›lassen Sie diese Erfahrung hinter sich‹. Möglicherweise kann man diese Beschreibungen tatsächlich wörtlich nehmen.

Doch finden Sie erst einmal heraus, wie Sie selbst die Zeit wahrnehmen. Wenn Sie auf die Vergangenheit deuten könnten, wo wäre Sie dann? Wo wäre die Zukunft? Versuchen Sie die Vergangenheit an einem Punkt im Raum festzumachen. Ist Sie vor Ihnen, hinter Ihnen, links, rechts, oben oder unten. Wo ist sie? Und wo ist dann Ihre Zukunft? Verbinden Sie die beiden Punkte mit einer Linie. Das ist Ihre Zeitlinie. Wenn Sie zu den wenigen Menschen gehören, denen diese Frage noch nicht ausreicht, um Ihre Zeitlinie zu entdecken, dann erinnern Sie sich jetzt an eine Zeit, als Sie 15 Jahre alt waren, oder ein Ereignis von letzter Woche, und stellen Sie fest, aus welcher Richtung dieses Ereignis auf Sie zukommt. Finden Sie auf ähnliche Art auch ein Ereignis, daß in der Zukunft liegt.

Man unterscheidet zwei Arten von Zeitlinien: Von einem Menschen, dessen Zeitlinie von vorn nach hinten verläuft oder in einer anderen Art und Weise, bei der der Körper ein Teil der Zeitlinie ist, sagen wir, daß er ›in der Zeit‹ lebt. Er befindet sich auf seiner Zeitlinie und lebt in seinen Erfahrungen. Diese Menschen neigen dazu, im Moment gefangen zu sein. Verspätungen und Unpünktlichkeit machen Ihnen wenig aus. Wenn Sie sich aber voll in einen Moment hineinversetzen wollen, dann sollten Sie ›in der Zeit‹ sein. Die Art, wie Ihre Zeitlinie gestaltet ist, entscheidet, wie Sie die Zeit erfahren und wie Sie mit ihr umgehen. Eine andere klassische Anordnung der Zeit nennt man ›durch die Zeit‹. Hier verläuft die Zeitlinie von links nach rechts oder von rechts nach links. Entscheidend ist dabei, daß die komplette Zeitlinie sich vor dem Menschen befindet. Das könnte sogar eine Linie sein, die in ›V‹-Form angeordnet ist. Menschen mit einer ›durch die Zeit‹-Anordnung haben ihr ganzes Leben im Voraus festgelegt. Sie wissen genau, was sie wollen und erleben Zeit als geordnet, linear und in Folge. Sie versuchen Zeit einzuteilen und arbeiten mit einem Time-System. Manchmal arbeiten auch ›in der Zeit‹-Menschen mit solchen Systemen, doch sie mögen sie nicht besonders. Wenn Sie Ihre Zeit planen wollen, dann sollten Sie im Zustand ›durch die Zeit‹ sein und nicht ›in der Zeit‹. Sie sollten sich dann von Ihren Erinnerungen lösen und über Ihre Zeitlinie schweben.

Eine plausible Erklärung für das verstärkte Auftreten von ›durch die Zeit‹-Orientierung in westlichen Ländern sind die Auswirkungen der Industriellen Revolution. Diese machte es notwendig, daß Menschen pünktlich bei der Arbeit erscheinen. Arbeit erfolgte im Fließbandtakt und trug damit zum Bewußtsein der Zeit als linearem Prozeß bei. Eine Tätigkeit nach der anderen hatte in einer festgelegten Reihenfolge zu geschehen.

Zwischen diesen beiden Extremarten der Zeitanordnung gibt es eine ganze Menge von Kombinationen. Jede hat eine andere Auswirkung auf die Wahrnehmung von Zeit.

In der Zeit	**Durch die Zeit**
▹ Ein Teil der Zeitlinie liegt hinter der Person	▹ Die ganze Zeit liegt vor der Person
▹ meist assoziiert	▹ meist dissoziiert
▹ Zeit ist nicht linear	▹ Zeit ist linear
▹ eher unpünktlich, weil nicht auf die Zeit geachtet wird	▹ pünktlich
▹ Arbeitszeit und Freizeit ist oft dasselbe	▹ Zeit hat Wert
▹ will sich Möglichkeiten offen lassen; spontan, verzögert Entscheidungen	▹ führt ein geordnetes, geregeltes, geplantes Leben
▹ kann gut einfach ›da‹ sein	▹ kann schlecht einfach ›da‹ sein

Nehmen Sie sich für die nun folgende Übung etwas Zeit. Schweben Sie jetzt in Gedanken über Ihre Zeitlinie, ganz hoch hinaus. Sehen Sie Ihre Zeitlinie unter sich. Sehen Sie das gesamte Kontinuum Ihrer Erfahrungen wie eine Perlenkette aneinandergereiht, eine neben der anderen. Gehen Sie nun langsam in die Zukunft bis an das Ende Ihrer Zeitlinie. Bleiben Sie eine Weile dort und sehen Sie sich etwas um. Kehren Sie wieder um und begeben Sie sich in Ihre Vergangenheit, bis an den Beginn Ihrer Zeitlinie. Kommen Sie dann wieder zu Ihrem Ausgangspunkt zurück. Konnten Sie sich an Erlebnisse erinnern, als Sie 16 Jahre alt waren, als Sie 10 Jahre alt waren, als Sie 5 Jahre alt waren? Haben Sie an etwas gedacht, woran Sie schon lange nicht mehr gedacht haben? Forschen Sie einmal nach, worin der Unterschied zwischen Erfahrungen aus der Vergangenheit und Erfahrungen aus der Zukunft besteht.

Nehmen Sie jetzt das Ziel, mit dem Sie gerade arbeiten und machen Sie ein Bild daraus oder eine kleine Videosequenz. Verändern Sie die Farbe, Helligkeit undGröße so lange, bis die Szene unwiderstehlich wird. Nehmen Sie jetzt diese Szene und schweben Sie über Ihre Zeitlinie. Tragen Sie die Szene zu dem Zeitpunkt, bis zu dem sie erfüllt sein soll und lassen Sie sie dann zwischen die anderen Bilder fallen. Beobachten Sie, wie alle für diese Zukunft notwendigen Ereignisse, die zwischen Jetzt und diesem Zeitpunkt in Ihrer Zukunft liegen, geschaffen werden.

Achten Sie darauf, wie ein Rad ins andere übergreift und das von Ihnen gewünschte Ergebnis erzeugt. Bemerken Sie, wie sich die Struktur Ihrer Zeitlinie verändert? Kommen Sie dann wieder in Ihre Gegenwart zurück. Mit dieser Technik können Sie Ihre Zukunft auf Erfolg programmieren.

An dieser Stelle gilt es, einen Moment lang innezuhalten. Die Zeitlinien-Techniken sind kein Spielzeug, sondern hochwirksame therapeutische

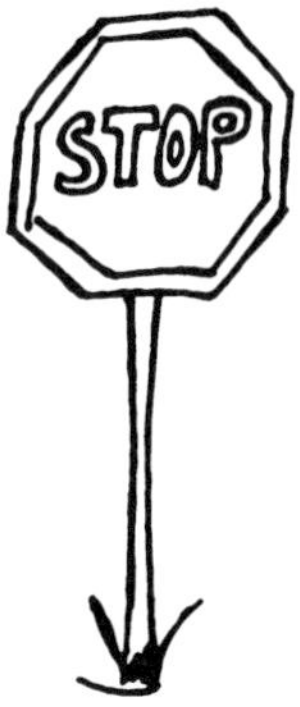

Methoden. Wenn Sie wissen oder auch nur das Gefühl haben, daß in Ihrer Vergangenheit kritische Erfahrungen oder Traumata, wie z.B. nach Vergewaltigung, Kindesmißhandlung oder ähnlichen Ereignissen liegen, dann wenden Sie diese Techniken bitte nicht alleine an. Suchen Sie sich fachmännische Hilfe – am besten einen erfahrenen Therapeuten, mit dem Sie persönlich gut zurechtkommen und der Sie bei der Anwendung der Zeitlinien-Techniken und der Auflösung der Traumata in Ihrer Vergangenheit begleiten kann. Es ist kein Makel, einen Therapeuten zu Rate zu ziehen oder einige Therapiestunden zu nehmen. Im Gegenteil: Für die meisten Menschen ist es eine echte Erweiterung ihres Erlebens dieser Welt und ihres Umgangs mit Problemen und Sorgen. Sie haben nichts zu verlieren, aber vieles zu gewinnen!

Die Vergangenheit verwandeln

In der nächsten Übung werden Sie sich auf eine Reise in Ihre Vergangenheit begeben. Dort werden Sie all das bereinigen, was Ihnen bei der Erreichung Ihrer Ziele noch im Weg steht und Sie daran hindert, erfolgreich zu sein. Das können Erfahrungen oder Situationen sein, die Ihr Glaubenssystem so stark beeinflußt haben, daß Sie noch heute davon eingeschränkt werden und sich nicht trauen, diese Grenzen zu überwinden.

Entspannen Sie sich und begeben Sie sich wieder einmal hoch über Ihre Zeitlinie. Betrachten Sie die Linie in aller Ruhe. Gibt es irgendwo Lücken? Oder ist die Linie durchgehend vorhanden? Ist die Linie überall gleichmäßig hell bzw. dunkel oder ist die Färbung eher ungleichmäßig? Gibt es große, dunkle Abschnitte? Dunkle Bereiche auf der Zeitlinie zeigen häufig Schmerz und Trauer an. Wir müssen Energie aufwenden, um diese Erfahrungen zu verdrängen. Diese Energie könnten wir aber auch gut bei der Erreichung unserer momentanen Ziele gebrauchen. Auf diese Weise bremst uns die Vergangenheit.

Schweben Sie wieder über Ihre Zeitlinie. Begeben Sie sich dann an den Anfang der Zeitlinie. Stellen Sie sich über Ihrem Kopf eine unendliche Quelle der Liebe und des Heils vor. Diese Quelle fließt hinab durch Ihren Kopf in Ihr Herz hinein. Sorgen Sie dafür, daß Sie sich in Ihrem Herzen ausbreitet und lassen Sie sie dann weiter in die Zeitlinie fließen, wo sie sich systematisch ausbreitet und alle weiteren Erfahrungen heilt. Lassen Sie sie in die Zeitlinie einfließen und so alle kleineren traumatischen Ereignisse heilen. Alles wird durchströmt von dieser Energie. Erlauben Sie ihr, alles mit Kraft und Heilung auszufüllen. Beobachten Sie, wie Ihre Zeitlinie immer heller und heller wird. Lassen Sie die Energie immer weiter fließen, über die Gegenwart hinaus in die Zukunft, immer weiter und weiter... Kommen Sie dann wieder ins Jetzt und öffnen Sie Ihre Augen.

Gehen Sie in sich und fragen Sie sich, ob Sie Ihr Ziel wirklich wollen – oder gibt es noch Einwände? Wenn es noch Einwände gibt, dann können Sie mit Hilfe des bereits gelernten Verhandlungsreframing diesen Einwänden Teile zuordnen, die höhere Absicht finden und eine Verhandlung durchführen.

Umgang mit Schuldgefühlen

Auch Schuldgefühle hindern uns daran, unsere Ziele zu erreichen. Schuld ist wirklich einer der schlimmsten Stolpersteine auf dem Weg zu einer gesunden und glücklichen Persönlichkeit. Wenn wir davon ausgehen, daß wir in jeder Situation das für uns Angemessenste und Beste tun, dann brauchen wir uns keine Vorwürfe zu machen, warum wir es nicht so oder so gemacht haben und dadurch die unangenehmen Konsequenzen vermieden hätten. Wir haben uns für das entschieden, was uns am besten erschien. Und doch werden wir in unserer Kindheit ständig darauf getrimmt, uns für alles, was wir getan oder ›angestellt‹ haben, schuldig zu fühlen. Ich glaube, ›verantwortlich‹ zu fühlen ist der richtige Ausdruck. Mit 16 Jahren lernte ich von einem Mann, daß man nur das beichten sollte, wofür man sich wirklich schuldig fühlt. Daraufhin ging ich meine lange Beichtliste durch und strich nach einigem Nachdenken jeden Punkt dieser Liste. Ich hatte zwar einiges ausgefressen, hatte anderen Menschen Kummer bereitet (ich dachte damals noch, ich wäre für die Gefühle anderer verantwortlich!), aber im Grunde war es aus der Situation heraus das angemessenste Verhalten, das ich mir nur vorstellen konnte. Ich hatte nicht einmal eine Wahl gehabt. Dafür fühlte ich mich nicht schuldig! Ich hatte doch nur getan, was ich für richtig hielt.

Ich möchte gar nicht abstreiten, daß es nicht vielleicht doch Situationen gibt, wo es richtig ist, sich schuldig zu fühlen. Doch welchen Sinn hat es, sich noch Jahre später schuldig und miserabel zu fühlen – und das bei der Erinnerung an einen Vorfall, der längst vergessen und vorbei sind?

Erinnern Sie sich an etwas aus Ihrer Vergangenheit, wofür Sie sich schuldig fühlen – auch jetzt noch? Wollen Sie diese Schuld loswerden? Begeben Sie sich wieder hoch über Ihre Zeitlinie und gehen Sie zurück bis zu diesem Ereignis und noch ein Stück weiter zurück, so daß Sie jetzt 15 Minuten vor dem Anfang dieses Ereignisses sind. Bitten Sie jetzt den Teil in Ihnen, der für Lernprozesse zuständig ist, daß er herausfindet, was es in dieser Situation zu lernen gibt und die Lernerfahrung an einem dafür geeigneten Ort speichert. Alles, was Sie hier lernen, soll Sie dabei unterstützen, Ihre Ziele auch zu erreichen. Diesen Schritt halte ich für sehr wichtig. Machen Sie es sich auch bei anderen Zeitlinien-Techniken zum Prinzip, daß Sie immer sicherstellen, daß Sie das Gelernte auch aufbewahren können.

Mit dem Wissen, daß Sie alles Nützliche aus dieser Situation gelernt haben, können Sie Ihre Schuldgefühle vergessen. Sie brauchen sie nicht mehr! Drehen Sie sich jetzt um und schauen Sie in Richtung ›Jetzt‹. Betrachten Sie für einen Moment dieses Ereignis, bei dem Sie sich schuldig fühlten und fragen Sie sich, wo die Schuld ist? Liegt sie vor Ihnen oder ist die Schuld weg? In den meisten Fällen wird die Schuld jetzt verschwinden. Ist sie es noch nicht, dann benötigt ein Teil in Ihnen ein Reframing. Dieser Teil meint vielleicht noch, es sei sinnvoll, ein Schuldgefühl zu haben. Finden Sie die gute Absicht heraus und erklären Sie diesem Teil, daß es bessere Methoden gibt, das gewünschte Ergebnis zu erzielen. Sie können das Ereignis jetzt emotional ausgeglichen erleben. Ihre Schuld existiert außerhalb des Zeitkontextes nicht. Sie ist dort völlig nutzlos.

Umgang mit Ängsten

Angst ist ein Gefühl, das in die Zukunft wirkt. Schuld wirkt eher in Richtung Vergangenheit. Wer sehr ausgeprägte Ängste hat, wird gelähmt und ist unfähig, in der Zukunft das zu erreichen, was er sich wünscht. Sie können Ihre Zukunft selbst programmieren und brauchen es nicht zu dulden, daß sich angstvolle Situationen auf Ihrer Linie breit machen. Erleben Sie sich selbst, wie Sie das Ereignis, vor dem Sie Angst haben, erfolgreich durchstehen.

Gehen Sie zu einem Zeitpunkt, der etwa eine Minute nach dem liegt, zu dem Sie die Angst überwunden haben. Drehen Sie sich um und blicken Sie auf das Ereignis und weiter hinten auf die Gegenwart zurück. Jetzt, wo ist die Angst? Beobachten Sie, wie die Angst ganz einfach verschwindet. Überprüfen Sie aber vorher, ob es nicht vielleicht die Angst ist, die Sie motiviert und antreibt. In diesem Fall wäre es nicht sinnvoll, diese Angst loszuwerden. Jedoch läge es dann nahe, daß Sie andere Mittel und Wege finden, um sich zu motivieren.

Schweben Sie wieder über Ihre Zeitlinie und suchen Sie sich eine sehr unbedeutende Erfahrung Ihrer Vergangenheit. Nehmen Sie diese Erinnerung voll und ganz aus Ihrer Zeitlinie heraus, halten Sie sie vor sich hin und stoßen Sie sie weit weg, lassen Sie sie dunkler werden und davonfliegen, bis sie sich auflöst. Das Loch, das sich nun in Ihrer Zeitlinie befindet, können Sie durch eine neue, von Ihnen erfundene Erinnerung schließen. Setzen Sie diese an der richtigen Stelle ein. Sie sollten auf jeden Fall die Lücke wieder schließen, weil sonst Ihr Gehirn das ausgelöschte Ereignis wieder herstellt.

Mit Hilfe der Zeitlinie können Sie Ihre Vergangenheit verändern. Das besonders Effektive an dieser Art von Veränderung ist, daß Sie mit einer Veränderung eine Kette von Veränderungen in Gang setzen. Der Austausch einer vergangenen Erinnerung bewirkt, daß sich zahlreiche weitere Erinnerungen verändern, die mit dieser Erinnerung verbunden sind. Auf diese Weise können Sie Ihre Persönlichkeit dramatisch verändern.

Die Zukunft verwandeln

Wir nähern uns einer meiner Lieblingsübungen. Jetzt dürfen Sie wieder in Ihren Traum hineinschlüpfen. Ich hoffe, Sie haben im Verlauf dieses Buches falsche Bescheidenheit abgelegt und haben in sich große Träume erzeugt, die Sie allein beim Gedanken Ihrer Erfüllung in freudige Aufregung versetzen. Sie haben bereits ein kleines Video über Ihren Lebensweg gedreht. Sie wissen, wie man Submodalitäten verändert und dadurch den Film noch attraktiver macht. Sie kennen auch die Wirkung eines assoziierten und eines dissozierten Zustandes. Bringen Sie nun dieses Video in Bezug zur Zeitlinie. Nehmen Sie Ihr großartiges Erfolgserlebnis und plazieren Sie es auf der Zeitlinie an dem Zeitpunkt, an dem Sie es erreicht haben wollen. Assoziieren Sie sich in diese Szene hinein. Spüren Sie Ihren Körper und nehmen Sie wahr, was es wahrzunehmen gibt. Holen Sie das Bild nahe an sich heran, so daß Ihre Gefühle am intensivsten sind. Verändern Sie auch die anderen Submodalitäten, so daß die Szene für Sie maximal attraktiv wird. Treten Sie dann aus dem Bild oder Film heraus und betrachten Sie das Bild oder den Film von außen. Drehen Sie sich um in Richtung ›Jetzt‹, und beobachten Sie, wie sich die gesamte Zeitlinie verändert und darauf ausrichtet, dieses Ziel zu erreichen. Kehren Sie zum ›Jetzt‹ zurück und blicken Sie in die Zukunft. Sehen Sie Ihr Ziel in dem Bewußtsein, daß dies erst der Anfang ist und in noch weiterer Zukunft noch ganz andere Ziele auf Sie warten.

Die Programmierung Ihrer Zukunft mit Hilfe der Zeitlinie entwirft ein so klares Bild Ihres Erfolges, daß Ihr Gehirn diese Bilder nicht mehr vergessen wird. Wiederholen Sie diese Übungen, so oft Sie Lust dazu haben und verlieben Sie sich dabei in Ihre Ziele!

12
Die Weisheit imaginärer Verbündeter

»Selbst ein Zwerg sieht weiter als ein Riese, wenn er auf den Schultern eines Riesen steht.«

Für die Verwirklichung Ihrer Träume und Ziele stehen Ihnen unendlich viele Ressourcen zur Verfügung! Einen großen Teil dieser Ressourcen haben Sie bereits kennengelernt. Jetzt möchte ich gerne mit Ihnen zusammen eine neue, sehr kraftvolle Zusatzressource für Sie etablieren. Wenn Sie diese richtig in Ihrem Leben einsetzen, wird Sie Ihnen gewaltige Macht verleihen. Sie wird es Ihnen erlauben, neue Blickwinkel einzunehmen und Ihren Entscheidungen, Aufgaben und Herausforderungen mit größerer Weisheit zu begegnen. Für den ein oder anderen wird es am Anfang nicht ganz leicht sein, dieses Instrument zu beherrschen, da ein hohes Maß an Vorstellungskraft benötigt wird. Doch können Sie diese sehr leicht trainieren und dann auch in anderen Lebensbereichen verwenden. Tatsächlich haben wir bei den meisten Übungen bereits auf diese Fähigkeit zurückgegriffen. Haben Sie sich erst an Ihre imaginären Verbündeten gewöhnt, dann können sie Ihnen Ihr ganzes Leben lang zur Verfügung stehen. Es handelt sich hier nicht um irgend etwas Mystisches oder gar Geheimnisvolles. Vielmehr können Sie mit dieser Methode einmal mehr die gewaltigen, faszinierenden Möglichkeiten unseres Gehirns nutzen.

> *Weisheit hat ihren Ursprung in der Fähigkeit, die Welt aus verschiedenen Perspektiven zu beschreiben und dadurch ihren Zusammenhang zu verstehen.*

Ich kam vor einigen Jahren auf diese Idee, als ich mich auf meine Prüfung in Entwicklungspsychologie vorbereitete. Ich beschäftigte mich im Rahmen meines Vertiefungsthemas mit der Entwicklung der Moral, als ich von einem für mich erstaunlichen Experiment las. Den Teilnehmern des Experiments wurde dabei ein soziales Dilemma vorgelegt, und sie sollten angeben, was sie als nächstes tun würden und warum. Ein typisches Beispiel für ein soziales Dilemma ist das Heinz-Dilemma:

Heinz hat eine Frau, die er sehr liebt. Eines Tages erkrankt seine Frau an einer bis dahin noch unheilbaren Krankheit. Ein junger Apotheker erfindet jedoch in dieser Zeit ein neues Medikament, mit dem man die Frau retten könnte. Allerdings möchte er für seine jahrelangen Forschungen angemessen belohnt werden und verlangt einen sehr hohen Preis für das Medikament. Obwohl Heinz alle seine Freunde, Bekannten und seine Bank um Geld bittet, kann er die geforderte Summe nicht aufbringen. Ihm ist klar, wenn nicht bald etwas geschieht, wird seine Frau sterben. Was würden Sie tun? Würden Sie in die Apotheke einbrechen und das Medikament stehlen? Warum? Warum nicht?

Entscheidend für die Beurteilung des im Moment vorhandenen Entwicklungsniveaus der Moral ist weniger die Tatsache, ob die Teilnehmer des Experimentes nun angeben, das Medikament zu stehlen oder nicht zu stehlen, sondern vielmehr, wie sie ihr Vorgehen begründen. Anhand dieser Begründungen konnte man die Teilnehmer verschiedenen Moralentwicklungsniveaus zuteilen. Das wirklich Bemerkenswerte an diesem Experiment geschah jedoch, als man die Versuchspersonen bat, sich vorzustellen, daß sie sehr berühmte und weise Philosophen seien. Auf einmal zeugten die Antworten der Teilnehmer von einer deutlich höher entwickelten Moral. Offensichtlich ermöglicht das ›Sich-in-eine-andere-Person-Hineinversetzen‹ auch den Zugang zu weiteren Ressourcen dieser Person. Wenn Sie Ihrem Gehirn andere Signale senden als sonst, wenn Sie andere Dinge glauben als sonst, andere Einstellungen aufweisen, dann wird Ihnen Ihr Gehirn auch andere Lösungen präsentieren als sonst! Darum nutzen Sie unbedingt die Technik, die ich Ihnen hier verraten möchte!

1. Auswahl der Mentoren

Es geht darum, imaginäre Verbündete für Sie zu finden. Das können Lehrer, Mentoren, Vorbilder oder auch Ihre Lieblingsstars oder Helden sein. Männer oder Frauen, alt oder jung, die Sie beeindrucken oder von denen Sie sehr gerne lernen möchten. In Gedanken wollen wir sie an einem imaginären Tisch versammeln und eine Konferenz mit ihnen abhalten.

Denken Sie nun einen Moment an Menschen, die in Ihren Augen ein erfolgreiches Leben führen oder geführt haben. Das können Menschen sein, die Sie aus dem Fernsehen, aus Büchern, aus Ihrem Bekanntenkreis oder aus Seminaren kennen.

Achten Sie bei Ihrer Auswahl darauf, daß Sie wenigstens ein paar Ereignisse aus dem Leben der jeweiligen Person kennen. Ob Sie allerdings eine Autobiographie gelesen haben oder die Person persönlich sehr gut kennen, ist dabei nicht entscheidend. Sie sollten in der Lage sein, sich in diese Person hineinzufühlen, zu spüren, welche Probleme und Hindernisse diese Person aus dem Weg geräumt hat, um zu dem zu werden, was Sie geworden ist. Sinnvoll ist es auch, wenn Sie einen großen Teil der folgenden Fragen zu der Person beantworten können:

- Welchen Namen hat die Person?
- Wie sieht diese Person aus? (Sie können sich natürlich auch eine mentale Vorstellung von der Person kreieren.)
- Welche Weltanschauung hat diese Person?
- In welcher Zeit, und unter welchen Umständen hat sie gelebt?

- ▹ Was war die besondere Leistung ihres Lebens?
- ▹ Worin besteht der Erfolg dieser Person?
- ▹ Wofür hat sie sich eingesetzt?
- ▹ Was war ihr wichtig?
- ▹ Welchen Anspruch hat diese Person an ihr Leben gestellt?
- ▹ Wie hat sie Probleme gelöst und Hindernisse überwunden?
- ▹ Wie hat diese Person gelernt?

Es spielt keine Rolle, ob diese Person schon tot ist. Auch tote Menschen leben in unseren Gedanken und Wünschen fort. Wir haben dafür in diesem Buch genügend Beispiele kennengelernt. Wenn Sie unbedingt wollen, dann können Sie sogar Romanfiguren oder Helden aus Sagen und Geschichten nehmen, wie z.B. Robin Hood, Peter Pan oder Winnetou.

Suchen Sie jetzt bitte 5 – 7 Mentoren aus. Lassen Sie sich dabei von Ihrer Intuition leiten. Fokussieren Sie sich bei einem Teil der Personen auf Menschen, die auf dem Gebiet Erfolg haben, in dem Sie auch erfolgreich sein wollen. Wählen Sie auch mindestens eine Person des anderen Geschlechts aus, um auch diesen Teil repräsentiert zu haben. Wenn Sie nicht auf Anhieb Ihre Mentoren finden, dann kramen Sie ruhig ein wenig in Ihrer Vergangenheit. Gehen Sie die Zeitlinie einmal rauf und runter. Denken Sie an Bücher oder Fernsehfilme. Wer hat Sie inspiriert oder begeistert? Von wem glauben Sie, etwas lernen zu können?

Meine Mentoren:

Haben Sie sich für Ihre Mentoren entschieden, dann beschaffen Sie sich ein visuelles Bild von Ihnen. Wenn Sie dieses Bild noch nicht in sich entwickelt haben, dann besorgen Sie sich ein echtes Bild, um es sich einzuprägen.

Ich habe übrigens diese Bilder bei mir an die Wand gehängt, so daß ich das Gefühl habe, daß meine Helden jederzeit um mich sind, um mich zu inspirieren, zu trösten und zu motivieren.

Beschaffen Sie sich weiterhin so viele Informationen, wie Sie nur können. Lesen Sie die Biographien nicht einfach nur durch, sondern versetzen Sie sich beim Lesen in Ihre Helden hinein. Tun Sie so, als ob Sie an Ihrer Stelle wären und die Ziele verwirklichen wollten, die Ihr Held im Rahmen seiner Mission erreichen möchte. Führen seine die Handlungen durch und erleben Sie sich an seiner Stelle.

2. Die Sitzordnung

Richten Sie nun einen inneren Raum ein, in dem sich diese Mentoren zusammen mit Ihnen regelmäßig treffen können. Stellen Sie in der Mitte des Zimmers einen großen Tisch auf – vielleicht vergleichbar mit dem Tisch der Ritter von König Artus' Tafelrunde mit den 12 ehrenhaftesten Rittern. Achten Sie darauf, daß jeder jeden sehen kann und Sie mitten unter ihnen sitzen. Plazieren Sie dann jeden Ihrer Mentoren auf einen bestimmten Platz. Vertrauen Sie dabei einfach auf Ihr Gefühl. So, wie Sie es für richtig halten, ist es richtig.

Direkt gegenüber von Ihnen sollte es auch eine große Videoleinwand geben, falls Ihnen Ihre Mentoren Erfahrungen aus ihrem Leben oder Informationen über das aktuelle Thema auch auf diesem Wege übermitteln wollen.

3. Wechseln der Wahrnehmungspositionen

Ich werde Ihnen jetzt drei verschiedene Wahrnehmungspositionen vorstellen, die es uns erlauben, unsere Welt aus drei verschiedenen Blickwinkeln wahrzunehmen. Diese Informationen werden sehr nützlich für Sie sein, wenn es darum geht, sich in die Position eines Mentors zu versetzen.

In der *ersten Position* erleben Sie die Welt mit Ihren eigenen Augen. Sie sind Sie selbst. Sie können die Gegenstände fühlen, die Sie mit Ihren Händen berühren. Sie hören Ihre Stimme so, wie Sie es gewohnt sind.

Wenn Sie erfahren wollen, wie andere Sie wahrnehmen, dann können Sie zur *zweiten Position* überwechseln. Sie wechseln in eine andere Person und sehen sich mit deren Augen. Von dort können Sie Ihren ganzen Körper so sehen, wie es eine Person aus dieser Position heraus eben kann. Sie hören Ihre Stimme dann so, wie von einem Kassettenrecorder, so wie Außenstehende sie hören. Und gleichzeitig fühlen Sie wie eine andere Person. Sie schlüpfen sozusagen in die Rolle dieser anderen Person. Es gibt Menschen, die Veränderungen bei einer anderen Person bemerken können, bevor diese die Veränderungen bemerkt. Solche Menschen leben in zweiter Position zur anderen Person. Diese Erfahrung kann man besonders dann machen, wenn man wirklich ganz tief in eine andere Person verliebt ist und sich die eigenen Grenzen auflösen, so daß man fühlt, wie die andere Person fühlt und denkt, wie die andere Person denkt. Ein weiteres Beispiel für die zweite Position findet man in Mannschaftssportarten, z.B. beim Doppel im Tennis oder anderen Sportarten, wo schnelle Reaktionen gefragt sind und es nicht möglich ist, sich verbal oder durch andere Zeichen zu verständigen. Gute Teamspieler schaffen es, sich in ihre Kameraden zu versetzen, sie gehen in die zweite Position, und wissen, was ihre Kameraden im nächsten Moment tun werden.

Die *dritte Position* ist der ›Hollywood-Direktor‹. Sie sehen die Situation von außen und befinden sich auf einer Meta-Ebene. Sie identifizieren sich nicht mit sich selbst. Sie schauen auf die Situation von außen und sind dissoziiert von den Gefühlen der ersten Position. Die Fähigkeit, in die dritte Position zu gehen, ist beispielsweise dann wichtig, wenn Sie sich gerade mit jemanden streiten oder heftig diskutieren. Dann können Sie in die dritte Position gehen und bekommen so Abstand von den Gefühlen der ersten Position. Allerdings haben Sie die Gefühle eines Beobachters und alle Ressourcen, die einem Beobachter zur Verfügung stehen. Das erlaubt Ihnen eine neue Wahrnehmung und Einschätzung der Gesamtsituation. Die Szene ist interessant für Sie, nicht, weil Sie persönlich betroffen sind, sondern eher, weil das als Hollywood-Direktor Ihr Job ist.

Dies sind nur drei mögliche Wahrnehmungspositionen. Es gibt wesentlich mehr Positionen und einige werden Sie in Form der imaginären Verbündeten sogar neu kreieren.

Wenn wir unsere Wahrnehmungspositionen wechseln, stellt sich die Frage, wie viele unserer Filter oder ganz individuellen Wahrnehmungsmuster wir zurücklassen können, wenn wir die Position wechseln. Wieviel von dem wirklichen Stephan Landsiedel nehme ich mit in die dritte Position? Und wieviel von meinen Werten, Gewohnheiten und Glaubenssätzen nehme ich mit? Dies ist eine Frage des Trainings und der Übung. Als ich zum ersten Mal die dritte Position aufgesucht habe, hatte ich das Gefühl, nur ein ganz kleines Stück von mir weg zu sein. Wenn ich heute in die dritte Position gehe, dann bin ich jemand völlig anderes, ich bin meilenweit von Stephan Landsiedel entfernt. Ich amüsiere mich schrecklich über seine Mißgeschicke und Mißerfolge, habe aber zugleich einen so guten Überblick darüber, was es zu tun gilt, daß ich ihm wirklich gute Ratschläge erteilen kann.

4. Die Konferenz

Doch kommen wir jetzt zur eigentlichen Konferenz:

a) Die Tagesordnung: Irgendwo im Raum steht eine große Tafel. Hier tragen Sie bitte die Tagesordnung ein. Gehen Sie dabei sehr systematisch vor, numerieren Sie die Punkte und tragen Sie einen nach dem anderen ein. Betreten Sie erst dann den Konferenzraum, wenn Sie eine klare Vorstellung davon haben, was Sie von Ihren Mentoren wissen möchten.

b) Die Eröffnung: Sobald Sie den Konferenzraum betreten, unterbrechen die bereits anwesenden Mentoren ihre privaten Gespräche. Ein Fanfarenstoß ertönt und alle Augen richten sich gespannt auf Sie. Eröffnen Sie dann die Konferenz, in dem Sie Ihren Mentoren möglichst präzise Ihre gegenwärtige Situation schildern. Beginnen Sie etwa mit den Worten: »Meine sehr verehrten, lieben Mentoren!

   Ich danke Euch, daß Ihr so zahlreich und pünktlich erschienen seid, um mir bei der Bewältigung meiner Aufgaben und Probleme zu helfen. Heute möchte ich gerne Eure Meinung zu dem Thema ... kennenlernen.

   Meine Ausgangssituation ist ... / Mein Problem / Widerstand / Herausforderung / Aufgabe besteht darin, daß ...

   Ich bitte nun jeden von Euch, mir unter Berücksichtigung seiner eigenen zahlreichen Lebenserfahrungen seine Sichtweise des Problems zu schildern und mir Hilfestellung bei der Lösung zu geben.

   Herr ..., Sie haben es geschafft, Millionen von Menschen durch Ihre Seminare, Kassettenprogramme und Bücher zu einem begeisterten Leben zu verhelfen. Dadurch haben Sie sich selbst zu einer Persönlichkeit entwickelt, die liebevoll und mit Respekt mit anderen Menschen umgeht. Würden Sie bitte Ihre Erfahrungen nutzen, um mir bei meiner aktuellen Aufgabe zu helfen und gleichzeitig meine Persönlichkeit um Ihre Stärken zu bereichern?«

c) Wechsel der Position: Nachdem Sie eine Person aufgefordert haben, ihren Standpunkt zu nennen und zu erläutern, wechseln Sie Ihre Wahrnehmungsposition. Begeben Sie sich in die Position dieser Person und treten Sie aus Ihrem eigenen Körper heraus. ›Shiften‹ Sie in die Persönlichkeit dieser anderen Person. Machen Sie sich bewußt, welche Referenzerlebnisse Sie jetzt haben und welche Erfahrungen Sie im Umgang mit Problemen bereits erworben haben. Berücksichtigen Sie möglichst viele der in anderen Kapiteln bereits besprochenen Methoden, um sich in die andere Person hineinzuassoziieren. Sehen Sie sich Video-

Clips an, mit Ihnen in der Rolle dieser anderen Person. Verändern Sie auch Ihre Körperhaltung, Ihre Atmung und Ihre Stimme.

Wenn Sie sich so intensiv wie möglich in diese Person hineinversetzt haben, dann beurteilen Sie die Situation und sprechen Sie etwa folgenden Text:

»Liebe/Lieber... (hier setzen Sie Ihren Vornamen ein), aufgrund meiner zahlreichen Erfahrungen im Umgang mit persönlichen Herausforderungen beurteile ich Dein Problem als... (groß / mittel / klein / sehr klein). Ich beurteile Deine Situation... Wenn ich Du wäre, dann würde ich ... tun. Dies hat meiner Ansicht nach die beste Aussicht auf einen Erfolg und wahrt gleichzeitig die Integrität Deiner Person. Wenn Du noch Fragen hast oder Informationen benötigst, dann stehe ich Dir gerne zur Verfügung. Ansonsten möchte ich jetzt das Wort an meinen ehrwürdigen Nachbarn zur Rechten weitergeben.«

Begeben Sie sich jetzt erst wieder zurück in Ihre eigene Position. Lassen Sie die Worte Ihres ersten Mentors auf sich wirken. Können Sie diese Aussagen nachvollziehen? Benötigen Sie weitere Informationen? Dann stellen Sie eine Frage und begeben Sie sich wieder in die Position Ihres ersten Mentors. Wenn Sie seine Aussagen erst einmal so stehen lassen wollen, dann sprechen Sie: »Lieber..., ich danke Dir für Deine Zusammenarbeit und werde Deine Worte sehr genau überdenken.«

Sprechen Sie dann den nächsten Mentor auf eine ähnlich Weise an wie vorhin und schlüpfen Sie in die Position des zweiten Mentors und wiederholen Sie das Frage-Antwortspiel.

Nachdem Sie alle Ihre Mentoren einmal gehört haben, bedanken Sie sich noch einmal bei allen und bitten Sie die Meta-Stimme um eine Zusammenfassung der bisherigen Aussagen. Diese Aussagen werden von der Meta-Person an die schwarze Tafel geschrieben.

Legen Sie dann einen Zeitrahmen für die Diskussion fest und erklären Sie die Diskussion für eröffnet. Sie selbst übernehmen die Diskussionsleitung. Ihre Aufgaben sind dabei:

- Genaue Formulierung des Problems
- Weitergabe von wichtigen Fakten und Sachverhalten
- Abgrenzung des Entscheidungsspielraumes
- Festlegung des zeitlichen Rahmens
- Worterteilung (nach Reihenfolge der Wortmeldungen)
- Kontrolle der Einhaltung der Redezeit

5. Das Ergebnisprotokoll

Anschließend faßt die Meta-Person die Ergebnisse der Diskussion auf der weißen Tafel zusammen. Übertragen Sie diese Ergebnisse der imaginären weißen Tafel auf ein real existierendes Blatt, um sie so sammeln zu können und sich im Bedarfsfall zu vergegenwärtigen.

Halten Sie diese Sitzungen häufiger ab und erleben Sie, wie Ihre Mentoren immer lebendiger werden und ganz individuelle Eigenarten entwickeln. Gleichzeitig öffnen Sie sich selbst für deren Größe und werden Ihre Kräfte noch schöpferischer einsetzen können. Diese Übung wird Ihre Phantasie beflügeln und es wird nicht selten vorkommen, daß Sie einen Hauch des Geistes dieser großen Denker, Führer, Forscher, Entdecker oder Unternehmer fühlen werden.

13
Die Ebenen der Veränderung

»Säe einen Gedanken und du erntest eine Tat.
Säe eine Tat und du erntest eine Gewohnheit.
Säe eine Gewohnheit und du erntest einen Charakter.
Säe einen Charakter, und du erntest ein Schicksal.«

Charles Reade

Vor 200 Millionen Jahren lebten auf unsere Erde verschiedene Arten von großen und starken Dinosauriern. Der Tyrannosaurus rex, der ›König der Tyrannenechsen‹ war beispielsweise 15 m lang und wog über acht Tonnen. Seine Feinde erzitterten, wenn der gewaltig Riese in ihrer Nähe war. Andere Dinosaurier hatten Stacheln wie Dolche oder riesige Krallen. Warum lebt heute keines dieser mächtigen und starken Ungeheuer mehr? Warum mußten sie die Erde verlassen, nachdem sie fast 135 Millionen Jahre gelebt und geherrscht hatten?

Die Antwort ist beeindruckend! Sie waren nicht in der Lage, sich den Veränderungen anzupassen, die auf der Erde stattfanden. Ihre Größe und Stärke nützte ihnen nichts, weil sie unfähig waren, mit den kühleren Temperaturen fertig zu werden, die im Laufe der Zeit eintraten. In den nächsten Millionen Jahren entstanden immer wieder neue Arten und Gattungen von Lebewesen. Diejenigen, die sich den veränderten Umständen anpassen und sich weiterentwickeln konnten, überlebten. Mit der Entstehung des Menschen scheint die Evolution jedoch einen neuen Höhepunkt erreicht zu haben. Sind es die starken Arme, eine besonders schützende Haut oder scharfe Krallen, die uns in den letzten paar tausend Jahren die

Kraft zum Überleben gaben? Was ist es, was den Menschen dazu befähigt, den Platz der einstmals so mächtigen Dinosaurier einzunehmen? Es sind unsere kognitiven Fähigkeiten. Wir können Wissen erwerben, speichern und an andere weitergeben. Dadurch sind wir in der Lage, unsere Umwelt so zu gestalten, daß wir gut darin leben können. Obwohl wir körperlich schwach sind, haben wir die Lüfte erobert und sind in die Tiefen des Meeres vorgestoßen. Wir bauen Staudämme, die mächtigen Flüssen Einhalt gebieten. Wir schicken Raketen zum Mond und können mit unseren Waffen den ganzen Planeten zerstören. Doch brauchen wir uns deswegen nicht mehr zu verändern? Kann es sich der Einzelne erlauben, auf der Stelle stehen zu bleiben und sich nicht mehr weiter zu entwickeln? Definitiv nicht. Unsere Zeit zeichnet sich ja gerade dadurch aus, daß sich alles so schnell verändert wie niemals zuvor. Die Herausforderungen, denen wir gegenüber stehen, wachsen von Tag zu Tag, doch gleichzeitig wachsen auch unsere Möglichkeiten, unser Schicksal und unseren Planeten zu verändern. Das wird auch in der Zukunft so bleiben.

Nach einer Studie von George Anderla, der sich intensiv mit der Entwicklung des Wissens beschäftigte, hat es 1500 Jahre gedauert, bis sich das gesamte Wissen der Menschheit erstmals verdoppelt hatte. Danach verdoppelte es sich in den nächsten 250 Jahren, dann in den nächsten 150 Jahren, dann nach 50 Jahren, nach 10 Jahren, nach 7 Jahren und in unserer Zeit sogar alle drei Jahre. Seit dem Jahre Null hat sich das Wissen um das 8000fache vermehrt! Lebenslanges Lernen und Verändern scheinen damit nahezu unausweichlich, wenn man in dieser Welt überleben möchte. Um so wichtiger ist es, Techniken zu haben, mit deren Hilfe sich Veränderungen sehr schnell vollziehen lassen. Glauben Sie, daß sich Veränderungen nur sehr langsam und in kleinen Schritten vollziehen lassen? Glauben Sie, daß große Schmerzen und harter Kampf notwendig sind, um eine alte Gewohnheit zu verändern? Wenn Sie das tun, dann sollten Sie unbedingt mit diesem Glaubenssatz arbeiten, wie Sie es bereits in Kapitel 3 gelernt haben.

Wenn Sie in der Lage sind, sich in sehr kurzer Zeit zu verändern, dann können Sie alles in Ihrem Leben erreichen, dann können Sie sich sogar Ihre Sterne vom Himmel herunter holen. Doch was hindert die meisten Menschen daran, sich zu verändern? Wissen sie nicht, was sie tun müssen, um ihr Ziel zu erreichen? Haben sie sich keinen Plan gemacht? Meistens schon, doch sie haben nicht die Kraft, ihre Wünsche tatsächlich in Handlungen umzuwandeln und endlich das schon längst Aufgeschobene zu tun. 90 % aller Raucher wissen genau, daß es lebensgefährlich ist und starke Raucher nach Angaben der Weltgesundheitsorganisation (WHO) im Durchschnitt 22 Jahre früher sterben als Nichtraucher. Trotzdem greifen sie immer wieder zur Zigarette. Dabei belasten sie die Umwelt, zwingen andere Menschen zum passiven Rauchen und die Folgen von Krankheiten, die durch das Rauchen verursacht werden, verschlingen Aufwendungen in Milliardenhöhe. Warum tun sie das? Weil sie beim Rauchen Genuß empfinden? Haben Sie schon einmal eine Zigarette geraucht? Hat Ihnen die erste Zigarette geschmeckt? Wahrscheinlich nicht – denn unser Körper mag Gift nicht besonders. Trotzdem gelingt es vielen mit größter Anstrengung, dieses Gift als Genuß zu empfinden und unglaubliche Vorteile mit dieser Gewohnheit zu verbinden. Ist das kein Beweis für die phantastischen Möglichkeiten unseres Gehirns? Raucher nehmen ein Gift ein und fühlen sich cool, frei, sexy oder was immer die Werbung ihnen suggeriert. Irgendwann fühlen sich viele von ihnen dann abhängig und dem Nikotin ausgeliefert. Die augenblicklich positiven Konsequenzen des Rauchens überwiegen die massiven, langfristigen Nachteile. Interessant ist in diesem Zusammenhang eine bestimmte Art der Therapie für Leute, die Nichtraucher werden wollen. Dabei wird mit den Klienten ein Vertrag ausgehandelt, der im Falle eines Bruches massive negative Konsequenzen für ihn nach sich zieht. Diese Therapie funktioniert erstaunlich gut – allerdings nur so lange, bis der Vertrag ausgelaufen ist! Danach fangen viele wieder an zu rauchen. Wenn Sie jemanden kennen, der glaubt, keinen einzigen Tag ohne Zigarette auskommen zu können, dann halten Sie ihm doch einmal einen Tag lang eine Pistole an den Kopf und sagen Sie ihm: »Wenn Du auch nur einen Zug von der Zigarette nimmst, erschieße ich Dich.« Wahrscheinlich wird er sich hüten, eine Zigarette zu rauchen. Die damit verbundenen Schmerzen wären einfach zu groß. Lust und Schmerz bestimmen unser Leben. Wir tun bestimmte Dinge, weil wir uns davon Lust und Freude versprechen und vermeiden Dinge, die uns Schmerzen bereiten.

> *»Ihr Schicksal wird von den Dingen bestimmt,*
> *mit denen Sie Schmerz und Freude assoziieren.«*
> *(Anthony Robbins)*

Gehören Sie auch zu den Menschen, die ihre Steuererklärung monatelang vor sich herschieben, bis der allerletzte Termin naht, und denen dann die Vorstellung, viel Geld zu verlieren, so weh tut, daß sie endlich in die Gänge kommen? Verlassen Sie eine unbefriedigende Beziehung gleich oder brauchen Sie oft sehr lange, bis Sie sich dazu durchringen können? Viele Menschen zögern eine solche Entscheidung sehr lange hinaus, weil die Vorstellung, alleine zu sein, viel schlimmer ist, als die Belastungen durch die Beziehung. Das geht so lange, bis die Beziehung wirklich unerträglich geworden ist. Dann wird dieser Schmerz größer und sie entschließen sich, die Beziehung zu beenden.

Wenn Sie die Kontrolle über Ihr Leben selbst in die Hände nehmen wollen, dann müssen Sie zu einem Werbefachmann für Ihr eigenes Gehirn werden! Entreißen Sie dem Fernsehen, dem Radio, den Zeitungen und den Menschen aus Ihrer Umgebung die Macht, Sie unzensiert mit ihren Vorstellungen und Verknüpfungen zuzuschütten. Sie dürfen es nicht anderen überlassen, in Ihrem Gehirn bestimmte Dinge mit Glück, Freude oder Schmerz zu verknüpfen, wenn Sie Ihren Traum erwecken wollen. Ergreifen Sie selbst das Steuer Ihres Schiffes und verbinden Sie das, was Sie wirklich wollen, Ihre Träume, Ihre Wünsche mit so starken positiven Assoziationen, daß Sie mit jeder Faser Ihres Körpers und jeder Nervenzelle Ihres Gehirns dieses Glück fühlen können. Das schafft Ihnen eine unwiderstehliche Motivation für jede Veränderung und Erweiterung Ihres Potentials. Verknüpfen Sie jeden Stolperstein, der Ihnen in den Weg gelegt wird, mit dem aufregenden Gefühl, daß Sie noch einmal ganz besonders gefordert werden, daß es schön ist, Steine aus dem Weg zu räumen. Indem Sie einen Stein nach dem anderen beseitigen, wird Sie bald nichts mehr aufhalten können. Ein über Nacht errungener Erfolg vergeht oft schon im Morgengrauen. Ein Erfolg dagegen, den Sie durch die Macht Ihrer Persönlichkeit errungen haben, währt ewig. Er ist kein Zufall, sondern das Ergebnis beharrlicher Arbeit an der eigenen Persönlichkeit.

Werben Sie in Ihrem Gehirn für Ihren Traum und die Verhaltensweisen, die ihn auferwecken werden, mit strahlenden Bildern, intensiven Gefühlen und wundervollen Klängen. Verbinden Sie gleichzeitig massiven Schmerz damit, Dinge zu tun, die Sie davon abhalten Ihren Traum zu verwirklichen. Für viele Menschen ist Schmerz ein größerer Motivator als Freude. Diese Menschen erledigen bestimmte Aufgaben, um sich unangenehme Folgen zu ersparen. Sie bereiten sich auf eine Prüfung vor, um nicht durchzufallen, oder sie engagieren sich sehr stark für ihren Beruf, weil sie weg wollen von ihrem derzeitigen Lebensstandard. In diesen Fällen spricht man von einer ›Weg-von-Motivation‹. Andere Menschen wollen hin zu Glück, Erfolg, Ruhm, Anerkennung und Freude. Sie haben eine ›Hin-zu-Motivation‹. Mit beiden Arten von Motivationen kann man großartige Erfolge erzielen, wenn man sie gezielt für sich einsetzt.

Oft fragen mich Menschen: »Bis wann kann ich diese Veränderung durchgeführt haben?« Meine Antwort darauf ist in der Regel: »Wieviel Zeit möchtest Du Dir denn geben?«. Sie können Veränderungen in Ihrem Leben sehr schnell vollziehen. Sie brauchen nicht Jahre darauf warten, bis Sie endlich reif dafür sind, um dieses oder jenes zu tun.

»Wir wurden geboren, um zu leben und nicht,
um uns auf das Leben vorzubereiten.«
(Boris Pasternak)

Vergeuden Sie nicht Jahre damit, darauf zu warten, daß sich gewisse Veränderungen vollziehen, wenn Sie sie gleich vollziehen können. Eine kleine Veränderung in einem Bereich unseres Lebens kann weitere Veränderungen in Gang setzen. Sie ist vielleicht nur der erste Schritt, aber sie kann dem Leben eine völlig neue Richtung geben. Sie ist gleichsam eine Rakete, bei der ein neues Triebwerk gezündet wird. Vergleichen Sie die beiden folgenden Linien und stellen Sie sich vor, es handle sich um Lebenslinien.

Zuerst verlaufen Sie nahezu parallel, aber nach einiger Zeit, werden die Unterschiede immer deutlicher werden. Wenn Sie die Striche in Gedanken über das Blatt hinaus verlängern, dann werden Sie feststellen, daß bald die eine Linie nichts mehr mit der anderen zu tun hat. Eine kleine Abweichung, ein neuer Impuls, eine neue Idee hat dazu geführt, daß eine Veränderung in Gang gesetzt wurde, die die Zukunft dramatisch beeinflußt. Schon nach einer kurzen Zeit haben kleine Unterschiede im Leben zweier Menschen dramatische Auswirkungen.

Kleine Veränderungen lohnen sich, denn sie sind die ersten Schritte auf dem Weg zu einem grenzenlosen Leben. Bald werden Sie aufgrund der neuen Situation oder neuen Fähigkeiten weitere Anregungen und Ideen erhalten, die Ihnen die Chance bieten, noch einen Schritt weiter zu gehen. Auf diese Weise verlassen Sie nach und nach Ihre ursprüngliche Bahn.

Kleine Veränderungen werden zu Referenzerlebnissen und beeinflussen unseren Glauben über uns selbst und unsere Grenzen. Das beeinflußt wiederum unsere Taten, wir schaffen neue Referenzerlebnisse, die uns noch mehr anspornen und den Glauben an unsere Möglichkeiten weiter erhöhen. Sie können daher nie wissen, wie nah an die Sterne eine Veränderung Sie führen wird. Denken Sie nur an die Beispiele aus den früheren Kapiteln. Glauben Sie, Karol Wojtyla hätte bei der Veränderung seines Lebenszieles vom Schauspieler zum Priester gewußt, daß er eines Tages Papst Johannes Paul II. sein würde? Und doch hat eine scheinbar kleine Veränderung dazu geführt, daß sein Leben einen völlig anderen Verlauf nahm.

Nach einer Theorie der Chaosforschung kann der Flügelschlag eines Schmetterlings auf der anderen Seite der Erdkugel hier bei uns Stürme auslösen. Kleine Veränderungen können unermeßlich große Unterschiede bewirken! Deshalb müssen Veränderungen immer auch die Systeme berücksichtigen, in denen sie sich befinden. Als Mensch leben Sie nicht isoliert vor sich hin. Alle Veränderungen, die Sie in Ihrem Leben durchsetzen, haben Auswirkungen auf die Menschen, die Sie umgeben, auf Ihre Familie, Ihre Freunde, Ihre Arbeit und die Gesellschaft. Darum müssen Sie immer auch die Auswirkungen auf dieses System im Auge behalten, wenn Sie an persönlichen Veränderungen arbeiten. Welche Nebenwirkungen entstehen, wenn Sie Ihre Ziele durchsetzen? Was wird eine schüchterne Frau erwarten, die durch die hier beschriebenen Techniken selbstbewußt, offen und lebensfroh wird, wenn sie nach Hause zu ihrem Mann kommt, der von ihr erwartet, daß sie sich zuallererst um den Haushalt und die Kinder kümmert? Wird er die Veränderung begrüßen oder sich sagen, daß dies nicht die Frau ist, die er geheiratet hat? Veränderungen können zu Konflikten mit der Umwelt führen. Daher sind solche unerwünschten Nebenwirkungen immer vorher zu beachten und einzukalkulieren. Wenn Sie sich selbst verändern, verändern Sie das System um sich herum.

Gleichfalls müssen Sie auch Ihr eigenes inneres System berücksichtigen. Eine kleine Veränderung in einem Bereich Ihres Lebens kann weitreichende Folgen für andere Bereiche in Gang setzen. Sie kann aber auch gegen Ihren Wunsch sofort wieder rückgängig gemacht werden, wenn sie nicht mit Ihrem Gesamtsystem in Einklang steht. Es kann sein, daß Sie sich gewaltig angestrengt haben, um die Veränderung zu bewirken, doch es ist, als würden Sie mit aller Kraft von außen an einer Tür ziehen, die sich nur nach innen öffnet. Wenn Sie innere Vorbehalte und Einwände nicht berücksichtigen, dann werden Sie eine Menge Kraft verschwenden, ehe Sie an Ihr Ziel gelangen.

Um eine Veränderung in Ihrem eigenen System zu bewirken, können Sie auf vielen verschiedenen Ebenen ansetzen. Der konsequenteste Weg besteht jedoch darin, alle Ebenen anzusprechen. Beeinflussen Sie nicht nur Ihre Persönlichkeit, Ihre Glaubenssätze, Ihre Werte und Ihre Referenzerlebnisse sondern verändern Sie – wenn möglich – gleichzeitig auch Ihre Umwelt, beginnen Sie, Ihr Verhalten zu verändern und erwerben Sie neue Kompetenzen. Richten Sie diese vier Bereiche – Ihre Persönlichkeit, Ihre Kompetenzen, Ihr Verhalten und Ihre Umwelt – an Ihrem Traum bzw. Ihrer Vision aus. Sie haben in diesem Buch Methoden kennengelernt, mit denen Sie jeden dieser Bereiche meistern können. Jetzt wird es Zeit, sie alle zusammenzutragen und in den Ebenen der Veränderung zu vereinen.

Die Ebenen der Veränderung heißen
Umwelt, Verhalten, Kompetenz, Persönlichkeit und Traum.

Die höchste Ebene der Veränderung stellt unser Traum, unsere Lebensvision dar. Diese Lebensvision gibt Ihrem Leben Sinn. Aus ihr heraus entwickelt sich eine Vorstellung von Ihrer Wunschpersönlichkeit. Wer möch-

ten Sie sein? Wie möchten Sie leben? Alle weiteren Stufen richten sich danach aus. Wenn Sie Ihren Traum ändern, dann müssen Sie sehr wahrscheinlich Veränderungen auf allen anderen Stufen durchführen.

Die oberste Treppenstufe, die zu dem Traum führt, nenne ich Persönlichkeit. Dies sind Ihre zentralen Glaubenssätze, Werte und Lebensregeln. Dieses System wird häufig als sehr starr und wenig wandlungsfähig angesehen. Doch gerade diese Starrheit kann uns dabei hinderlich sein, der zu werden, der wir werden wollen, die Persönlichkeit zu entwickeln, die notwendig ist, um unseren Traum zur Erfüllung zu führen. Deshalb habe ich Ihnen nahegelegt, eine *dynamische Persönlichkeit* zu werden. Sie haben über die Säulen Ihres Glaubens erfahren, wie Sie einen Glauben nach dem anderen so beeinflussen können, daß Ihr Glaube ein mächtiger Verbündeter für Sie wird. Alle anderen Veränderungen sind nutzlos, wenn Sie nicht glauben, daß Sie Ihren Traum erreichen können. Sie haben inzwischen auch gelernt, wie Sie Ihre Werte und Lebensregeln auf Ihren Traum hin ausrichten können, so daß sie Sie optimal auf Ihrem Weg unterstützen.

Unter der Stufe der Persönlichkeit befindet sich die Stufe der Kompetenz. Sie beinhaltet alle Fertigkeiten, Fähigkeiten und Strategien, die Sie haben, um die Hindernisse auf Ihrem Weg zum Traum beiseite zu schieben. Kompetenz ist notwendig, damit Ihr Verhalten zielgerichtet verläuft und Ihre Ressourcen sinnvoll eingesetzt werden.

Zur Ebene des Verhaltens zählen alle konkreten Handlungen, die Sie ausführen. Das Verhalten ist ebenfalls ein sehr wichtiger Faktor für Ihren Erfolg. Sie können vollkommen davon überzeugt sein, daß Sie Ihren Traum erreichen und auch die notwendige Kompetenz aufweisen. Aber wenn Sie nicht anfangen zu handeln, dann wird in Ihrem Leben nichts passieren. Erst durch Ihre Handlungen können Sie Ihre Fähigkeiten sinnvoll zum Einsatz bringen und die Stärken Ihrer Persönlichkeit ausspielen.

Unter der Umwelt ist alles zu verstehen, was uns umgibt. Sie bildet das Fundament Ihrer Erfolgstreppe, da Sie nicht isoliert von Ihrer Umwelt leben können. Sie brauchen andere Menschen, um sich überhaupt zu entwickeln und zu überleben. Genauso benötigen Sie Gegenstände und geeignete Orte, um Ihre Aufgaben zu erledigen. Wenn Sie ein Buch schreiben wollen, dann brauchen Sie einen Stift und Papier. Im günstigsten Fall haben Sie einen Computer oder zumindest eine Schreibmaschine. Sie müssen auch einen Ort haben, an dem Sie das Buch schreiben können, wenn es regnet. Um in unserer Zeit zu leben, brauchen Sie zudem noch Informationen. Unsere Umwelt verändert sich dramatisch schnell. Sie können sich nicht zehn Jahre in Ihr stilles Kämmerlein zurückziehen in der Hoffnung, die Welt danach mit einer neuen Erfindung überraschen zu wollen. Dadurch würden Sie eines Ihrer wertvollsten Hilfsmittel außer Acht lassen: die Informationen von anderen. Wenn Sie das Leben anderer Menschen beeinflussen wollen, dann brauchen Sie Informationen darüber, was diese Menschen benötigen und wie diese Menschen denken. Wenn Sie ein neues Produkt auf den Markt bringen wollen, dann müssen Sie wissen, was der Markt hergibt. Wenn Sie in einem wilden Dschungel überleben wollen, dann müssen Sie wissen, welche Gefahren dort auf Sie lauern und wie man ihnen begegnen kann.

Menschen, Gegenstände, Orte und Informationen sind äußere Ressourcen. Dabei verstehe ich unter einer Ressource im weitesten Sinne alles, was Ihnen bei der Verwirklichung Ihres Traumes helfen kann. Äußere Ressourcen sind somit Hilfsmittel oder Werkzeuge. Innere Ressourcen entspringen aus unseren vergangenen Erfahrungen. Sie sind innere Kraftquellen wie z.B. Humor, Freude, Hoffnung, Kreativität oder die gewaltigen Kräfte Ihres Unbewußten. Je mehr Ressourcen Sie haben, um so leichter wird es für Sie sein, die Treppe nach oben zu stürmen. Wenn Sie nur wenige Ressourcen haben, dann müssen Sie erst mit Hilfe Ihres Verhaltens und Ihrer Fähigkeiten welche schaffen oder die vorhandenen ausbauen. Daher wurde in diesem Buch so viel Wert darauf gelegt, möglichst viele Ressourcen zu entdecken, zu schaffen und nutzbar zu machen.

Nehmen wir einmal an, Ihr Traum sei eine Expedition in die Wüste Sahara. Von Ihrer Persönlichkeit her unterstützen Sie diesen Traum. Sie glauben, daß es sinnvoll ist und Spaß machen wird, eine solche Expedition durchzuführen. Einer Ihrer höchsten Werte ist Abenteuer. Alle äußeren Ressourcen befinden sich bereits um Sie herum. Es sind Menschen da, an bestimmten Orten gibt es auch eine Ausrüstung für Ihre Expedition und irgendwo in einer Bibliothek oder einem Computer befinden sich auch sehr viele Informationen über die Wüste, die für Sie nützlich sein könnten. Die Ressourcen sind also in ausreichendem Maße vorhanden und es kommt jetzt nur noch darauf an, sie nutzbar zu machen. Wenn Sie andere Menschen für Ihre Expedition gewinnen wollen, dann wäre es sehr von Vorteil, wenn Sie die Kompetenz hätten, sprechen zu können. Wenn Sie kein Geld oder sonstiges Anreizmittel zur Verfügung haben, um die Teilnehmer Ihrer Expedition anzuwerben, dann sollten Sie eine gute Kontakt- und Überzeugungsfähigkeit besitzen. Um Ihre Ausrüstung zu besorgen, müssen Sie sich an einen bestimmten Ort begeben, was voraussetzt, daß Sie in der Lage sind, sich fortzubewegen. Außerdem brauchen Sie noch Geld und sollten damit umgehen können. Um sinnvoll die Informationen über die Wüste nutzen zu können, ist es wahrscheinlich notwendig, lesen zu können, Probleme zu analysieren und daraus logische Schlußfolgerungen abzuleiten usw. Im Umgang mit den äußeren Ressourcen aus Ihrer Umwelt brauchen Sie also bestimmte Fähigkeiten. Diese Fähigkeiten müssen Sie nicht unbedingt selbst besitzen. Es würde ausreichen, wenn Sie die Fähigkeit besitzen, andere Menschen von Ihren Plänen zu überzeugen und zu begeistern. Dann können diese Ihre Fähigkeiten beisteuern, um Ihnen zu helfen. Ihr Umgang mit anderen Menschen ist also extrem wichtig und kann es Ihnen möglicherweise ersparen, sehr viele andere Fähigkeiten zu erwerben.

Wenn es Widerstände gegen die angestrebten Veränderungen gibt, dann bietet das vorgestellte Modell zwei mögliche Erklärungen. Zum einen kann es Konflikte auf jeweils einer Ebene des Modells geben. Sie müssen sich zum Beispiel zwischen zwei Verhaltensweisen entscheiden und wissen nicht so recht, wie Sie sich verhalten sollen. Zum anderen kann es aber auch Konflikte zwischen verschiedenen Ebenen des Modells geben. Zum Beispiel könnten Sie besonders kompetent darin sein, anderen Menschen zu helfen und sich mit ihnen zu unterhalten. Gleichzeitig haben Sie aber den Glauben, daß Sie Ihre Zeit verschwenden, weil Sie mit dieser Fähigkeit kein Geld verdienen können. Deshalb beschließen Sie, es sein zu lassen. Solche Konflikte können Sie sabotieren und dazu führen, daß die durchgeführten Veränderungen unbewußt wieder rückgängig gemacht werden. Das alte Verhalten schleicht sich einfach wieder ein, weil es für das Gesamtsystem nützlicher erscheint und bestimmte Ebenen nicht in die Veränderung mit eingeschlossen worden sind.

Ihre Veränderungen werden durchschlagend und dauerhaft sein, wenn Sie alle Ebenen der Veränderung berücksichtigen und ansprechen. Pflanzen Sie die gewünschte Veränderung sowohl in Ihr Bewußtsein als auch in Ihr Unbewußtes ein. Die Techniken dafür kennen Sie bereits.

Nutzen Sie auch die Dimension Zeit, deren Wirkung Sie bereits durch die Übungen mit der Zeitlinie kennengelernt haben. Vergangene Erfahrungen können uns lähmen oder als Referenzerlebnisse dienen. Sie können uns ermuntern oder deprimieren. Die Zukunft kann uns Sorgen bereiten oder beflügeln.

Wenn Sie leicht verschiedene Blickwinkel einnehmen können und so möglichst viele Informationen sammeln, dann können Sie viel leichter aus allen Lebenssituationen und Erfahrungen lernen. Hierfür haben Sie verschiedene Wahrnehmungspositionen und Mentoren kennengelernt. Das sollte Ihnen erlauben, jede Situation auf vielfältige Art und Weise zu erleben und Ihnen die nötige Unterstützung für Ihre Veränderungen geben.

14
Die Uhr der Zukunft

»Am besten kann man die Zukunft vorhersagen,
indem man sie selbst erfindet.«

Alan Kay

Sie sind ein weites Stück mit mir gegangen. Herzlichen Glückwunsch! In diesem Kapitel werden wir wie in einem Puzzlespiel nahezu alles, was Sie bisher in diesem Buch gelernt haben, in einer Übung zusammenführen. Je nachdem, wie intensiv Sie bisher die Übungen bearbeitet haben, wird dieser Prozeß mehr oder weniger lang dauern. Ich habe diesen Prozeß in seiner ursprünglichen Version im Rahmen meiner NLP-Master-Arbeit konzipiert und entwickelt. Auf eine gewisse Art und Weise zielte alles in diesem Buch darauf ab, Ihnen diesen Prozeß verständlich zu machen und Sie in die Lage zu versetzen, ihn jetzt auszuführen.

> *»Wenn Du wirklich etwas willst, werden alle Märchen wahr.«*
> *(Theodor Herzl)*

1. Ziele finden: Stoffsammlung

Versetzten Sie sich in den Zustand eines Kindes, das sich etwas zu Weihnachten wünscht. Es glaubt, daß das Christkind alle Wünsche erfüllen kann – ohne Einschränkungen. Sammeln Sie Ziele für die folgenden fünf Bereiche: 1. Persönlichkeit, 2. Beruf, 3. Partnerschaft und Familie, 4. Gemeinschaft und Umwelt und 5. Freizeit und Luxus.

Gehen Sie dabei sehr schnell vor und schreiben Sie alles auf, was Ihnen in den Sinn kommt.

Meine Ziele für die Entwicklung meiner Persönlichkeit sind…

Meine geschäftlichen, finanziellen und beruflichen Ziele sind…

Meine Ziele für meine Partnerschaft und Familie sind…

Meine Sozial-, Wohltätigkeits- und Umweltziele sind...

Meine Freizeit und Luxusziele (Spiel- und Spaßziele) sind...

2. Überprüfung der Ziele auf Wohlgeformtheit

Wenn eines Ihrer Ziele diesen Anforderungen nicht genügt, dann ändern Sie die Zielformulierung so, daß Sie diesen Anforderungen genügt.

- ▹ Das Zielverhalten bzw. der Zielzustand soll durch Sie **selbst erreichbar sein** und von Ihnen allein **aufrechterhalten** werden können.
- ▹ Die Zieldefinition soll so sein, daß Sie **möglichst frühzeitig erkennen** können, ob Sie das Ziel bereits erreicht haben, bzw. ob Sie auf dem richtigen Weg sind.
- ▹ Das Zielverhalten bzw. der Zielzustand soll **gut ›kontextualisiert‹** sein, d.h. Sie sollten genau festlegen, wann, wo und in welcher Situation Sie das Zielverhalten zeigen, bzw. den Zielzustand erreichen.
- ▹ Das Zielverhalten bzw. der Zielzustand soll **sinnesspezifisch konkret** angegeben werden. (VAKOG, also visuell, auditiv, kinästhetisch, olfaktorisch, gustatorisch)

- Die Zieldefinition soll **keine Negative** und **keinen Vergleich** enthalten (positiv formuliert sein).
- Das Ziel soll nicht zu klein und nicht zu groß sein. Machen Sie es gegebenenfalls größer oder kleiner.
- Das Zielverhalten oder der Zielzustand soll ökologisch sein.

3. Geben Sie Ihren Zielen einen Zeitrahmen und bilden Sie kritische Zeitpunkte.

Wenn Sie diesen Prozeß zum ersten Mal durchlaufen, dann suchen Sie sich zunächst die für Sie wichtigsten Ziele heraus und heben sich die anderen für später auf. Geben Sie nun jedem Ihrer wichtigen Ziele einen Zeitrahmen, bis zu dem das Ziel oder eine bestimmte Etappe erreicht sein soll. Beispiele: 1 Tag, 1 Woche, 1 Monat, 6 Monate, 1 Jahr, 3 Jahre, 5 Jahre, 10 Jahre, 20 Jahre usw. Schreiben Sie die Zeiten aber als Termine, z.B. in einer Woche, d.h. am 15.07.1998 oder in 5 Jahren, d.h. am 08.07.2003. Sie sollten dabei nicht anfangen, lange zu überlegen und herumzurechnen. Es ist nicht wichtig, daß Sie wissen, wie Sie dieses Ziel erreichen sollen. Sie legen lediglich einen Erfüllungstermin für Ihre Wünsche fest (Abb. S. 324/325).

Wenn Sie die Schritte bisher mit allen Zielbereichen durchgeführt haben, dann haben Sie jetzt eine ganze Menge an Zielen und Terminen. Gruppieren Sie jetzt diese Termine so, daß Sie nur einige wenige kritische Zeitpunkte aus Ihrer Zukunft haben, in denen Sie möglicherweise mehrere wichtige Ziele erreicht haben. Empfehlenswert ist eine Größe von 3 – 5 Zeitpunkten. Die Übung kann bei noch mehr Zeitpunkten auch an mehreren Terminen stattfinden. Die zur Verfügung stehende Zeit sollte also berücksichtigt werden. Es ist äußerst wichtig, daß Sie diese Übungen **unbedingt schriftlich** durchführen. Auch wenn Sie glauben, bereits alles über Ziele zu wissen, machen Sie es trotzdem! Dies sind die Grundlagen für jeden, der Erfolg haben will. Sie müssen immer wieder trainiert werden. Auch ein Basketballspieler muß immer wieder den Freiwurf üben, so lange, bis er ihn im Schlaf beherrscht. Legen Sie daher einen bestimmten Zeitraum fest, in dem Sie diese Übungen wiederholen und Ihre jetzigen Ideen durch solche ergänzen, die Ihnen in der Zwischenzeit noch eingefallen sind. Sorgen Sie dafür, daß Ihre Ziele Ihnen immer vor Augen sind.

Wiederholung ist die Mutter aller Fertigkeiten.

Meistern Sie die Grundlagen! Sorgen Sie dafür, daß Sie nicht gelangweilt sind, wenn Sie trainieren. Erzeugen Sie in sich Aufregung und Begeisterung für diese Tätigkeit. Ziele bestimmen Ihr Schicksal. Sie fordern Sie dazu heraus, Ihre Grenzen zu überwinden und zu wachsen. Wer kein Ziel hat, der ist wie ein Blatt, das sich vom Wind willkürlich in alle Richtungen wehen läßt.

> *»Wer nicht weiß, wohin er will, der darf sich nicht wundern, wenn er ganz woanders ankommt.«*
> *(Mark Twain)*

Bei einer Studie an der Yale Universität, USA, stellte man 1953 den Studenten des Abschlußjahrganges eine Reihe von Fragen. Unter anderem wollte man herausfinden, wer von ihnen klare, spezifische Ziele und einen schriftlichen Plan zu ihrer Erreichung hatte. Weniger als 3% besaßen solche Ziele und einen schriftlichen Plan. Zwanzig Jahre später, 1973, wurden die Überlebenden der Klasse noch einmal interviewt und zu ihrem Leben befragt. Die 3%, die ein schriftliches Ziel hatten, erschienen glücklicher, zufriedener und insgesamt lebensfroher. Da diese Angaben jedoch nicht direkt meßbar sind und der Selbstbeurteilung unterliegen, untersuchte man auch die finanzielle Situation der ehemaligen Absolventen. Dabei fand man ein höchst erstaunliches Ergebnis: Die 3%, die zwanzig Jahre vorher klare, spezifische Ziele und einen schriftlichen Plan zu ihrer Verwirklichung hatten, waren inzwischen wohlhabender als die restlichen 97% zusammen!

4. Auswählen von zwei Mentoren

Wählen Sie jetzt von Ihren imaginären Verbündeten zwei Mentoren aus, über deren Leben Sie einiges wissen. Für dieses Format ist es sinnvoll, wenn Sie über die Bereiche Verhalten, Kompetenz, Persönlichkeit und Traum bei diesen Mentoren etwas sagen können.

5. Kreisförmige Anordnung der Ebenen der Veränderung

In der folgenden Abbildung habe ich die Ebenen der Veränderung nicht mehr in Treppenstufen dargestellt, sondern in kreisförmiger Anordnung. Stellen Sie sich vor, dieser Kreis läge vor Ihnen auf dem Boden. Wenn Sie auf dem äußersten Rand des Kreises stehen, befinden Sie sich in der Umweltebene. Machen Sie einen Schritt nach vorne in Richtung zur Kreismitte, so erreichen Sie die Verhaltensebene, beim nächsten Schritt die Kompetenz-, dann die Persönlichkeits- und zuletzt die Traumebene. Wenn Sie wollen, können Sie sich die einzelnen Punkte auch durch Tücher oder beschriftete Blätter markieren, die Sie auf den Boden legen.

	Persönlichkeit	Beruf
1. Zeitpunkt		
2. Zeitpunkt		
3. Zeitpunkt		
4. Zeitpunkt		

Familie & Partnerschaft	Gemeinschaft & Umwelt	Freizeit & Luxus

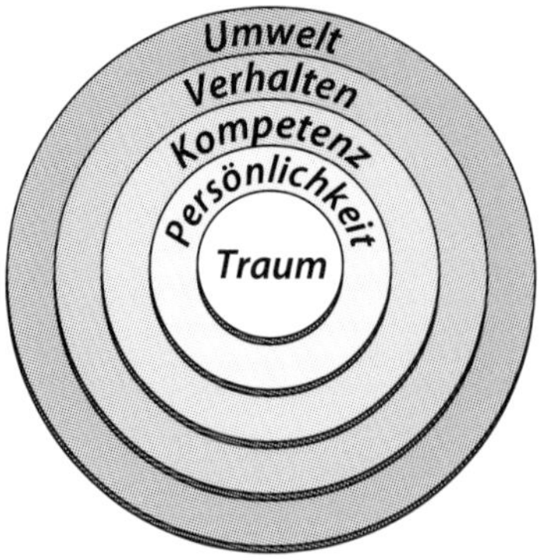

5.1 Bestandsaufnahme

Durchlaufen Sie die Ebenen der Veränderung im Jetzt-Zustand! Achten Sie darauf, welche Ressourcen Ihnen schon jetzt verfügbar sind! Beginnen Sie mit der Umweltebene und stellen Sie sich die unten stehenden Fragen bezogen auf das ›Jetzt‹. Wenn Sie alle Fragen beantwortet haben, machen Sie einen Schritt nach vorne und lesen Sie die Fragen zur Verhaltensebene usw.

Umwelt: Wo? Wann? Wer noch? VAKOG Sinne

Verhalten: Was? Welche Handlungen führen Sie aus? Worte, Motorik, Gestik

Kompetenz: Wie? Welche Fertigkeiten/Fähigkeiten haben Sie? Welche Strategien stehen Ihnen zur Verfügung? Denken, geistige Ebene.

Persönlichkeit: Welche Glaubenssätze, Werte, Lebensregeln haben Sie? Warum? Welche Leitsätze haben Sie? Was halten Sie für wahr? Wer sind Sie? Wie ist Ihr grundlegendes Selbstbild? Rolle, Auftreten.

Traum (Mission): Warum sind Sie hier? Was ist der Sinn Ihres Lebens? Was ist Ihre Aufgabe/Mission?

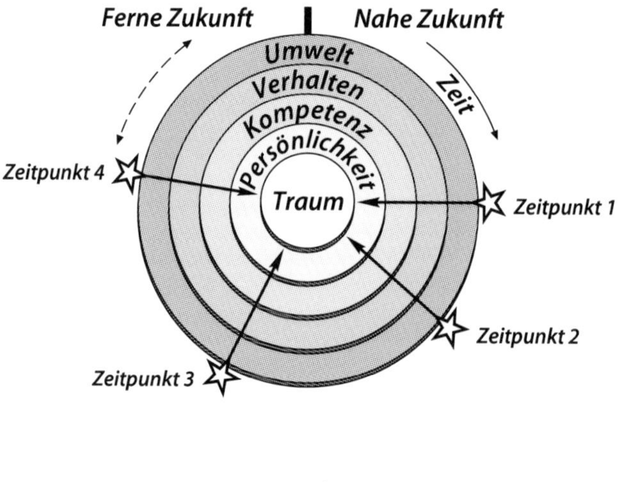

5.2. Zielzustand

Folgen Sie dem Lauf der Uhr der Zukunft bis zu dem ersten kritischen Zeitpunkt Ihrer Zukunft. Stellen Sie sich jetzt vor, Sie haben Ihr Ziel schon erreicht. Gehen Sie wieder von einer Ebene der Veränderungen zur nächsten und beantworten Sie die Fragen. Angenommen, Sie hätten Ihr Ziel schon erreicht... Wenn es Ihnen hilft, können Sie dabei den Zustand des Träumers oder Visionärs aus dem Walt-Disney-Modell einnehmen!

Umwelt: Wo sind Sie hier? Welche Zeit ist das? VAKOG: Was sehen/hören/fühlen/riechen/schmecken Sie?

Verhalten: Was tun Sie hier?

Kompetenz: Welche besonderen Fähigkeiten haben Sie hier? Wie tun Sie das, was Sie tun?

Persönlichkeit: Was ist Ihnen hier wichtig? An was glauben Sie? Was ist Ihnen wichtig? Was motiviert Sie? Welche Lebensregeln haben Sie hier? Wie verstehen Sie sich selbst?

Traum: Welche Aufgabe, welche Mission haben Sie hier? Wozu gehören Sie? Was ist der Sinn Ihres Lebens?

Vielleicht kann Ihnen Ihr Unbewußtes an dieser Stelle eine Idee, ein Bild, ein Symbol, ein Gefühl, einen Satz oder was auch immer als Geschenk schicken.

5.3 Ressourcenanker einsammeln

Gehen Sie die Ebenen zurück und sammeln Sie dabei alle Ressourcen, Einsichten, neuen Erfahrungen, Ideen ein. Verwandeln Sie diese in Anker (kinästhetisch, visuell, auditiv usw.).

5.4 Kritiker

Nachdem Sie wieder das Äußere der Uhr erreicht haben, machen Sie noch einen weiteren Schritt nach außen. Sie sind nun außerhalb Ihrer Zeit – in einer dissoziierten Position. Hier wartet ein guter, aber manchmal sehr lästiger Freund auf Sie – Ihr persönlicher Kritiker! Sie werden nun in diesen hineinschlüpfen und das Leben seines Schützlings einmal mit Abstand betrachten. Folgende Fragen könnten dabei hilfreich sein:

a) Was denkst Du über diesen Zeitpunkt?
b) Was fehlt noch?
c) Wo könnten Hindernisse/ Schwierigkeiten/ Probleme/ Konflikte auftauchen?
d) Gibt es noch Alternativen?
e) Auf welchen Ebenen fehlen noch Ressourcen?

5.5 Mentoren

Mit diesen neuen wertvollen Anregungen können Sie nun erneut die Ebenen der Veränderung durchlaufen. Dabei stehen Ihnen allerdings links und rechts von Ihrem Weg zwei Mentoren zur Verfügung. Diese Mentoren haben sehr viel Erfahrung im Umgang mit Zielen wie den Ihren. Die wichtigste Aufgabe der Mentoren ist es, Sie zu zwingen, realisierbare Pläne zu entwickeln oder Möglichkeiten aufzuspüren, wenn es scheinbar noch keine Pläne gibt.

Sie laufen mit Ihnen und Sie können jederzeit einen Schritt zur Seite machen und sich die Hilfe von einem der beiden abholen. Pläne und Maßnahmen sind sofort zu notieren!

Umwelt: Was können Sie tun, um in diese Umwelt zu kommen? Wie können Sie Ihre jetzige Umwelt in diese verwandeln, verändern oder eintauschen?

Verhalten: Welche Gewohnheiten sind dafür notwendig, um…? Welche Gewohnheiten sind absolut schädlich, um…? Wer zeigt bereits dieses Verhalten? Kann er/sie als Modell herangezogen werden?

Kompetenz: Welche Fähigkeiten haben Sie in dieser Position? Wie können Sie diese Fähigkeiten lernen? Gibt es erste Schritte?

Persönlichkeit: Was ermöglicht es Ihnen… zu glauben? Können Sie Ihre Werte verändern? Was würde dies bewirken können? Welche Art von Referenzerlebnissen brauchen Sie? Was kann Ihnen helfen, diese Identität zu erlangen?

Traum: Genießen Sie es, den Traum erreicht zu haben. Genießen Sie das Bewußtsein Ihrer Mission!

Assoziieren Sie sich dann in die Person Ihres ersten Mentors und laufen Sie so die Mentoren-Linie zurück und prüfen Sie auf jeder Stufe, ob Sie noch etwas für Ihren Schützling tun können! Haben Sie ein ganz besonderes Augenmerk auf den Traum (Vision)! Wie beurteilen Sie diese Mission? Ist sie bedeutungsvoll?

Assoziieren Sie sich in die Person Ihres zweiten Mentors und laufen Sie so die Mentoren-Linie wieder zum Traum. Laufen Sie dann in Ihrer eigenen Position wieder zurück.

Wenn Sie nun wieder auf der äußeren Linie der Uhr angelangt sind, dann etablieren Sie dort einen Anker, der für Sie die Meisterung dieses kritischen Zeitpunktes symbolisiert. (Lassen Sie einen Gegenstand zurück, verfärben Sie die Zeitlinie oder verformen Sie sie, lassen Sie an dieser Stelle ein Dreieck entstehen, ganz wie Sie wollen.

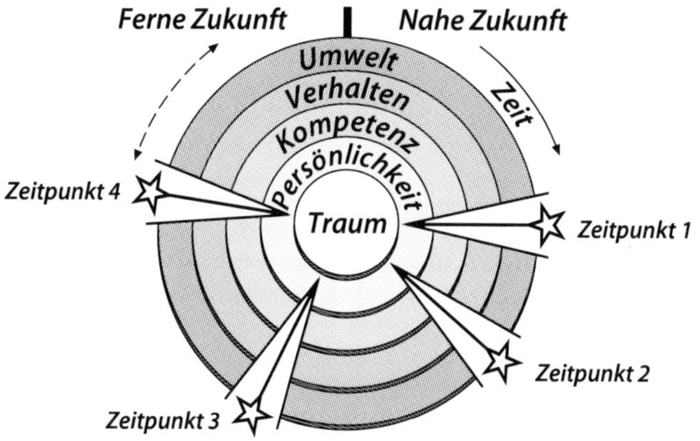

5.6 Zweiter kritischer Zeitpunkt

Wenn alles paßt, dann folgen Sie weiter der Uhr der Zukunft, bis Sie den zweiten kritischen Zeitpunkt erreichen. Achten Sie beim Gehen auf der Uhr darauf, welche neuen Ressourcen Sie durch die Meisterung des ersten kritischen Zeitpunkts gewonnen haben (Ressourcen 2. Ordnung). Wenn es neue sind, notieren Sie diese. Dann verfahren Sie wie beim ersten kritischen Zeitpunkt, wobei diesmal die Aufgabe für den Kritiker und die Mentoren etwas erschwert wird. Sie müssen nämlich unbedingt auf Ziel-, Werte- und Glaubenskonflikte achten. Verfahren Sie so auch bei allen weiteren kritischen Zeitpunkten.

6. Abschluß der Uhr der Zukunft: Der alte weise Magier

Gehen Sie noch ein ganzes Stück weiter auf der Uhr, bis Sie in ganz ferner Zukunft sind. Ich nenne diese Position ›alter weiser Magier‹. Dieser ist etwa 80 – 100 Jahre alt. Er blickt auf sein Leben zurück und stellt sich die Fragen:

- War es dieses Leben wert, gelebt zu werden?
- Was habe ich für meine Umwelt getan?
- Würde ich noch einmal so leben wollen?
- Was würde ich anders machen?
- Was waren die Höhepunkte?
- Was waren die Tiefschläge?
- Wo habe ich am meisten gelernt?
- Hätte ich all die Niederlagen und Enttäuschungen vermieden, wenn ich es gekonnt hätte?
- Welche Menschen hätte ich noch gerne kennengelernt?

Dieser Magier kann Ihnen wertvolle Informationen darüber geben, was es für Sie als nächstes zu tun gibt. Er hat dies alles schon durchlebt. Er war genau in Ihrer Position, deshalb kann er Ihnen kostbare Geschenke in Form von Informationen und Wissen geben. Seine Erfahrung ist unbegrenzt.

Wenn dieser Magier zu dem Schluß kommt, daß er dieses Leben ohne Reue und Einschränkungen noch einmal so leben würde und er Ihnen genügend viele Geheimnisse Ihrer Zukunft verraten hat, dann können Sie sich wieder auf der Uhr der Zukunft ins ›Jetzt‹ zurückbegeben.

»Ein 85-jähriger Mann, der auf dem Sterbebett lag und der wußte,
daß er bald sterben würde, sagte:
›Wenn ich noch einmal zu leben hätte,
• dann würde ich mehr Fehler machen; ich würde versuchen,
nicht so schrecklich perfekt sein zu wollen,
• dann würde ich mich mehr entspannen und vieles
nicht mehr so ernst nehmen,
• dann wäre ich ausgelassener und verrückter;
• ich würde mir nicht mehr so viele Sorgen machen um mein Ansehen,
• dann würde ich mehr reisen, mehr Berge besteigen, mehr
Flüsse durchschwimmen und mehr Sonnenuntergänge beobachten,
• dann würde ich mehr Eiscreme essen,
• dann hätte ich mehr wirkliche Schwierigkeiten als nur eingebildete,
• dann würde ich früher im Frühjahr und später im Herbst barfuß gehen,
• dann würde ich mehr Blumen riechen, mehr Kinder umarmen
und mehr Menschen sagen, daß ich sie liebe.
Wenn ich noch einmal zu leben hätte, aber ich habe es nicht...‹
Diese Worte enthalten eine Botschaft für uns. Sie wollen auffordern,
wachrütteln, mahnen, anregen, erschüttern...«
(Rolf Merkle)

15
Die Kunst des Zeitmanagement

»Wer seine Zeit nicht managen kann, der kann gar nichts managen!«

Peter Drucker

Erinnern Sie sich noch an die Zeit, als der US-amerikanische Präsident Ronald Reagan und der sowjetische Parteichef Michail Gorbatschow in Moskau einen Vertrag über die Beseitigung atomarer Mittelstreckenwaffen unterzeichneten? Als der langjährige bayrische Ministerpräsident Franz Joseph Strauß starb und Steffi Graf als erste Frau den Golden Slam gewann? Der kanadische Sprinterstar Ben Johnson wurde des Dopings überführt und das deutsche Tennis-Team gewann zum ersten Mal in der 88jährigen Geschichte den Davis-Cup. Im selben Jahr stießen bei einer Flugschau in Ramstein drei Düsenjets zusammen und 70 Menschen kamen beim Absturz ums Leben. Das Gladbecker Geiseldrama hielt die Bundesrepublik mehrere Tage in Atem. Der Irak und der Iran stellten nach acht Jahren ihre Kampfhandlungen ein. Bei den olympischen Winterspielen in Calgary sorgte der Brite »Eddie the Eagle« beim Skispringen durch humorvolle Einlagen für Stimmung. Martina Kiehl aus der Bundesrepublik gewann überraschend im Abfahrtslauf der Damen die Goldmedaille. Das alles war 1988, vor etwa 10 Jahren. Was haben Sie zu dieser Zeit gemacht? Wie haben Sie gelebt? Von welchen Menschen waren Sie umgeben? Welche Träume und Wünsche hatten Sie damals? Wenn man Sie gefragt hätte, wo Sie in 10 Jahren stehen werden, was hätten Sie geantwortet? Hätten Sie das Leben beschrieben, das Sie jetzt führen? Haben Sie Ihre Träume und Wünsche verwirklicht? Oder sind sie im Laufe der Zeit untergegangen und als unrealisierbar verworfen worden?

Wo werden Sie im Jahr 2000 sein? Wo im Jahr 2008? Die Zeit, dies festzulegen, ist nicht erst ein Jahr davor, sondern jetzt! Ihre Entscheidungen und Ihr Handeln heute bestimmen, wo Sie morgen und in 10 Jahren stehen werden. Heute legen Sie das Fundament für ein erfolgreiches Morgen. Sie haben sich große Ziele gesetzt? Sie kennen den Weg zu Ihrem Erfolg und haben sich die einzelnen Etappen genau überlegt? Jetzt gilt es sicherzustellen, daß die Zeit Ihr Freund wird und für statt gegen Sie arbeitet.

Die meisten Menschen überschätzen das,
was sie in einem Jahr vollbringen können, aber sie unterschätzen,
was sie in zehn Jahren vollbringen können.

Was ist Ihr Traum für die nächsten 10 Jahre? Ist es ein großer, ein gigantischer Traum? Behalten Sie ihn! In einem Jahrzehnt haben es viele Menschen geschafft, aus dem Nichts zu schwindelerregenden Erfolgen aufzusteigen. Auch Sie können das schaffen, wenn Sie zu allem, was Sie bisher in diesem Buch gelernt haben, noch eine Fähigkeit hinzufügen: den richtigen Umgang mit der Zeit!

Es ist schon zu einer stehenden Redewendung geworden »Zeit ist Geld«. Genaugenommen ist das jedoch falsch! Zeit ist mehr als Geld! Geld, das Sie ausgegeben oder verloren haben, können Sie jederzeit wieder zurückbekommen oder zurückgewinnen. Versuchen Sie aber einmal, einen Tag Ihres

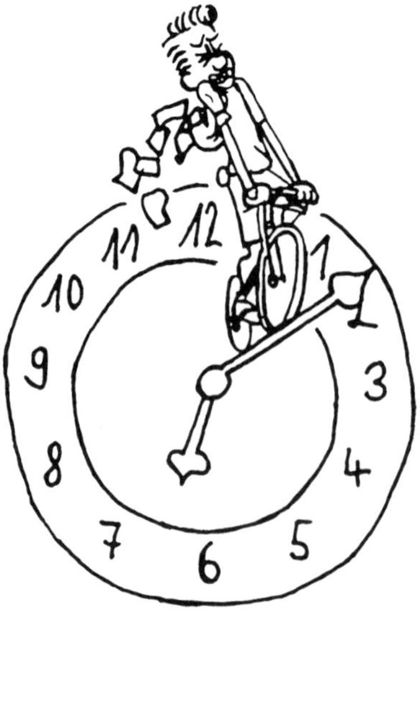

Lebens wiederzubekommen! Das ist schier unmöglich! Wir können aus Zeit, die wir dazu aufwenden, um zu arbeiten, Geld machen. Aber wir können nicht aus Geld Zeit machen. Das ist ein feiner Unterschied. Gehen Sie deshalb mit Ihrer Zeit noch sorgsamer um als mit Ihrem Geld.

Wir alle haben 24 Stunden Zeit am Tag – wofür wir Sie einsetzen, ist unsere Sache. Wenn jemand keine Zeit für etwas Bestimmtes hat, dann ist das eine Frage der Priorität. Für etwas wirklich Wichtiges hat man immer Zeit, sonst könnte man nicht überleben.

Wenn Zeit etwas so Kostbares ist, warum verwenden dann so viele Menschen überhaupt keine Mühe darauf, sich zu überlegen, wofür sie ihre Zeit einsetzen? Und warum verschwenden sie mit unproduktiven Gedanken, Gesprächen oder Tätigkeiten unzählige Stunden?

Carpe diem! – Nutze den Tag!

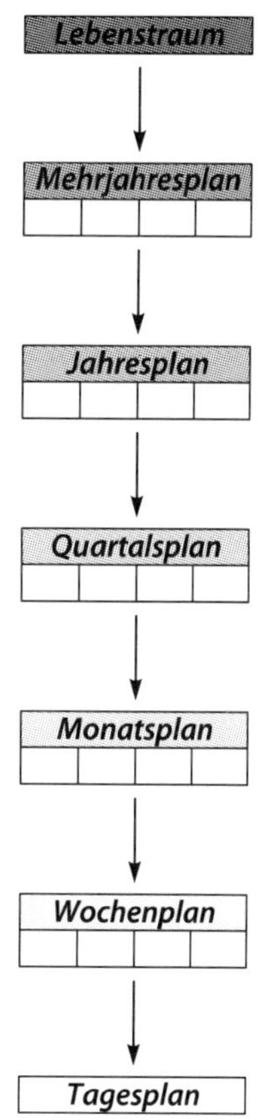

Sie haben in den letzten Kapiteln die Grundlage dafür geschaffen, daß Sie nun wissen, welche Ziele Sie in Ihrem Leben unbedingt erreichen wollen. Sie haben sich selbst auch schon erste Termine gesetzt und herausgefunden, wie einzelne Schritte auf dem Weg zum Ziel aussehen könnten. Im Folgenden wird es darum gehen, was Sie in den 24 Stunden, die Ihnen täglich zur Verfügung stehen, tun müssen, damit Sie Ihre Ziele in der nächsten Woche, im nächsten Monat, im nächsten Jahr und in Ihrem Leben erreichen. Es wird also um sehr hilfreiche Mittel für Ihren Realisten aus dem Disney-Modell gehen, die ihm erlauben, Ihre Zeit effektiver zu planen. Dazu gehören eine gute Analyse der vorhandenen Zeit und ein formales System, mit dem man Zeit besser planen kann.

Im letzten Kapitel konnten Sie auf Ihr Leben zurückblicken und dabei verfolgen, wie Sie Ihren Lebenstraum nach und nach erreichten. Ihr Lebenstraum war der Ausgangspunkt Ihrer Planung. Es ist wichtig, daß Sie bei der Planung Ihres Leben beim Traum anfangen und sich erst nach und nach dem nähern, was Sie jeden einzelnen Tag dafür tun müssen, wenn Sie diesem Traum Leben einhauchen wollen. Unterteilen Sie dann Ihren Weg zu diesem Ziel in immer kleinere Einheiten. Stellen Sie 10-Jahres-Pläne auf, in denen Sie beschreiben, wer Sie in 10 Jahren sein wollen, wie Sie sich fühlen werden, wie Ihre Umgebung aussieht, welche Art von Partnerschaft Sie führen wollen und mit welchem Partner Sie leben wollen. Verwenden Sie am besten die fünf bereits von mir vorgeschlagenen Zielbereiche: Persönlichkeit, Beruf, Familie und Partnerschaft, Gemeinschaft und Umwelt, Freizeit und Luxus. Beschreiben Sie für jeden dieser Bereiche Ihre Situation in 10 Jahren bzw. übernehmen Sie Ihre Ergebnisse der vorhergehenden Übungen. Formulieren Sie dann für jedes dieser 10 Jahre Ihre Zwischenziele. Um dieses Vorgehen für Sie anschaulicher zu machen, werde ich Ihnen an einem fiktiven Beispiel die Entwicklung eines Zeitplanungssystems erläutern, wie ich es für mich entwickelt habe und einsetze.

Klaus K. aus Kleinstadt möchte seine Zukunft planen. Dazu greift er sich zuerst sein größtes berufliches Ziel heraus: Er möchte sich im Dienstleistungsbereich selbständig machen und Unternehmen in den nächsten Jahren zu einem großen Softwareberatungsunternehmen mit 100 Millionen Jahresumsatz ausbauen. Er nimmt sich ein leeres Blatt zur Hand und zeichnet darauf die nachfolgende Tabelle. In der ersten Spalte formuliert er seinen beruflichen Traum. Dann überlegt er sich, welche Ziele er in den nächsten drei Jahrzehnten verfolgen sollte, um diesen Traum zu verwirklichen. Drei Jahrzehnte – so meint er – müßten ausreichen, da er bereits dreißig ist und mit 60 Jahren seinen Lebensabend sorgenfrei und ohne Arbeit genießen möchte.

Nachdem er diese Ziele formuliert hat, nimmt er sich das erste Jahrzehnt genauer vor und teilt es in Jahresabschnitte ein. Er formuliert für jedes dieser zehn Jahre seine Ziele und trägt sie in die Tabelle ein.

Lebenstraum	**1998 – 2007**	**2008 – 2017**	**2018 – 2027**
Beruf *Aufbau eines eigenen Unternehmens im Dienstleistungsbereich mit 100 Mio. Jahresumsatz*	• *Existenzgründung* • *Startphase*	• *Expansion und Ausbau der Marktposition* • *Erschließung neuer Märkte*	• *Gang an die Börse* • *Globale Expansion*
Persönlichkeit			
Familie & Partnerschaft			
Gesellschaft & Umwelt			
Spiel & Spaß			

1998 – 2007	**1998**	**1999**	**2000 …**
Beruf • *Existenzgründung* • *Startphase*	• *Erfüllung der Anforderungen* • *Marktanalyse* • *Grundsatzfragen* • *Erste Schritte*	• *Personalerweiterung* • *Finanzieller Gewinn 80.000 DM*	• *Erweiterung der Produktpalette* • …
Persönlichkeit			
Familie & Partnerschaft			
Gesellschaft & Umwelt			
Spiel & Spaß			

In der ersten Spalte schreibt er sich noch einmal das Ziel für das gesamte Jahrzehnt auf, um so die Ziele für den nächstgrößeren Zeitraum und alle Etappen auf dem Weg dorthin im Blickfeld zu haben. Nachdem er jedoch seine Tabelle fertiggestellt hat, überlegt er sich, daß er etliche Spalten doppelt schreiben müßte, wenn er dieses System jetzt auch auf die Quartals-, Monats-, Wochen und Tagesziele anwenden würde. Daher modifiziert er sein System, indem er die erste Spalte wegschneidet und den zweiten Plan an die entsprechende Stelle über den ersten legt und so festheftet, daß er jederzeit leicht einen Blick auf die untere Tabelle werfen kann.

Lebenstraum	**1998 – 2007**			
		1998	**1999**	**2000…**
Beruf: *Aufbau eines eigenen Unternehmens im Dienstleistungsbereich mit 100 Mio. DM Jahresumsatz*	• *Existenzgründung* • *Startphase*	• *Erfüllung der Anforderungen* • *Marktanalyse* • *Grundsatzfragen* • *Erste Schritte*	• *Personalerweiterung* • *Finanzieller Gewinn 80.000 DM*	• *Erweiterung der Produktpalette* • …
Persönlichkeit				
Familie & Partnerschaft				
Gesellschaft & Umwelt				
Spiel & Spaß				

Danach unterteilt er das erste Jahr in vier Quartale und setzt sich Ziele für diese Quartale. Die neue Tabelle heftet er direkt hinter dem Jahr 1998 ab, so daß er auch hier wieder das übergeordnete Ziel nicht aus den Augen verliert. Er kann nun genau sehen, auf welchen Traum er hinsteuert, was er dazu in diesem Jahrzehnt beitragen möchte, wie weit er in diesem Jahr dabei kommen möchte und was er in jedem Quartal leisten will.

Lebenstraum	**1998 – 2007**	**1998**	**1. Quartal**	**2. Quartal**
Beruf: *Aufbau eines eigenen Unternehmens im Dienstleistungsbereich mit 100 Mio. DM Jahresumsatz*	• *Existenzgründung* • *Startphase*	• *Erfüllung der Anforderungen* • *Marktanalyse* • *Grundsatzfragen* • *Erste Schritte*	• *Entwickeln der Idee* • *Planung* • *Konzept* • *Finanzierung*	• *Unternehmensgründung* • *Gewerbe anmelden* • *Versicherung*
Persönlichkeit				
Familie & Partnerschaft				
Gesellschaft & Umwelt				
Spiel & Spaß				

Nachdem Klaus seine Ziele für die vier Quartale des nächsten Jahres festgelegt hat, betrachtet er das erste Quartal genauer und formuliert Ziele für die ersten vier Monate.

Lebenstraum	**1998 – 2007**	**1998**	**1. Quartal**	**Januar**
Beruf: *Aufbau eines eigenen Unternehmens im Dienstleistungsbereich mit 100 Mio. DM Jahresumsatz*	• *Existenzgründung* • *Startphase*	• *Erfüllung der Anforderungen* • *Marktanalyse* • *Grundsatzfragen* • *Erste Schritte*	• *Entwickeln der Idee* • *Planung* • *Konzept* • *Finanzierung*	*Ideenentwicklung:* • *Informationssammlung* • *Beratungsangebote & Förderungsmöglichkeiten ausschöpfen* • *Eigene Qualifikation prüfen* • …
Persönlichkeit				
Familie & Partnerschaft				
Gesellschaft & Umwelt				
Spiel & Spaß				

Als nächstes unterteilt er die Monatsziele in Wochenziele.

Januar			
	1. Woche	2. Woche	3. Woche
Ideenentwicklung: • *Informationssammlung* • *Beratungsangebote & Förderungsmöglichkeiten ausschöpfen* • *Eigene Qualifikation prüfen*	• *Gespräche* • *Literatur* • *Internet* • *Messen* • *Datenbanken*	• *Sammeln und ordnen der ersten Eindrücke* • *Analyse der persönlichen und fachlichen Qualifikation*	• *Analyse der persönlichen Bedürfnisse* • *Marktanalyse und Marktbeobachtung*

Zuletzt fertigt er für jede einzelne Woche einen Wochenplan an, auf dem jeder Tag aufgeführt ist.

	Mo	Di	Mi	Do	Fr	Sa	So
6							
7							
8							
9							
10							
11							
12							
...							

An dieser Stelle wollen wir einmal innehalten und Klaus bei seiner weiteren Planung verlassen. Wenn Sie sich jetzt Ihr neues Zeit-System vorstellen, dann kann es sein, daß die Überlappungen der Angaben für die Zeiträume Sie etwas irritieren. Wenn das der Fall ist, dann können Sie Ihr Zeit-System auch so gestalten, daß die vorhergehenden Zeiträume überdeckt werden. Danach könnte Ihr Zeitsystem etwa so aussehen:

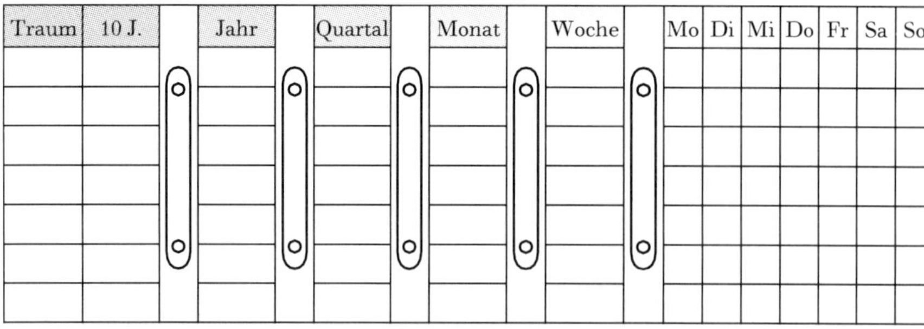

Von links nach rechts nimmt die Feinheit in der Planung immer mehr zu und der Detaillierungsgrad wird immer größer. Gleichzeitig nimmt die Länge der Planungsperioden immer mehr ab.

Ein sehr großer Vorteil einer solchen Planung ist, daß Sie schon sehr früh erste Kontrollmöglichkeiten haben. Sie können jeden Tag, jede Woche, jedes Quartal, jedes Jahr überprüfen, ob Sie auf dem richtigen Weg zu Ihren Zielen sind. Abweichungen können auf diese Weise schnell erkannt und behoben werden. Schon nach kurzer Zeit werden Sie sich darüber freuen, mit welch gutem Überblick Sie nun Ihre Aktivitäten überschauen können.

Bei der wöchentlichen Aufgabenplanung sollten Sie sich darüber klar werden, worauf Sie in dieser Woche den Schwerpunkt legen wollen und welche Aufgabe die zeitaufwendigste und welche die größte Herausforderung darstellen wird. Berücksichtigen Sie auch Routineaufgaben und Tätigkeiten. Überlegen Sie sich, welche Aufgaben der darauffolgenden Woche Sie gegebenenfalls schon einplanen könnten.

Die wichtigste Stufe Ihrer Planung ist jedoch der Tagesplan. Er ist verantwortlich für die Realisierung Ihrer Ziele. Hier entscheidet sich Ihr Schicksal! Wenn Sie sich nicht klar sind, was Sie hier erreichen wollen, dann werden Sie einen großen Teil Ihrer Zeit sinnlos vergeuden. Dabei ist es auf dieser Stufe ganz besonders wichtig, daß Ihre Ziele zwar realistisch sind, Sie aber gleichzeitig auch herausfordern, denn nur dann werden Sie die nötige Kraft und Energie aufbringen, sie auch zu erreichen.

Tagesplanung mit der ALPEN-Methode

Der Name dieser Methode enthält jeweils den ersten Buchstaben der Bezeichnung des Schrittes. Da die Reihenfolge auch wichtig ist, können Sie sich mit diesem Stichwort und meiner kurzen Erklärung diese Methode sofort merken. Am besten führen Sie diese 5 Schritte jeweils am Vorabend des zu planenden Tages durch und natürlich jetzt gleich für den morgigen Tag!

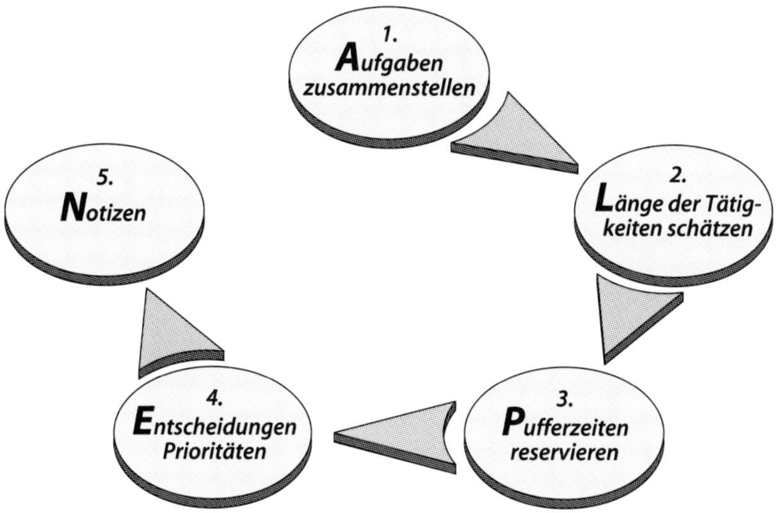

- **Schritt 1:** Notieren Sie alles, was Sie am nächsten Tag erledigen wollen. Berücksichtigen Sie dabei, die Aufgaben, die sich aus Ihren Wochen- und Monatszielen ergeben, unvorhergesehene Aufgaben, neu hinzugekommene Tätigkeiten und Routinetätigkeiten, sowie Ihre Termine.
- **Schritt 2:** Tragen Sie hinter jeder Aufgabe den Zeitbedarf ein, den Sie schätzungsweise für die jeweilige Tätigkeit benötigen. Keine Angst wegen Schätzungsungenauigkeiten! Sie werden schon nach wenigen Tagen sehr genau wissen, wieviel Zeit Sie für bestimmte Vorgänge benötigen. Außerdem besitzen wir die Tendenz, immer gerade so viel Zeit zu benötigen, wie wir uns auch gegeben haben. Wenn Sie für eine Besprechung kein Ende festgesetzt haben, dann wird diese Besprechung bis zum letztmöglichen Zeitpunkt dauern. Haben Sie die Besprechung auf 90 Minuten begrenzt, dann brauchen Sie vielleicht noch 10 Minuten länger, aber Sie werden deutlich früher fertig sein als ohne Zeitlimit. Genauso steht es mit Ihren eigenen Zeitvorgaben. Bei einer deutlichen und konkreten Vorgabe werden Sie sich selbst zwingen, sich daran zu halten. Sie werden konzentrierter arbeiten und konsequenter mit Ihrer Zeit umgehen.
- **Schritt 3:** Reservieren Sie sich mindestens 40% Pufferzeit! Diese Zeit ist für unerwartete und spontane Aktivitäten vorgesehen, die Sie zum jetzigen Zeitpunkt einfach noch nicht planen können. Dies bedeutet, daß Sie von 10 Arbeitsstunden nur 6 bzw. von 8 Arbeitsstunden nur 5 Stunden verplanen sollten! Das verlangt häufig eine rigorose Kürzung von anderen Aktivitäten.

- ▷ **Schritt 4:** Treffen Sie Entscheidungen über die Priorität Ihrer Aktivitäten! Was ist für Sie am wichtigsten oder dringendsten? Wo können Sie kürzen oder an andere delegieren? Eine Möglichkeit hierfür bietet die ABC-Methode. Ich werde Sie Ihnen im Anschluß vorstellen.
- ▷ **Schritt 5:** Tragen Sie die Notizen in den ausführlichen Wochenplan ein. Gehen Sie dabei so vor, daß Sie zu Beginn des Tages die ganz wichtigen Aufgaben erledigen, kleinere Tätigkeiten als Aufgabenblöcke zusammenfassen oder sich gegebenenfalls zur Auflockerung zwischendurch aufheben. Beachten Sie auch, daß es Zeiten gibt, in denen Sie nur sehr wenig gestört werden und Zeiten, in denen ständig das Telefon klingelt oder Besucher vorbeikommen. Nehmen Sie auch Rücksicht auf Ihren eigenen Körper und seinen Biorhythmus.

> *»Es ist nicht wenig Zeit, die wir haben,*
> *sondern es ist viel Zeit, die wir nicht nutzen.« (Seneca)*

Nehmen Sie sich jeden Tag 10 – 15 Minuten, um Ihre Arbeiten und Aufgaben zu planen. Sie sparen diese Zeit leicht bei der Durchführungszeit wieder ein. Verwenden Sie jedoch nicht mehr Zeit, denn dann beginnt Ihr Zeitmanagement wieder ineffektiv zu werden.

Denken Sie jeden Tag daran, daß Sie heute einen weiteren Schritt zur Erfüllung Ihres Traumes gehen. Nicht irgendeinen, sondern einen wichtigen. Führen Sie jeden Schritt mit äußerster Sorgfalt aus, leben Sie jeden Tag mit höchster Intensität und geben Sie immer Ihr Bestes!

Der Zeitkuchen

Überlegen Sie doch einmal, womit Sie bisher jeden Tag Ihre Zeit verbracht haben. Schreiben Sie diese Dinge in eine Liste!

✎ ______________________________

____

____

____

____

Stellen Sie jetzt die verschiedenen Zeitanteile in einem Kreisdiagramm dar. Es spielt keine Rolle, ob Sie einen Tag, eine Woche oder einen Monat nehmen. Basteln Sie so etwas wie einen typischen Tag und achten Sie auf die Größenverhältnisse. Berücksichtigen Sie bitte auch die Zeit, die Sie mit Schlafen verbringen – auch wenn Sie meinen, daß dies keine Ihnen effektiv zur Verfügung stehende Zeit sei.

Beispiel:

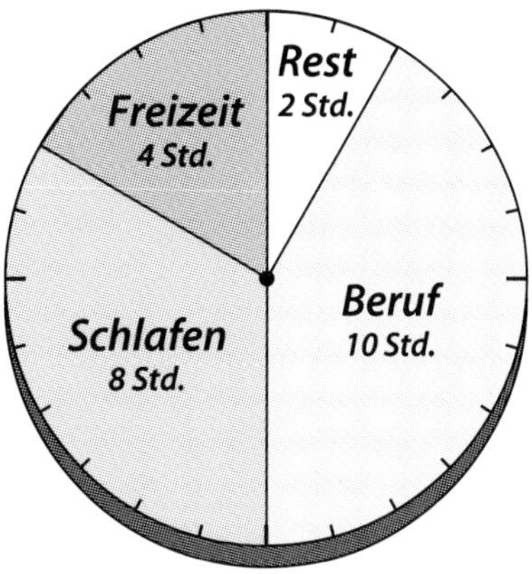

Mein Zeitkuchen:

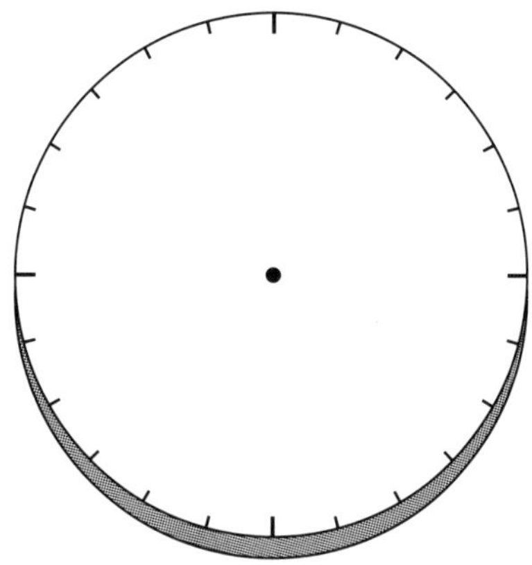

Finden Sie heraus, ob dieser Zeitkuchen im Einklang mit den in Kapitel 4 gefunden Werten steht. Verwenden Sie für die Dinge, die Ihnen am wichtigsten sind auch die meiste Zeit? Wenn Sie dies nicht tun, dann denken Sie doch einmal darüber nach, warum Sie das nicht tun.

Wie müßte der Zeitkuchen für einen Tag aussehen, den Sie im Einklang mit Ihren Werten und Ihren Zielen verbringen? Ein Tag, mit dem Sie einen riesigen Schritt hin zur Erfüllung Ihres Lebenstraumes machen? Zeichnen Sie auch ein Kreisdiagramm für einen solchen Tag.

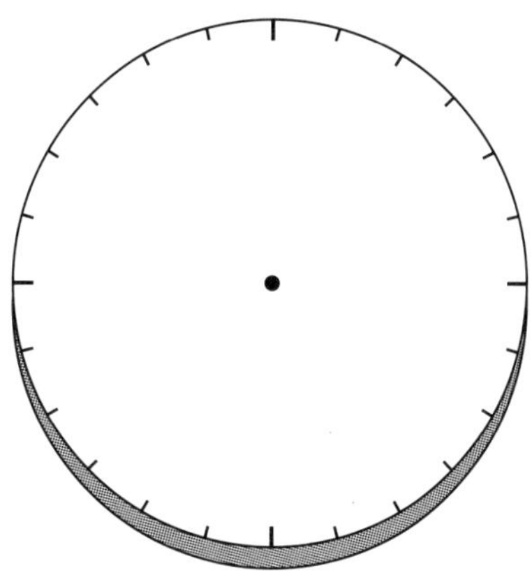

Wovon müssen Sie sich trennen, wenn Sie Ihren Lebenstraum verwirklichen wollen? Welche Ziele müssen Sie aufgeben?

Wo müssen Sie zeitliche Abstriche machen?

Ist Ihr Traum es Ihnen wert, daß Sie diese Einbußen hinnehmen? Gibt es Möglichkeiten, beides zu erreichen?

Wenn es Ihnen nicht möglich war, den Zeitkuchen auszufüllen, dann beobachten Sie sich selbst ein paar Tage und schreiben Sie auf, wofür Sie Ihre Zeit benutzen. Denn häufig weiß man gar nicht, wofür man seine Zeit verwendet oder wieviel Zeit für bestimmte Aufgaben benötigt wird.

> *»Es gibt Diebe, die nicht bestraft werden und den Menschen doch das Kostbarste stehlen: Die Zeit.«*
> *(Napoleon)*

ABC-Analyse

Da Ihnen an jedem Tag nur eine begrenzte Zeit zur Verfügung steht, ist es unbedingt notwendig, daß Sie diese Zeit dazu nutzen, um vor allem die wirklich wichtigen Dinge zu erledigen. Trennen Sie daher Wichtiges von Unwichtigem und verschaffen Sie sich einen klaren Überblick darüber, was wirklich wichtig ist, um Ihr Ziel zu erreichen. Teilen Sie Ihre Aktivitäten ein in:

A. Aktivitäten, die nicht verschiebbar sind und unbedingt von Ihnen selbst durchgeführt werden müssen. Sie sind äußerst wichtig und betragen etwa 15% aller anfallenden Tätigkeiten. Gleichzeitig tragen sie mit einem Anteil von 65% zur Zielerreichung bei.

B. Aktivitäten, die zwar wichtig sind, aber durchaus verschoben werden können. Sie machen etwa 20% aller Aufgaben aus und liefern dafür einen Anteil von 20% an der Zielerreichung. Versuchen Sie, diese Aktivitäten wenn möglich, zu delegieren.

C. Aktivitäten, die nützlich sind, aber jederzeit verschoben oder von anderen erledigt werden können. Hierzu zählen etwa 65% aller Aufgaben, der Wert beträgt jedoch nur 15%. Versuchen Sie, diese Aufgaben zu delegieren, zu kürzen oder wegzulassen.

Teilen Sie Ihre Zeit so ein, daß Sie sich den überwiegenden Teil des Tages mit Priorität-A-Aufgaben beschäftigen. Obwohl sie die geringste Menge ausmachen, sollte man ihnen die meiste Zeit widmen.

Kontrolle

Zielsetzung und Planung haben nur dann einen Sinn, wenn auch ihre Ergebnisse überprüft werden. Kontrollieren Sie daher täglich am Abend, bevor Sie den nächsten Tag planen, den Ist-Zustand und vergleichen Sie ihn mit dem Soll-Zustand. Loben Sie sich, wenn Sie das vorgenommene Pensum oder einen Teil davon erreicht haben und ergreifen Sie Maßnahmen, wenn dies nicht der Fall ist. Bei einer größeren Abweichung sollten Sie außerdem genau herausfinden, warum das Ziel nicht erreicht wurde und was man möglicherweise optimieren kann. Überprüfen Sie auch regelmäßig Ihre Prioritäten und den damit verbundenen Einsatz Ihrer Arbeitszeit.

> *»Wenn ich so viele Dinge erreicht habe, so liegt es daran,*
> *daß ich immer nur eine Sache zur gleichen Zeit wollte.«*
> *(William Pitt)*

Prinzipien und Regeln der Zeitplanung

1. Grundregel (60 : 40). Verplanen Sie nur etwa 60% Ihrer Arbeitszeit, um noch Luft für unvorhergesehene Ereignisse, Störgrößen (Zeitfresser) und persönliche Interessen und Bedürfnisse zu haben.
2. Verschaffen Sie sich stets einen Überblick über alle anfallenden Tätigkeiten.
3. Arbeiten Sie regelmäßig und systematisch an Ihren Zeitplänen und führen Sie eine angefangene Aufgabe konsequent zu Ende.
4. Versuchen Sie, aufgetretene Zeitverluste möglichst sofort auszugleichen.
5. Legen Sie Resultate fest und keine bloßen Tätigkeiten.
6. Machen Sie sich genaue Zeitvorgaben und setzen Sie nur die Zeit in Ihrem Plan an, die für die Erledigung der einzelnen Aufgaben wirklich notwendig ist.
7. Erledigungstermine: Taxieren Sie Endtermine für alle Ihre Tätigkeiten. So zwingen Sie sich zur Selbstdisziplin und vermeiden Unentschlossenheit, Verzögerungen und Aufschub.
8. Prioritäten: Legen Sie genau fest, was Sie alles mit welcher Priorität erledigen wollen.
9. Delegation: Planen Sie von Anfang an auch ein, welche Tätigkeiten von Ihnen selbst erledigt werden müssen und welche delegiert werden können.
10. Pausen bewußt einplanen. Beachten Sie Ihren eigenen Leistungsrhythmus und legen Sie sich die schwersten Arbeiten in die Zeit, in der Sie am leistungsfähigsten sind.

16
In Freude leben

»Gib jedem Tag die Möglichkeit, der beste in Deinem Leben zu werden.«

Sinnspruch

Dieses Kapitel habe ich der Freude gewidmet, da es sich um eine Sammlung ganz besonders schöner Übungen und Anregungen handelt, die Sie in äußerst angenehme Zustände bringen können. Ich hoffe, Sie haben die Übungen in diesem Buch bisher genossen und hatten dabei einige ganz persönliche Aha-Erlebnisse und wunderbare Momente. Dieses Kapitel ist eine Zugabe und will Sie dazu anregen, mit dem bisherigen Stoff zu spielen und neue Erfahrungen und Ressourcen zu sammeln.

In vielen Übungen geht es darum, anderen Menschen in Gedanken oder in der Realität etwas zu geben, z.B. Liebe, Versöhnung, Geschenke, Wünsche etc. Durch das Geben erhalten wird jedoch gleichzeitig etwas viel Wertvolleres für uns selbst zurück. Verstehen Sie dies bitte nicht in dem Sinne, daß Sie jemandem etwas zum Geburtstag schenken und dafür an Ihrem Geburtstag ein viel größeres Geschenk von dieser Person bekommen. Nein, so ist das nicht gemeint! In dem Moment, in dem Sie mit freudigem Herzen jemand anderem etwas schenken – Aufmerksamkeit, Gefühle, Wünsche, Liebe oder etwas Materielles – nehmen Sie teil am Energiefluß des Universum. Sie signalisieren Ihrem Unterbewußtsein, daß von dem, was Sie verschenken, mehr als genug da ist, und Ihr Unterbewußtsein wird dafür sorgen, daß Sie in noch mehr Fülle und Reichtum leben. Wenn Sie geliebt werden wollen, dann sollten Sie selbst lieben. Wenn Sie mehr Anerkennung oder Aufmerksamkeit wollen, dann sollten Sie selbst anderen Anerkennung und Aufmerksamkeit geben. Wenn Sie mehr Geld wollen, dann geben Sie einen Teil Ihres Geldes für andere weg. Sie werden sehen, alles, was Sie weggeben, wird vergoldet wieder zu Ihnen zurückkehren.

Bereinigung der persönlichen Beziehungen

Suchen Sie sich einen angenehmen Ort im Freien, gehen Sie mental dorthin und versammeln Sie um sich alle Menschen, die in Ihrem Leben wichtig waren und sind. Geben Sie nacheinander jedem die Hand und blicken Sie ihm oder ihr in die Augen. Danken Sie jedem dieser Menschen dafür, daß er oder sie in Ihrem Leben diese Rolle gespielt hat und sagen Sie dieser Person, was Ihnen gut an ihr gefallen hat und was nicht. Warten Sie auf eine Reaktion dieser Person. Machen Sie auf diese Art mit allen Personen reinen Tisch. Klären Sie Ihre Beziehungen. Betreten Sie dann mit diesen Personen die Zukunft und entwickeln Sie die gegenwärtigen Ereignisse weiter in die Zukunft.

Was haben Sie bisher für eine gute Beziehung zu diesen Personen getan?

Was haben Sie investiert?

Wie oft haben Sie ihnen Komplimente gemacht?

Was können Sie tun, um die Beziehungen zu diesen Personen zu verbessern?

Selbstvergebung

Nachdem Sie in Ihren persönlichen Beziehungen aufgeräumt haben, werden Sie nun Ihre Beziehung zu sich selbst verbessern. Verzeihen Sie sich alle alten Fehler, Sünden, Versäumnisse und Peinlichkeiten und wagen Sie einen neuen Start. Schuld und Schamgefühle haben in Ihrem Leben nichts mehr verloren. Sie haben einfach keinen Nutzen! Sie treffen zu jedem Zeitpunkt die Entscheidung, die Ihnen in der jeweiligen Situation unter Berücksichtigung der Ihnen dabei bekannten Fakten am geeignetsten und besten erscheint.

Warum sollten Sie also ein schlechtes Gewissen haben, wenn Sie doch nur das taten, was Ihnen am sinnvollsten erschien? Sind Sie ein Hellseher? Konnten Sie wissen, daß tatsächlich diese Folgen eintreten würden? Nein, Sie konnten es nicht! Daher besteht überhaupt kein Grund, sich schuldig zu fühlen. Wichtig ist nur, daß Sie etwas aus der Situation gelernt haben und den Fehler nicht ein zweites Mal begehen. Davor werden Sie aber auch Schuld- und Schamgefühle nur begrenzt bewahren. Im Gegenteil, diese Gefühle verhindern eher, daß Sie in gute, ressourcevolle Zustände kommen und in diesen Zuständen sind nun einmal Ihre Chancen für ein optimales Verhalten am besten. Befreien Sie sich daher von Schuld- und Schamgefühlen.

Ort der Heilung

Finden Sie für eine unangenehme Erfahrung oder ein schlechtes Gefühl ein Symbol, welches für Sie die Erfahrung oder das Gefühl darstellt. Lehnen Sie sich ein wenig zurück und entspannen Sie sich. Konzentrieren Sie sich auf einen inneren Ort – den Ort der Heilung. Ich weiß nicht, wie Ihr persönlicher Ort der Heilung gestaltet ist und wo er sich befindet. Es kann sein, daß es einen solchen Ort tatsächlich gibt, es kann aber auch sein, daß er nur in Ihrer Phantasie existiert. Mein Ort der Heilung befindet sich auf einem hohen Bergplateau, rings herum führen steile Felsen nach unten. Der Himmel ist blau und ganz in der Nähe stehen Bäume. Von diesem Gipfel aus kann man sehr weit in alle Richtungen schauen. Wie durch ein Wunder gibt es hier oben eine Quelle. Das Wasser fließt aus einem Felsblock in ein kleines rundes Wasserloch. Dies ist das Wasser der Heilung.

Wann immer ich eine Erfahrung habe, mit der ich mich versöhnen möchte, dann verwandle ich sie in ein Symbol, wickle sie in Packpapier ein und nehme Sie mit an diesen Ort. Hier halte ich sie unter das Wasser und frage nach den positiven Absichten dieser Erfahrung. Dafür lasse ich mir dann ein neues Symbol schicken und empfange dieses wie ein kostbares Geschenk.

An diesem Ort können Sie jede Art von Symbol transformieren, streitende Teile wieder zusammenführen oder mit Ihren Mitmenschen, Partnern oder Kollegen Frieden schließen. Gestalten Sie die Umgebung so, daß Sie bei der Vorstellung dieses Ortes automatisch in eine Stimmung kommen, in der solche Versöhnungen möglich werden. Verbannen Sie Ärger, Streit, Schuldgefühle und Haß mit dieser Technik nach und nach aus Ihrem Leben.

Wer zornig ist, verbrennt oft an einem Tag das Holz,
das er in vielen Jahren gesammelt hat.
(Aus China)

Abschied von negativen Gefühlen

Kehren Sie noch einmal an Ihren persönlichen Ort der Heilung zurück. Trennen Sie sich dort von Ihren negativen Gefühlen und Gedanken. Feiern Sie diesen Abschied, denn dies ist ein wichtiger Schritt in Ihrem Leben. Würdigen Sie sie und danken Sie ihnen für die Rolle, die sie in Ihrem Leben gespielt haben. Falls Ihnen das schwer fällt, führen Sie gegebenenfalls ein Reframing durch.

Nehmen Sie Angst, Sorgen, Ärger, Zorn, Haß, Neid und Schuld und schenken Sie ihnen die Freiheit. Lassen Sie sie los. Verbannen Sie diese Gefühle aus Ihrem Leben.

Lassen Sie sich von Ihrem Unterbewußtsein ein Symbol für diese Gefühle und Gedanken geben und stecken Sie dann diese Symbole in eine kleine Rakete. Ein letztes Lebewohl, und dann hebt die Rakete ab. Spüren Sie, wie sie und damit die in ihr enthaltenen Gefühle und Gedanken sich immer weiter von Ihnen entfernen. Immer weiter und weiter, bis sie im Licht der Sonne schmelzen werden und sich in Liebe verwandeln.

> *»Immer, wenn etwas aus Deinem Leben verschwindet,*
> *ist das nur ein Zeichen dafür, daß etwas Besseres unterwegs ist.«*
> *(Arthur Lassen)*

Teile-Party

In dem Kapitel über Reframing haben Sie vielleicht schon Bekanntschaft mit einigen Ihrer Teile gemacht. Laden Sie doch einmal alle Ihre Teile zu einer kleinen Party ein. Dort können Sie sich ein wenig über Ihre Ziele und Absichten unterhalten und erzählen, wer sie sind, woher sie kommen und wie sie gerne behandelt werden möchten. Wenn Ihnen danach ist, lassen Sie die Teile ruhig etwas miteinander flirten.

> *»Liebe ist das einzige, was mehr wird, wenn wir es verschwenden.«*
> *(Ricarda Huch)*

Liebesbriefe an sich selbst

Schreiben Sie doch einmal einen Liebesbrief an sich selbst. Schreiben Sie auf, was Sie gut gemacht haben, was Ihnen an sich gefällt und zwar in wohlformulierten Sätzen. Durch das Schreiben beschreiben Sie Ihr Unterbewußtsein.

»Liebe/r...,
gestern hast Du mir wirklich wieder einmal einen wunderschönen Tag bereitet. Bis zum Abend hast Du phantastisch konzentriert und konsequent gearbeitet. Dann warst Du beim Tanzen und hast mal wieder so richtig gezeigt, wieviel Power Du in Dir hast. Du hast dabei auch unheimlich viel Mut bewiesen, als Du als erster auf die Tanzfläche gegangen bist und alleine getanzt hast. Das bewundere ich sehr an Dir. Wenn Du Dir Zeit zum Genießen genommen hast, dann läßt Du Dir durch nichts und niemanden den Abend verderben. Du hast es sogar gewagt, diesen interessanten Menschen anzusprechen, was Du Dich vor drei Wochen noch nicht getraut hast. Es ist Dir zwar nicht gelungen, ein längeres Gespräch anzuzetteln, aber immerhin, Du hast sie/ihn zum Schmunzeln gebracht, mit Deinem frechen Eröffnungssatz. Ich finde sehr gut, daß Du den ersten Schritt gewagt hast und Dich auch nicht abgelehnt gefühlt hast, als sie/er nicht besonders gesprächig war. In diesen Momenten bin ich stolz auf Dich! Gut gefällt mir auch an Dir, daß Du in letzter Zeit so viel für Deine

Gesundheit tust. Du hast Deine Ernährung umgestellt und treibst wieder eine Menge Sport. Es ist schön zu sehen, daß Du auch einmal etwas für Dich tust und nicht immer nur von einem Termin zum nächsten hetzt. Du siehst dadurch auch viel kräftiger und gesünder aus. So wirkt Dein bezauberndes Lächeln noch attraktiver.

Die Sicherheit und Eleganz Deiner Bewegungen strahlt nach außen und verleiht Dir Achtung und Respekt Deiner Mitmenschen. Ich freue mich darauf, Dir wieder zu begegnen. Habe noch einen wundervollen Tag.

Ich liebe Dich so, wie du bist.«

Übrigens, das Schreiben von Briefen ist eine hervorragende Strategie, um sich in eine andere Person zu verlieben. Bei dieser Tätigkeit entwickeln Sie nämlich vor Ihrem inneren Auge ein ganz konzentriertes Bild der anderen Person und beschäftigen sich sehr intensiv mit ihren Vorzügen. Dadurch brennen sich Ihnen diese positiven Eigenschaften unwiderstehlich ins Gehirn ein. Glauben Sie mir, diese Technik ist extrem wirksam, wenn Sie sich beim Schreiben Zeit und Mühe geben.

»Wenn man nur genug lieben könnte,
wäre man der mächtigste Mensch der Welt.«
(Emkett Fox)

Die große Zeitlinie

Legen Sie eine angenehme Musik auf und machen Sie sich auf einiges gefaßt! Lassen Sie sich den Text entweder von jemand anderem vorlesen oder lesen Sie ihn einmal in Ruhe durch, erfassen Sie die wesentlichen Ideen und durchlaufen Sie dann den Prozeß nach Ihren Vorstellungen.

Begeben Sie sich auf Ihre Zeitlinie und gehen Sie ganz weit in die Vergangenheit. Blicken Sie zurück auf Ihre ersten Berufsjahre. Erleben Sie Ihre Ausbildungszeit, dann die Schulzeit und Ihre Kindheit. Werden Sie immer jünger und erleben Sie dann Ihre Geburt. Gehen Sie noch weiter zurück, in den 7. Monat der Schwangerschaft, werden Sie immer kleiner, sehen Sie den Embryo vor sich, noch weiter und schließlich bis zum Tag Ihrer Zeugung. Spüren Sie, wie sich die Eizelle von der Samenzelle wieder trennt und beide bei jeweils einem Elternteil bleiben. Erleben Sie Ihre Eltern an einem wundervollen Tag, die ersten Tage ihrer Beziehung, die Vorfreude auf die erste Verabredung. Gehen Sie weiter zurück im Leben

Ihres Vaters oder Ihrer Mutter und erleben Sie aus Ihrer Sicht die erste Begegnung mit dem Partner. Weiter bis in die Kindheit Ihres Elternteils. Sehen Sie deren Eltern und wandern Sie weiter auf der Zeitlinie der Eltern Ihrer Eltern. Erleben Sie Zeiten, die Sie bisher nicht kannten. Verfolgen Sie den Stamm Ihrer Vorfahren durch alle Zeiten. Reisen Sie durch alte Schlösser und Königreiche. Durch den Anfang der Neuzeit in das Mittelalter hinein, durch die Steinzeit und immer weiter zurück. Verfolgen Sie die Zeitlinie der Menschen bis zur Entstehung des Neandertalers, dann weiter zu unseren Vorfahren bis hin zur Entstehung des Lebens. Gehen Sie weiter und beobachten Sie wie die Erde entsteht... Aus einem Nebel drehend und immer schneller löst Sie sich auf, verschwindet in den Weiten eines Universums, das sich immer schneller zurückbildet. Bis Sie plötzlich in ein schwarzes Nichts eintauchen.

Bereiten Sie sich jetzt darauf vor, daß eine neue Welt geboren wird. Langsam formen sich die Gase zu einer Wolke, die sich dreht und allmählich zu einem Planeten formt. Meere und Land entstehen. Pflanzen und Tiere. Schauen Sie auf die Entwicklung des Menschen, wie er immer intelligenter wird. Wandern Sie durch die vergangenen Zeiten mitten hinein in die Neuzeit. Erleben Sie strahlende und glückliche Momente der Menschheit. Sehen Sie die Eltern Ihrer Eltern am Tage Ihrer ersten Begegnung, dann die Geburt und Kindheit Ihrer Eltern. Geben Sie ihnen alle Ressourcen, die sie benötigen, um ein glückliches Leben zu führen. Lassen Sie sie älter werden, bis zu dem Tag, an dem sie sich das erste Mal begegnen. Sie lernen sich kennen und ihre Herzen fangen Feuer füreinander. Erleben Sie dann einen Tag voller Zärtlichkeit und in einer absoluten Superstimmung. Vielleicht sagt Ihr Vater an diesem Tag: »Schatz, schau nur, wie die Sonne lacht, heute ist ein Tag zum Helden zeugen.« An diesem Tag sind Ihre Eltern voller Liebe füreinander. Sie sind zärtlich zueinander und gehen liebevoll miteinander um. Erleben Sie dann, wie sich einige kleine Samenzellen auf den Weg machen, um als erste die Eizelle befruchten zu dürfen. Spüren Sie, wie das Ei vor Freude hüpft. »Da kommt er, mein Auserwählter!« Erleben, sehen, hören, fühlen Sie, wie die Samenzelle merkt, daß sie auserkoren ist und wie ihr diese Erfahrung die Kraft gibt, schneller zu sein als alle anderen und als Sieger aus diesem Rennen hervorzugehen – trotz einer ungünstigen Startposition. Sie haben es geschafft, die erste Herausforderung in Ihrem Leben gemeistert und damit das Recht erworben, zu leben und glücklich zu sein. Sie sind Teil des Wunders des Lebens geworden. Erleben Sie die Aufregung und Freude Ihrer Eltern an diesem Tag und während der nächsten Monate. Dann kommen Sie auf die Welt – als die Krönung der langen Evolution. Liebe umgibt Sie. Jeder möchte das kleine Kind in seinen Armen halten. Sie werden älter, durchleben eine wundervolle Kindheit und eine aufregende Jugend, durchstrahlen Sie diese Zeiten mit derselben Liebe, die Sie von nun an seit Ihrer Geburt begleitet. Lassen Sie diese Zeiten hinter sich, gestalten Sie sie nach Ihren Wünschen. Es war eine schöne Zeit, und die Zukunft wird noch schöner. Kehren Sie langsam wieder zu dem Zeitpunkt Ihres Lebens zurück, von dem aus Sie gestartet sind. Bleiben Sie einen Moment dort stehen und tauchen Sie alle Ihre Gedanken in Liebe ein. Gehen Sie dann weiter in eine strahlende Zukunft, erschaffen Sie Ihre Vision erneut. Sehen Sie sich am Ziel all Ihrer Wünsche. Genießen Sie es und kehren Sie dann ins ›Hier-und-Jetzt‹ zurück.

Paar-Zeitline

Wenn Sie im Augenblick einen festen Partner haben, den Sie sehr lieben, dann nehmen Sie ihn doch mit auf die Zeitlinie. Gehen Sie gemeinsam in Ihre Zukunft. Tauschen Sie Ihre Erfahrungen und Gefühle dort aus. Sagen Sie sich, welche Rolle der Partner dort spielt, was Sie gemeinsam erleben und wie Ihre Zukunftsvorstellungen aussehen.

Morgenprogramm

Wie gut gelingt es Ihnen, sich jeden Morgen auf den vor Ihnen liegenden Tag einzustimmen? Geht es Ihnen nicht manchmal auch so, daß Sie so auf die anstehenden Aufgaben konzentriert sind, daß Sie darüber einen verengten Blickwinkel einnehmen und Ihre großen Träume und Lebensregeln vergessen? Ein Computer bootet sich bei jedem neuen Start hoch. Er lädt alle Treiber und überprüft, ob das System auch einwandfrei angeschlossen ist. Tritt ein Fehler auf, so muß dieser erst korrigiert werden. Haben Sie je daran gedacht, Ihren weitaus komplizierteren Computer auf den Schultern hochzubooten? Natürlich gibt es unzählige Treiber. Doch kann es schaden, die wichtigsten Treiber jeden Morgen zu aktivieren? Ihren Computer jeden Morgen mit Liebe, Freude und positiven Gedanken zu füttern? Lassen Sie nicht zu, daß die ersten Informationen, die Sie am Morgen eines neuen Tages erreichen, Nachrichten sind, die Sie nicht kontrollieren können, wie z.B. die Unfallstatistik der Nacht, die aus dem Radio auf Sie einrieselt oder der schlechtgelaunte Arbeitskollege vom Büro nebenan, der Sie mit der Suggestion: »Sie sehen nicht gut aus heute morgen. Ist etwas passiert?« begrüßt. Entscheiden Sie selbst, woran Sie als erstes am Morgen denken wollen. Schreiben Sie diese Gedanken auf und hängen Sie sie über das Bett, so daß jeden Morgen Ihr erster Blick darauf fällt. Sollten Sie über das nötige Know-how verfügen, dann können Sie sich auch im Multi-Media-Zeitalter von Ihrem Computer wecken lassen, der Ihnen eine Aufzeichnung dieser Worte vorspielt und dazu noch Bilder, die Ihnen sofort vor Augen halten, wofür es sich lohnt, heute zu leben. Das wäre doch ein Auftrag nach Maß! Um Sie ein wenig zu inspirieren, werde ich einen Auszug aus meinem morgendlichen Appell hier abdrucken.

»Guten Morgen, kleiner Prinz!
Eine neuer, einzigartiger Tag in Deinem Leben hat begonnen. Genieße ihn! Dies ist DEIN Leben. DU allein bestimmst, was Du daraus machst. Abwarten ist auch eine Entscheidung! Hol noch einmal tief Luft, und dann geh mit POWER und BEGEISTERUNG in diesen Tag. Atme ihn, lebe ihn, ZELEBRIERE ihn – bis Du todmüde in Dein Bett fällst.

Lächle – denn das Lachen verändert die Welt – es ist Deine ganz besondere Waffe. Freue Dich über das Leben, über Deine überschäumende LEIDENSCHAFT, Deine unermeßliche KRAFT, Dein starkes SELBSTBEWUSSTSEIN und Deinen unerschütterlichen GLAUBEN! Mit diesen Eigenschaften wirst Du Deine kühnsten Träume zum Leben erwecken!!! Handle und Du wirst es schaffen! Probiere alles aus. Verwandle Dich in eine Ameise und beobachte diese Welt aus allen Perspektiven. Öffne Deine Augen, Ohren, Nase und fühle den Wind in Deinem Gesicht. Sieh, höre, rieche, fühle diese Welt, fühle das Leben in Dir.

Es gibt nur ein Ziel – nach Deinen eigenen Vorstellungen zu leben. Dafür lohnt es sich zu kämpfen, mit dem höchsten Einsatz – Deinem Leben. Denke an Dein höchstes Ziel. Höre auf Deine Vision. Hörst Du, wie sie nach Erfüllung schreit?

Nichts kann Dich verletzen – außer Du willst es. Nichts kann Dich traurig machen – außer Du willst es. Niemand kann Deine Gefühle beeinflussen – außer Du willst es! Du mußt gar nichts – außer sterben. Du bist frei wie ein Vogel im Himmel. Aber du KANNST alles. Du kannst alles aus Deinem Leben machen. Es ist Dein Geschenk, Deine Chance, Deine HERAUSFORDERUNG. Gehe Deinen Weg ohne Reue um die Vergangenheit – sie ist genial; ohne Sorge um die Zukunft – sie wird noch genialer. Freue Dich auf heute und glaube an Deinen ERFOLG.

In Deinem Herzen ist so viel MUT, POWER und PHANTASIE, daß Du damit die ganze Welt entflammen kannst. Laß Dich von dem Feuer in Deinem

Innern leiten, sende Deine Phantasie aus, packe das Schicksal mutig bei den Hörnern und zwinge es in die Knie -

DU WIRST ES SCHAFFEN!!!«

Eine weitere Möglichkeit für einen solchen Text könnte sein:

»Heute ist der erste Tag vom Rest meines Lebens. In Zukunft werde ich der Kapitän meines Schiffes sein, denn ab heute bestimme ich meine Gedanken. Ich entscheide, ob ich etwas als unangenehm oder als interessant betrachten werde, ob ich mich über andere ärgern will oder nicht. Ob ich mich über das Leben, meine unerschöpfliche Kraft, meine abenteuerliche Phantasie und meine felsenfeste Zuversicht freuen will oder mich zu Tode langweile. Ich entscheide, ob ich Neues lernen, neue Aufgaben in Angriff nehmen oder meine Lebensumstände ändern möchte. Ich allein entscheide. Ich will nie wieder andere für mein Schicksal verantwortlich machen, weil ich weiß, ich bin es selbst, der sich seine Gefühle macht. Die guten wie die schlechten. Ich bin es selbst, der sich seine Schranken setzt. Ich kann es schaffen, ich will es schaffen, ich werde es schaffen!

Es wird auch Zeiten geben, in denen ich bis an die Grenze meiner Leistungsfähigkeit gefordert werde, in denen ich das Leben als unfair, als grausam und ungerecht empfinde, Zeiten, in denen alles, was in mir steckt, mein Glaube, meine Werte, meine Geduld, mein Vertrauen, meine Widerstandskraft bis zum Äußersten strapaziert werden. Ich weiß, daß manche Menschen sich davon zerstören lassen, aber ich will diese Gelegenheiten wahrnehmen, um als stärkerer Mensch daraus hervorzugehen. In solchen Situationen werde ich Kräfte in mir kennenlernen, von denen ich vorher nicht einmal wußte, daß ich sie besaß. Ich freue mich schon auf diese Entdeckungen. Ich weiß, auch wenn ich das Gefühl habe noch so schlecht behandelt worden zu sein, es gibt immer Menschen, die weitaus Schlimmeres ertragen haben. Ja, ich will diese Gelegenheiten nutzen, um vom Leben über das Leben zu lernen. Ich freue mich auf diese Herausforderungen und werde sie angehen und an ihnen wachsen.

Ich werde jeden Tag ein klein wenig mehr tun als alle anderen. Wenn meine tägliche Arbeit beendet ist, bleibe ich noch etwas länger. Das ist meine Investition in die Zukunft. Ich werde es nicht für einen Lohn tun, sondern für den Stolz und die Zufriedenheit bei der Verrichtung selbst. Von nun an will ich jeden Tag und bei jeder Aufgabe mein Bestes geben.

Heute werde ich eine Kraft wieder entdecken, die ich seit meiner Kindheit verloren geglaubt habe – die Kraft der Begeisterung. Begeisterung wirkt Wunder, sie reißt Mauern und Hindernisse nieder, um mit unbändiger Kraft dem Sieg entgegenzueilen. Wenn ich sie zurückerobere, wird mein Leben zu einem triumphalen Siegeszug werden. Ich will die Begeisterung nicht nur heute, sondern auch morgen und alle weiteren Tage meines Lebens unbegrenzt, echt und ehrlich aufrechterhalten, damit meine Liebe, meine Freude und mein Erfolg nicht in einem kurzen Strohfeuer vergehen, sondern die Kraft besitzen, alle Menschen dieser Erde mit meinem Feuer anzustecken.«

Ihre Texte brauchen gar nicht so lang zu sein, wie in diesen beiden Beispielen. Sie haben in diesem Buch so viele Suggestionen kennengelernt, daß es Ihnen nicht schwerfallen wird, die für Sie passenden auszusuchen.

Stille Wünsche

Schlendern Sie durch die Fußgängerzone der nächsten größeren Stadt, nikken Sie jedem Menschen, der Ihnen begegnet, freundlich zu und wünschen Sie ihm innerlich etwas, von dem Sie glauben, daß dieser Mensch es noch gebrauchen könnte. Seien Sie dabei ehrlich und aufrichtig. Wünschen Sie den Menschen Glück, Liebe, Hoffnung, Energie, Mut oder was Sie sonst gerade für angebracht halten. Erleben Sie, wie stark diese Wünsche Ihre eigene Stimmung beeinflussen.

Spiegelbild

Werfen Sie einen Blick in den Spiegel, immer bevor Sie aus dem Haus gehen und lachen Sie sich selbst an. Gehen Sie mit einem Lächeln in die Welt.

Die Welt ist nur ein Spiegelbild unserer selbst,
strahlen Sie die Welt an und sie strahlt zurück!

Übernehmen Sie in einem Bereich Ihrer Wahl soziale Verantwortung. Setzen Sie sich ein für behinderte Kinder, alte, kranke Menschen, leisten Sie Entwicklungshilfe in den armen Ländern dieser Welt. Helfen Sie Obdachlosen und den Opfern von Naturkatastrophen. Setzen Sie sich für die Erhaltung unserer Umwelt ein. Es gibt unzählige Möglichkeiten. Leisten auch Sie Ihren Beitrag – denn gemeinsam sind wir stark! Tun Sie alles in Ihrer Macht Stehende, um allen Menschen ein besseres Leben zu ermöglichen. Übertragen Sie die Methoden und Techniken, die Sie jetzt bei sich im Kleinen kennengelernt haben, auf das Große, auf die ganze Welt. Sie haben beim Reframing Ihre inneren Konfliktparteien zu einer Einigung kommen lassen, indem Sie nach der höheren Absicht eines Teiles gefragt und diese besonders gewürdigt haben. Stellen Sie sich für einen Moment vor, die Teile wären jetzt nicht Teile einer Persönlichkeit, sondern einzelne Menschen, die Teile eines übergeordneten Universums sind. Was ist das Gemeinsame? Was ist die höhere gute Absicht? Mit diesem Modell könnte man für den Weltfrieden eintreten. Wie ging es Ihnen, als Sie gespürt haben, daß Sie Ihre einander widerstreitenden Parteien an einen Tisch bekommen haben? Hatten Sie nicht ein so gutes Gefühl, daß Sie in sich den Glauben entwikkelt haben, daß man mit dem Prinzip dieser Technik nicht auch Menschen zusammenführen kann? Treten Sie ein für eine bessere Welt!

»Wenn jeder Mensch auf Erden nur einen weiteren Menschen glücklich machen würde, würde es keine Kriege, keine Hungersnöte, keine Not mehr geben.«
Jürgen Höller

17
Das Geheimnis des Erfolges

»Wir werden entweder einen Weg finden oder einen machen.«

Hannibal

Wir sind ein paar Schritte gemeinsam unseren Weg gegangen. Ich hoffe innig, daß ich Sie dazu herausfordern konnte, sich mutig Ihrem großen Traum zu stellen, sich auf die Chancen und Möglichkeiten Ihres Lebens einzulassen und die höchsten Ansprüche an Ihren persönlichen Erfolg zu stellen. Vergessen Sie nicht: Sie haben nur dieses eine Leben! Alles, was Sie in diesem Leben aufschieben, ist für immer verloren. Alle Träume, Wünsche und Ziele, für die Sie sich heute nicht einsetzen, sind für immer verloren – für Sie, für Ihre Freunde, Ihren Lebenspartner, Ihre Kinder und für die Menschheit. Schieben Sie darum nichts auf, leben Sie Ihren Traum!

Jedes Risiko ist der Schlüssel zu einem verborgenen Schatz.

Scheuen Sie sich nicht, dabei auch einmal ein Risiko einzugehen. Wenn Sie nicht heiraten, gehen Sie niemals das Risiko ein, den falschen Partner zu wählen. Wenn Sie niemals auf einen anderen Menschen zugehen, dann können Sie auch nicht zurückgewiesen werden. Wenn Sie sich niemals um einen guten Job bewerben, dann werden Sie auch nicht abgelehnt. Wenn Sie niemals ein Unternehmen gründen, dann werden Sie auch nicht pleite gehen. Wenn Sie nicht an einem sportlichen Wettkampf teilnehmen, dann können Sie auch nicht Letzter werden. Doch gleichzeitig werden Sie Ihr Leben verpassen. Sie können nicht durch Nichtstun gewinnen! Wenn

Sicherheitsgedanken dazu führen, daß Sie nicht mehr handeln, dann wird Sicherheit zur Blockade für Wachstum und Wohlstand. Wenn Sie in unserer Zeit auf der Stelle stehen bleiben wollen, dann werden Sie morgen der Vergangenheit angehören. Stellen Sie sich der Ungewißheit der Zukunft und werden Sie zu ihrem Gestalter! Erfinden Sie Ihr eigenes Morgen und erschaffen Sie sich damit eine überwältigende Gegenwart. Jemand, der sich gar nicht auf das Abenteuer des Lebens einläßt, der hat schon verloren, ehe das Abenteuer überhaupt begonnen hat. Stellen Sie sich dem Abenteuer! Nehmen Sie Ihr Leben in die eigene Hand, anstatt es einem windigen und unbeständigen Schicksal anzuvertrauen.

Erfolg ist keine Frage von Glück,
sondern eine Frage Ihrer eigenen Einstellung.

Laufen Sie nicht immer anderen oder der großen Herde hinterher. Bekennen Sie sich zu Ihrer Individualität – in einer Welt, die sich täglich darum bemüht, Sie anderen gleich zu machen. Lassen Sie sich nicht zur Masse abstempeln. Passen Sie sich nicht mehr an als nötig. Die großen Entdecker, Erfinder, Stars, Helden und Unternehmer waren Menschen, die an etwas glaubten, was andere für unmöglich hielten. Sie waren Spinner, Träumer und Phantasten, bis ihre Visionen Wirklichkeit wurden.

Als Richard Fosbury Mitte der 60er Jahre eine neue Hochsprungtechnik erstmals ausprobierte, lachten viele der sogenannten Experten und nannten die neue Technik abwertend »Flop«, was so viel bedeutet wie »plumpsen«. Wie sehr haben sie sich wohl geschämt, als der zweiundzwanzigjährige Richard Fosbury 1968 mit dieser Technik über die Höhe von 2,24 m »plumpste« und damit einen neuen olympischen Rekord aufstellte? Seitdem hat übrigens niemand mehr gewonnen, der nicht mit dieser Technik springt!

Hamilkar Barkas sollte die schmachvolle Niederlage rächen. Sein Volk hatte viele Ländereien abtreten und eine Zahlung in Höhe von 105.000 Kilogramm Silber leisten müssen. Hinzu kam der Verlust der Seeherrschaft. Hamilkar Barkas ließ seinen Sohn einen feierlichen Eid schwören, daß er nicht eher ruhen würde, bis er diese Schmach gerächt und einen großen Sieg über den Feind errungen hätte. Mit 26 Jahren übernahm der Junge den Oberbefehl über die karthagischen Truppen in Spanien. Der übermächtige Gegner verlangte seine Auslieferung und so galt es schnell zu handeln. Entschlossen faßte der junge Heerführer einen tollkühnen Plan, der den Feind völlig überrumpelte. In wenigen Wochen gelang Hannibal das für unmöglich Gehaltene: Mit 20.000 Mann Fußvolk, 6.000 Reitern und 38 Kriegselefanten marschierte er über die Alpen nach Italien, vereinigte sich in der Po-Ebene mit den Galliern und erzielte zwei große Siege über Publius Cornelius Scipio und Tiberius Sempronius Longus.

Eine Sache ist immer nur so lange unmöglich,
bis jemand kommt und sie macht!

Wenn Sie Erfolg haben wollen, dann sollten Sie sich von nun an genau überlegen, was Sie glauben wollen und was nicht. Verbannen Sie das Wort »unmöglich« aus Ihrem Wortschatz! Alles ist möglich!

Die Flügelfläche einer Hummel beträgt 0,7 Quadratzentimeter
bei 1,2 Gramm Gewicht. Nach den bekannten Gesetzen der Flugtechnik
ist es unmöglich, bei diesem Verhältnis zu fliegen.
Die Hummel weiß das nicht. Sie fliegt einfach.

Übernehmen Sie nicht einfach die Meinung anderer Leute, ohne sie reflektiert zu haben. Prüfen Sie sehr genau, ob diese Meinung auch für Sie zutrifft. Die Bedürfnisse anderer Menschen müssen nicht auch Ihre Bedürfnisse sein! Lassen Sie sich nicht anstecken von der Hetze anderer Menschen. Leben Sie *Ihr* Leben, erwecken Sie *Ihren* Traum.

»Vernünftige Menschen passen sich der Umwelt an.
Unvernünftige Menschen passen die Umwelt an sich an. Das ist der Grund,
warum jeder Fortschritt von unvernünftigen Menschen abhängt.«
(George Bernard Shaw)

Probieren Sie neue Dinge aus, versetztten Sie sich in die Sichtweise einer Ameise und betrachten Sie die Welt und Ihre Probleme aus deren Perspektive. Sie selbst bestimmen ab heute den Blickwinkel, mit dem Sie diese Welt betrachten. Sie selbst bestimmen, ob das Glas halbvoll oder halbleer ist, ob Ihre anstehenden Aufgaben unüberwindbar oder klein sind.

Haben Sie keine Angst vor großen Aufgaben. Wenn Sie im Einklang mit Ihrem Lebenstraum leben, dann geraten Sie in Zustände, die es Ihnen ermöglichen, auch nach einem 12-Stunden-Arbeitstag noch etwas für die Realisierung Ihres Traumes zu tun. Energie wird Sie tragen, wenn Sie sich daran machen, Ihr Ding durchzuziehen. Sie leben dann Ihr Leben wie aus einem Fluß. Sie sind so in die Sache vertieft, daß Sie die Anstrengungen und die Zeit, die Sie investieren, gar nicht bemerken werden.

Wenn Sie Ihren Traum leben, dann ist es, als würden Sie täglich wieder geboren werden. Sie gehen jeden Tag einen kleinen Schritt weiter und werden schon in kurzer Zeit feststellen, daß Sie über sich hinaus gewachsen sind, daß Sie zu einem Riesen geworden sind. Mit jeder neuen Erfahrung haben Sie sich ein Stück weit verändert, doch im Inneren Ihrer Identität sind Sie derselbe geblieben. Sie wurden geboren, um in Glück und Liebe Ihre Visionen zur Erfüllung zu bringen. Dies wird Ihnen mit jedem Tag, mit jedem überwundenen Hindernis klarer werden.

Seien Sie bereit, zu neuen Ufern aufzubrechen und Altes über Bord zu kippen. Nehmen Sie Ihren ganzen Mut zusammen und werfen Sie Ihre gesamte Kraft in die Waagschale, um das Neue zu wagen. Wenn Sie einen großen Traum haben, dann machen Sie es wie Cäsar, als er Britannien eroberte. Verbrennen Sie die Schiffe hinter sich, nachdem Sie gelandet sind. Verschließen Sie jede Rückzugsmöglichkeit, und dann kämpfen Sie, als ginge es um Ihr nacktes Leben. Vergessen Sie die alten Bänder in Ihrem Kopf, die vielen Stimmen mit den lähmenden Programmierungen Ihrer Vergangenheit. Brechen Sie alte Grenzen auf, um eine neue Freiheit zu erobern.

»Damit das Mögliche möglich wird, muß immer wieder das Unmögliche versucht werden.«
(Hermann Hesse)

1899 sagte der Direktor des Patentamtes der USA, Charles Duell: »Alles, was man erfinden kann, ist schon erfunden worden.« Zu diesem Zeitpunkt gab es keine Vitamintabletten, keine Kühlschränke, keine Radios, keine Verkehrsampeln, keine Neonröhren, keine Atomenergie, keine Kopiergeräte, keine Lasertechnologie, kein Fernsehen, keinen Walk-Man, keinen McDonalds, keine Fax-Geräte, keine Strichcodes und kein Windows. Charles Duell irrte sich gewaltig. Unglaubliche Entdeckungen und Erfindungen wurden in diesem Jahrhundert gemacht. Glauben Sie wirklich, daß wir jetzt Alles entdeckt haben, was es zu entdecken gibt? Nein, wir sind noch lange nicht am Ende, doch trotzdem gibt es auch in unserer Zeit Menschen, die viel zu viel für unmöglich halten und man muß sich fragen, ob sie die Entwicklungen dieses Jahrhunderts überhaupt mitbekommen haben.

Am 17. Dezember 1903 unternahmen die Gebrüder Wright in Kitty Hawk in Nord-Karolina (USA) den ersten erfolgreichen bemannten Motorflug. Na gut, der Flug war also gelungen, aber es war doch eine sehr gefährliche Aktion, und so müßte es doch unmöglich sein, im Alleinflug den Atlantik zu überqueren. Ich gebe zu: Leicht war es nicht, aber unmöglich? Sechzehn Jahre nach dem ersten erfolgreichen bemannten Motorflug machte sich ein weiterer ›Spinner‹ daran, den nächsten Schritt zu tun. Er ließ sich einen Spezial-Eindecker mit einem leichten und einem starken Motor bauen. Nach harter Arbeit war das Flugzeug endlich fertig, und Charles Lindbergh nannte es ›Spirit of St. Louis‹. Am 20. Mai 1927 startete er um 7.52 Uhr trotz Nebel und Regen vom Roosevelt-Flugplatz auf Long Island. Er hatte keinen Fallschirm, kein Funkgerät, keine Karten. Ganz allein bahnte er sich seinen Weg durch Nebel, Hagelschauer und heftige Winde über den Atlantik. Schließlich landete er 33,5 Stunden später auf dem Pariser Flughafen Le Bourget, wo ihn nach der 6.000 km langen Reise eine begeisterte Menschenmenge stürmisch feierte.

Doch können solche beeindruckenden Erfolge in einem Zweifler Hoffnungsfunken darüber erwecken, daß vielleicht doch nicht alles unmöglich ist, was noch nicht erfunden ist? Wohl kaum, niemals würde es gelingen, einen Flug zum Mond zu unternehmen. Niemals würde man die Oberfläche vom Mars aus nächster Nähe photographieren können. Niemals, niemals, niemals.

Nachdem Sie dieses Buch gelesen haben, sind Sie hoffentlich anderer Meinung. Sie haben von zu vielen unglaublichen Spitzenleistungen gelesen, Sie haben sich selbst in zu phantastischen Zuständen erlebt, um noch daran zu zweifeln, daß wir viel mehr zu leisten imstande sind, als es auf den ersten Blick scheint. Sie kennen die wichtigsten Grundgesetze unserer Wahrnehmung und wissen: Selbst wenn unsere Instrumente kein Leben auf dem Mars anzeigen, dann heißt das noch lange nicht, daß es auf dem Mars kein Leben gibt! Unsere Instrumente sind von uns Menschen gebaut und erdacht. Sie können nur Signale von den Arten des Lebens empfangen, die wir uns vorstellen können. Was aber, wenn dem Leben auf dem Mars eine völlig andere Chemie zugrunde läge? Wir könnten kein Leben erkennen! Was wir uns nicht vorstellen können, das können wir auch nicht wahrnehmen. Es ist das gleiche wie in Ihrem Leben:

Was Sie sich nicht vorstellen können, das können Sie auch nicht erreichen.

Die Welt und das Glück sind grenzenlos. Durch Ihre Fähigkeit zu träumen sind Sie nicht nur in der Lage, für ein paar Stunden in eine phantasierte

Wirklichkeit abzutauchen, sondern Sie sind auch in der Lage, die Basis für dieses Leben in der Wirklichkeit zu schaffen. Träume machen Sie zum Schöpfer und Gestalter Ihres Lebens. Durch sie können Sie Ihr Leben immer wieder neu programmieren. Überlegen Sie sich nur, wie verrückt das war, als man anfing, einen Kanal vom Pazifischen Ozean zum Atlantischen Ozean quer durch Panama zu bauen. Oder als im 13. Jahrhundert der siebzehnjährige Marco Polo von Venedig nach China aufbrach und nach dreieinhalbjähriger Reise quer durch Asien an den Hof des Kaisers der Mongolen Kublai-Khan gelangte; als im Januar 1960 Jacques Piccard und Don Walsh mit einer Tiefsee-Taucherkugel 10.917 m tief, bis fast auf den Grund des tiefsten Meeresgrabens der Erde, tauchten.

»Doch wo sind sie, die Visionäre, die Spinner, die Träumer, die wirklich wieder etwas bewegen möchten? Die erfolgreichsten Menschen der Geschichte waren keine Realisten, keine Menschen, die kontinuierlich Kleinigkeiten verbesserten. Es waren Spinner, Träumer, Visionäre. Oder wie würden Sie Charles Lindbergh, Thomas A. Edison, Henry Ford, Bill Gates und all die anderen sonst bezeichnen?«
(Jürgen Höller)

Übernehmen Sie die volle Verantwortung für Ihr Leben. Werden Sie zum Kapitän Ihres Schiffes. Übernehmen Sie das Ruder, steuern Sie volle Kraft voraus und lenken Sie Ihr Schiff durch alle Stürme des Lebens in den Hafen der Freude.

Der beste Tag, etwas zu tun, war nicht und wird nicht sein. Er ist heute. Wenn Sie es nicht schaffen, heute etwas für Ihren Traum zu tun, dann werden Sie es auch morgen nicht schaffen. Deshalb ist heute der beste Tag in Ihrem Leben, um etwas für Ihren Traum zu tun. Fangen Sie heute an!

»Niemals wird Dir ein Wunsch gegeben, ohne daß Dir auch die Kraft zu seiner Verwirklichung verliehen wurde. Es mag allerdings sein, daß Du Dich dafür ein wenig anstrengen mußt.«
(Richard Bach)

Geben Sie auf dem Weg zur Erfüllung Ihres Traumes niemals auf. Werden Sie zu einem Gewinner, der selbst in hoffnungslosen Situationen nicht die Flinte ins Korn wirft. In einer alten Fabel findet sich hierfür ein anschauliches Beispiel:

Zwei Frösche fallen in einen Krug mit flüssiger Sahne. Der eine Frosch fügt sich in sein Schicksal und ertrinkt. Der andere aber beginnt zu handeln und strampelt stundenlang mit den Beinen, um sich am Leben zu halten. Am nächsten Morgen strampelt er noch immer – da geschieht ein unerwartetes Wunder: Die Sahne wird zu fester Butter. Der Frosch findet darauf Halt und springt erschöpft, aber lebendig aus dem Krug.

Wann beginnen Sie damit, Ihren Traum zu verwirklichen? Wann erwachen Sie aus Ihrem Dornröschenschlaf? Wann fordern Sie endlich die Lebensqualität, die Sie verdienen? Wann springen Sie über Ihren Schatten und unternehmen massive Aktionen, um alles zu erreichen, was Sie sich erträumen? Haben es Ihnen nicht Tausende auf die eine oder andere Art vorgemacht? Die meisten von ihnen hatten weniger Ausbildung, weniger Geld, weniger Freunde und weniger Chancen als Sie... aber sie haben gehandelt! Wenn Sie irgend etwas auf diesem Planeten bewegen wollen, dann müssen Sie zum Handeln kommen. Nun sind Sie an der Reihe. Dies ist nicht das Ende, sondern ein neuer Anfang. Meine besten Wünsche begleiten Sie.

Achte gut auf diesen Tag,
denn er ist das Leben -
das Leben allen Lebens.
In seinem kurzen Ablauf
liegt alle Wirklichkeit
und Wahrheit des Daseins,
die Größe der Tat,
die Herrlichkeit der Kraft.

Denn das Gestern
ist nichts als ein Traum
und das Morgen nur eine Vision.
Das Heute jedoch – recht gelebt –
macht jedes Gestern zu einem Traum voller Glück
und das Morgen zu
einer Vision voller Hoffnung.
Darum achte gut auf diesen Tag.

(aus dem Sanskrit)

Anhang

Autoren der Zitate

Aurel, Marc: (Marcus Aurelius Antonius), * 121, † 180, römischer Kaiser 161 – 180; verteidigte das Reich erfolgreich gegen die Parther, im Donau-Raum gegen die Markomannen, Quaden u. Jazygen. Er war ein Anhänger der stoischen Philosophie, stärkte Verwaltung u. Rechtsprechung.

Bach, Richard: * 1935 Oak Park/Illinois, er war Schauflieger und Fluglehrer und publizierte Hunderte von Aufsätzen über seinen mit Leidenschaft ausgeübten Beruf, bis er mit seinem ersten Buch, ›Die Möwe Jonathan‹, einen weltweiten Erfolg errang; weiteres Werk: ›Illusionen‹.

Disraeli, Benjamin: (Earl of Beaconsfield), * 1804, † 1881, englischer Politiker; 1868 und 1874 – 80 Premierminister; vertrat einen sozial orientierten Konservatismus; sicherte Großbritannien den maßgebenden Einfluß auf den Suezkanal und veranlaßte die Erhebung von Königin Viktoria zur Kaiserin von Indien. Benjamin Disraeli schrieb auch Novellen und Romane.

Drucker, Peter: Schriftsteller, er gilt im amerikanischen wie europäischen Management als der Klassiker.

Edison, Thomas Alva: * 1847, † 1931, US-amerikanischer Erfinder; baute 1876 die erste Sprechmaschiene (Phonograph, Grammophon), 1879 die elektrische Glühlampe, verbesserte den Akkumulator (E.-Akku), baute das erste Elektrizitätswerk, konstruierte ein Kinoaufnahmegerät (1889), ein Projektionsgerät (1895) und führte viele Neuerungen in der Bautechnik ein.

Emerson, Ralph Waldo: * 1803, † 1882, US-amerikanischer Essayist und Philosoph; suchte einen dogmenfreien, dem Pantheismus nahestehenden Glauben zu begründen.

Enkelmann, Nikolaus: Bekannter deutscher Motivationstrainer, der seit über 35 Jahren Erfolgs- und Persönlichkeitsseminare in seinem Institut in Königsstein / Taunus durchführt. Er hat sich zudem als Autor zahlreicher Erfolgsbücher, als Herausgeber einer eigenen Zeitschrift und mit Tonkassetten und Videos einen hervorragenden Namen beim Publikum und in der Presse gemacht.

Fox, Emkett: Es liegen keine Informationen vor.

Gaulle, Charles de: * 1890, † 1970, französischer General und Politiker. Nach dem Zusammenbruch Frankreichs 1940 organisierte er von London aus die Fortsetzung des Kriegs, wurde das Haupt der französischen Widerstandsbewegung und nach der Befreiung Frankreichs 1944 Chef der provisorischen Regierung.

Hannibal: * 247 / 246 v. Chr., † 183 v. Chr.; Feldherr Karthagos; Sohn des Hamilkar Barkas; überquerte im 2. Pun. Krieg (218 – 201 v. Chr.) in einem verlustreichen Zug die Pyrenäen und Alpen und stand im Herbst 218 v. Chr. überraschend in Italien; besiegte die Römer 218 v. Chr. am Fluß Trebia, 217 v. Chr. am Trasimen. See und 216 v. Chr. in der Umfassungsschlacht bei Cannae; zog 211 v. Chr. gegen Rom (Hannibal ad Portas, ›Hannibal vor den Toren‹), mußte aber angesichts der Verteidigungsmaßnahmen der Stadt die Belagerung abbrechen; wurde 203 v. Chr. nach Karthago zurückgerufen, das von Scipio bedroht wurde, 202 v. Chr. Niederlage bei Zama; wurde später von politischen Gegnern aus seiner Heimat vertrieben und nahm sich im Exil das Leben.

Herzl, Theodor: * 1860, † 1904, österreichischer Schriftsteller und Zionist; einer der Begründer des politischen Zionismus; berief 1897 den 1. Zionistenkongreß nach Basel ein.

Hesse, Hermann, Psyeudonym Emil Sinclair, deutscher Dichter, (1877 – 1962). Als Erzähler gestaltete er mit vollendeter Sprachkunst den empfindsamen Individualisten. Hesse war beeinflußt von der Psychoanalyse, zugleich aber auch von der indischen Philosophie, und suchte von daher einen Ausgleich zwischen Geist und Natur.

Höller, Jürgen: Gründete 1988 die INLINE Unternehmensberatung, die bisher ca. 1500 Unternehmen erfolgreich beraten hat. 1991 wurde Höller der Titel ›Unternehmer des Jahres‹ verliehen. Er ist Autor mehrerer Erfolgsbücher und veröffentlichte zahlreiche Motivationscassetten, Videoseminare usw.

Houston, Charles: Es liegen keine Informationen vor.

Huch, Ricarda: * 1864, † 1947, deutsche Schriftstellerin und Historikerin; v. a. historische Romane; Werke: ›Der große Krieg in Deutschland‹; auch Lyrik und Prosa.

Hugo, Victor: * 1802, † 1885, französischer Schriftsteller; Führer der französischen Romantik; v. a. sozialkritische Romane und Dramen, auch Lyrik; Werke: ›Der Glöckner von Notre Dame‹, ›Die Elenden‹.

Kay, Alan: Es liegen keine Informationen vor.

King, Martin Luther: * 1929, † 1968 (ermordet), Baptisten-Pfarrer u. Bürgerrechtler in den USA; wollte ohne Gewalt und durch passiven Widerstand die Rassenschranken zu Fall bringen; Friedensnobelpreis 1964.

Korzybski, Alfred: Beschäftigte sich mit dem Thema Semantik und veröffentlichte 1941 das Buch ›Science and Sanity‹.

Kummer, Peter: Deutscher Autor und Trainer des Positiven Denkens nach Joseph Murphy.

Lao-Tse: Chin. Philosoph; soll nach der Überlieferung 604 v. Chr. geboren sein, lebte aber wahrscheinlich im 4. bis 3. Jh. v. Chr. Das mit seinem Namen verbundene Grundwerk des Daoismus ›Dao-De-Jing‹ enthält die archaisch-myth. Philosophie des Lao-Tse, die von dem Leeren (Nichts) als Ursprung der Welt ausgeht, das seine Macht auch in der Welt nicht verliert, vielmehr als Dao (Weg) weiterwirkt.

Lassen, Arthur: Deutscher Erfolgstrainer für Positives Denken; erfolgreicher Autor mehrerer Bücher und Berater vieler namhafter Firmen in Deutschland, Österreich und der Schweiz.

Lincoln, Abraham: * 1809, † 1865 (ermordet), US-amerikanischer Republikaner; 16. Präsident der USA (1861 – 65). Die Südstaaten traten nach seiner Wahl aus der Union aus, es kam zum Sezessionskrieg 1861 – 65. Lincoln proklamierte 1862 die Sklavenbefreiung. Ein fanatischer Südstaatler erschoß ihn.

Maslow, Abraham: * 1908, † 1970, Begründer der sog. ›Holistischen Psychologie‹ und der ›Humanistischen Motivationspsychologie‹.

Merkle, Dr. Rolf: Deutscher Psychotherapeut mit eigener Praxis, Autor vieler Selbsthilfebücher.

Napoleon : * 1769, † 1821, Kaiser der Franzosen 1804 – 14 / 15; Im Auftrag des Konvents schlug er 1795 den royalistischen Aufstand in Paris nieder und leitete als Oberbefehlshaber 1797 den Italien-Feldzug. 1798 / 99 Zug nach Ägypten, 9./10.11.1799 Staatsstreich, Erster Konsul und Alleinherrschaft für 10 Jahre. 1802 durch Plebiszit zum Konsul auf Lebenszeit gewählt, krönte er sich am 2.12.1804 zum erblichen ›Kaiser der Franzosen‹ und 1805 zum König von Italien. Seine weltpolitischen Pläne führten seit 1803 zu immer neuen Kriegen mit den europ. Mächten (Napoleonische Kriege). Nach einigen siegreichen Feldzügen wurde jedoch die Absage des Zaren an die Kontinentalsperre (1810) und das Scheitern des Rußlandfeldzugs 1812 zum Wendepunkt. In den Befreiungskriegen erlag Napoleon der übermächtigen Koalition England-Rußland-Österreich-Preußen-Schweden (die Völkerschlacht bei Leipzig 16. 19.1.1813). Der Fall von Paris (31.3.1814), seine Absetzung durch den Senat (2.4.), seine Abdankung in Fontainebleau (6.4.) und seine Verbannung nach Elba waren das unabwendbare Ende. Die Episode der Hundert Tage nach der Rückkehr Napoleons von Elba (1.3.1815) endete mit seiner Niederlage in der Schlacht von Waterloo (18.6.) und seiner Internierung auf Lebenszeit auf St. Helena. Napoleon hat in Verwaltung und Rechtsprechung (Code civil) das moderne Frankreich entscheidend geprägt.

Pasternak, Boris Leonidowitsch: * 1890, † 1960, russischer Schriftsteller; schrieb esoterische, durch Musikalität bestimmte Lyrik (›Wenn es aufklart‹). Sein Roman ›Doktor Schiwago‹ brachte ihm 1958 den Nobelpreis ein, den er jedoch unter staatlichem Druck ablehnen mußte.

Pirsig, Robert M.: Amerikanischer Schriftsteller, Werke: ›Lila oder ein Versuch über Moral‹, ›Zen und die Kunst, ein Motorrad zu warten‹.

Pitt, William d. Ä., Earl of Chatham, * 1708, † 1778, britischer Politiker; 1757 – 61 und 1766 – 68 leitender Minister; verantwortlich für die englische Außenpolitik und Kriegsführung während des Siebenjährigen Krieges an der Seite Preußens; verdrängte Frankreich aus Kanada und aus Ost-Indien.

Reade, Charles: Englischer Schriftsteller, 19. Jahrhundert.

Richardson, Jerry: Kommunikationstrainer in San Francisco; Leiter vieler NLP-Seminare und Workshops.

Robbins, Anthony: Gründer und Vorsitzender verschiedener Firmen. Berater für Weltfirmen wie IBM, American Express oder McDonnell-Douglas. Seine Seminare werden von Führungskräften aus Wirtschaft und Wissenschaft, Ärzten, Rechtsanwälten, Spitzensportlern, Hausfrauen, Studenten und sogar Kindern besucht. Autor des Bestsellers ›Grenzenlose Energie‹ (Originaltitel: ›Unlimited Power‹).

Eleanor Roosevelt: Frau von Franklin D. Roosevelt, der als Demokrat viermal nacheinander zum Präsidenten der USA (1933 – 45) gewählt wurde. Eleanor Roosevelt unterstützte ihren Mann, der erfolgreich die Wirtschaftsdepression bekämpfte und notwendige Sozialreformen durchsetzte und die USA in den Krieg gegen die Achsenmächte führte. Sie selbst schrieb eine Autobiographie über ihr Leben mit Franklin D. Roosevelt.

Saint-Exupéry, Antoine de: * 1900, † 1944, französischer Schriftsteller und Flieger; versuchte in seinem Werk eine Verbindung von moderner Technik und humanistischen Ideen. Bekanntestes Werk: ›Der kleine Prinz‹.

Sandburg, Carl: * 1878 Galesburg/Ill., † 1967 Flat Rock/N.C., amerikanischer Lyriker; nach Whiteman der populärste Dichter Amerikas. Er schrieb Gedichte in rhapsodisch-freien Rhythmen, umgangssprachlicher Diktion und farbiger Bildhaftigkeit. Bedeutend ist auch seine Lincoln-Biographie.

Seneca, Lucius Annaeus, der Jüngere, * um 4 v. Chr., † 65 n. Chr., römischer Politiker, Philosoph und Dichter; übte als Erzieher und Berater Neros eine Zeitlang großen Einfluß auf diesen aus, später von Nero zum Selbstmord genötigt; Vertreter der stoischen Philosophie; verfaßte auch zahlreiche Tragödien.

Shaw, George Bernard: * 1856, † 1950, englisch-irischer Schriftsteller; schrieb geistreiche Konversationskomödien; Nobelpreis 1925. – Werke: ›Frau Warrens Gewerbe‹, ›Helden‹, ›Pygmalion‹, ›Die heilige Johanna‹.

Tolstoj, Lew (Leo) Nikolajewitsch: * 1828, † 1910, russischer Schriftsteller, Offizier; bereiste später Europa und zog sich, erbittert über den westlichen Materialismus, auf das Familiengut Jasnaja Poljana zurück, wo er seine großen Romane schrieb. Ende der 1870er Jahre kam es zu seiner ›Bekehrung‹; er schrieb dann religiös geprägte Traktate, die einen einfachen Lebensstil forderten und die stark auf die sozialen Strömungen in Rußland einwirkten. Werke: ›Krieg u. Frieden‹, ›Anna Karenina‹.

Thoreau, Henry David: * 1817, † 1862, US-amerikanischer Schriftsteller, stand dem Transzendentalismus Emersons nahe, betonte einen individuellen Idealismus. Werke: ›Poems of nature‹.

Twain, Mark (seit 1862 Pseud. für Samuel Langhorne Clemens): * 1835, † 1910, US-amerikanischer Schriftsteller; begründete seinen Weltruf mit seinen Erzählungen von den Erlebnissen der Jungen ›Tom Sawyer‹ und ›Huckleberry Finn‹, in denen er Erinnerungen an die eigene abenteuerliche Jugend am Mississippi verwertete; schrieb humoristisch-realistische Reiseberichte (zahlreiche Europareisen) und satirische Romane.

Watzlawick, Paul: * 1921, Professor für Psychotherapie in El Salvador, Forschungsbeauftragter am Mental Research Institute (Palo Alto/Kalifornien), Lehrauftrag in der Abteilung für Psychiatrie der Stanford University. Zahlreiche Veröffentlichungen zu den Themen Philosophie und Kommunikation.

Zweig, Stefan: * 1881, † 1942 (Selbstmord), österreichischer Schriftsteller; emigrierte 1938 nach England, 1941 nach Brasilien; begann mit Lyrik, Dramen und Novellen und entwickelte sich dann zu einem von Sigmund Freud beeinflußten biographischen Essayisten. Spätere Erzählwerke: ›Sternstunden der Menschheit‹, ›Ungeduld des Herzens‹, ›Schachnovelle‹.

Glossar

Ankern: Ein Vorgang, bei dem ein äußerer oder innerer Reiz mit einem inneren Vorgang verbunden wird. Tritt später dieser Reiz auf, so wird automatisch der damit verbundene Zustand ausgelöst. Anker können unbewußt entstehen oder auch bewußt gesetzt werden.

Autogenes Training: Ein von J.H. Schultz entwickeltes Verfahren zur Selbstentspannung. Dabei wird durch abgestufte Konzentrationsübungen eine immer größere Beherrschung der sonst automatisch ablaufenden Körperfunktionen angestrebt. Darüber hinaus wird ein Zustand der Versenkung erreicht, in dem durch formelhafte Vorsatzbildung eine therapeutische Selbstbeeinflussung möglich wird.

Autosuggestion: Eine selbst hervorgerufene Beeinflussung des Urteils und der Vorstellungen; Selbsteinredung.

Assoziiert sein: Eine Erfahrung aus dem eigenen Körper heraus erleben. Durch die eigenen Augen sehen, mit den eigenen Ohren hören usw. Erlebt man eine Erinnerung assoziiert, so erinnert man sich so an die entsprechende Situation, als würde man sie aus seinem eigenen Körper heraus erleben. Man kann von sich selbst das Gesicht nicht sehen. Im Gegensatz dazu bedeutet dissoziiert sein, sich selbst von außen zu sehen.

Dynamische Persönlichkeit: Eine Persönlichkeit, die vor allem die Wahl hat, sich zu verändern, wann immer sie es für nützlich hält. Sie ist nicht starr und unflexibel, sondern kann sich Veränderungen in der Umgebung bzw. der jeweiligen Situation anpassen.

Glaubenssatz: Glaubenssätze sind Generalisierungen über verschiedene Aspekte der Welt. Sie basieren auf eigenen Erfahrungen oder den Erfahrungen und Meinungen anderer.

Generalisierung: Ein kognitiver Vorgang, bei dem ein Teil einer internalen Erfahrung einer Person auf verschiedene andere Sachverhalte übertragen wird. Das kann nützlich sein, z.B. wenn ein kleines Kind sich an der Herdplatte verbrennt und daraus folgert, daß alle Herdplatten heiß sind. In anderen Fällen können Generalisierungen uns auch unnötig stark einschränken.

Internale Repräsentation: Darunter versteht man die im eigenen Kopf erzeugten inneren Vorstellungen in Form von Bildern, Klängen, Gefühlen, Gerüchen und Geschmack.

Kybernetik: Wissenschaft von den Steuerungs- und Regelungsmechanismen in belebten und unbelebten Systemen.

Kongruenz: Jemand scheint kongruent zu sein, wenn die Botschaften, die er vermittelt, nicht im Widerspruch zueinander stehen, d.h. nonverbale und verbale Informationen gleich sind. Im Gegensatz dazu ist jemand inkongruent, wenn er mit unsicherer und schwacher Stimme sagt, daß er absolut sicher sei.

Leading: Führen.

Mentor: Vorbild, Lehrer. Jemand, von dem Sie gerne etwas lernen möchten.

Modell: Vereinfachte Abbildung der Realität mit dem Zweck, aufgrund der Ähnlichkeiten des Modells mit der Realität sinnvolle Handlungen oder Informationen abzuleiten. Das Modell der Welt einer Person bezeichnet die Zusammensetzung seiner Glaubenssätze, internalen Prozesse und Verhaltensweisen.

Modellieren: Das Herausfinden und Nachahmen der Strategie eines Menschen, der eine bestimmte Aufgabe hervorragend bewältigt oder eine besondere Fähigkeit besitzt.

Physiologie: Von außen zu beobachtender nonverbaler Anteil eines inneren Zustandes, z.B. Bewegungen, Durchblutung, Klang der Stimme usw.

Rapport: In Rapport zu sein, bedeutet, ein vertrauensvolles Verhältnis zueinander zu haben. Auf der gleichen Wellenlänge liegen.

Reframing: Umdeuten. Beim Reframing wird der Bezugsrahmen einer Aussage verändert oder ausgewechselt.

Referenzerlebnisse: Schicksalsschläge oder ständig wiederkehrende alltägliche Ereignisse, die uns dazu veranlassen, neue Glaubenssätze auszubilden oder bestehende zu verändern.

Ressourcen: Alles, was einem dabei behilflich ist, sein Ziel zu erreichen; Kraftquellen.

Selbsterfüllende Prophezeiung: Die Beobachtung, daß die Wahrscheinlichkeit eines bestimmten Verhaltens eines Menschen zunimmt, wenn dieses Verhalten bzw. Ereignis erwartet wird.

Separator: Unterbrecherzustand. Wird verwendet, um den gegenwärtigen Zustand einer Person zu unterbrechen.

Spiegeln = Pacing: Verhaltensweisen einer anderen Person wie ein Spiegel wiedergeben.

Submodalitäten: Untereinteilung der Modalitäten, z.B. Helligkeit, Farbe, Entfernung, Klang, sauer.

Tilgung: Vorgang, bei dem Informationen aus der ursprünglichen Erfahrung in der internalen Repräsentation fehlen.

VAKOG: Abkürzung für visuell, auditiv, kinästhetisch, olfaktorisch und gustatorisch.

Vergleich (Rechtswesen): Vertrag, durch den der Streit oder die Ungewißheit der Parteien über ein Rechtsverhältnis auf dem Wege gegenseitigen Nachgebens beseitigt wird.

Verzerrung: Beim Prozeß des Verzerrens werden Erfahrungen auf verschiedene Arten umgewandelt, häufig so, daß Sie einen Menschen stark in seinen Handlungsmöglichkeiten einschränken.

Wirklichkeit: Unsere Vorstellungen bzw. unsere subjektive Erfahrung von der Realität, die uns durch die Sinnesorgane vermittelt werden.

Zeitlinie: Eine räumliche Anordnung unserer Erfahrungen (Bilder, Geräusche, Gefühle) der Vergangenheit, Gegenwart und Zukunft.

Zustand: Die Gesamtheit aller neurologischen Prozesse, die zu einem bestimmten Zeitpunkt in einer Person ablaufen.